北京市教委“北京地区高校科技发展报告”项目资助
北京知识管理研究基地项目

金融学科核心课程系列教材

财政与金融学

王 斌 刘亚娟 谢 群/编著

经济科学出版社

图书在版编目（CIP）数据

财政与金融学/王斌，刘亚娟，谢群编著．—北京：经济科学出版社，2011.6（2016.8重印）
金融学科核心课程系列教材
ISBN 978-7-5141-0587-2

Ⅰ.①财…　Ⅱ.①王…②刘…③谢…　Ⅲ.①财政金融-高等学校-教材　Ⅳ.①F8

中国版本图书馆CIP数据核字（2011）第064000号

责任编辑：卢元孝
责任校对：王肖楠
版式设计：代小卫
责任印制：邱　天

财政与金融学
王　斌　刘亚娟　谢　群/编著
经济科学出版社出版、发行　新华书店经销
社址：北京市海淀区阜成路甲28号　邮编：100142
总编部电话：010-88191217　发行部电话：010-88191522
网址：www.esp.com.cn
电子邮件：esp@esp.com.cn
天猫网店：经济科学出版社旗舰店
网址：http://jjkxcbs.tmall.com
北京万友印刷有限公司印装
710×1000　16开　22.5印张　410000字
2011年6月第1版　2016年8月第2次印刷
ISBN 978-7-5141-0587-2　定价：31.00元
（图书出现印装问题，本社负责调换。电话：010-88191502）

编委会名单

总　序

随着经济一体化与金融全球化的发展，我国金融改革从2007年以来呈现出快速发展的势头，步伐不断加快。因此，现有的金融类教材大都一定程度地存在着金融理论知识滞后于金融改革现实的问题，迫切需要更新，添加近三年金融改革的最新内容。因而，北京信息科技大学经管学院财务投资系教师经过三年多的打磨与研究，着手编写这套金融学科核心课程系列教材。系列教材共包含《金融学》、《国际金融》、《商业银行经营学》、《证券投资学》、《保险学》、《财政与金融学》、《中央银行学》、《金融工程学》等8本。

本系列教材严格按照教育部关于普通高等院校金融学科教学基本要求编写，以培养应用型经济与金融人才为原则，以在保证基础理论知识系统性的基础上进一步提升系列教材的实用性和针对性为宗旨。本系列教材具有三方面的特色：

第一，优化金融学科核心课程结构，减少教材之间的重复。本教材力求改变现有教材涉猎内容过多的现状，减少相近教材内容上的交叉和重复。如，《金融学》中，不再涉及国际金融中的汇率和国际收支方面内容，不再讲授证券投资学中的资产定价内容，不再涉猎金融工程学中金融创新的内容，不再介绍发展经济学中金融深化和金融抑制等内容。在有限的学时内，使教学内容更加突出和明确，从而优化了课程结构，提升教学的针对性，使教材更加具有实用性。

第二，为了培养应用型经济、金融人才，添加了金融改革实践的最新内容，其中，重点添加了近三年我国金融改革实践的新内容，同时添加了国际金融业监督管理机构对银行业、证券业、保险业监管的最新要求，并且结合国际、国内金融改革的实践，添加了相应的金融案例分析。

第三，力求理论基础知识与金融实践相结合。主要是三个方面：一是将金融学科专业基础知识的传授与金融从业人员资格考试及金融机构招聘等各类考试的介绍进行适当地结合。即在每一章节相应的知识点处添加了银行从业人员资格考试、证券基金从业人员资格考试、期货人员资格考试内容。添加了经济师考试两门课程——“经济基础知识”和“金融专业知识与实务”的相关内容。二是本学科教学改革的成果与教学内容相结合。三是面对面单纯讲授与金融模拟交易实训及上机实验活动相结合。

教材的最终成果可能会与编写宗旨存在差距，而且也可能存在不足甚至舛误。因此，我们以真诚的心，接受各位专家、学者、同行及使用者的批评与指教，以便我们今后不断完善和改进这一系列教材。

感谢编写委员会全体教师的辛勤劳动，并将此系列教材真诚地献给使用它们的学生们！

北京信息科技大学经管学院

葛新权

2010 年 7 月

前　言

财政与金融学课程是高等院校经济与管理类专业开设的一门专业基础课程。财政与金融讨论的都是资金融通问题。财政学研究的是以政府为主导的公共部门的资金融通，它是政府的一种经济行为，是履行和实现政府经济职能的手段；金融学研究的是以市场为主导的私人部门的资金融通，包括银行借贷、资本市场等。由于针对的部门和服务的领域不同，财政学与金融学又存在着许多区别点。本教材将财政学与金融学内容合而为一，紧密围绕经管类专业对财政与金融知识的需求，既注意财政与金融理论的完整性，同时又尽量避免与其他相关课程在内容上的重复性。与其他的财政金融学教材相比，本教材在编写时充分体现了以下几个方面的特点：

内容上求新。随着经济全球化的进一步发展和我国财政金融改革步伐的加快，我国财政与金融领域也发生了显著的变化，如税收中税种的调整、财政收入与财政支出的结构变化、金融市场中金融工具及其运行机制的创新等，在教材编写中，力求结合当今财政与金融理论的发展，使读者更多地了解我国财政金融领域的最新动态。

理论与实际相结合。在介绍财政与金融理论的同时，尽可能多地结合我国财政与金融发展的实践，介绍有关理论的运用。如我们在部分章节设计了可读性强、富有启发性的阅读材料，以帮助读者深刻理解有关理论的内涵。

注意与相关课程的衔接。财政与金融学课程是经济管理类专业的一门重要的课程，但在教学环节上，多开设在经济学课程之后，本课程充分考虑了与经济学课程内容上的交叉，尽可能减少重复，同时又保证本课程体系的完整。

实用性强。为帮助读者掌握财政与金融学的有关理论，我们在每章后编排了思考题和练习题，读者可以通过思考和练习，检查、弥补课堂学习的不足。

本书各章的编写分工如下（按章节次序排列）：第一章、第二章、第三章，王斌；第四章，王晖；第五章，刘亚娟；第六章，彭娟娟；第七章，徐文彬；第八章，刘亚娟；第九章、第十章，谢群；第十一章，刘亚娟。

本书在编写过程中，得到了硕士研究生刘燕艳、杜立新同学的无私帮助，在此向他们表示感谢！

本书适用于经济管理类各专业本科学生及财政、金融从业人员和财政金融爱好者学习和阅读。

由于时间和水平有限，本书难免有疏漏和不足之处，恳请同仁和读者批评指正。

作　者

2011 年 3 月

目　　录

第一章 财政概论

财政是随着国家的产生而出现的，随着社会经济的发展，财政的职能范围逐步扩大。在市场经济国家中，财政已经成为弥补和校正市场失灵的主要手段。本章介绍财政的起源与发展、财政的内涵和基本特征、公共产品和公共财政，最后讨论财政的职能。

学习本章，要掌握财政的概念，财政的基本特征，了解公共产品与公共财政的特点以及二者之间的关系，掌握财政的主要职能。

第一节 财政的起源与发展

财政是一个古老的历史范畴，是社会生产力和生产关系发展到一定阶段的产物。财政是随着国家的产生而出现的，随着社会经济的发展，财政在经济生活中发挥的作用越来越大，特别是财政政策是政府实施宏观调控非常重要的手段之一。

一、财政的起源

在历史上，财政应该是伴随着私有制、国家的产生而产生的。在原始社会初期，由于生产力发展水平极度落后，人们生产的产品基本供消费之用，没有剩余产品，也就产生不了国家。在原始社会末期，随着生产力的进一步发展，使剩余产品增多，从而出现了私有财产，产生了私有制，也导致了阶级的分化。为了维护阶级地位，统治阶级通过建立国家政权实施统治，也就是说国家成为一种维护统治阶级利益的统治工具。国家产生以后，在经济上占统治地位的阶级，为了维护国家的存在，依靠政治力量，强制占有和支配一部分社会产品，以保证国家机器的运行和社会的发展，从而从一般经济分配中分离出独立的财政分配，产生了财政。

可见，财政的产生源自于生产力的发展、剩余产品的出现。没有生产力的发展和剩余产品的出现，财政就失去了产生的经济条件。而私有制、阶级和国家的产生则是财政产生的政治条件。财政是伴随着国家的产生而产生的。

二、财政的发展

由于社会生产方式及由此决定的国家类型不同，财政经历了奴隶制国家财政、封建制国家财政、资本主义国家财政和社会主义国家财政的历史演变。资本主义国家及其以前的财政是以生产资料私有制为基础的，是在经济上占统治地位的阶级凭借国家的政治权力对劳动人民进行的额外剥削，反映了剥削阶级对劳动人民的超经济剥削关系。社会主义国家财政是建立在生产资料公有制基础之上的，消灭了剥削制度，它是服务于人民根本利益的国家财政，体现了取之于民、用之于民的新型分配关系。但是，不同类型的国家财政，一般都具有下列特性：分配的国家主体性、无偿性、强制性和社会基金性。这些特性之间相互关联，使财政分配与其他经济分配相区别。

（一）奴隶制国家财政

奴隶制国家财政的性质决定于奴隶制生产资料所有制和国家的性质。奴隶制国家是人类历史上最早的国家，是社会分裂为阶级以后，奴隶主阶级统治和剥削奴隶的工具。奴隶制国家财政是奴隶制国家对奴隶和贫民进行剥削和掠夺，以维护奴隶主阶级统治和利益的工具。

奴隶社会是建立在奴隶主占有生产资料和直接占有生产者——奴隶的基础上的。奴隶主对奴隶享有所有权和绝对的支配权。奴隶社会除奴隶主和奴隶外，还有中间阶层的自由民——小生产者，随着商品交换的发展，小生产者不断地分化，大多数沦为奴隶，少部分成为商人和高利贷者。奴隶制国家的职能，就是对内镇压奴隶和其他贫民的反抗，维护和巩固奴隶制剥削制度；对外进行战争，以掠夺奴隶和财富，或抗御外来侵略。奴隶制国家的国王，既是拥有全国政治军事大权的统治者，又是全国最大的土地占有者和奴隶主，占有大量的土地和奴隶。

在我国古代的第一个奴隶制国家夏朝，最早出现的财政征收方式是“贡”，即臣属将物品进献给君王。当时，虽然臣属必须履行这一义务，但由于贡的数量、时间尚不确定，所以，“贡”只是税的雏形。而后出现的“赋”与“贡”不同。“赋”是指军赋，即君主向臣属征集的军役和军用品。但事实上，国家征集的收入不仅限于军赋，还包括用于国家其他方面支出的产品。此外，国家对关口、集市、山地、水面等征集的收入也称“赋”。所以，“赋”已不仅指国家征集的军用品，而且具有了“税”的含义。有历史典籍可查的对土地产物的直接征税，是始于公元前594年（鲁宣公十五年）鲁国实行的“初税亩”，按平均产量对土地征税。后来，“赋”和“税”就往往并用了，统称“赋税”。

奴隶制国家财政具有以下特点：

1. 国家财政收支与王室私人收支不分。国王是最大的奴隶主，也是国家的统治者，国王的就是国家的，国家的都是国王及其家族的。即通常所说的“普天之下，莫非王土；率土之滨，莫非王臣”。

2. 财政收支主要采用实物形式和部分劳役形式。这是因为当时生产力水平低下，自给自足的自然经济占统治地位。

3. 以对农业的征收为主。这是因为在奴隶社会生产力水平落后，农业是国民经济的主导产业，手工业和商业都没有发展起来，在国民经济中所占比重很小。因而，财政收入主要来自于农业。

（二）封建制国家财政

封建制国家财政的性质是由封建社会生产资料所有制性质和封建国家的性质决定的。封建社会是建立在封建地主阶级占有生产资料和不完全占有生产者——农奴的基础上的。土地和主要劳动工具归封建地主所有，农奴依附在土地上。此外，社会上还大量存在农民和手工业者、商人等小私有经济。封建社会的两个对立的阶级是地主和农民。封建制国家是封建地主阶级压迫农民的工具。封建制国家财政反映封建地主阶级剥削农民的社会产品分配关系，是为维护封建主统治和封建剥削制度服务的。

封建制国家财政的主要特点是：

1. 国王个人收支和国家财政收支逐渐分离，王室庄园收入和特权收入逐步转为王室收入。

2. 田赋和各种捐税成为财政收入的主要来源。

3. 封建社会末期，产生了国家预算、国债等财政范畴。

4. 财政制度往往不统一。封建社会分封治国，当中央力量衰弱时，地方势力割据，由于国家长期处于分裂状态，造成财政制度的混乱和不统一。

5. 财政收支以实物为主，且逐步由实物向货币形式转化。到了封建社会，财政收入仍以实物形式为主，很少采用力役形式，货币收入的比重逐渐增大。

（三）资本主义国家财政

资本主义生产关系的基本特征是资本家占有生产资料，资本主义国家是维护资产阶级利益的工具。资本主义国家财政的性质是由资本主义生产资料所有制和资本主义国家的性质所决定的。资本主义国家的经济基础是生产资料的资本家私人所有制，资本家阶级凭借它所掌握的资本雇佣劳动力，无偿地占有工人阶级所创造的剩余价值。资本主义社会存在两个根本对立的阶级——无产阶级和资产阶级。由于资本主义生产资料的私有制，资本主义国家一般不掌握经济，国家行使职能所需的经费，是利用国家权力通过财政对国民收入的再分配取得的。财政为政府活动提供经济基础，以维护资产阶级的统治和资本主义的剥削制度。

资本主义国家财政的主要特点：

1. 国家财政收支全部采用货币形式。由于资本主义社会商品货币经济高度发达，国家财政收支完全采用货币形式。

2. 国家财政收入主要来自于工商业。到了资本主义社会，工商业迅速取代了农业，成为国民经济的支柱。工商税收取代农业税，成为财政收入的主要来源。而以土地作为课税对象的农业税占财政收入的比重很小，已经成为次要税种。

3. 财政收入主要用于非生产性支出，以维护资本主义生产秩序，生产性支出所占比重很小。财政收入主要用于维持国家机器运转的行政管理、社会文化教育、科学研究和科学实验、社会保障等方面。

4. 财政体制日益集中和统一。随着集中的财政体制的建立，统一的财政制度得以实行，财政机构得以普遍建立，财政对生产和人民生活的消极作用有所减少。这和封建社会国家财政制度的不统一相比，无疑是进步的。

5. 财政管理有所改进。资本主义社会国家财政的一切收支都纳入国家预算，规定议会对国家预算的制定、审查、决算等方面有决策权和监督权，这和封建社会国家财政收支缺乏有效的监督相比，是有进步的。

此外，在自由竞争资本主义阶段，国家财政收支经常保持平衡。到了资本主义社会，由于生产得到了较快发展，财政收入较为丰裕，国家财政较少出现赤字，经常保持平衡。当财政出现困难时，国家也较容易通过借款来解决暂时困难，国家信用地位加强，债务负担也较轻。在这一阶段，国家财政对资本主义的发展有一定的促进作用。随着资本主义进入垄断阶段以后，特别是第二次世界大战以后，在财政收支关系上，经常运用赤字政策来刺激有效需求，以此来避免经济危机，维护经济的稳定。所以在现代资本主义社会，财政逐渐成为政府进行宏观经济管理的重要手段。

（四）社会主义国家财政

在社会主义社会，由于生产资料公有制的建立，消灭了剥削制度，并在此基础上实行计划经济和按劳分配，使劳动人民成为国家的主人，国家则成为真正的社会代表。国家的职能起了新的变化，它除了防御外敌侵略和镇压国内从事颠覆和破坏社会主义的少数罪犯以外，主要是代表全社会组织和发展国民经济，建设社会主义物质文明和精神文明。这就决定了社会主义财政是直接为发展社会生产和满足社会物质文化需要而服务的重要经济手段。它具有资本主义财政所不可比拟的优越性，这就是：（1）人民性。即取之于民、用之于民，同人民的根本利益一致。（2）生产性。财政通过其收支活动，既参与社会产品和国民收入的初次分配，又投资于企业的再生产，使财政分配扩展到物质生产领域。（3）计划性。财政资金有计划的分配是国家组织国民经济有计划按比例发展的强大杠杆。

社会主义财政有计划地积累和分配资金的主要渠道是国家预算。财政收入的主要来源是社会纯收入，表现为税金和国有企业上交红利等形式。财政支出中用于维持国家机器的行政费用和国防开支仅占小部分，主要是用于社会扩大再生产和社会集体消费。在商品经济条件下，社会主义财政分配主要采取价值形式。社会主义财政工作不仅着眼于财政收支，而且致力于促进经济事业的发展，促使经济部门和企业单位不断改进经营管理，提高宏观和微观的经济效益。这既是人民的利益所在，也是财政收入得以不断增长的源泉。社会主义制度决定了社会主义财政分配关系能够适应社会生产力的性质，促进生产力的发展。

第二节 财政的内涵和基本特征

一、财政的概念

财政一词源于西欧。13～15 世纪，结算支付期限义的拉丁文 finis 演变为 finare，有了支付款项、裁定款项或罚款支付的含义。到 16 世纪末，法国政治家波丹在使用 finances 一词时已有了今日财政的含义，他认为财政是“国家的神经”。中国古代的国家理财一般用国用、国计、邦计、度支、理财等词语。日本自 1868

年明治维新以后，从欧洲引进 finance 概念，吸收中国“财”和“政”两字的含义，创造了“财政”一词，1903 年被引入中国，逐步取代以前的各种名称，确立了今日财政的概念。finance 含义较广，有金融、融资、财务等义。专指国家理财时，英语一般用 public finance，可直译为公共财政。

什么是“财政”？我国学术界和教育界由于观点不同，所下的定义有所不同。按照“国家财政论”的观点，所谓财政是指以国家为主体分配资金活动，就是国家为实现其职能的需要，凭借政治权力及财产权力对一部分国民生产总值（GNP）进行分配和再分配的经济活动。而如果按照西方市场经济国家实行的“公共财政论”的观点，所谓财政是指国家或政府为保证社会公共需要，集中一部分国民生产总值所进行的分配和再分配的经济活动。应该说，现在一般认为财政即“公共财政”。“国家财政”与“公共财政”的区别只是：前者强调国家集中和分配资金是为了实现国家行使职能的需要，后者强调国家或政府集中和分配资金是为了保证社会公共需要。

但无论是哪一种观点，有一点是共性的，即财政以国家为主体，为了实现国家职能的需要，参与社会产品的分配和再分配以及由此而形成的国家与各有关方面之间的分配关系。

二、财政的内涵

财政是指国家或政府的分配活动，财政的内涵，也就是财政所涉及的财政分配的主体、客体、目的及其性质各是什么。这也是我们在研究财政概念时必须弄清楚的问题。

（一）财政分配的主体

就现代财政分配的主体来看，“国家财政论”与“公共财政论”的学者们并无多大分歧，一致认同国家或政府在财政收支活动中负有特殊重要地位。国家或政府就是财政分配的主体，其他社会组织、经济组织、文化组织、企业、事业单位其本身所进行的分配活动，不属于财政分配活动，只有以国家为主体的分配活动，才是财政分配活动。国家或政府是财政分配的主体，其在财政分配中居于主导地位，并形成国家与其他分配主体之间的分配关系。这里所讲的分配，既包括生产要素的分配，通常指资源配置，也包括生产成果的分配，即对单位和个人的收入分配的安排和调整。

（二）财政分配的客体

财政分配的客体也就是财政分配的对象，是国民生产总值，主要是指国民收入的一部分。在社会商品总价值量中财政分配的主要对象是 $V+M$，也就是一定时期一国新创造的价值量。其中"$V+M$"中的 M，即剩余产品价值，是财政分配资金最主要来源。"C"被马克思称之为补偿基金的部分，即生产资料消耗的部分，所以不能分配。

（三）财政分配的目的

国家或政府为什么要进行财政分配？这就涉及财政的目的。财政分配的目的是保证国家实现其职能，满足社会公共需要。国家的职能不外乎两个：一是政治职能，包括对内和对外两个方面。对内要维护秩序的安定；对外要能够防御外来侵略，维护国家在国际上的形象，为建立公正合理的国际政治新秩序发挥自己的作用。二是经济职能。国家要实施宏观调控，以维护经济的稳定，协调地区经济的发展。国家实现其职能的需要，对一个国家的国民来讲是必要的，是全体国民的共同需要，我们可以称之为社会共同需要。

（四）财政分配的性质

财政分配的性质是指不同社会制度下，财政分配具有不同的性质。目前世界上存在着社会主义和资本主义两种不同的社会制度。不同制度下财政分配的性质是不同的。社会主义财政分配的性质是"取之于民、用之于民"的财政，是促进社会主义经济和社会事业发展，为广大人民谋到利益的财政，因而不存在对广大人民群众剥削关系。而资本主义财政分配的性质虽然一般也被认为是"取之于民、用之于民"，但其主要是用之于少数资产阶级统治集团和资本家的需要，对工人阶级和广大群众是一种剥削关系。

三、财政的基本特征

财政的特征主要是指财政分配所呈现的特点。财政分配最主要特征是强制性和无直接偿还性。此外，还有阶级性和公共性，财政收支平衡性也可以作为财政的特征。

所谓强制性是财政的收支基本上依据国家政治权力，通过颁布政令实施的，如税法、预算法。税收是国家最主要的财政收入，目前占全部财政收入 90% 左右，税收就是典型凭借政治权力征收、违反要受到惩处，如，偷税的要加倍征收，抗税的要受到法律制裁。

所谓无直接偿还性也就是无偿性，是指取得财政收入是无偿的，不需要直接返还给交纳人。这同信贷分配有偿性相区别。

所谓财政的阶级性，指财政既是国家或政府为主体的经济活动，必然要体现国家或政府意志。封建制国家，其财政分配必然要体现封建帝王的分配意志，而资产阶级财政分配也必然要体现统治集团和大资产阶级意志，社会主义国家财政必然体现无产阶级和广大人民群众的利益。其阶级性是不言而喻的。

所谓公共性就是说财政要体现出社会公共利益。不论何种制度下的财政，如果一点也不体现社会公共性，而只是为少数人私利分配，必然遭到大多数人的反对，其国家政权也就岌岌可危。所以国家或政府为维持其政权的存在，必然要管理公共事务，体现出对公共事业和福利的关心，管理公共事务就需要相匹配的财政资金。

所谓财政收支平衡性，即财政收入和财政支出相对称，不出现或少出现财政赤字或财政结余。这是财政资金正常运行和货币基本稳定的需要。也是避免经济大起大落的财政政策和措施之一。我国自 1984 年以来连续 20 多年出现财政赤字，这是与财政收支平衡性特征相悖的。目前，国家正在逐步调整财政政策，逐步减少和消灭财政赤字，就是要体现出经济平稳增长和财政收支平衡的需要。但是古今中外，财政收支绝对平衡的现象在现实经济中是不存在的（只是在预算编制中出现）。有时收大于支，有时支大于收属于正常的。但如果收大于支过多，形成大量结余，说明政府集中的资金没有充分使用，也会抑制经济发展，也是不妥的。如果支大于收，就是赤字，如果赤字过大，其后果是通货膨胀，经济紊乱，对经济发展更是不利的。所以财政收支平衡或基本平衡的原则还是需要遵守的。

第三节　公共产品和公共财政

一、公共产品的概念

人们对产品有各种各样的需求，这些需求按照其与市场之间的关系可以分为两大类：私人产品和公共产品。其中私人产品需求可以通过商品的买卖来满足，如工人、农民、公教人员、工商业者依靠诚实劳动和合法经营取得货币收入，用这些货币收入可以到市场上购买自己需要的商品和劳务，包括粮食、衣服、生活用品、交通工具和私人住房等；工商企业在卖出商品或提供服务取得货币收入，用这些货币收入支付职工工资，并从市场上购买原材料和设备，又开始新的生产和经营活动。通过市场提供给个人的商品或服务以及工商企业的生产要素，被称之为私人产品，其功能就是满足私人需要。但是，由于人们的需求是多样化的，市场不可能提供或不适于由市场来提供的物品，则必须由政府系统来提供。这种由政府提供的商品和服务，称之为公共产品，其功能是满足公共需要。

二、公共产品的特点

最为普遍的公共产品如国防、秩序、环保、科技、教育、文化、公共卫生等。在市场经济体制下，私人产品可以通过市场机制来提供，但由于存在市场失灵，像上述的公共产品，就必须由政府系统通过本身的特殊运行机制来提供。美国经济学家保罗·A·萨缪尔森对公共产品给出了下面的定义：纯粹的公共产品指的是这样的物品和劳务，即每个人消费这种物品或劳务不会导致别人对这种物品或劳务消费的减少。

公共产品作为私人产品的对称，具有以下特点：

（一）效用的不可分割性

即公共产品是向整个社会共同提供的，而不能将其分割成若干部分，分别归个人或集团消费，如安全、秩序、国防等。当然，依据受益范围的大小，可以将公共产品分为全国性的或地区性的公共产品，而地区性公共产品的覆盖范围和面积，存在着大小之分，同样，全国性的公共产品的覆盖范围和面积，也存在着大小之分。尽管如此，公共产品的效用仍然是不可分割的，它总是向全国或某个地区的所有成员来提供其效用。而私人产品的效用具有可分割性，如粮食的效用可供人食用，衣服的效用可供人穿用，等等，其效用的发挥必须分割给每个人才能得以实现。

（二）消费的非排他性

即某个人或集团对公共产品的消费，并不影响或妨碍其他人或集团同时消费该公共产品，也不会减少其他人或集团消费该公共产品的数量或质量。例如，航海中的灯塔，可以为夜间航行的所有船只指引航向。有些公共产品虽然经过技术处置可以具有排他性，但由于这种处置的费用过于昂贵，因而在经济上不可行。私人产品具有排他性，当消费者为私人产品付钱之后，他人就不能享用该种产品或劳务所带来的利益。

（三）取得方式的非竞争性

这里的非竞争性时指消费者的增加不会引起生产成本的增加，即多一个消费者所引起的边际成本为零，因此价格也为零。这意味着可能形成“免费搭车者”，即消费者无须通过市场采用出价竞争的方式即可获得公共产品。而私人产品，如衣服、食品、住宅等，消费者必须通过市场采用出价竞争的方式获得。

（四）提供目的的非营利性

即提供公共产品不以营利为目的，而是追求社会效益和社会福利的最大化。而私人产品的提供则会追求利润的最大化。

公共产品的这四个特征是密切联系的，其中核心特征是非排他性和非竞争性，其他两个特征是其必然延伸。在实际生活中，真正的纯公共产品并不多，更常见的是既具有公共产品特点，同时又具有一些私人产品特征的“准公共产品”。

准公共产品亦称为“混合产品”。这类产品通常只具备上述两个特性的一个，而另一个则表现为不充分。

一类是具有非排他性和不充分的非竞争性的公共产品。例如，教育产品。教育产品是具有非排他性的。因为，对于处于同一教室的学生来说，甲在接受教育的同时，并不会排斥乙听课。就是说，甲在消费教育产品时并不排斥乙的消费，也不排斥乙获得利益。但是，教育产品在非竞争性上表现不充分。因为，在一个班级内，随着学生人数的增加，校方需要的课桌椅也相应增加，随学生人数增加，老师批改作业和课外辅导的负担加重，成本增加，故增加边际人数的教育成本并不为零，若学校的在校生超过某一限度，学校还必须进一步增加班级数和教师编制，成本会进一步增加。因而具有一定程度的消费竞争性。由于这类产品具有一定程度的消费竞争性，因而称为准公共产品。

另一类是具有非竞争性特征，但非排他性不充分的准公共产品。例如，公共道路和公共桥梁就是属于这种类型。受特定的路面宽度限制，甲车在使用道路的特定路段时，就排斥其他车辆同时占有这一路段，否则会产生拥挤现象。因此，公路的非排他性是不充分的。但是，公共道路又具有非竞争性。它表现为，一是公共道路的车辆通过速度并不决定某人的出价，一旦发生堵塞，无论出价高低，都会被堵塞在那里；二是当道路未达到设计的车流量时，增加一定量的车，道路边际成本为零，但若达到或超过设计能力，变得非常拥挤时，需要成倍投入资金拓宽，它无法以单辆汽车来计算边际成本。正因为这类公共产品具有非竞争性和不充分的非排他性，因此也称为准公共产品。

纯公共产品的范围是比较狭小的，但准公共产品的范围较宽。如教育、文化、广播、电视、医院、应用科学研究、体育、公路、农林技术推广等事业单位，其向社会提供的属于准公共产品。此外，实行企业核算的自来水、供电、邮政、市政建设、铁路、港口、码头、城市公共交通等，也属于准公共产品的范围。与上述公共产品相对应的是，私人产品也可以分成两类，即纯私人产品和俱乐部产品。纯私人产品是指那些同时具备排他性竞争性特征的产品，包括大多数私人产品。此外还有一类称为“俱乐部产品”。这是指在某一范围内由个人出资，并在此范围内的所有个人都可以获得利益的产品，如消费合作社等。准公共产品一般由准公共组织提供，也可以由私人提供。

三、公共财政

公共财政指的是仅为市场经济提供公共服务的政府分配行为，它是国家财政的一种具体存在形态，即与市场经济相适应的财政类型。指的是在市场经济条件下，主要为满足社会公共需要而进行的政府收支活动模式或财政运行机制模式；是国家以社会和经济管理者的身份从市场上取得收入，并将这些收入用于政府的公共活动支出，为社会提供公共产品和公共服务，以充分保证国家机器正常运转，保障国家安全，维护社会秩序，实现经济社会的协调发展。公共财政的核心是满足社会公共需要，也就是向社会提供公共产品，其涵盖的范围主要有：行政管理、国防、外交、治安、立法、司法、监察等国家安全事项和政权建设，教育、科技、农业、文化、体育、公共卫生、社会保障、救灾救济、扶贫等公共事业发展，水利、交通、能源、市政建设、环保、生态等公益性基础设施建设，对经济运行进行必要的宏观调控等。

公共财政是与市场经济相适应的政府为纳税人提供公共产品的法治财政。公共财政是指市场经济条件下的财政，在市场经济条件下，相对市场机制而言，政府的职能是弥补市场的缺陷，满足社会公共需要，财政则是实现政府职能的物质基础。正是因为市场经济条件下财政存在和发展的主要依据在于满足社会公共需要，市场经济条件下的财政亦被称为“公共财政”。

公共财政是在市场经济条件下国家提供公共产品或服务的分配活动或分配关

系，是满足社会公共需要的政府收支模式或财政运行机制模式，是与市场经济相适应的一种财政类型，是市场经济国家通行的财政体制和财政制度。

（一）公共财政的基本特征

一是公共性。即公共财政着眼于满足社会公共需要。公共财政的职能范围是以满足社会公共需要为口径界定的，凡不属于或不能纳入社会公共需要领域的事项，财政就不去介入；凡属于或可以纳入社会公共需要领域的事项，财政就必须涉足。

二是非营利性。在市场经济条件下，政府作为社会管理者，其行动的动机不是、也不能是取得相应的报酬或营利，而只能以追求公共利益为己任。其职责只能是通过满足社会公共需要的活动，为市场的有序运转提供必要的制度保证和物质基础。即便有时提供的公共产品或服务的活动也会附带产生数额不等的收益，但其基本出发点或归宿仍然是满足社会公共需要，而不是营利。表现在财政收支上，财政收入的取得，要建立在为满足社会公共需要而筹集资金的基础上；财政支出的安排，要始终以满足社会公共需要为宗旨。

三是法制性。即收支行为规范化。公共财政以满足社会公共需要为基本出发点，与全体社会成员的切身利益直接挂钩。不仅财政收入要来自于社会成员的交纳，财政支出要用于向社会成员提供公共产品和服务的事项，而且财政收支出现差额带来的成本和效益，最终仍要落到社会成员的身上。既然大家的事情大家都有份，社会成员对于公共财政的运作便有强烈的监督意识，从而要求和决定着政府财政收支行为的规范化：以法制为基础、全部政府收支进行预算、财税部门总揽政府收支。

公共财政是按国家（政府）提供公共产品的决策方式来划分的类型，与此相对应的应是“家计财政”和“计划财政”。公共财政是市场经济国家用来弥补市场失灵的重要手段，特别是用来弥补市场在提供公共产品上的失灵。

（二）财政职能

财政职能，是指财政在社会经济活动中所具有的职责和功能。财政职能的实现过程是国家按照其所具有的职责和功能。财政职能的实现过程是国家按照其职能正常实现的要求，把握和运用财政的固有职能的过程。

财政职能是财政本质的具体表现，它具有一定的客观性，反映了财政本质的客观要求。财政也是政府的一种经济行为，是履行和实现政府经济职能的手段，所以财政职能就是政府的经济职能，即市场失灵的那些领域都需要政府来加以校正，即发挥财政在资源配置、收入分配、经济稳定和发展中的作用。

财政的产生与公共产品的提供具有本质的联系。在市场经济体制下，财政作为政府弥补市场失灵的重要手段之一，发挥着以下几个方面的职能：

1. 资源配置职能

资源配置职能，是指财政作为国家和政府的一种分配手段，通过财政分配活动，将社会资源按照实现国家职能的要求，合理地配置于社会经济的各个环节，使其得以充分而有效利用的职责和功能。

不同经济体制下，资源配置的机制是不同的。在计划经济体制下，政府是分配资源的主宰，国家计划配置起主导作用，计划配置排斥了市场配置，也削弱了财政配置。市场经济体制下，资源配置的机制不外乎两个，即市场配置和财政配置，市场配置起主导作用，财政配置起辅助性的补充作用。市场配置是指依赖价值规律和供求关系配置资源的流向、流量和分布。它的实现方式是自发的。财政配置是指国家通过财政对经济运行中的资源直接干预，通过这种干预影响资源的流向和流量，以达到符合意向的资源分布状况。

在市场经济体制下，财政配置职能的依据是资源配置上的市场失灵。其主要表现是：（1）市场机制下不能提供具有非竞争性、非排他性及存在“搭便车”问题的公共产品；（2）市场无法解决外部效应问题，尤其是负的外部性问题；(3) 市场机制具有“不完全性”，如价格扭曲、信息失真、地区封锁、资源转移的种种限制以及垄断的存在都妨碍市场竞争；（4）市场无法提供非竞争性、耗资大、投资回收期长但在国民经济中又起着主导作用的产业的投资。

市场失灵的领域也决定了财政资源配置职能的范围：（1）公共产品。包括政府服务、政府政策、国防建设、公共卫生服务、城市绿化等。（2）准公共产品。性质上处于纯公共产品和私人产品之间的准公共产品，政府要参与资源配置，但通常由消费者直接支付一部分。（3）自然垄断行业的产品。

政府提供的劳务事实上可以分为两类：一类是直接满足人们消费需求的公共劳务，如安全、教育、卫生等；另一类是为市场机制和非市场机制间接服务的劳务，如反垄断、反商业欺诈、司法、政府造币等。

通过财政配置手段，可以实现资源在不同地区之间的调节、资源在产业部门之间的配置以及全社会的资源在政府部门和非政府部门之间的合理配置等。

2. 收入分配职能

收入分配职能，是指财政作为以政府为主体的分配活动，按照社会公平的原则要求，改变和调整市场分配的结果，以协调各种利益分配关系，促进社会稳定和经济发展的职责和功能。

在市场经济调节下，个人收入的形成要经过两个环节：一是微观层次上的市场分配环节，也就是收入的初次分配环节。这种分配是在各生产经营单位及其内部进行的分配，它是以效率为准则，以利益主体为社会提供生产要素的数量和质量为依据。由于现时条件下个人的禀赋差异，机会的不平等都会导致在初次分配领域人们通过市场获得的收入存在不正常的贫富差距，特别是我国现有市场，由于竞争的不充分，导致在初次分配领域，居民收入差距呈现扩大的趋势。改革开放以来，我国在经济增长的同时，贫富差距逐步拉大，综合各类居民收入来看，基尼系数越过警戒线已是不争的事实。我国基尼系数已跨过0.4，接近0.5（系数处于0.3~0.4之间被视为合理区间）。中国社会的贫富差距已经突破了合理的限度，总人口中20%的最低收入人口占收入的份额仅为4.7%，而总人口中20%的最高收入人口占总收入的份额高达50%。突出表现在收入份额差距和城乡居民收入差距进一步拉大、东中西部地区居民收入差距过大、高低收入群体差距悬殊等方面。初次分配领域中所形成的收入不平等单纯依赖市场是无法克服的，必须靠政府调节，这就是第二个环节——宏观层次的社会分配环节。宏观层次的社会分配是建立在市场分配基础上的调节性分配。它是以政府为主体，依据保证生存权准则，效率优先、兼顾公平的准则和共同富裕准则等社会公平准则，其目的是通过政府对收入分配的调节来缓解在初次分配中由市场分配不公及其引起的一系列的矛盾，进而协调社会分配关系，以求得社会经济在良好的社会经济环境中稳步发展。

收入分配的目标是实现公平分配。财政收入分配职能主要是通过调节企业利润水平和居民个人收入水平来实现经济公平和社会公平。财政调节企业的利润水平主要是通过税收、财政补贴等手段进行，调节居民个人收入水平主要通过税收和转移支付进行。经济公平是市场经济的内在要求，是在平等竞争条件下按照等价交换来实现的，而社会公平很难用某个指标来衡量，通常是收入差距维持在各阶层居民所能接受的范围内。因此，政府为实现社会公平就形成了对市场经济条件下的收入分配结构进行调整的职能，即财政收入分配职能。

通过财政的收入分配职能，可以缓解初次收入分配环节收入分配不合理所造成的收入分配差距过大及其引发的一系列矛盾，对于促进社会公平、防止贫富悬殊过大、促进社会和谐健康发展都有非常重要的意义。

3. 经济稳定与发展职能

经济稳定职能与发展职能是政府运用税收、国债、转移性支出、投资等财政变量之间的有机联系和相互影响，来调节社会需求的总量和结构，使之与社会供给相适应，促使经济增长过程保持持续稳定。

经济稳定包含充分就业、物价稳定和国际收支平衡多重含义。充分就业并非指可就业人口的百分之百的就业。由于经济结构不断调整，就业结构也在不断变化，在任一时点上，总会有一部分人暂时脱离工作岗位处于待业状态，经过一段培训后重新走上工作岗位，因而充分就业是指可就业人口的就业率达到了由该国当时社会经济状况所能承受的最大比率。物价稳定也不意味着物价冻结，上涨率为零，即使在经济运行正常时期，物价的轻度上升是一个必须接受的事实，所以物价稳定是指物价上涨幅度维持在不至于影响社会经济正常运行的范围内。国际收支平衡指的是一国在国际经济往来中维持经常性项目收支（进出口收支、劳动收支和无偿转移收支）的大体平衡，因为国际收支与国内收支是密切联系的，国际收支不平衡同时意味着国内收支不平衡。

发展和增长是不同的概念。增长是指一个国家的产品和劳务的数量增加，通常用国民生产总值或国内生产总值及其人均水平来衡量。发展比增长的含义要广，不仅意味着产出的增长，还包括随着产出增长而带来的产出与收入结构的变化以及经济条件、政治条件和文化条件的变化，表现为在国民生产总值中农业比重相应下降，而制造业、公用事业、金融贸易、建筑业等的比重相应上升，随之劳动就业结构发生变化，教育程度和人才培训水平逐步提高。简言之，发展是一个通过物质生产的不断增长来满足人们不断增长的基本需要的概念，对发展中国家来说，包括消除贫困、失业、文盲、疾病和收入分配不公平等现象。

财政实现稳定和发展职能的机制和手段主要有：

（1）财政政策是维系社会总需求与总供给大体平衡的重要手段。政府应针对不断变化的经济形势，灵活地变动财政支出和税收。当总需求超过总供给时，可以实行紧缩的财政政策，减少支出或增加税收或二者并举，而一旦出现总需求小于总供给的情况，可以实行适度宽松的财政政策，增加支出和减少税收或二者同时并举，由此扩大总需求。

（2）在财政实践中，还可以通过一种制度性安排，发挥“自动稳定器”的作用，累进的所得税制度，失业救济金制度，都明显具有这种作用。

（3）通过投资、补贴和税收等多方面安排，加快农业、能源、交通运输、邮电通信等公共设施的发展，消除经济增长中的瓶颈，支持第三产业的发展，加快产业结构的转换，保证国民经济稳定与高速的最优结合。

（4）财政应切实保证前面提到的那些非生产性的社会公共需要，为经济和社会发展提供和平和安定的环境。如治理污染、保护环境、加强公共卫生安全、加强科学教育事业的发展、完善社会福利和社会保障制度等。

【阅读材料 1.1】 罗斯福新政

1929 年 10 月 24 日，美国爆发了资本主义历史上最大的一次经济危机。1 周之内，美国人在证券交易所内失去的财富达 100 亿美元，农场主为了销毁“过剩”的产品，把牛奶倒进密西西比河。当时纽约流行一首儿歌：“梅隆拉响汽笛，胡佛敲起钟。华尔街发出信号，美国往地狱里冲！”

图 1.1 罗斯福在签署文件

1. “疯狂的 20 年代”暗藏危机

1920 年，资本主义世界爆发了第一次世界大战后首次经济危机。危机过后，美国经济在股票、债券等“经济泡沫”的影响下迅速增长，创造了资本主义经济史上的奇迹。从 1923 年直到 1929 年秋天，每年的生产率增长幅度达 4%。与此同时，整个美国社会的价值观念都在发生变化。虽然清教徒传统的价值观念仍在农村中流行，但在城市中的主导道德观念却发生了巨大的变化。发财致富成了人们最大的梦想，投机活动备受青睐，有组织的犯罪活动以及享乐之风盛行。相当一部分人终日沉醉于物质享乐之中，而精神生活则体现出浮躁和粗鄙，以至于许多美国历史学家把这时的美国称为精神上的“饥饿时代”或“疯狂的 20 年代”。

20 世纪 20 年代的繁荣虽然造就了一个资本主义发展的黄金时期，但这一繁荣本身却潜伏着深刻的矛盾和危机。首先是美国农业长期处于不景气状态，农村购买力不足。1919 年时农场主的收入占全部国民收入的 16%，而在 1929 年只占全部国民收入的 8.8%，农场主纷纷破产。此时农民的人均收入只有全国平均收入的1/3左右。

其次，是美国工业增长和社会财富的再分配极端不均衡。工业增长主要集中在一些新兴工业部门，而采矿、造船等老工业部门都开工不足，纺织、皮革等行业还出现了减产危机，大批工人因此而失业。这一时期兼并之风盛行，社会财富越来越集中在少数人手中。全美最大的16家财阀控制了整个国家国民生产总值的53%，全国1/3的国民收入被占人口5%的最富有者占有；另一方面，约60%的美国家庭的生活水平还挣扎在仅够温饱的每年2 000美元水平上下，更为严重的是，有21%的家庭年收入不足1 000美元。此外，国际收支中的潜在危机也加深了美国经济的潜在危机。美国日益增长的经济力和供应大大超过国内外有支付能力的需求。这一切都预示着一场大危机的到来。

1920年，民主党总统威尔逊离任。继威尔逊后的3届共和党总统哈定、柯立芝和胡佛先后执政。有美国史学家认为，“这3届政府在美国历史上构成了一个时代”，“在这短短10年中，政治生活中道德水平的低下达到无以复加的地步，再要低落就连负责公众利益的影子也说不上了”。

2. “美国往地狱里冲”

1929年上台的总统胡佛是一位靠个人奋斗起家的“美国英雄”。他在竞选演说中对人民许诺，“美国人家家锅里有两只鸡，家家有两辆汽车”。但由于胡佛在经济领域顽固奉行自由资本主义经典理论，在随后到来的经济危机中应对无力，从而使他的诺言成为一张永远无法兑付的空头支票。当年10月24日，一场经济危机风暴席卷美国。这次危机使生产下降的幅度之大，波及范围之广，失业率之高，持续时间之长，都是前所未有的。

从10月29日开始的1周内，美国人在证券交易所内失去的财富达100亿美元。为了维持农产品的价格，农业资本家和大农场主大量销毁“过剩”的产品，用小麦和玉米代替煤炭做燃料，把牛奶倒进密西西比河，使这条河变成“银河”。到1932年，钢铁工业下降了近80%，汽车工业下降了95%，至少13万家企业倒闭，占全国劳工总数1/4的人口失业。城市中的无家可归者用木板、旧铁皮、油布甚至牛皮纸搭起了简陋的栖身之所，这些小屋聚集的村落被称为“胡佛村”，意在讽刺胡佛总统。除此之外，流浪汉的要饭袋被叫做“胡佛袋”，由于无力购买燃油而改由畜力拉动的汽车被叫做“胡佛车”，甚至露宿街头长椅上的流浪汉身上盖的报纸也被叫做“胡佛毯”。

3. “新政”把美国拉回人间

1933年3月4日，富兰克林·德兰诺·罗斯福就任美国第三十二届总统。罗斯福应对危机的一系列政策后来被称为“新政”（new deal），其核心是三个R：改革（reform）、复兴（recovery）和救济（relief）。罗斯福的“新政”并非一时的权宜之计，而是一场为保证资本主义制度的稳定发展，在资本主义经济肌体内部进行的一场“伤筋动骨”的大手术。

罗斯福的新政处方先从整顿金融入手。在就职后的第三天，即1933年3月6日，罗斯福宣布全国银行“休假”，这是他所采取的重建银行和经济结构的第一步。3月9日，国会通过《紧急银行法令》，对银行采取个别审查、颁发许可证制度，对有偿付能力的银行，允许尽快复业。13日至15日，全国绝大多数银行经过财政部审核，在政府监督下，分批陆续恢复营业。罗斯福对惊魂不定的美国人民说："我向你们保证，把你们的钱存入重新开业的银行比藏在床褥下更为保险。"6月16日，国会通过了《1933年银行法》，建立由联邦承担责任的联邦储备体系。由于采取了这些措施，银行信用很快恢复，银行存款在不到1年的时间里增加了近20亿美元！

在整顿农业方面，从1933年5月开始，新设立的农业调整管理局着手开展了一场雷厉风行的行动，在春夏两季有计划地犁掉了大约1 000万英亩棉田，收购和屠宰了大约20多万头即将临产的母猪和600多万头小猪，几千万头牛和羊。物缺则贵的无情法则发生了作用。随着农业生产的下降，加上1933～1934年遭到严重旱灾，农产品价格开始回升。从1932年到1936年农业总收入增加了50%，出售农产品的现金收入（包括政府补贴）几乎翻了一番。

1933年春天，罗斯福政府制定了旨在整顿工业的《全国产业复兴法》，其内容共分两部分：第一部分的宗旨是订立可免受托拉斯法案限制的公平竞争规约；第二部分提出要成立"公共工程署"，并为此拨款33亿美元。罗斯福称之为"向工业界提出的艰巨任务"。7月又提出订立"一揽子规约"的想法，规定如愿意合作的雇主应保证遵守全国复兴总署规定的最低工资和最高工时的标准。200万雇主接受了"一揽子规约"，并在企业门口悬挂以印第安人的雷鸟为蓝本而设计的蓝鹰徽——服从规约的标志。

在新政中，救济是一个主要方面。在进行直接救济的同时，更主要的方面是以工代赈。罗斯福上任后从一开始就倾注了极大的力量兴办大规模的公共工程，以扩大政府开支来弥补私人投资下降而出现的空白，并解决部分就业问题。1935年4月28日，罗斯福正式宣布工赈计划，明确规定对有工作能力的失业者不发放救济金，而是帮助其通过参加不同的劳动获得工资。

4. 新政功过众说纷纭

新政刚一推出，就引起美国社会上下的普遍关注，不同政治集团对其给予了不同的评价。罗斯福的坚决反对者、报业大王赫斯特说"新政"就是苛政（raw deal）；不是榨取富人（soak the rich），而是榨取成功者（soak the successful）。美国著名新闻记者、作家约翰·根室说他所听到的关于新政的最好定义，是说"那是一些没有骨气的自由派为了那些失魂落魄的资本家而去拯救资本主义的一种企图"。另外还有人谴责新政是披上自由主义外衣的法西斯主义。

美国经济学家对新政有两派意见，一派认为新政在鼓舞私人企业的信心方面没有成功，资本主义秩序成功的基本条件是鼓舞企业家的创业精神，而诱发这种精神就需要刺激和补偿，新政的一些措施是抑制这种精神的。另一派是凯恩斯及其追随者或半追随者，他们认为，只有真正执行大胆的增大开支的赤字政策，才能使国民经济走上复兴的轨道，而罗斯福在这一点上做得还不够。

罗斯福新政是20世纪资本主义发展历程中的重大事件，帮助美国的资本主义制度度过了1929～1933年的一场空前大灾难。美国的资本主义制度得救了，世界资本主义体系也缓过气来。这使新政在美国历史和世界历史中获得了一席之地。

资料来源：《环球时报》2002年3月18日第13版。

[思考]：罗斯福新政是如何利用财政干预经济的？

思 考 题

1. 什么是财政？
2. 简述市场失灵和财政之间的关系。
3. 财政的基本特征有哪些？
4. 什么是公共产品？它有什么特点？
5. 财政的职能是什么？

练 习 题

一、单项选择题

1. 财政分配的对象是（ ）。
A. 企业收入　B. 居民收入
C. 国民收入　D. 家庭收入

2. 财政分配的主体是（ ）。
A. 银行　B. 企业　C. 国家　D. 行政单位

3. 不属于公共需要的是（ ）。
A. 国防　B. 卫生保健　C. 公共安全　D. 住房

4. 财政职能是指作为一个（ ）范畴所固有的功能。
A. 经济　B. 政治
C. 社会　D. 法律

5. 以税收、收费和国债等形式筹集收入，又通过投资、公共支出、补贴等形式形成支出，并通过财政政策调节经济的运行，属于政府介入和干预市场的（ ）手段。
A. 行政手段　B. 组织公共生产
C. 财政手段　D. 法律手段

6. 市场经济的内在要求，强调的是要素投入和要素收入相对称，在平等竞争的环境下由等价交换来实现的，指的是收入公平分配的（ ）。
A. 经济公平　B. 政治公平
C. 社会公平　D. 法律公平

二、多项选择题

1. 市场失灵主要表现在（ ）。
A. 垄断　B. 信息充分

C. 收入分配不公　　D. 外部性与公共产品

2. 以下属于公共产品的是（　　）。

A. 国防　　B. 教育　　C. 衣服　　D. 公安

3. 财政的职能主要有（　　）。

A. 资源合理配置　　B. 收入公平分配

C. 经济均衡稳定　　D. 公平与效率

4. 公共产品的特征有（　　）。

A. 非排他性　　B. 排他性

C. 非竞争性　　D. 竞争性

E. 非营利性

三、判断题

1. 财政是一种经济行为或经济现象，这种经济行为和经济现象的主体是企业。（　　）

2. 社会主义市场经济条件下，起资源配置主导作用的仍然是计划方式。（　　）

3. 从起源上考察，财政是在国家产生之后产生的。（　　）

4. 外部效应说明的是一个厂商从事某项经济活动对其他人带来损失的现象。（　　）

5. 非竞争性则是指一些人享用公共产品带来利益的同时而不能排除其他一些人同时从公共产品中获得利益。（　　）

第二章 财政收入

政府通过各种途径干预经济社会活动。例如，国防开支、政府雇员的工资福利支出、推动新农村建设发生的支出、转变经济发展方式和促进科技创新的支出等，要进行这些活动，政府就必须占用一部分资源，即取得财政收入，不仅如此，要保证政府的宏观经济管理等职能的实现，还有必要保证一定的财政收入规模。本章概述财政收入，介绍财政收入的形式和来源，分析财政收入规模和结构。

第一节 财政收入概述

一、财政收入的含义及特点

（一）财政收入的含义

财政收入是指在一个财政年度内，政府为满足社会公共需要，凭借政治权利和经济权利通过一定渠道和形式占有的由政府集中掌握的社会产品，在货币经济条件下，这种社会产品表现为一定数量的货币资金。

（二）财政收入的特点

1. 公共性。财政收入作为公共权力在经济方面的体现，同公共权力一样源于社会的共同需要。财政收入代表的社会产品为社会共同所有，最终用于满足社会公共需要。

2. 强制性。财政收入的获得以公共权力为依托，以有关法律、行政法规和相关规定为依据，而不是执行自愿原则。强制性源于公共性，公共产品具有非排他性和非竞争性，在自愿供给的情况下，公共需要无法满足。

3. 规范性。财政收入以法律法规和规章制度为依据，因而在种类、征收对象、征收手续、征收规模和使用方向方面都比较规范明确。

4. 稳定性。由于财政收入具有强制性和规范性，因此财政收入具有稳定性。财政收入的强制获得需要以稳定性为前提，规范性也增大了财政收入在数量结构上变化时的成本。

二、财政收入的经济内容

财政收入的经济内容规定财政收入的范围和数量界限，制约着财政收入的变化过程。正确认识财政收入的经济内容，对于把握财政收入的变化规律、预测财政收入的发展趋势，正确处理财政收入与国民收入的相互关系，制定正确的收入政策，都有重要的意义。经济的物质载体主要来自商品，研究分析财政收入经济内容，就要分析商品价值构成与财政收入的相互关系。

社会总产品价值构成中的 C 是生产资料的转移价值，用来补偿已经消耗掉的生产资料价值。它永远在社会再生产过程中发挥作用，并随着科学技术的进步而不断地进行积累，从而形成新的生产力，因而不能成为财政收入的来源。具体来讲，产品价值中的 C，包括劳动对象和劳动资料，劳动对象如原料、材料等必须保证经常地价值形式的补偿和实物形态的更新，国家财政不能参与对这一部分产品价值的分配；劳动资料如厂房、机器设备等在价值形式上逐年局部补偿直到实物形态上的更新，其间的折旧基金一直滞留在货币形式上，这意味着并不是绝对不可以把它纳入财政的渠道。我国 1994 年新税制改革后国有企业折旧基金由企业掌握，不再上交财政。

社会总产品价值中的 V 用于补偿直接生产过程中的活劳动消耗，形成物质生产领域职工的个人收入。因此按社会平均的劳动产品价值不能成为财政和收入的来源。因为 V 的界定问题，即 V 的确定内容是什么、V 与 M 的界限在哪里，理论上存在分歧，因而存在一些财政收入相应经济内容上的不甚明确，诸如个人所得税、服务行业和文化娱乐业等企事业单位上交的税收等。

社会总产品价值中的 M，具有两个特点：一是不直接参与生产过程，二是没有具体用途，所以 M 是财政收入的主要来源。

三、财政收入的功能

财政收入的功能主要表现在以下三个方面：

1. 财政收入是财政支出的前提。财政分配是收入与支出的统一过程，财政支出是财政收入的目的，财政收入则是财政支出的前提和保证，在一般情况下，收入的数量决定着财政支出的规模，收入多，才能支出多。因此，只有在发展生产的基础上，扩大财政收入，才能为更多的财政支出创造前提，才能为政府履行各项职能提供财力上的保障。

2. 财政收入是政府实施宏观调控的重要手段。财政政策是政府实施宏观调控的主要工具之一，而财政收入政策是财政政策的重要组成部分。通过财政收入政策，可以起到优化资源配置、保持经济稳定和调节收入分配的作用。

3. 财政收入是正确处理各方面物质利益关系的重要方式。财政收入的取得不仅仅是聚集资金的问题。在具体操作过程中，取得多少、采取何种方式，关系到党的方针政策的贯彻落实，涉及各方面的物质利益关系的处理。只有在组织财政收入的过程中正确处理各种物质利益关系，才能达到充分调动各方面的积极性，达到优化资源配置，协调分配关系的目的。

四、财政收入的原则

财政收入的原则是指一个国家组织财政收入应该遵循的基本准则，是政府设计财政收入制度、制定财政收入政策的理论依据。

（一）充分原则

财政收入应能为政府活动提供充裕的财力，以保证政府实现正常职能的需要。

财政收入的充分原则包含适度性、完整性和保持弹性等方面的而要求。适度性主要是指财政收入应当取之有度，既能满足政府正常的支出需要，同时，又不至于给社会造成过重的负担。完整性是指政府的一切收入都应纳入财政收入管理渠道，从而形成全面完整的财政收入体系。保持弹性是指财政收入应随着经济增长而不断增长。

（二）公平原则

坚持公平是财政收入活动的一项基本原则或准则。财政收入的公平原则主要体现为普遍征收和平等征收。普遍征收是收益条件下的普遍征收，即只要某社会成员享受了政府提供的某种公共产品或公共服务，就应该毫无例外地交纳相应的费用。平等征收通常指政府收取的费用应尽可能与交纳者的负担能力相一致或相对称，具体又有横向公平（纳税能力相同的人同等纳税）、纵向公平（纳税能力不同的人不同等纳税）两层含义。确立财政公平原则，是我国社会主义市场经济和民主政治建设对完备财政法治的必然要求，也是我国财政制度文明程度的重要标志。

（三）效率原则

所谓效率原则，是指政府应尽可能以较少的经济成本来取得尽可能多的财政收入，具体可分为财政收入取得过程本身的效率和财政收入取得对经济运行效率的影响。

（四）区别对待，合理负担的原则

区别对待，是指基于国家发展战略的需要，区别对待不同的财政来源。主要是对不同地区有所区别，对不同的产业有所区别。

合理负担有两个含义，一是受益者负担原则，二是按能力负担的原则。合理负担原则主要体现在税收中，就是在组织财政收入时，按纳税人收入的多少，采取不同的征收比例，实行负担能力强的多负担，负担能力弱的少负担。它通常采取不同的征税范围、不同的税率、减免税等方式来实现。实行合理负担，是实现企业公平竞争的需要，也是保证国家财力的需要。

第二节 财政收入的形式和来源

一、财政收入的分类

财政收入的分类就是按照财政收入的内在性质和相互联系，对财政收入所进行的科学、系统的划分和归并。对财政收入进行分类，可以帮助我们了解和分析财政收入的结构及其变化趋势，研究影响财政收入的因素，并以此为基础制定相应的组织收入政策，正确处理组织财政收入过程中的各种利益关系。

（一）财政收入分类的依据

财政收入既是一个过程，又是一定量的货币资金。财政收入首先应理解为一个过程，这一过程是财政分配活动的一个阶段或一个环节，在其中形成特定的财政分配关系。财政收入又是一定量的货币收入，即国家占有的以货币表现的一定

量的社会产品的价值，主要是剩余产品价值。

（二）财政收入分类的标准

1. 按财政收入形式的分类，可分为税收收入和其他收入两大类。这种分类突出了财政收入中的主体收入。其他收入包括社会保障基金收入、收费收入、债务收入、铸币收入和通货膨胀收入。其中，收费收入是国家政府机关或国家事业机构等单位，在提供公共服务、产品、基金或批准使用国家某种资源时，向受益人收取一定费用的一种财政收入形式。收费形式贯彻利益报偿原则和费用补偿原则。国债收入是国家以债务人的身份，按照信用的原则从国内外取得的各种借款收入，国债不仅具有偿还性，而且还具有自愿性，同时国债也是政府调节经济的杠杆，它是一个特殊的债务范畴。

2. 按经济性质分类，可分为无偿收入和有偿收入。无偿取得的收入主要用于满足国家行政管理、国防、社会科学文教卫生等消费性的经费支出。有偿收入主要指债务收入，主要用于国家的经济建设支出和弥补财政赤字。

3. 按财政资金的管理方式分类，可分为预算内资金和预算外资金。按照是否纳入国家预算，可分为预算内收入和预算外收入两类。预算内收入是指一个预算年度内通过一定的形式和程序，有计划的筹措归国家支配的资金。预算内收入是国家的主导财力，反映着整个国家的政策、各级政府活动的范围和方向，主要用于解决全面、整体宏观的需要，而由国家财政统一筹集、分配、使用和管理。预算外收入是指国家机关、事业单位和社会团体为履行或代行政府职能，依据国家法律、法规和具有法律效力的规章而收取、提取和安排使用的未纳入国家预算管理的各种财政性资金。预算外收入是国家的补充财力，反映着各职能部门事业活动的特点，主要用于解决局部、部分、微观方面的需要。财政收入按是否纳入国家预算进行分类，有利于编制国家预算和决算，组织预算的执行。

4. 按照财政收入的连续性和稳定性分类，可分为经常性收入和临时性收入。经常性收入是政府每个财政年度都能连续、稳定、经常地取得的收入，是财政收入的主体。临时性收入是政府非连续、不规则地取得的收入，是财政收入的辅助部分。前者主要包括税收收入、公共收费收入、国有资产收入等；后者主要包括国债收入、捐赠收入等。

5. 按财政收入来源分类：一是以财政收入来源中的所有制结构为标准，将财政收入分为国有经济收入、集体经济收入、中外合营经济收入、私营经济或外商独资经济收入、个体经济收入等。二是以财政收入来源中的部门结构为标准，将财政收入分为工业部门和农业部门收入、轻工业部门和重工业部门收入、生产部门和流通部门收入，以及第一产业部门、第二产业部门和第三产业部门收入等。

6. 按取得收入的依据进行分类，可分为一般财政收入和国有资产经营收入。这里的依据是指政府的身份与相应法律。一般财政收入是政府为提供公共产品，凭借政治权利参与社会产品的分配所取得的收入。国有资产经营收入是政府依据国有资产所有权参与国有资产收益分配所取得的财政收入。

7. 按财政收入的行政归属分类，可以分为中央财政收入和地方财政收入。中央财政收入是指按照财政预算法律和财政管理体制规定由中央政府集中和支配使用的财政收入。地方财政收入是指按照财政预算法或地方财政法规定划归地方政府集中筹集和支配使用的财政收入。

二、财政收入形式

（一）财政收入形式的含义

财政收入形式指的是国家利用什么名称、采取什么方法取得财政收入。这种名称和方法依托于一定社会的基本经济制度，并与其经济活动范围有着内在的必然联系。

研究财政收入形式在财政分配中的作用，对于组织财政收入、调节人们的经济利益、协调生产关系和生产力以及上层建筑和经济基础之间的关系都有非常重要的意义，也是深化经济改革需要着重研究的问题。首先，财政收入的形式反映社会生产力发展水平，体现社会经济结构，与社会经济形势和管理体制有着密切的联系。财政收入形式一旦产生，就会有相对的独立性，发挥特殊的经济作用，并对产生这种形式的经济条件发生反作用。其次，财政收入的形式对社会再生产、对微观经营和宏观经济运行具有很大的制约作用，成为调节各阶层经济利益、影响人们的经济决策、鼓励或限制生产经营的经济杠杆。最后，采用什么财政收入的具体形式将影响到经济发展，这是研究财政收入形式的首要问题。

（二）财政收入的具体形式

1. 税收收入

税收是政府为实现其职能的需要，凭借其政治权利并按照特定的标准，强制、无偿地取得财政收入的一种形式。它是现代国家财政收入最重要的收入形式和最主要的收入来源。

在我国税收收入按照征税对象可以分为五类：流转税、所得税、财产税、资源税和行为税。其中流转税是以商品交换和提供劳务的流转额为征税对象的税收，流转税是我国税收收入的主体税种，占税收收入的60%多。主要的流转税税种有增值税、营业税、消费税、关税等。所得税是指以纳税人的所得额为征税对象的税收，我国目前已经开征的所得税有个人所得税、企业所得税。财产税是指以各种财产（动产和不动产）为征税对象的税收，我国目前开征的财产税有土地增值税、房产税、城市房地产税、契税。资源税是指对开发和利用国家资源而取得级差收入的单位和个人征收的税收。目前我国的资源税类包括资源税、城市土地使用税等。行为税是指对某些特定的经济行为开征的税收，其目的是为了贯彻国家政策的需要，目前我国的行为税类包括印花税、城市维护建设税等。

2. 国有资产收益

国有资产收益是指国家凭借国有资产所有权获得的利润、租金、股息，红利、资金使用费等收入的总称。我国国有资产收益主要包括以下几类：

（1）经营性国有资产经营收益。它是指国家凭借其在经营性企业中的国有资本金取得的、出自相对应的税后利润、国有股权转让等形式的收益。根据现行的国有资本收益分配制度，国有资产经营收益的一部分作为发展资金留给企业，成为留存企业国有资本金，另一部分以上交红利的形式转化为各级政府的财政收入。

（2）非经营性国有资产收益。它是指行政事业单位的非经营性国有资产用于经营性活动或处置时取得的，归占用单位使用管理或上交国家财政的收益。这一部分只是国有资产收益中的极少部分。

（3）资源性国有资产收益，也称国有资源收益。它是指国家凭借对资源性国有资产的所有权向使用经营单位所收取的有偿占有使用费等形式的收益。如使用费、补偿费、开采费、租金、产权转让收益等。我国目前的资源性国有资产收益的主要形式有土地出让金等国有土地有偿使用收入、陆上石油矿区使用费、海域使用金、海上石油矿区使用费、外商投资企业场地使用费等。

3. 国债收入

国债收入是指政府通过信用形式取得的有偿性收入。国债收入具有自愿性、有偿性和灵活性的特点。按照举债政府主体的不同，国债分为中央政府国债和地方政府国债。由于我国《预算法》规定地方政府不允许发行国债，只有中央政府可以发行，因而中央政府债券成为国债的绝对主体。例如，2005年我国中央财政归还到期国内外债务资本金3 923.25亿元，加上弥补当年赤字，中央财政国债发行总规模为6 922.87亿元，约占当年中央财政收入的40%①。从目前来看，我

① 参见财政部：《关于2005年中央和地方预算执行情况与2006年中央和地方预算草案的报告》，2006年3月5日。

国的财政赤字和累计国债总额占GDP的比重分别为1.7%和10%左右，均低于国际公认的3%和60%的警戒线。但赤字和债务过大的危害是人所共知的，尤其是我国的财政赤字和债务主要是中央财政的，而中央财政收入占全国财政收入的比重不到55%，其他国家的这一比重一般大于60%。因此，短期内为了拉动经济增长，可较大规模地扩大国债规模，而从中长期来看，长期大规模增发国债将超过经济的承受能力，不利于国民经济的平稳发展，所以应严格控制并逐步缩小财政赤字和发债规模。

国债除了弥补财政收支之间的赤字缺口、调剂国库资金余缺的功能外，目前已经成为市场经济国家进行宏观调控的主要手段，它具有连接财政政策和货币政策的功能，成为政府进行公开市场业务操作的主要品种。通过发行国债，可以由此动员和重新配置社会资源，调节社会需求，维持经济健康稳定增长。但是，也存在导致通货膨胀、对民间投资形成挤出效应、加大政府财政负担等风险。

4. 收费收入

收费收入是指国家政府机关或事业单位在提供公共服务、实施行政管理或提供特定公共设施的使用时，向受益人收取一定费用的收入形式，具体可以分为使用费和规费两种。使用费是政府对公共设施的使用者按一定标准收取费用，如对使用政府建设的高速公路、桥梁、隧道的车辆收取的使用费；规费是政府对公民个人提供特定服务或特定行政管理所收取的费用，包括行政收费（如护照费、商品检测费、毕业证费）和司法规费（如民事诉讼费、出生登记费、结婚登记费）。我国传统上将收费划分为行政性收费、事业性收费和经营性收费。其中事业性收费是指非营利的国家单位及相关机构在向社会提供公共服务时依照有关政策规定收取的费用，其实质是对服务性劳动的部分补偿。经营性收费严格讲也是事业性收费，只不过实行经营性收费的企事业单位一般是独立核算、自负盈亏的，因而是一种市场价格行为。收费和税收相比更能体现受益性原则，即谁受益谁付费原则。在市场经济条件下，由于还需要政府提供准公共产品，因此公共收费仍有存在的必要，但应进行规范化管理，防止乱收费，收费形式的划分也要随着市场经济的发展进行适应性的调整和规范。

5. 其他收入

主要是指一些零星的杂项收入，包括基本建设贷款归还收入、基本建设收入、捐赠收入、罚没收入、专项收入等。其中专项收入主要包括排污费收入、水资源费收入、教育费附加收入、矿产资源补偿费收入、探测权采矿权使用费及价款收入、国家留成油销售后上交收入等。

（三）财政收入形式的选择

从一般意义上说，政府总是要通过一定的形式来取得财政收入的。在可供政府选择的收入形式中，主要有税收收入、国债收入、国有资产收益、公共收费和财政性发行货币等几种形式。可供选择的财政收入形式可以依次从以下几方面来评价：引起通货膨胀的可能性、征收成本及政府负担、征收范围、稳定性、市场行为特性。

公共收费是政府取得收入的一种形式，收费遵循的原则是受益原则和补偿原则。只能向公共服务或公共产品的受益人，以及使用公共资源的人收取。从另一个角度看，政府不能像企业一样追求利润的最大化，而且在具有非竞争性、排他性的公共产品和公共服务上直接向接受服务的人收取费用是十分困难的，这就决定了收费的数额不可能很大。固定资产收益是以所有权为前提的，有其收入形式的范围及其数额的有限性。另外，市场经济条件下，政府介入资源配置的程度不宜太深，也限制了国有资产收益成为政府财政收入主体的可能性。政府发行国债依据有借有还的信用原则，而且除本金外还要支付利息，而政府提供公共服务本身并没有什么收益和回报，因而发行国债也不是最理想的选择。财政性发行货币，即经济学里所谓的“通货膨胀税”，发行货币虽然发行成本低，较容易使政府的可支配财力增加，但是市场上的货币增多的同时，相应的物资供应量并没有增加，其结果会引起货币贬值、物价上涨，造成通货膨胀，从而会引发一系列严重的社会问题和危机。

通过税收来取得财政收入，不会凭空增加流通中的货币数量，不会引起通货膨胀；政府也不需要把税收偿还给纳税人，不会给政府带来偿债的压力和负担，征收成本较小；而且，征收面广泛，税源稳定。由于以上优点，在各种可供选择的公共财政收入形式中，税收成为最佳的财政收入形式。因此，在现代社会中，除少数国家外，税收一般占到各国政府财政收入的80%甚至90%以上。

第三节　财政收入的规模分析

一、财政收入规模的含义及其衡量指标

财政收入规模是指政府从社会总产品中所集中的经济资源总量，在现代社会表现为一定数量的货币资金。财政收入规模是衡量国家财力和政府在社会经济生

活中职能范围的重要指标。因此，世界各国都十分重视对财政收入规模的研究。我国把它与积累率、基建支出占国民收入的比重并列为我国财政平衡的三大目标。习惯地认为，财政收入占国民收入的比重以30%左右为宜。

财政收入规模有两种衡量方法：一是绝对规模，是指在一定时期内各种财政收入的总量，它反映着一国或一级政府在调控经济运行和影响社会发展方面经济实力的大小；二是相对规模，是指一定时期内财政收入占 GDP（或国民收入）的比重，它反映着政府集中财力的能力，以及公共财力与非公共财力之间的对比关系。在分析财政规模时，最常用的是相对指标，因为它更能反映财政规模真实的变化趋势及存在的问题。

1978~2009 年，我国财政收入的绝对规模随着经济的不断增长而增长，发生了翻天覆地的变化。由 1978 年的 1 132.26 亿元到 2007 年的 68 477 亿元，扩大 60.5 倍。回顾 31 年的发展历程，我国财政收入绝对数的增长又可以分为三个阶段：第一阶段是水平徘徊阶段，财政收入由 1 132.26 亿元上升至 1982 年的 1 212.33 亿元，年均增长率仅为 1.72%；二是缓慢发展阶段，财政收入由 1982 年的 1 212.33 亿元上升至 1992 年的 3 483.37 亿元，年均增长率为 11.13%；第三是高速增长阶段，财政收入由 1992 年的 3 483.37 亿元上升到 2009 年的 68 447 亿元，年均增长率为 16.97%。

1978 年以来我国财政收入相对数经历了一个先降后升的过程。1995 年以前表现为不断下降的趋势，从 1996 年开始回升并从 1998 年表现为快速回升的趋势。1978~1995 年，财政收入的相对规模由 31.06% 下降为 10.27%，17 年间每年下降 1 个多百分点。1995 年到现在为止，则呈现出单边上升的趋势，相对规模由 10.27% 上升到 20.11%。致使改革开放初期财政收入相对规模下降的原因有：(1) 1978 年我国经济体制改革使得生产力得到巨大解放，GDP 高速增长；(2) 1994 年之前我国未进行“利改税”，国企留利较多，上交较少；(3) 所有制结构调整，国有企业在社会总资产中的比重下降；(4) 早期税务部门征管不严，偷税漏税严重。1995 年以后我国经济进入了飞速发展的时期，以税收为主的预算内财政收入快速增长。此外，绝对财政收入规模还有名义规模和实际规模之分，二者的关系由以下等式给出：

$$实际财政收入 = 名义财政收入/GDP 平减指数$$

其中，GDP 平减指数 = 名义 GDP/实际 GDP。

名义 GDP 按当年价格计算，实际 GDP 按不变价格计算。

1978 年以来财政收入绝对规模的变化如图 2.1 所示。

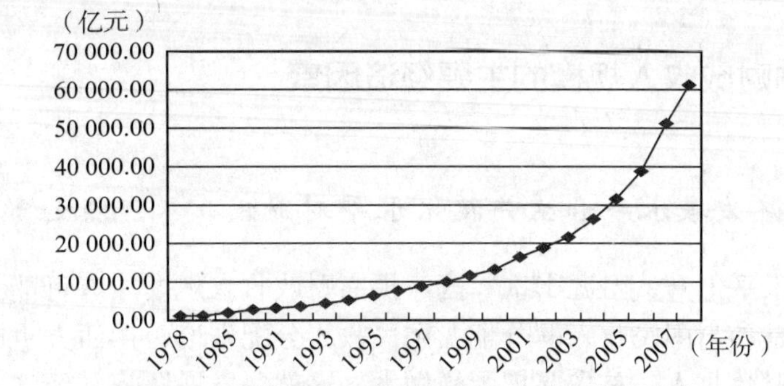

图 2.1　改革开放以来财政收入绝对规模的变化

1979～2001 年，我国名义财政收入和实际财政收入增长率的变化如图 2.2 所示。

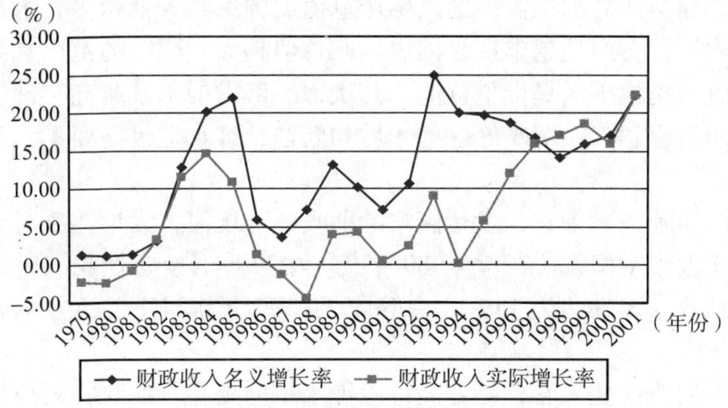

图 2.2　我国财政收入增长率的变化

1990 年以来我国财政收入相对规模变化如图 2.3 所示。

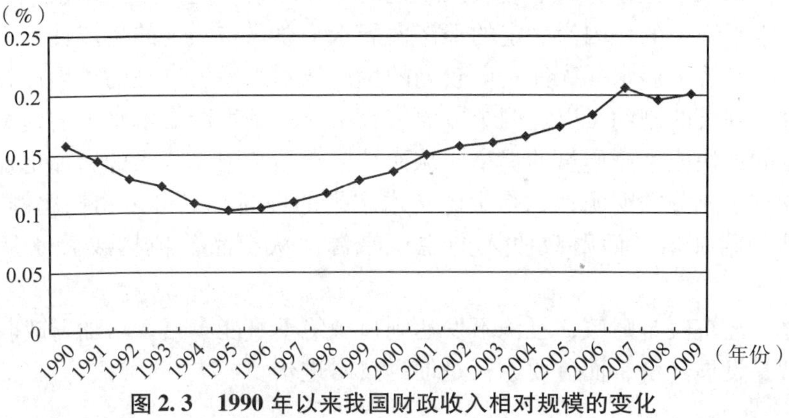

图 2.3　1990 年以来我国财政收入相对规模的变化

二、影响财政收入规模的主要经济因素

（一）经济发展水平和生产技术水平对财政收入规模的影响

经济发展水平上升，财源丰富，国家提高财政收入规模才有可能。财政取得收入，实际上是参与国民收入的分配。国民收入分配理论，在西方也叫做分配蛋糕理论，增加财政收入，首先要把蛋糕做大，这就要发展经济。经济决定财政是财政学中的一个基本原理，经济发展水平是影响财政收入的最基本的因素。首先，经济发展水平反映一个国家社会产品的丰富程度和经济效益的高低。经济发展水平越高，社会产品越丰富，国内生产总值或国民收入就越多，财政收入的主要来源是税收，社会产品越丰富，国内生产总值越大，税收的范围和基数也就越大，为财政收入规模扩大提供了可能。其次，经济发展水平越高，面临的经济和社会问题和矛盾也越多，解决好这些矛盾和问题，客观上也需要扩大财政收入的规模。

从各国的实际情况来看，发达国家的财政收入规模，无论在绝对数还是相对数方面均高于发展中国家。20 世纪 80 年代，中央政府经常性收入占国民生产总值的比重，低收入国家约为 15%，中等收入国家约为 24%，西方主要发达国家则在 40% 左右。

从一国的实践演变来看，随着经济发展水平的提高，财政收入规模也在不断扩大。例如，我国从 1978 年到 2008 年这 30 余年的经济增长中，不考虑通货膨胀因素，财政收入规模保持了 13.74% 的增长速度。

生产技术水平也是影响财政收入规模的重要因素，但生产技术水平是内涵于经济发展水平之中的，因为一定的经济发展水平总是与一定的生产技术水平相适应，较高的经济发展水平往往是以较高的生产技术水平为支柱的。生产技术水平对财政收入规模的制约可以从两个方面来分析：一是生产技术水平的提高表现为生产速度的加快或生产质量的提高，从而社会产品和国民收入的增加也加快，财政收入就有了充分的财源；二是生产技术水平的提高必然带来物耗比例的下降，增加产品的附加值，而财政收入的主要来源，从产品价值构成看就是产品附加值。

总之，经济决定财政，经济不发达则财源绝不可能丰裕，增加财政收入的首要前提就是发展经济，而首要途径是促进技术进步。

（二）分配政策和分配制度对财政收入的制约

如果说经济增长决定了财政来源的物质基础，并对财政收入规模形成了根本性约束，那么分配政策和分配制度则进一步确定了财政收入的水平。一国的国民收入分配政策和分配制度主要包括工资制度、税收制度、国有企业利润分配政策和制度等。

我国财政收入相对规模走势呈一条马鞍形，而同时期的 GDP 规模却呈持续性增长态势。这说明，在一定时期内，在经济总量增长前提下，财政收入规模（特别是相对规模）并非总是与其保持同样的变化格局。究其原因，主要是国家为适应经济改革深化的要求而调整分配政策的结果。在计划经济时代，国家将收入分配在内的社会经济运行过程基本上完全纳入到计划管理的框架之内。国有企业没有独立的经济利益，其创造的利润要全部上交政府；居民个人的收入则完全依靠企事业单位发放的标准工资，基本上没有工资以外的收入。因而当时财政收入相对规模比较大，1960 年该指标值为 47%，为新中国成立后历史最高水平。1978 年后分配领域的改革使得财政收入平均每年下降 1 个百分点，实行的分配政策和制度主要有：农产品价格的提高、奖金制度的推行、企业基金制度、利润分成制度、利改税、企业承包责任制等措施。1994 年，国家进行了包括财政体制、税收体制在内的新一轮经济体制改革。政府不断加大的宏观调控功能要求财政收入能与之相适应，因而财政规模呈上升趋势。

（三）价格水平对财政收入规模的制约

财政收入是一定量的货币收入，它是在一定的价格体系下形成的，又是按一定时点的现价计算的。因此，价格变动会影响财政收入增减。价格变动对财政收入的影响，可分为几种不同的情况：（1）财政收入增长率与物价上升率大体一致，则财政收入只有名义增长，而实际不增不减。如我国 1986 年零售物价上升率为 6%，财政收入增长率 5.8%，两者大体一致。（2）财政收入增长率低于物价上升率，即财政收入名义上正增长，而实际上负增长。如 1989 年我国零售物价上升率为 17.8%，而财政收入增长率仅为 13.1%。（3）财政收入增长率高于物价上升率，即财政收入实际增长大于名义增长。如 1985 年零售物价上升率为 8.8%，而财政收入增长率为 22%。在财政学理论中，人们通常把由于价格上涨产生的实际财政收入增长现象，称为"通货膨胀税"。

物价水平的变化在对税收的影响表现在以下几方面：（1）对流转税收入影响最为明显，因为流转税与价格直接挂钩的。随着物价的上涨，流转税的税基相应扩大，从而名义税收增加。(2) 对所得税收入的影响上，要从两方面来考虑，企业所得税的增加与否，取决于企业的实际所得，只有当产品价格上涨率超过原材料价格上涨率和工资上涨率时，企业的实际利润水平才会上升，应纳税所得额从而实际负担增加，否则只会增加名义负担甚至降低负担。对个人所得税的影响上，物价上涨一方面让更多的劳动者进入纳税的行列，另一方面对于原有的线上纳税人会提高其所得税的实际税负水平，因为个人所得税对工资薪金实行累进征收。(3) 对定额征收的税收收入影响上，当价格水平上升时，因为相应税种或税目是从量征收，所以相对应的名义财政收入不变，而实际财政收入是下降的。

价格总水平的变动往往是和产品比价的变动同时发生的，而产品比价关系变动以另一种形式影响财政收入。一是产品比价变动会引起货币收入在企业、部门和个人各经济主体之间的转移，形成国民收入的再分配，使财源分布结构发生变化；二是财政收入在企业、部门和个人之间的分布是非均衡状态，或者说，各经济主体上交财政的税利比例是不同的。这样，产品比价变化导致财源结构改变时，相关企业、部门和个人上交的税利就会有增有减，而增减的综合结果最终会影响财政收入规模。

(四) 税收征管机制和水平对财政收入规模的影响

前面的各项因素只是为财政收入准备了潜在的源泉，而现实的收入规模如何还取决于具体的税收征管机制和征管成效，即能否实现应收尽收，最大限度地减少收入的流失。

税收的流失在世界各国都是一个普遍现象，差别只在于程度的不同而已。但相比之下，发达国家的法制比较健全，其税收征收管理机制尤其是监督机制设计缜密，纳税人偷税逃税的行为一旦被发现，就不仅面临着经济上的严重损失，在政治上、个人信用上也会身败名裂，巨大的成本风险客观上有助于阻止税收的流失。2007 年我国的税收收入增幅高达 31.39%，税收收入占 GDP 的比重比 2006 年提高 2 个百分点以上。在税收收入连年大增的良好环境下，我国税收流失额也在趋于扩大。据有关专家测算，我国地下经济约占 GDP 的 15% 左右，按税收占 GDP 的 20% 匡算，2007 年我国地下经济的税收流失约为 7 398.57 亿元。从各种渠道的信息来看，我国税收收入流失情况已十分严重。因此，加强对税收流失的研究，加强税收征管，对税收流失进行有效的治理是十分必要的。

三、财政收入的合理规模

目前，我们无法准确测算最优财政收入量，只能进行大致的推算。方法主要有三种：因素分析法、图形法和公式推算法。

（一）因素分析法

因素分析法通过寻找最优的财政收入占国民收入的比例，从而得出最优财政收入量。财政收入占国民收入比例主要取决于两个方面：

（1）V与剩余产品价值M的比例关系或M占国民收入Y的比重；

（2）财政收入F占M的比重。

用公式表示，即：

$$\frac{F}{Y}=\frac{M}{Y}\cdot\frac{F}{M} \tag{2.1}$$

也就是：

$$\text{财政收入/国民收入}=\text{剩余产品率}\times\text{财政集中率} \tag{2.2}$$

从上式可知，在国民收入不断增长的情况下，V、M及财政收入均有不同程度的增长。国民收入的增量，成为当年财政收入增长的最大限量。最优财政收入应为在考虑以下三个因素的基础上得出的一个收入区间：（1）V的必要增长量，即原有劳动者随劳动生产率的提高而相应增加的必要劳动产品价值与新增加劳动者的必要产品价值之和；（2）生产单位扩大再生产和集体福利事业等所需的资金；（3）国家从M中集中的数量，即随着经济发展而相应增加的公共产品和公共服务的需要量以及财政弥补市场残缺的资金需求。

（二）图形法

由于税收是财政收入的主要形式，其他非税收入占财政收入的比重偏小，而且对企业和个人造成的负担而言，非税收入与税收具有相同的性质，因而我们可以用“拉弗曲线”来表示财政收入的数量界限。

拉弗曲线是以美国经济学家拉弗的名字命名的，它表示税率与政府税收收入之间关系的曲线。如图2.4所示，纵轴代表税率，横轴代表政府的税收收入。在税率为0和100%时，政府的税收均为0。当税率为100%时，无人愿意工作或投资；当税率降到a点，则生产开始恢复，政府也有少许收入；进一步降到c点，生产将进一步扩大，政府的税收也有较多增加。同样，如果税率从0升至b和d点，政府收入逐渐增加却不影响生产。税率可产生最大限度生产量和税收收入的点是m点，超过m点，生产量和政府收入都会下降，因此，m线以上是税收“禁区”，政府税率不应高于此线。但在m线以下各点，税率又明显过低，政府收入不足，从而入不敷出。

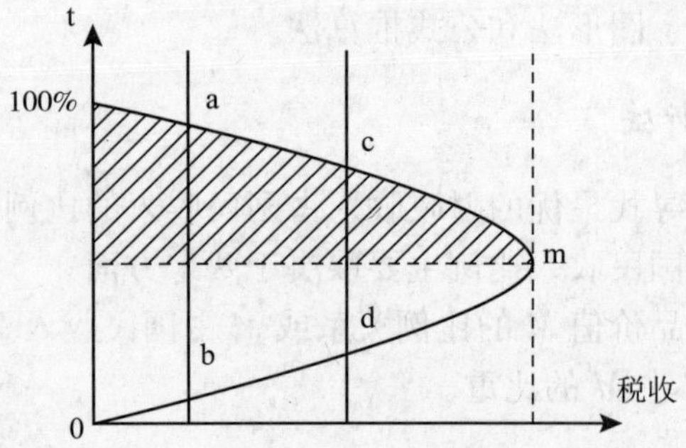

图 2.4　拉弗曲线

(三) 公式推算法

该方法是通过计量方法得出财政收入增长的边际倾向和财政收入增长的弹性系数的估计值。因为估计值是 10 多年的平均值，相对比较稳定，以此利用公式来推算财政收入的合理规模，可信度较好。

财政收入占 GDP 的比重、增长的弹性系数、增长的边际倾向三者的关系以公式给出：

$$\text{财政收入占 GDP 的比重} = \frac{\text{财政收入增长的边际倾向}}{\text{财政收入增长的弹性系数}} \tag{2.3}$$

第四节　财政收入的结构分析

一、财政收入结构的含义和内容

财政收入结构是指财政收入的构成因素以及各因素之间的相互关系。它主要指财政收入的形式结构，反映了财政收入的基本构成内容及各类收入在财政收入总体中的地位，同时也反映了一定时期内财政收入的来源和财政收入政策调节的目标、重点和力度。对财政收入进行结构分析，目的在于揭示财政收入的结构与经济结构之间的内在联系及其规律性，理顺分配关系，寻求财政收入的途径，加强现有收入的监督和管理。

财政收入的经济结构包括财政收入的社会经济结构和国民经济结构。社会经济结构指所有制结构；国民经济结构包括部门结构、产品结构、地区结构、技术结构等，其中部门结构是最主要的。财政收入在这两方面的结构实际上是生产关系结构和生产力结构。若结构合理，生产就能有效地发展，财政收入也能不断增长。

我国的财政收入按管理方式可分为预算内收入、预算外收入和制度外收入。我国财政收入构成如图 2.5 所示。

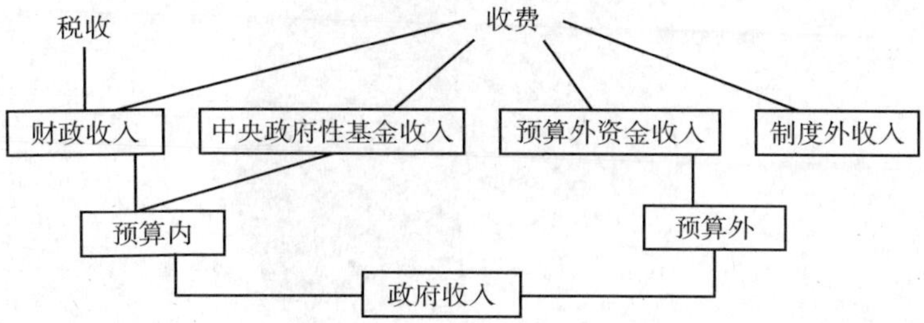

图 2.5 我国财政收入结构

二、财政收入的结构

（一）财政收入的形式结构

税收收入是财政收入的主要来源，1994 年税收收入占财政收入的比重最高，为 98.3%，自 2000 年以来，该比例一直在下降，2009 年达到 86.9%。[①] 1994 年以来税收收入占财政收入的比重如图 2.6 所示，除在 1997 年有上升外，大体上呈逐年下降趋势。

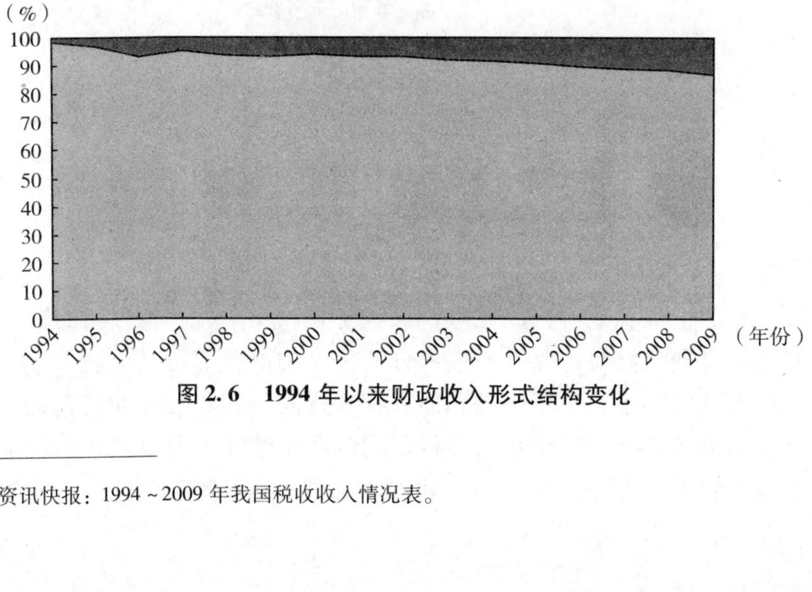

图 2.6 1994 年以来财政收入形式结构变化

① 资讯快报：1994～2009 年我国税收收入情况表。

图 2.7 给出了 2008 年按收入形式分类的财政收入结构。从图中可以看出，增值税、企业所得税、营业税是我国的三大税种，约占总财政收入的 68%。

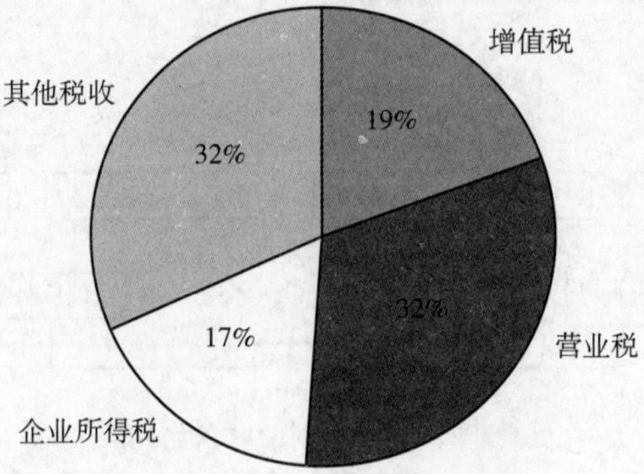

图 2.7　2008 年一般预算收入中税收结构

图 2.8 列示了 2008 年一般预算收入中非税收入结构。

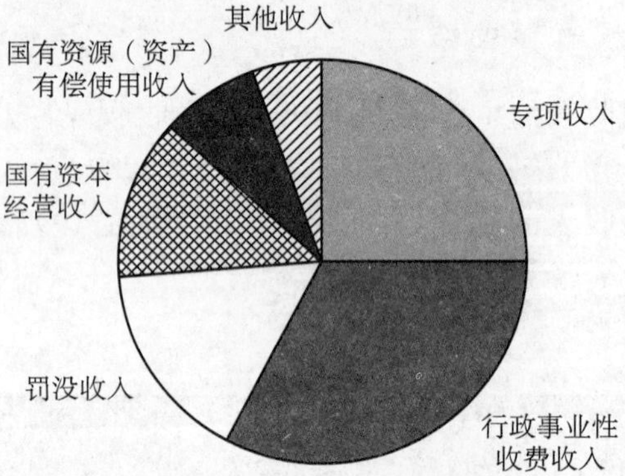

图 2.8　2008 年一般预算收入中非税收入结构

（二）我国财政收入的层级结构

财政收入的中央和地方构成比重，反映了我国在中央和地方间的财力纵向配置结构及其发展变化趋势，以及集权和分权关系的调整变化（见表 2.1）。

在计划经济体制下，由于中央和地方在事权划分和监督方面的复杂性，中央和地方之间的关系长期处于集权与分权之间的两难选择，形成“一放就乱、一统就死”的恶性循环。改革开放之后，我国在处理中央和地方的关系上首先是以放权让利为突破口，适当对地方放权，充分调动地方政府的积极性。从1980年开始，对财政管理体制进行了多次变革，从“分灶吃饭”体制到多种形式的财政包干体制，基本上形成了分权分级的财政体制，地方政府财权和可支配财力大大增强。

表2.1　中央和地方财政收入比重　单位：%

年份	中央	地方
1978	15.5	84.5
1980	24.5	75.5
1984	40.5	59.5
1988	32.9	67.1
1991	29.8	70.2
1992	28.1	71.9
1993	22.0	78.0
1994	55.7	44.3
1995	52.2	47.8
1996	49.4	50.6
1997	48.9	51.1
1998	49.5	50.5
1999	51.1	48.9
2000	52.2	47.8
2001	52.4	47.6
2002	55.0	45.0
2003	54.6	45.4
2004	54.9	45.1
2005	52.3	47.7
2006	52.8	47.2
2007	54.1	45.9
2008	53.3	46.7

资料来源：《中国统计年鉴（2009）》，中国统计出版社2009年版。

但是长期的放权让利导致中央财政收支矛盾突出，赤字连年有增无减，而且失去了应有的宏观调控能力。因此在1994年我国进行了分税制财政体制改革。在收入方面，强调提高中央的集中度，提高中央财政收入占全部财政收入的比重；在支出方面，强调地方分权，把支出责任交给地方来完成，地方财力不足的问题由中央财政通过对地方的转移支付制度来解决。例如1994年，在财政收入方面，中央财政收入占55.7%，地方财政只占44.3%，地方财政支出占70.7%，支出方面主要是以地方分权为主，地方收入少，支出多，收支之间的差额主要通过中央对地方的转移支付来解决，通过转移支付过程，中央实现对经济的宏观调控，这也是与绝大多数市场经济国家的基本做法相一致的。因此，这种处理中央和地方财政关系的基本框架是符合我国市场经济的发展方向的，可以预计我国中央和地方在财政收入中的比例应该可以保持相对稳定的状态。

（三）财政收入的产业结构

国民经济按产业可分为第一产业、第二产业和第三产业。第一产业包括农业、林业、牧业、渔业等，第二产业包括工业和建筑业，第三产业包括除上述第一、二产业以外的其他各业，主要有流通部门如交通运输等、为生产和生活服务的部门如金融保险等、为提高科学文化水平和居民素质服务的部门如教育文化等、为社会公共需要服务的部门如军队警察等。

长期以来，农业税对财政收入做出了重要贡献。随着我国经济的发展，农业各税收入在整个财政收入中所占比重越来越小。随着国家扶植“三农”政策的实施与到位，国家已停征农业税和农业特产税，农业税基本完成其提供财政收入的使命。目前，我国财政收入绝大部分来自第二产业，第二产业对财政收入的状况起决定作用。随着社会生产力发展和科学技术的进步，第三产业产值占国民生产总值的比重越来越高，财政收入来源于第三产业的比重正在逐步提高。

（四）财政收入的地区结构

生产力的合理布局，不仅关系到国民经济的平衡发展，而且是影响财政收入的重要因素。我国各地区的发展不平衡。按经济发展水平、交通运输条件、经济地理位置等方面的差异，全国可以分为东部、中部、西部三大经济地带。在国家财政总收入中，各地区财政收入所占的比例也有较大差别。目前东部地带仍然是我国财政收入的主要来源地。

（五）我国财政收入的预算内和预算外构成

目前我国财政统计中的“财政收入”，属于预算内收入，还存在大量的预算外资金没有纳入预算管理。根据政府预算的完整性和统一性原则，各国的财政收入实际上就是该国的政府收入，然而按传统的统计方法，我国的财政收入并非全部政府收入，实际上是与预算外收入相对应的预算内收入。

广义的财政收入还包括预算外资金。所谓预算外资金是指按国家财政制度规定不纳入国家预算的、允许地方财政部门和预算拨款的行政事业单位自收自支的资金，预算外资金从性质上说也是政府性资金，是财政收入的重要组成部分。在1993 年以前我国的预算外资金包含了大量企业性资金，主要是当时政企严重不分，一些原本应由企业支配的资金被各经济主管部门以各种不同的方式进行控制或直接上交，形成政府性收入，但却未纳入规范的预算内管理。1993 年企业性收入不再作为预算外资金，预算外资金规模因此一度缩小，但自此之后，由各级政府和政府各部门出台收取的各种收费、资金、罚款、集资、摊派等现象逐渐增多，收取的预算外资金规模迅速膨胀。1997 年政府将 13 项基金和附加纳入预算内管理，减缓了预算外资金膨胀的势头，并开始规范政府性收费和基金的管理，推行税费制度改革等，逐步把预算外资金纳入到规范的预算内财政资金管理框架中，建立规范的政府财政收入体系。从我国财政收入中预算内和预算外资金的结构变化，可以看出这一变迁的过程。表 2.2 反映了 1978 ~ 2004 年我国预算外收入的规模及其相当于预算内财政收入的比例变化，可以看到不同年份我国预算外资金收入相当于当年预算内财政收入的比例有非常大的差异。

表 2.2 **我国预算外收入情况** 单位：亿元，%

年份	预算外收入	
	预算外资金收入	相当于预算内财政收入的比例
1978	347.1	30.7
1980	557.4	48.1
1985	1 530.0	73.3
1990	2 708.6	92.2
1995	2 406.5	38.5
2000	3 826.4	32.1
2001	4 300.0	26.3
2002	4 479.0	23.7
2003	4 566.8	21.0
2004	4 699.2	17.8

思 考 题

1. 财政收入的原则是什么？
2. 财政收入的形式有哪些？
3. 财政收入的规模衡量指标是什么？

4. 如何分析价格与财政收入的关系？
5. 财政收入结构主要有哪些？

练 习 题

一、单项选择题

1. 财政收入中的利润收入是属于（　　）。
   A. 税收收入　B. 国有资产收益　C. 债务收入　D. 其他收入
2. 最能保证财政收入稳定性的收入形式是（　　）。
   A. 税收　B. 国有资产收益
   C. 债务收入　D. 规费收入
3. 财政分配的主要对象是指（　　）。
   A. M　B. V　C. $M+V$　D. C
4. 我国现行的国有企业利润分配制度是（　　）。
   A. 统收统支　B. 利改税　C. 利润包干　D. 税利分流
5. 经费预算的收入主要是（　　）。
   A. 税收收入　B. 债务收入　C. 利润收入　D. 其他收入
6. 最符合受益原则的公共收入形式是（　　）。
   A. 税收　B. 国债　C. 规费收入　D. 捐献收入
7. 最符合支付能力原则的公共收入形式是（　　）。
   A. 税收　B. 国债　C. 规费收入　D. 捐献收入
8. 下列各项中应纳入国家财政收入的是（　　）。
   A. 某歌星向一地方税务所上交的个人所得税
   B. 交警对违章司机的罚款
   C. 农民王大爷的卖粮款
   D. 我国向世界银行借的贷款

二、多项选择题

1. 按取得财政收入的形式分类，通常将财政收入分为（　　）。
   A. 税收收入　B. 国有资产收益
   C. 债务收入　D. 利息收入
   E. 收费收入
2. 当谈到财政具有收入分配职能时，其确切的含义是指（　　）。
   A. 对社会产品进行分配　B. 对国民收入进行分配

C. 对生产要素进行分配 D. 对社会资源进行分配

E. 对各种分配结果进行再分配

3. 属于中央预算固定收入的有（ ）。

A. 增值税 B. 消费税 C. 营业税

D. 关税 E. 资源税

4. 在我国经济体制转轨过程中，国民收入分配发生了重大变化，主要体现在（ ）。

A. 财政收入额下降 B. 财政收入占国民收入比例下降

C. 国有企业留利下降 D. 居民收入明显增长

E. 预算外资金规模增长

三、判断题

1. 如果一项收入可以采取税收形式也可以采取收费形式，一般应采用税收形式。（ ）

2. 改革开放后，我国财政收入的发展变化趋势和财政支出一样，都经历了一个先降后升的过程。（ ）

3. 国债是一种经常性财政收入。（ ）

4. 实践中，对政府组织公共收入来讲，受益者分担原则比按能力负担原则适用性强，是政府筹集公共支出资金来源的最主要收入原则。（ ）

5. 一般认为直接税比间接税能够体现公平负担的原则。（ ）

6. 按征税对象的性质，划分为流转税、所得税、资源税、财产税、行为税，是基本的税收分类方法。（ ）

第三章 税 收

税收不仅是政府财政收入的主要来源，而且其本身又是政府实施经济调节的重要工具。合理的税收体系和税制结构对于保证公平和效率十分重要。本章介绍税收的特征、税收术语和税收分类、税负转嫁与税收归宿、公平与效率、我国目前的主要税种以及国际税收等。

第一节 税收的基本属性与税收的“三性”

一、税收的基本属性

税收是一个人们十分熟悉的古老的经济范畴，从它的产生到现在，经历了不同的社会形态，有了几千年的历史。奴隶制社会、封建制社会以及资本主义社会都存在税收，社会主义社会也仍然存在税收。社会主义税收的概念是从历史上沿用下来的，一方面保留了旧的形式，另一方面又渗透了社会主义生产关系的新内容。税收的基本属性，同其他经济范畴一样，通常要从两方面来剖析：一方面是税收区别于其他经济范畴特别是区别于其他财政收入形式的特殊规定性，及舍弃了不同社会税收所体现的生产关系的差别，剖析构成税收内涵的一般属性；另一方面是剖析不同社会税收的特殊性，主要是社会主义税收和资本主义税收的根本区别。

马克思认为，赋税是政府机器的经济基础，而不是其他任何东西，国家存在的经济体现就是捐税。列宁也说过，所谓赋税，就是国家不付任何报酬而向居民取得东西。根据马克思主义学说，可以对税收作如下界定：第一，税收是与国家的存在直接联系的，是政府机器赖以存在并实现其职能的物质基础，也就是政府保证社会公共需要的物质基础；第二，税收是一个分配范畴，是国家参与并调节国民收入分配的一种手段，是国家财政收入的主要形式；第三，国家在征税过程中形成一种特殊的分配关系，即以国家为主体的分配关系，一般税收的性质取决于社会经济制度的性质和国家的性质。

税收历来是资产阶级经济学中的一个最为敏感的问题，资产阶级经济学者的基本态度，是站在资产阶级立场上回避税收的实质。对税收的定义，虽观点不同，表述各异，但多是归集前人的论点，互有补充，有所修正。一般认为，税收是国家为实现社会经济目标，按预定的标准进行的非惩罚性的、强制的从私人部门向公有部门的资源转移。当代的资产阶级税收理论，是侧重于税收的原则和作用的研究，但其理论依据仍可溯源于亚当·斯密前后的学说。例如，两大税收原则——利益原则和支付能力原则，可追溯到17世纪。利益原则起源于洛克和休谟的社会契约说，发展于边沁等功利主义派的“最大幸福原则”，支付能力原则早已出现于亚当·斯密的著作中。

如果从作为国家参与和干预国民经济运行的手段角度考察税收，那就不能把税收等同于一定的货币收入或实物，而是对货币收入或实物的课征。在税收产生以后的相当长的时间内，税收的功能是侧重于为国家财政筹集收入，但随着商品经济和国家职能的扩展，税收越来越充分显示出作为国家干预或调节经济活动的角色。特别是进入现代化的社会大生产之后，税收调节经济的功能日益强化，成为国家宏观调控体系中不可缺少的经济手段。

如果把税收作为以国家为主体的分配关系来考察，那么，税收是一种经济活动，是一个经济过程。在这一经济活动或经济过程中，作为课征者的国家与作为交纳者的企业、个人之间形成一种特殊的经济关系。这种经济关系包括两个层次的内容：其一是征纳关系，它的形式表现为一定的税法，它的运动轨迹是国家依法征税，企业和个人依法纳税；其二是分配关系，即国家凭借其政治权力，强制地、无偿地占有企业和个人创造的一部分社会产品价值，并按国家所代表的阶级或集团的利益进行全社会意义上的分配。

税收总是与国家紧密联系在一起的，无论是作为财政收入的形式和参与GDP分配的手段，还是作为特定该分配关系的体现，都是如此。但这并不意味着税收的产生和发展唯一地决定于国家。国家公共权力不过是为税收的产生提供社会条件，而决定税收产生的根本原因仍必须从经济上去寻找，也就是生产力的发展以及生产资料和产品的私有制。其实，说明公共权力是税收产生的社会条件的同时，已经说明了税收产生的经济原因。因为没有生产力的一定发展，没有剩余产品，就没有私有制，也就没有阶级和国家。简单的事实是，只有出现剩余产品，才有税收的源泉。税收是在一定经济条件和社会条件下产生的，当然也会在一定的经济条件和社会条件下消亡。但是，当税收产生和发展的经济条件和社会条件尚未消失之前，税收是不可能退出历史舞台的。当前社会主义的税收不是削弱以至于取消的问题，而是要掌握社会主义税收的性质、特征及其规律性，制定科学的税收制度，从而强化税收的作用。

二、税收的"三性"

税收的"三性"是指税收的强制性、无偿性和固定性。"三性"是税收区别于其他财政收入的形式特征，不同时具备"三性"的财政收入就不称其为税收。

（一）税收的强制性

税收的强制性指征税凭借国家政治权力，通常颁布法令实施，任何单位和个人都不得违抗。在对社会产品的分配过程中，存在着两种权力：所有者权力和国家政治权力。前者依据对生产资料和劳动力的所有权取得收入，后者凭借政治权力占有收入。国家运用税收参与这种分配，就意味着政治权力凌驾于所有权之上，而这种分配之所以能够实现，正是因为它依据的是政治权力，而且依法征收，任何形式的抗税行为都构成违法行为。税收的强制性是税收作为一种财政范畴的前提条件，也是国家满足社会公共需要的必要保证。但征税中的强制性不是绝对的，在企业和个人了解征税的目的并增强纳税观念以后，强制性则可能转化为自愿性。我国人民自古以来就有"皇粮国税"的观念，社会主义制度则为实现这种可能性提供了制度前提。恩格斯曾经指出："纳税原则本质上是纯共产主义的原则，因为一切国家的征税的权利都是从所谓国家所有制来的。的确，或者是私有制神圣不可侵犯，这样就没有什么国家所有制，而国家也就无权征税；或者是国家有这种权利，这样私有制就不是神圣不可侵犯的，国家所有制就高于私有制，而国家也就成了真正的主人。"我们可以这样理解这段话的意思，即：在征税过程中国家所有制是高于一切的，征税是以社会产品最初归属于不同所有者为前提，又是以否定不同所有者对社会产品占有的不可侵犯性为条件。同时也说明，税收的强制性是相对的，尤其对国有企业更是如此。由于对国有企业征税并不存在侵犯所有权问题，因而对国有企业的强制性还必须进行具体分析。在社会主义市场经济体制下，国有企业同其他企业一样在生产流通领域中以独立的商品生产者身份出现，在分配上实行相对的自负盈亏，有自身独立的经济利益，在利益机制驱动下也存在偷、漏税的取向，因而国家对国有企业征税仍必须以政治权力为依托，税收的强制性不仅不能削弱而且还要加强。当然，由于国有企业的所有者是国家，作为政治权利代表的国家和作为所有者的国家难以截然分开，因而对国有企业的强制性比之对非国有企业的强制性在性质上还是有差别的。

（二）税收的无偿性

税收的无偿性指国家征税以后，税款即为国家所有，既不需要偿还，也不需要对纳税人付出任何代价。税收的这种无偿性，同国家债务所具有的偿还性是不同的。但也必须指出，税收无偿性与税收强制性一样，也是相对的。因为针对具体的纳税人来说，纳税后并未获得任何报酬，从这个意义上说，税收是不具有偿还性或返还性的。但若从财政活动的整体来考察，税收的无偿性与财政支出的无偿形式并存的，这里又反映出有偿性的一面。特别是在社会主义条件下，税收具有马克思所说的“从一个出于私人地位的生产者身上扣除的一切，又会直接或间接地用来为处于社会成员地位的这个生产者谋福利”的性质，即“取之于民，用之于民”。不过，税收的特征是与其他财政收入形式相比较而得出的，就这个意义上说，税收无偿性的概括是准确的、科学的，也是有理论意义和实际意义的。

（三）税收的固定性

税收的固定性指征税前就以法律的形式规定了征税对象以及统一的比例或数额，并只能按预定的标准征税。一般说来，纳税人只要取得了税法规定的收入，发生了应该纳税的行为，拥有了应税财产，就必须按规定标准纳税，不得违反。同样，政府也只能按预定标准征税，不得随意更改。当然，对税收的固定性也不能绝对化，以为标准一定，永不更改。随着社会经济条件的变化，课税标准的改动是必然的，因为唯此才能使税收制度更为合理和科学。所以，税收的固定性实质上是指税收有一定的标准，而这个标准又具有相对稳定性。

税收的“三性”可集中概括为税收的权威，维护和强化税收的权威性，是我国当前税收征管中的一个重要课题。

随着我国改革开放政策的实施，税收的作用在广度和深度上不断扩大，税收工作在经济生活中的地位日益提高，税收制度经过一系列改革已步入新的轨道，税收作为一个经济范畴和经济运行机制中不可缺少的经济手段已开始深入人心，为社会各阶层所熟悉和关注。但是，当前税收的现实地位和它在新形势下应有的地位仍是不相称的，税收作用的潜在能量远远没有发挥出来。这一事实在现实生活中有种种表现。诸如依法治税和依法纳税的观念淡薄，擅自减免、偷税漏税甚至抗税等现象相当严重；税务机构和税务人员缺乏应有的威慑力量，殴打和辱骂税管人员的行为时有发生；税务人员内部也存在弄权渎职和贪赃枉法的不正之风；税收在社会主义市场经济中的调节作用不能正常发挥，等等。以上种种现象说明，从理论上阐明税收在社会主义市场经济中的地位和作用，指明税收的不可侵犯性和不可抗拒性，探求加强税收法制化的途径，是加强当前征管工作的一项重要任务，而集中到一点，就是必须维护和强化税收的权威性。

税收同时具有财政功能和经济调节功能，税收的权威性是国家运用税收稳定地、充分地获取收入的保证，税收权威性的丧失或削弱，税收的经济调节功能就不可能按预期的目标来实现。从根本上说，税收的权威性源于国家政权的权威性。马克思曾指出："废除捐税的背后就是废除国家。"从这个意义上说，无视税收的权威，就是无视国家政权的权威，就是无视国家法律的权威。

第二节　税收术语和税收分类

一、税收术语

（一）纳税人

纳税人又称为纳税主体，它是指税法规定的负有纳税义务的单位和个人。纳税人可以是自然人，也可以是法人。自然人，指公民或居民个人。法人指依法成立并能独立行使法定权利和承担法定义务的社会组织，主要是各类企业。

与纳税人有联系的一个概念是负税人。负税人是指最终负担税款的单位和个人，有时与纳税人一致，如在税负不能转嫁的条件下；有时是分离的，如在税负可以转嫁的条件下。

（二）课税对象

课税对象又称为税收客体，它是指税法规定的征税的目的物，是征税的根据。每一种税都必须明确对什么征税，每种税的课税对象都不会完全一致。课税对象是一种税区别于另一种税的主要标志。在现代社会，国家的征税对象主要包括所得、商品和财产三大类，国家的税制往往也是以对应于这三类课税对象的所得税、商品税和财产税为主体。

与课税对象相关的是税源。税源是指税收的经济来源或最终出处，各种税有不同的经济来源。有的税种的课税对象与税源是一致的，如所得税的课税对象和税源都是纳税人的所得。有的税种课税对象与税源不同，如财产税的课税对象是纳税人的财产，但税源往往是纳税人的收入。由于税源是否丰裕直接制约着税收收入的规模，因此积极培育税源始终是税收征管工作的一项重要任务。

与课税对象相联系的另一个概念是税目。税目是课税对象的具体项目或课税对象的具体划分。税目规定了一个税种的征税范围，反映了征税的广度。一般来说，一个课税对象往往包括多个税目，如关税就有近百个税目。当然也有的课税对象是十分简单的，不再划分税目。税目的划分，可以使纳税人更透彻的了解税收制度，也可以使国家灵活地运用税收调节经济，.如对各个税目规定不同的税率，就是调节经济的方式之一。

（三）课税标准

课税标准指的是国家征税时的实际依据。如纯所得税、商品流转额、财产净值等。征税对象形态各异，有的是商品，有的是所得，有的是财产，而仅就商品而言，又有不同的种类，国家征税必须以统一的标准对课税对象进行计量，如将商品按其货币价值统一衡量，否则便无法进行。同时，国家出于政治和经济政策的考虑，并不是对课税对象的全部课税，往往允许纳税人在税前扣除某些项目，如个人所得中的基本生计费用部分，因而也需要对课税对象予以计量，核算出实际征税的依据。确定课税标准，是国家实际征税的重要步骤。

（四）税率

税率是指国家征税的比率。课税对象与税率的乘积就是应征税额，反过来说，税额与课税对象之比即为税率。税率是国家税收制度的核心，它反映征税的深度，体现国家的税收政策。一般来说，税率可划分为比例税率、定额税率和累进税率三类。

1. 比例税率是对同一课税对象，不论其数额大小，统一按一个比例征税。在具体运用上又可分为几种类型：行业比例税率，即按行业的差别规定不同的税率；产品比例税率，即按产品的不同规定不同的税率；地区差别比例税率，即对不同地区实行不同的税率。在比例税率下，同一课税对象的不同纳税人的负担相同，具有鼓励生产、计算简便的优点，也有利于税收征管，一般应用于商品课税。比例税率的缺点是有别于量能纳税原则，且具有累退性质。

2. 定额税率亦称固定税额，它是按课税对象的一定计量单位直接规定一个固定的税额，而不规定征收比例。定额税率在计算上更为便利，而且由于采用从量计征办法，不受价格变动的影响。它的缺点是负担不尽合理，因而只适用于特殊的税种，如我国的资源税、车船税等。

3. 累进税率是按课税对象数额的大小，划分若干等级，每个等级由低到高规定相应的税率，课税对象数额越大税率越高，数额越小税率越低。累进税率因计算方法的不同，又分为全额累进税率和超额累进税率两种。(1) 全额累进税率是把课税对象的全部按照与之相对应的税率征税，即按课税对象适应的最高级次的税率统一征税。(2) 超额累进税率是把课税对象按数额大小划分为不同的等级，每个等级由低到高分别规定税率，各等级分别计算税额，一定数额的课税对象同时使用几个税率。

全额累进税率与超额累进税率都是按照量能纳税的原则设计的，但两者又有不同的特点。首先，全额累进税率的累进程度高，超额累进税率的累进程度低，在税率级次和比例相同时，前者的负担重，后者的负担轻；其次，在所得额级距的临界点处，全额累进会出现税额增长超过所得额增长的不合理情况，超额累进则不存在这种问题；再次，全额累进税率在计算上简便，超额累进税率计算复杂。为了更清楚地说明两者的差异，试以表 3.1 为例。

表 3.1　　全额累进税和超额累进税额比较　　单位：元，%

税　级	税率	使用全额累进税率的应税所得	使用超额累进税率的应税所得	全额累进税额	超额累进税额
25 000 以下	20	25 000	25 000	5 000	5 000
25 001 ~ 50 000	30	50 000	25 000	15 000	7 500
50 001 ~ 75 000	40	75 000	25 000	30 000	10 000
75 001 ~ 100 000	50	100 000	25 000	50 000	125 000
		100 000	100 000	50 000	350 000

从表 3.1 中可以看出，两种税率在累进程度上的差异和计算方法上的不同。进一步分析，若该纳税人的应税所得为 25 001 元，按照全额累进税率纳税应为 7 500. 3 元（即 25 001 ×30%），而当应税所得为 25 000 元时，仅需纳税 5 000 元（即 25 000 ×20%），及应税所得额增长 1 元，税额却增长为 2 500. 3 元。同一笔应税所得 25 001 元，若按超额累进税率计算，则纳税额为：25 000 ×20% +1 ×30% =5 000. 3（元）。

正是因为全额累进税率有上述缺点，在实际税制中很少应用，一般是实行超额累进税率。应当指出，比例税率、定额税率、累进税率都是法律上的税率形式，计税法中可能采用的税率。若从经济分析的角度考虑税率，则有另外的种类或形式，主要包括名义税率、实际税率、边际税率、平均税率等。名义税率即为税率表所列的税率，是纳税人实际纳税时适用的税率。实际税率是纳税人真实负担的有效税率，在没有税负转嫁的情况下，它等于税收负担率。有些税种由于实行免税额、税前扣除和超额累进征收制度，纳税人负担的税款低于按税率表上所列税率计算的税款，形成名义税率与实际税率偏离。边际税率本来是指按照边际效用相等原则设计的一种理论化税率模式，其主要功能是使社会福利牺牲最小，实质上是按照纳税人收益多寡分等级课税的税率。由于累进税率大体上符合边际税率的设计原则，因为西方国家在经济分析中往往就是指累进税率。平均税率是实纳税额与课税对象的比例，它往往低于边际税率，比较两者之间的差额，是分析税率设计是否合理，税制是否科学的主要方法。一般来说，平均税率接近于实际税率，而边际税率类似名义税率。

（五）起征点与免征额

起征点指税法规定的对课税对象开始征税的最低界限。免征额指税法规定的课税对象全部数额中免予征税的数额。起征点与免征额有相同点，即当课税对象小于起征点和免征额时，都不予征税。两者也有不同点，即当课税对象大于起征点和免征额时，采用起征点制度的要对课税对象的全部数额征税，采用免征额制度的仅对课税对象超过免征额部分征税。在税法中规定起征点和免征额时对纳税人的一种照顾，但两者照顾的侧重点显然不同，前者照顾的是低收入者，后者则是对所有纳税人的照顾。

（六）课税基础

课税基础又简称税基，是源于西方的一个概念，指建立某种税或一种税制的经济基础或依据。它不同于课税对象，如商品课税的课税对象是商品，但其税基则是厂家的销售收入或消费的货币支出。也不同于税源，税源总是以收入的形式存在的，但税基却可能是支出。税基、课税对象、税源在一定情况下可能是一致的，但这三个概念在含义上的差别是明显的。税基选择是税制设计的重要内容，它包括两个方面的问题：其一是以什么为税基，现代税收理论认为以收益、财产为税基是合理的，但也有一种观点认为以支出为税基更为科学。其二是税基的宽窄问题，税基宽则税源重，税款多，但也会造成较大的副作用；税基窄则税源薄，税款少，但对经济的不利影响也较小。正确界定税基是保证税收作用充分发挥的必要条件。如果仅从税基宽窄角度考虑问题，税基大体相当于征税范围，即征税广度。

二、税收分类

（一）所得课税

现代国家的税制一般都有多个税种组成，各税种既互相区别又密切相关，本着求同存异的原则，以一定的准则将各税种分别归类，是研究和建设税制的重要前提。税收分类的标准和方法很多，但根据课税对象的性质所进行的分类始终是各国常用的主要的分类方法，也是最能反映现代税制结构的分类方法。

按照课税对象的性质可将各税种分为所得课税、商品课税和财产课税三大类。所得课税是指以纳税人的净所得（纯收益或纯收入）为课税对象的税收，一般包括个人所得税、企业所得税等，在西方国家，社会保障税、资本利得税等一般也划入此类。商品课税，包括所有以商品为课税对象的税种，如增值税、营业税、消费税、关税等。财产课税是指以各类动产和不动产为课税对象的税收，如一般财产税、遗产税、赠与税等。必须说明，由于各个国家的税制千差万别，税种设计方式各异，因而同样采用此种分类方法，结果也不完全相同，如我国税种一般分为所得课税、商品课税、资源课税、行为课税和财产课税五大类。

（二）直接税与间接税

把税收划分为直接税和间接税的做法由来已久。早在18世纪，许多学者就把税源稳定可以持久课征的税种称为直接税，而对偶然课征难以稳定的税种称为间接税。后来，又有人将对财产的课征和对所得的课征称为直接税。到了现代社会，直接税和间接税的划分方法随着税收理论的发展而进一步完善，并最终以税负能否转嫁为标准，即凡是税负能够转嫁的税种，归属于间接税，凡是税负不能转嫁的税种，即属于直接税。税收分类标准的这一变化，即将税种分为直接税和间接税这种划分方法，由过去仅是对税制简单描述上升为一种经济分析理论，对税收理论的发展有重要的促进作用。但也必须指出，这种分类方法也有非科学的一面，主要问题是，税负能否转嫁不仅取决于税收的性质和特点，而且取决于客观的经济条件，有些税种看起来似乎可以转嫁，但在一定经济条件下却未必可以转嫁出去，税负转嫁总是有条件的，仅仅凭借理论预期断定哪些税可以转嫁，哪些税不能转嫁，并依次分别称之为直接税或间接税，当然是不尽科学的。

（三）从量税与从价税

按照课税标准分类，可将税收划分为从量税和从价税。如前所述，国家征税时必须按一定标准将课税对象予以度量。而度量的方法有两种：一是按课税对象的数量、重量、容量或体积计算；二是按课税对象的价格计算。采用前一种计税方法的税种称为从量税，采用后一种计税方法的税种称为从价税。从量税的税额随课税对象数量的变化而变化，计算简便，但税负水平是固定的，是不尽合理的，因而只有少数税种采用这种计税方法，如我国的资源税、车船税等。比较而言，从价税更适应商品经济的要求，同时也有利于贯彻国家税收政策，因而大部分税种都采用这一计税方法。

（四）价内税与价外税

以税收与价格的关系为标准，可将税收分为价内税和价外税。凡税金构成价格组成部分的，成为价内税；凡税金作为价格之外附加的，称为价外税；与之相适应，价内税的计税依据称为含税价格，价外税的计税依据称为不含税价格。一般认为，价外税比价内税更容易转嫁，价内税课征的侧重点为厂家或生产者，价外税课征的侧重点是消费者。西方国家的消费税大都采用价外税方式。我国1994年税制改革的增值税，在零售以前各环节采取价外税，在零售环节采取价内税。

（五）中央税与地方税

与前几种分类方法不同，中央税和地方税是按税种的隶属关系划分。从理论上讲，税收的存在依据是国家的政治权力，因而任何税种都隶属于国家，也就是隶属于中央政府。把税收划分为中央税和地方税，并不意味着中央与地方具有同等的征税权力，而是由国家在政治和经济上实行分级管理体制所决定的。中央税和地方税的划分方法因国家整体和管理体制的不同而有所不同。有些国家的地方政府（州、省、县等）拥有税收立法权，可以自行设立税种，这类税种显然就是地方税，而中央政府开征的税种就是中央税。中央税地方税的隶属关系是十分明确的。有些国家的税种是由中央政府统一设立的，但根据财政管理上的需要，特别是为了调动地方的积极性，划出一部分税种给地方，其管理和使用权限也相应下放给地方，从而形成另外一种类型的地方税。此外有的国家还设立共享税，这类税收收入由中央和地方按一定比例分成。我国长期实行统一领导、分级管理的预算体制，中央税、地方税的概念早已有之，但由于绝大部分税收收入和立法权集中于中央，地方税有其名而无其实。1994 年税制改革以后，明确了中央税、地方税和共享税，其中中央税有消费税、中央企业所得税、关税等，共享税有增值税、资源税、对证券交易征收的印花税等，地方税则是除此以外的其他所有税种。这一改革，无疑是适应我国社会主义市场经济要求的，是我国税制的历史性进步。

第三节　税负的转嫁与归宿

一、税负转嫁与归宿的含义

我们常常听到这样的说法：吸烟和喝酒的人对国家贡献大，因为烟、酒税高利大，吸烟、喝酒等于向国家纳税。这种说法事实上就是在说明税负转嫁问题。稍有税收知识的人都知道，烟酒税是对生产者和销售者课征的，但生产者与销售者通过一定的方式可以将他们负担的税收转移给消费者，即吸烟和喝酒的人，这就是税负转嫁现象。概括地说，税负转嫁是指商品交换过程中，纳税人通过提高销售价格或压低购进价格的方法，将税负转移给购买者或供应者的一种经济现象。税负转嫁机制的特征是：（1）税负转嫁是和价格的升降直接联系的，而且价格的升降是由税负转移引起的；（2）税负转嫁是各经济主体之间税负的再分配，也就是经济利益的再分配，税负转嫁的结果必然导致纳税人与负税人的不一致；（3）税负转嫁是纳税人的一般行为倾向，是纳税人的主动行为，因为课税是对纳税人的经济利益的侵犯，在利益机制的驱动下，纳税人必然千方百计地将税负转移给他人，以维护和增加自身的利益。

与税负转嫁密切相关的一个概念是税收归宿。税收归宿一般指处于转嫁中的税负的最终落脚点。税负转嫁往往不是一次的，如同一笔税款，厂家转嫁给批发商，批发商转嫁给零售商，零售商再转嫁给消费者，从而形成一个经济过程；但税负转嫁也并不是无穷尽的，总存在一个不可能再转嫁而要自己负担税款的阶层，如消费者，这一阶层即为税收归宿。税收归宿是一种理论抽象，如果分析具体的企业、个人之间的税负转嫁过程，它等同于负税人。

与税负转嫁相联系的另一个范畴是逃税。逃税是指个人或企业以不合法的方式逃避纳税义务，包括偷税、漏税和抗税等。逃税与税负转嫁不同，税负转嫁只会导致税收归宿的变化，引致纳税人与负税人的不一致，税收并未减少或损失。但逃税的结果是无人承担纳税义务，即无负税人，必然造成税收的减少或损失。

因此，逃税是一种不正常的违法行为。

典型的税负转嫁，在社会主义社会主要存在于商品课税中，因此本书只限于商品课税的转嫁问题。

二、税负转嫁方式

税负转嫁的基本方式有两种，即前转和后转。前转又称为顺转，指纳税人通过抬高销售价格将税负转嫁给购买者。在商品经济条件下，很多税种都与商品或商品价格密切相关，大量的税收以价内税或价外税的方式课征。作为从事特定经营活动的纳税人，往往可以抬高已税商品的价格并把这类商品销售出去，从而把该商品所负税收转移给下一个环节的经营者或消费者。如果加价的额度大于税款，则称为完全转嫁。如果加价的额度小于税款，则纳税人自身仍要负担部分税收，称为不完全转嫁。后转又称为逆转，指在纳税人无法实现前转时，通过压低进货的价格以转嫁税负的方式，如对汽车销售商的课税，如无法提高售价只好压低汽车进货价格，将税款全部或部分地转给汽车制造者，则为后转，后转往往是通过厂商和销售商以谈判的方式解决的。在现实生活中，往往是前转和后转并行，即一种商品的税负通过提高销价转移一部分，又通过压低进价转移一部分，这种转嫁方式称为混转或散转。

在资本主义税收理论中还有消转和税收资本化之说。所谓消转，是指纳税人通过改进生产工艺，提高劳动生产率，自我消化税款。从税收转嫁的本意上说，消转并不成为一种税负转嫁方式。所谓税收资本化，指对某些能够增值的商品（如土地、房屋、股票）的课税，预先从商品价格中扣除，然后再从事交易的方式。

三、税负转嫁条件

任何纳税人都存在税负转嫁的愿望，这是毫无疑义的，但要把这种愿望转化为现实，却并不容易。问题在于，税负转嫁是有条件的。根据税负转嫁的定义可以得知，税负转嫁的基本条件是商品价格有供求关系决定的自由浮动。因为税负转嫁是通过价格升降实现的，如果价格不能自由浮动，纳税人虽有转嫁的动机，却不存在转嫁的条件，税负的转嫁也是不可能的。在价格可以自由浮动的前提下，税负转嫁的程度，还受诸多因素的制约，主要的有供求弹性的大小、税种的不同、课税范围的宽窄以及税负转嫁与企业利润增减的关系等。

1. 商品课税较易转嫁，所得课税一般不能转嫁。从前边的讨论中可以看出，税负转嫁的最主要方式是变动商品的价格。因而，以商品为课税对象，与商品价格关系密切的增值税、消费税、关税等比较容易转嫁是明显的，而与商品及商品价格关系不密切或距离较远的所得课税往往难以转嫁。如对个人财产和劳动所得课征的税收一般只能降低个人的消费水平，无法转嫁出去。对各类企业课征的法人所得税尽管存在转嫁的渠道，如提高本公司商品的售价，降低或延迟增长雇员的工资或增加雇员劳动强度，以及降低股息和红利等。但这些渠道并不畅通，或者会受到企业雇员和股东的强烈反对，或者受制于社会供求关系变化情况，都难以实现。

2. 供给弹性较大、需求弹性较小的商品课税较易转嫁，供给弹性较小、需求弹性较大的商品课税不移转嫁。社会中大量的商品生产和销售都处于竞争状态中，商品价格的确定最终取决于供求关系，而税负转嫁自然与供求弹性有关。一般来说，供给弹性较大的商品，生产者灵活调整生产数量的可行性较大，从而较易控制价格水平，税负转嫁容易，而供给弹性较小的商品，生产者灵活调整生产数量的可行性较小，从而难以控制价格水平，税负转嫁困难。同理，需求弹性较小的商品，其价格最终决定于卖方，也可以顺利地实现税负转嫁，但需求弹性较大的商品，买方可以通过调整购买数量价格，税负转嫁比较困难。如果把供给和需求结合起来考虑，则供给弹性大于需求弹性时，税负容易转嫁；供给弹性小于需求弹性时，税负转嫁困难。在极特殊的情况下，供给弹性等于需求弹性，则往往由供给和需求两方共同负担税款，税负转嫁只能部分实现。

3. 课税范围宽广的商品较易转嫁，课税范围狭窄的难以转嫁。税负转嫁必然引致商品价格的升高，若另外的商品可以替代加价的商品，消费者往往会转而代之，从而使税负转嫁失效。但若一种税收课税范围很广，甚至波及同类商品的全部，消费者无法找到价格不变的代用品时，只好承受税负转嫁的损失。

4. 生产者的谋求利润目标对税负转嫁的关系。企业经营都以谋求尽可能多的利润为活动目标。税负转嫁显然也是为这一目标服务的。但是，在某些特定环境下，两者也会发生矛盾。如为了全部转嫁税负必须把商品售价提高到一定水平，而售价提高就会影响销量，进而影响经营总利润。此时，经营者必须比较税负转嫁所得与商品销量减少的损失，若后者大于前者，则经营者宁愿负担一部分税款以保证商品销量。这类情况在竞争性商品转嫁中有所表现，在独占性商品税负转嫁中更为常见。

四、我国的税负转嫁

我国曾长期实行高度集中的计划经济体制，当时在实际生活中没有触及从而也不可能提出税负转嫁问题。在税收理论上也长期奉行一种观点，即认为税负转嫁是存在于剥削关系的资本主义私有制的特殊现象，我国全体人民都是生产资料和社会产品的主人，不可能自己对自己进行税负转嫁。这种观点是不能成立的。如果按这种逻辑推理，那么，社会主义连税收本身也是不存在的，因为资本主义税收本身就是以资本主义私有制为基础，并体现剥削关系的。如上所说，税负转嫁是和商品经济相伴随的一种经济现象，是通过价格升降而实现的税负转移。价值规律是商品经济的基本规律，而价值规律的内涵就是商品价值有社会必要劳动决定，商品价格受供求关系的影响围绕价值而上下波动。因而不论什么社会经济制度，只要是商品经济形式，价值规律在发挥作用，就存在税负转嫁现象。当然，不同社会经济制度下税负转嫁的实现条件是不同的。

我国过去是实行高度集中计划经济体制以及相应的计划价格体制，在这种经济体制下，税负转嫁的主观条件和客观条件都是不存在的。这是因为：（1）当时的企业不构成商品生产的实体，不存在独立的经济利益，没有在利益机制驱动下的转嫁税负的动机；（2）当时实行由政府统一规定的计划价格体制，不存在价格自由浮动机制，因而也不存在转嫁税负的客观条件。

经过经济体制改革，我国的经济体制有高度集中的计划经济体制逐步向社会主义市场经济体制转变，经济生活的各个方面发生了巨大的变化，税负转嫁的条件也发生了根本性的变化。首先是扩大了企业经营自主权和自主支配的财力，企业已经成为相对独立的商品生产者和经营者，有了自身独立的经济利益。在这种条件下，转嫁税负从而维护和增强自身的经济利益，已经成为企业的一般行为倾向。个体工商户、私营经济、外商投资企业是如此，集体经济和国有经济也不例外。其次是对价格体制进行了大幅度的改革，1979～1983 年，以有计划的调整价格为主，1984 年以后则是较多地放开价格，也为税负转嫁提供了充分的条件，开拓了宽阔的空间。

税负转嫁既然是和商品经济相伴随的不可避免的经济现象，那么，正确的态度不是简单的否认或回避，而应是自觉地加以掌握和运用，利用其积极作用，限制或防止其消极作用。税负转嫁在我国是由于经济改革特别是价格改革带来的新问题，也是我国税收理论正在探索的一个课题。目前我国税制是以流转税为主体的，而税负转嫁又主要发生在流转税领域，因而深入地研究税负转嫁的机理，有着特殊重要的实践意义和理论意义。

只要存在税负转嫁现象，它就会对社会生活产生广泛的影响，而且可能发挥不同的效应。首先，税负转嫁是税负的再分配，也就是物质利益的再分配，消费者会因税负转嫁而增加负担，商品的生产和经营者会因税负转嫁而改变在竞争中的地位。例如，对价格放开的生活必需品课以重税，由于需求弹性小，物价虽上涨消费者也不能不购买，纳税人很容易把税负转嫁给消费者，增加消费者负担；对短线产品加税，既可以限制消费，又不会妨碍生产的增长；对长线产品加税，由于价格难以上涨，税负不易转嫁，可以限制生产，不利于鼓励消费，等等。其次，税负转嫁和制定税收政策及设计税收制度有密切关系。假如原定的税收政策和税收制度是合理的，既有利于资源优化配置，又符合公平原则，但税负转嫁可能改变预定税负分配格局，抵消税负的经济调节作用或造成税负的不公平。因此在制定税收政策和设计税收制度时必须充分考虑各类商品的供求状况和价格趋势，并合理选择税种、税率以及课征范围。再次，税负转嫁会强化纳税人逃税的动机，即当税负转嫁不易实现时，纳税人极有可能转向逃税来取代税负转嫁，破坏税收的严肃性，腐蚀纳税人依法纳税的自觉性。所以，税务机关在防治任意转嫁税负的同时，还必须采取经济手段、法律手段和行政手段加强税收征管工作。

第四节　征税中的公平与效率

一、税收应以公平为本

公平合理是税收的基本原则和税制建设的目标。早在18世纪，古典经济学的创始人亚当·斯密在他著名的《国民财富的性质和原因的研究》一书中就将公平原则列为税收四原则之首。我国古代学者在有关税收的论著中，也无不反复强调税收公平的极端重要性。到了现代社会，无论是资产阶级经济学还是社会主义经济学，尽管立场和目的是根本不同的，但几乎不约而同地坚持税收必须公平的观点。从另一个方面看，从古到今，横贯东西方国家税收的实践表明，税收公平与否往往是检验税制和税收政策好坏的标准。当然，绝对公平的税制是不存在的，但在西方国家由于税负不公而引致社会矛盾乃至政权更迭的实例却屡屡可见，所以各国政府普遍地把公平原则作为设计税制所追求的目标之一。一般地理解税收公平包括普遍征税和平等征税两个方面。所谓普遍征税，通常指征税遍及征收管辖权之内的所有法人和自然人，换言之，所有有纳税能力的人都应毫无例外地纳税。这一税收公平准则最初是针对特权阶级如皇室、贵族在税收上享有的不合理豁免权确立的，后来演化为对所有人一视同仁征税，排除各类区别对待措施等更为全面的公平税收思想。当然，征税的普遍性也不是绝对的，国家出于政治、经济、国际交往等方面的考虑，给予某些特殊的纳税人以免税照顾，并不违背这一原则，相反，只能被认为是对这一原则的灵活运用。如对外交使节的税收豁免待遇就是绝大多数国家通行的做法。所谓平等征税，通常指国家征税的比例或数额与纳税人的负担能力相称。具体有两个方面的含义：一是纳税能力相同的人同等纳税，即所谓“横向公平”；二是纳税能力不同的人不同等纳税，即所谓“纵向公平”。必须说明，上面所提到的纳税能力，一般是以所得为代表，所以“横向公平”的含义就是对所得相同的人同等课税；“纵向公平”的含义就是对所得不同的人不同等课税。简言之，就是所得多者多征，所得少者少征，无所得者不征。这里的征多征少，往往通过累进税、差别比例税、减征免征、加成征收等办法来实现。

税收公平不仅是一个财政问题，而且是一个社会问题和经济问题。因为税收作为国家参与和干预 GDP 分配和再分配的手段，与社会经济生活各个领域密切相关，对社会生活和经济运行发挥着巨大的影响。因为对税收公平的判断还必须从社会经济角度来考察。不同社会和不同国家的社会公平观和经济观是不同的，税收公平是以该社会的社会公平观和经济公平观为基础和前提的。资本主义社会是一个阶级对立的社会，所谓公平只能是资产阶级内部的公平，在资本家与工人之间根本无公平可言，资本家也在依法纳税，但他的税负同他所攫取的亿万利润相比，不过是九牛一毛而已，更何况还可以通过多种途径转嫁出去。社会主义社会对个人分配实行按劳分配原则，在企业之间实行“鼓励先进，鞭策落后”原则，社会主义税收只有充分体现这些分配原则才是公平的。在一个社会内部，税收政策必须及时协调税收公平与社会经济公平之间可能出现的矛盾。例如，当经济活动所决定的分配已经是公平的了，税收分配就应以不干扰这一分配格局为目标。有时会出现这样的情况，从财政税收的角度看是公平的，但从社会和经济的角度看却是不公平的，这时必须通过调整税制以适应经济和社会公平的要求，而不是相反。

二、征税必须考虑效率的要求

征税不仅应是公平的，而且应是有效率的。这里的效率包括两层意义：一是指征税过程本身的效率，即较少的征收费用、便利的征收方法等；二是指征税对经济运转效率的影响，宗旨是征税必须有利于促进经济效率的提高，也就是有效地发挥税收的经济调节功能问题。

征税过程本身必须有效率。必须以尽可能少的征收费用获得尽可能多的税收收入，征收费用与税收收入的比值越小越好。这就要求税务机关在保证及时、足额征得法定税收收入的前提下、税务开支应尽量节约，也就是降低税收成本。同时，税收机关的设置、征纳税方法的选择必须便利于纳税人，使纳税人的纳税登记、申报及最后交纳都有较高的效率。结合我国的实践，就是征税必须贯彻简便易行原则。事实上，给纳税人以便利必然有助于征收费用的节约，进而使税务成本降低，两者是互相促进的。

通过征税促进经济效率的提高是更高层次的税收效率。税收作为一种重要的再分配工具，可以在促进资源配置合理化，刺激经济增长等方面发挥作用，但也可能扭曲资源配置格局，阻碍经济发展，如果税收起的是前一种作用，就是有效率的，如果税收的作用属于后一种，就是无效率的。税收是否有效率必须结合经济运行本身的效率考察，假如经济运转本身已是高效率的，税收活动就应以不干预经济运转为有效率，假如经济运转是低效率乃至无效率的，税收效率则体现在它对经济运转的影响和干预上。对长时期的、全面的经济运转过程的考察结果表明，经济运转本身具有效率的情况极其少见，在市场经济国家，总是存在所谓市场失灵的问题，在计划经济国家，也会有计划失误和生产者积极性不高的情况，因为税收干预总是大有可为的。就我国的情况而言，随着经济体制改革的深入，税收的经济杠杆作用越来越受到重视，它在调节生产，流通和消费等方面的功能日益强化，并在实践中促进了经济效率的提高。党的关于经济体制改革的决定已明确指出，充分运用税收等经济手段调节宏观和微观经济，是我国经济体制改革的重要内容，说明我国政府把提高税收效率置于极为重要的地位。

三、税收公平与效率的两难选择

税收的公平与效率是密切相关的，从总体上讲，税收的公平与效率是互相促进，互为条件的统一体。首先，效率是公平的前提。如果税收活动阻碍了经济发展，影响了 GDP 的增长，尽管是公平的，也是没有意义的。因为税收作为一种分配手段是以丰裕的社会产品为基础的，而没有效率的公平便成了无本之木。所以，真正的公平必须融合了效率的要求，必须是有效率的公平。其次，公平是效率的必要条件。尽管公平必须以效率为前提，但失去了公平的税收也不会是高效率的。因为税收不公平必然会挫伤企业和个人的积极性，甚至还会引致社会矛盾，从而使社会生产缺少动力和活力，自然也就无效率可言。因此，真正的税收效率必须体现公平的要求，必须是大体公平的。当然，税收的公平与效率的统一并不是绝对的，就某一具体的课征活动来说，两者会有矛盾和冲突。例如，商品课税可以通过各类奖限政策促进合理配置资源和发展生产，一般认为是有效率的，但由于它背离了量能纳税的原则，有时会造成纳税人的苦乐不均，通常又被认为是不公平的。再比如，所得课税具有负担合理、课征公平的优点，但它距离经济运转过程较远，很难直接调节生产和流通，又有效率不高的缺点。正因为如此，在税制建设和征收管理上才有公平与效率难以兼顾的说法。

只有同时兼顾公平与效率两个方面的税制才是好的税制，这是无须证明的。但就具体的税种来说，往往不是低效率、高公平，就是高效率、低公平。高效率、高公平的最优结合是少有的。就某一具体的税收政策来说，往往不是以效率为主导，就是以公平为核心。两者并重，并不一定就理想状态。因此，对税收公平与效率的研究必须跳出具体的税种或税收政策的圈子，而要从整个税制或税收总政策来思考。前边讨论的公平与效率的统一性主要也就是从这个意义上讲的。仅就某一个税种来说，可能是以公平或以效率为主的，但作为税种集合的税制，通过各税种的互相补充，完全有可能组成一个公平与效率兼备的好的税制。不过，有些国家从本国国情出发或为了实现特定的政治、经济目标，在建设本国税制时实行以公平或效率某一方面作为侧重点的税收政策，从而形成效率型税制或公平型税制，这样的税制往往更具实践价值。如发展中国家实行“效率型”税制比之实行“兼顾型”税制更能促进本国经济腾飞，发达国家实行“公平型”税制更有益于社会安定。总之，把税制的设计同本国的具体情况和长远发展战略结合起来，显然是对公平与效率两者更深层次和更高层次的兼顾。

第五节 现行的主要税种

我国现行的税收制度是在 1994 年全面税制改革的基础上确立的。这次税制改革以后，我国征收的税种减少到 23 个，2006 年取消农业税之后，税种又减少到 22 个；2006 年国家开征烟叶税后，税种增加到 23 个。按课税对象的性质，分为流转税、所得税、财产税、资源税以及行为税五大类。流转税，包括增值税、消费税、营业税、关税；所课税，包括个人所得税、企业所得税；财产税，主要有房产税、契税、车船税等；资源税，主要有资源税、耕地占用税等；行为税主要包括城镇土地使用税、印花税、土地增值税、城市维护建设税等。

一、流转税

（一）增值税

增值税是以增值额为课税对象的税收。所谓增值额，从理论上讲，就是企业的商品销售收入额或劳务收入额扣除经营中的物质消耗后的余额。从一个生产经营单位来看，就是该单位的商品销售额或劳务收入额扣除所购商品金额之后的余额，它大体上相当于单位活动所创造的价值；从一个商品来看，该商品生产和流通各环节所创造的增值额之和，相当于该商品的最终销售额。

1. 纳税人。增值税的纳税人是在我国境内从事货物销售或者提供加工、修理修配劳务以及进口货物业务的单位和个人。外商投资企业和外国企业也是增值税的纳税人。

2. 征税范围。增值税的征税范围包括货物的生产、批发、零售和进口四个环节。此外，加工和修理修配也属于增值税的征税范围。

3. 税率。我国改革后的增值税设了两档税率。其中，基本税率为17%，低税率为13%，此外还有一档零税率。根据规定，低税率的适用范围仅限于以下几类货物：(1) 粮食、食用植物油；(2) 自来水、暖气、冷气、热水、石油液化气、煤气、天然气、沼气、居民用煤炭制品；(3) 图书、报纸、杂志；(4) 饲料、化肥、农药、农机、农膜；(5) 国务院规定的其他货物。除以上几类货物适用低税率外，其他货物和应税劳务（指加工、修理修配劳务）一律按17%的基本税率征收。零税率的适用范围仅限于出口货物。

（二）消费税

消费税是国家为了体现消费政策和产业政策，对生产和进口应税消费品征收的一种税。

1. 纳税人。消费税的纳税人具体包括：在我国境内生产、委托加工、零售和进口应税消费品的国有企业、集体企业、私有企业、股份制企业、其他企业、行政单位、事业单位、军事单位、社会团体和其他单位、个体经营者及其他个人。根据《国务院关于外商投资企业和外国企业适用增值税、消费税、营业税等税收暂行条例有关问题的通知》规定，在我国境内生产、委托加工、零售和进口应税消费品的外商投资企业和外国企业，也是消费税的纳税人。

2. 征税范围。消费税的征税范围为在我国境内生产、委托加工和进口的消费税暂行条例规定的应税消费品。消费税只在生产环节和进口环节征收，流通环节不在征收范围之内。目前确定的征收消费税的税目共有11个，即烟、酒及酒精、化妆品、护肤护发品、贵重首饰及珠宝玉石、鞭炮焰火、汽油、柴油、汽车轮胎、摩托车、小汽车。

3. 税率。我国消费税共设置11个税目、13个子目。税率分比例税率和定额税率两种。对价格差异不大、计量单位规范的消费品，实行定额税率，如啤酒为220元/吨、汽油为0.2元/升等，其他消费品则采用比例税率，税率为3%～5%。

（三）营业税

营业税是对我国境内提供应税劳务、转让无形资产或销售不动产的单位和个人，就其营业额征收的一种税。

1. 纳税人。营业税的纳税人是在我国境内提供应税劳务、转让无形资产或销售不动产的单位和个人。

2. 征税范围。营业税的征税范围包括在我国境内提供规定的劳务（以下简称应税劳务）、转让无形资产或销售不动产。应税劳务是指属于交通运输业、建筑业、金融保险业、邮电通信业、文化体育业、娱乐业、服务业税目征收范围的劳务。

3. 税率。我国改革后的营业税共有9个税目：交通运输业、建筑业、金融保险业、邮电通信业、文化体育业、娱乐业、服务业、转让无形资产、销售不动产业。税率设置了三档：大部分税目的税率为5%，交通运输业、建筑业、邮电通信业、文化体育业为3%，娱乐业税率为5%～20%。

（四）关税

关税是指对进口我国国境的货物和物品征收的一种税，分为进口税和出口税两种，由海关负责征收。

1. 纳税人。关税的纳税人大体分两类：进出口货物关税纳税人是经营进出口业务的单位，进出口物品关税的纳税人为物品的所有人或收件人。

2. 征税范围。关税的课税对象是进出国境的货物和物品。货物是指对外贸易进出口的商品，物品是指入境旅客携带的、个人邮寄的、运输工具或服务人员携带的，以及用其他方式进口的个人自用的行李、邮包、商品等。进出我国港口行驶的外国运输工具，也是关税的征收范围。

3. 税率。关税税率分进口税率和出口税率，一般采用差别比例税率。进口货物按照必需品、需用品、非必需品、限制进口品等分成若干个税级分别确定税率。各种货物的税率又分为优惠税率和普通税率两种。

二、所得税

（一）个人所得税

个人所得税是对我国公民个人和在我国境内的外籍个人取得的应税所得征收的一种税。改革后的个人所得税制是在我国原来的对个人所得分别征收城乡个体工商业户所得税、个人所得税和个人收入调节税的基础上加以统一后建立起来的。

1. 纳税人。根据《中华人民共和国个人所得税法》的规定，凡在中华人民共和国境内有住所，或者无住所而在境内居住满1年的个人，以及在中国境内无住所又不居住或者无住所而在境内居住不满1年的个人，只要达到我国税法规定的纳税标准，都是个人所得税的纳税人。个人所得税以取得收入的个人为纳税义务人，以支付所得的单位或个人为扣缴义务人。在两处或两处以上取得工资薪金所得以及没有扣缴义务人的，由纳税人自行申报纳税。

2. 征税范围。个人所得税以个人取得的各项所得为征税对象，其具体征税项目包括工资、薪金所得，个体工商户的生产经营所得，对企事业单位的承包经营、承租经营所得，劳务报酬所得，稿酬所得，特许权使用费所得，利息、股息、红利所得，财产租赁所得，财产转让所得，偶然所得以及国务院规定的其他所得。

3. 税率。我国个人所得税采用分类所得税制，不同的收入项目分别采用不同的税率形式和税率：工资、薪金所得采用超额累进税率，税率为5%～45%；个体工商户的生产、经营所得和对企事业单位的承包经营、承租经营所得采用超额累进税率，税率为5%～35%；其余应税项目适用比例税率，税率为20%；对劳务报酬所得一次收入畸高的，实行加成税办法；对稿酬所得，实行减征30%税款的做法。

（二）企业所得税

我国2008年1月1日开始实施的《中华人民共和国企业所得税法》规定，企业所得税是对我国境内的企业和其他取得收入的组织（以下统称企业，个人独资企业、合伙企业除外)，就其来源于中国境内、境外的生产经营所得和其他所得征收的一种税。

1. 纳税人。企业分为居民企业和非居民企业。居民企业，是指依法在中国境内成立，或者依照外国（地区）法律成立但实际管理机构在中国境内的企业。非居民企业，是指依照外国（地区）法律成立且实际管理机构不在中国境内，但在中国境内设立机构、场所的，或者在中国境内未设立机构、场所，但有来源于中国境内所得的企业。

2. 征税范围。居民企业应当就其来源于中国境内、境外的所得交纳企业所得税。非居民企业在中国境内设立机构、场所的，应当就其所设机构、场所取得的来源于中国境内的所得，以及发生在中国境外但与其所设机构、场所有实际联系的所得，交纳企业所得税。非居民企业在中国境内未设立机构、场所的，或者虽设立机构、场所但取得的所得与其所设机构、场所没有实际联系的，应当就其来源于中国境内的所得交纳企业所得税。

企业所得税的征税对象是纳税人在每一纳税年度内以货币形式和非货币形式从各种来源取得的收入。包括销售货物收入、提供劳务收入、转让财产收入、股息红利等权益性投资收益、利息收入、租金收入、特许权使用费收入、接受捐赠收入，以及国务院财政、税务主管部门确定的其他收入。

3. 税率。原《企业所得税暂行条例》规定，企业所得税税率是33%，另有两档优惠税率，全年应纳税所得额3万~10万元的，税率为27%，应纳税所得额3万元以下的，税率为18%；特区和高新技术开发区的高新技术企业的税率为15%。外资企业所得税税率为30%，另有3%的地方所得税。新所得税法规定企业所得税的税率为25%。在中国境内未设立机构、场所的，或者虽设立机构、场所但取得的所得与其所设机构、场所没有实际联系的非居民企业，交纳企业所得税适用税率为20%，现在减按10%的税率征收。符合条件的小型微利企业，减按20%的税率征收企业所得税。国家需要重点扶持的高新技术企业，减按15%的税率征收企业所得税。

三、财产税

（一）房产税

房产税是以房产为征税对象，依据房产价格或房产租金收入向房产所有人或经营人征收的一种税。它对于加强房产管理，配合城市住房制度改革，为城市建设筹集资金等都具有一定意义。

1. 纳税人。房产税的纳税人为在我国境内拥有房屋产权的单位和个人。房屋产权属于国家所有的，房屋的经营管理单位为纳税人；产权属于集体或个人所有的，纳税人为集体单位或个人。

2. 征税范围。房产税的课税对象为位于城市、县城、建制镇和工矿区的房屋。位于农村内的房屋不属于房产税的课税对象。

3. 税率。房产税的税率为比例税率。按房产计税价值征收的，税率为1.2%；按房产租金收入课征的，税率为12%。但从2001年起，个人按市场价格出租居民住房用于居住的，可减按4%的税率交纳房产税。对个人自住的房产免税。

（二）契税

契税是以在我国境内转移土地、房屋等不动产权属为征税对象，向产权承受人征收的一种税。

1. 纳税人。契税的纳税人为在我国境内转移土地、房屋的权属过程中承受的单位和个人。

2. 征税范围。契税的征税范围是在我国境内转移的土地、房屋的权属。具体包括五个方面：国有土地使用权的出让、土地使用权的转让（包括出售、赠与和交换）、房屋买卖、房屋赠与、房屋交换。

3. 税率。契税实行3%～5%的幅度税率。各省、自治区、直辖市政府可根据本地的具体情况在该税率幅度内选择本地的适用税率。对个人购买自用普通住宅，契税可以减半征收。

四、资源税

（一）资源税

我国目前的资源税是在对境内开采应税矿产品和生产盐的单位和个人，因资源赋存和开发条件的差异而形成的级差收入所征收的税。

1. 纳税人。凡在我国境内开采应税资源的矿产品或者生产盐的单位和个人为资源税的纳税义务人。对中外合作开采石油、天然气暂不征收资源税，但要征收矿区使用费。

2. 征税范围。资源税的课税对象是自然资源，但目前并非所有的自然资源都应被课税，应税的自然资源只包括矿产品和盐两大类，水资源、森林资源等暂不课税。具体而言，资源税的税目包括七大类：原油、天然气、煤炭、其他非金属矿原矿、黑色金属矿原矿、有色金属矿原矿和盐。

3. 税率。资源税采用定额税率，应税产品的计量单位（吨或千立方米）为计税标准，确定了从 0.3 ~60 元等 8 个幅度的税额，并通过《资源税税目税额明细表》和《几个主要品种的矿山资源等级表》，对各品种、各等级矿山的单位税额作了具体规定。

（二）耕地占用税

耕地占用税是以占用耕地的行为作为征税对象，向占用耕地建房和从事非农业建设的单位和个人征收的一种税。在性质上属于特定目的税。它是国家为保护耕地，对被占用的耕地征收的一次性行为税。其征收范围仅限于建房和其他非农业建设所占用的耕地，包括国家所有和集体所有的耕地。但用于农业生产的耕地不在征收之列。征收耕地占用税，对于限制乱占滥用耕地，加强对农业耕地的管理和筹集专项资金，改善农业生产条件，都具有重要意义。

耕地占用税根据不同地区人均占有耕地的数量和当地经济发展状况实行由地区差别的幅度税额。人均耕地面积越少的地区单位税额越高。经济特区、经济技术开发区和经济发达、人均耕地特别少的地区，适用税额可适当提高。为了协调各地区的税额标准，避免毗邻地区税额标准过于悬殊，财政部门分别核定了各省、自治区、直辖市人民政府的平均税额，每平方米从 2.5 ~9 元不等。

耕地占用税以纳税人实际占用的耕地面积为计税依据，按规定的适用税额计算应纳税额，并由当地财政部门一次性征收。

五、行为税

（一）城镇土地使用税

国家开征城镇土地使用税的目的是加强对土地的管理，提高土地的使用效益，理顺国家与土地使用者之间的分配关系。

1. 纳税人。城镇土地使用税的纳税人为拥有城镇土地使用权的单位和个人，或者实际使用城镇土地的使用人和代管人。2006 年 12 月 31 日国务院发布国务院令，将外资企业也纳入了征税范围。

2. 征税范围。城镇土地使用税的征税范围包括在城市、县城、建制镇和工矿区内的国家所有和集体所有的土地。

3. 税率。城镇土地使用税的税率采用差别定额税率，税率幅度为 0.6~30 元/平方米，具体税率由各省、自治区、直辖市政府根据本地的实际情况在上述幅度内确定。另外，对个人自住的房屋用地免征城镇土地使用税。

（二）印花税

印花税是对经济活动及交往过程中书立、使用、领受应税凭证的行为所征收的一种税。印花税的特点是：（1）覆盖面广。凡税法列举的合同或具有合同性质的凭证、产权转移书据、营业账簿、权利及许可证照等，都应当交纳印花税。（2）税率低，税负轻。印花税最高税率为4‰，最低税率仅为0.05‰；按定额税率征税的，每件5元。（3）纳税人自行完税。即纳税人在发生纳税义务的同时，自行购买印花税票后，应当一次足额将其粘贴在应税凭证上，然后对已粘贴的税票自行用笔注销或划销。

1. 纳税人。印花税的纳税人为在我国境内书立、使用、领受属于征税范围内所列凭证的单位和个人，包括立合同人、立账簿人、立据人、领受人和使用人5种。需要说明的是，凡是有两方或两方以上当事人共同书立的，各方当事人都是印花税的纳税人，应当各自就其所持有的凭证履行纳税义务。

2. 征税范围。印花税的可证对象为具有法律效力的凭证，征税范围包括各种合同、产权转移书据、营业账簿、权利许可证照等。我国印花税法共列有13种应税凭证。其中，合同类凭证10种，另外还有产权转移书据、营业账簿和权利许可证照。

3. 税率。印花税设有比例税率和定额税率两类。各类合同、产权转移书据、营业账簿中记载资金的账簿，适用比例税率；权利许可证照和营业账簿中的其他账簿使用定额税率（每件贴花5元）。比例税率设有四档：（1）0.05‰，适用于借款合同；（2）0.3‰，适用于购销合同、技术合同、建筑安装工程承包合同；（3）0.5‰，适用于加工承揽合同、建筑工程勘察设计合同、货物运合同、产权转移书据、记载资金的营业账簿；（4）1‰，适用于财产租赁合同、仓储保管合同、财产保险合同；（5）4‰，适用于股权转让书据（包括A股和B股）。

（三）土地增值税

土地增值税是国家为了抑制土地的炒买炒卖和调节房地产投机暴利而开征的一种税。

1. 纳税人。土地增值税的纳税人为转让国有土地使用权、地上建筑物及其附着物并取得收入的单位和个人。这里的单位包括一切企事业单位、国家机关和社会团体等组织。外商投资企业、外国企业以及外国公民也是该税的纳税人。

2. 征税范围。土地增值税的课税对象是纳税人转让房地产取得的增值额。这里的转让房地产，包括两种情况：（1）转让国有土地的使用权。（2）连同国有土地使用权一并转让地上的建筑物及其附着物。根据我国的有关法律规定，城市的土地属于国家所有，农村和城市郊区的土地属于集体所有（国家另有规定的除外）。只有转让国有土地的使用权及其地上建筑物所取得的增值额才属于土地增值税的征税范围。按照国家规定，集体所有的土地不可自行转让，必须先由国家征用变为国家所有的土地以后才能转让。所以，转让集体所有的土地是一种违法行为，根本谈不上交纳土地增值税的问题。

3. 税率。土地增值税的计税依据是纳税人转让房地产取得的增值税。它是纳税人转让房地产的收入减除税法规定的扣除项目金额后的余额。土地增值税实行四级超额累进税率，按增值税与扣除项目金额之间的比率，分别规定为30%、40%、50%、60%四个级次：（1）增值额未超过扣除项目金额50%的部分，税率为30%。（2）增值额超过扣除项目金额50%、未超过扣除项目金额100%的部分，税率为40%。（3）增值额超过扣除项目金额100%、未超过扣除项目金额200%的部分，税率为50%。（4）增值额超过扣除项目金额200%的部分，税率为60%。

（四）城市维护建设税

城市维护建设税是一种具有特定目的的附加税，它以纳税人实际交纳的增值税、消费税或营业税税额为计税依据，税款专门用于城市的公用事业和公共设施建设。

1. 纳税人。凡是交纳增值税、消费税、营业税的单位和个人，除了外商投资企业和外国企业，都是城市维护建设税的纳税人。

2. 征税范围。城市维护建设税没有自己独立的征税对象或税基，而是以增值税、消费税、营业税“三税”的税额为计税依据，并随“三税”同时附征，因此具有附加税性质。具体包括城市、县城、建制镇及税法规定的其他地区，其征收范围较为广泛。

3. 税率。城市维护建设税按纳税人所在地区的不同，税率分别规定为城市市区7%，县城、建制镇5%，其他地区1%。

第六节 国际税收

一、国际税收的概念

税收是国家凭借其政治权力进行的一种特殊的分配形式，它的实质是国家和纳税人之间发生的征纳关系。一个国家政治权力所管辖的范围是有限的，一般只限于本国的疆域。在税收产生后相当长的历史时期中，税收只能在一国范围内征收。

随着商品交换范围扩大，一国居民经济活动就会突破国界，当一国居民跨过国界从事经济活动获得收益时，由此产生了跨国所得，各国依据本国税法可对跨国所得进行征税，如果两个或两个以上的国家对同一笔跨国所得征税，就出现了国际税收问题，而承担纳税义务的人被称为跨国纳税人。

国际税收是指两个或两个以上的国家，在对同一跨国纳税人的同一课税对象分别行使各自的征税权力而形成的征纳关系中所发生的国家之间权益分配关系。这个概念包含以下三层重要含义：

1. 国际税收不能脱离国家税收而单独存在，只是国家税收在国际范围内的运用。征税总是在一个国家政府与其纳税人之间进行的，由于不可能存在超越各国政治权力的“国际政治权力”，所以不可能有一种独立的国际税收。以国家为一方、纳税人为另一方的税收征纳行为，构成了国际税收的基本内容。

2. 国际税收不能脱离跨国纳税人这个关键因素。当纳税人在至少两个国家同时负有纳税义务时，就成为跨国纳税人，并由此引起了国家之间的税收分配关系，即国际税收关系。

3. 国际税收实质上是国家与国家之间的税收分配关系。国家税收虽然也是分配关系，但那是拥有政治权力的国家与国家统治之下的社会成员之间的分配关系。国际税收的实质除了包含这种一般的税收分配关系外，还包含着同样拥有政治权力、相互独立的国家之间的税收分配关系。

二、税收管辖权

（一）税收管辖权的概念

税收管辖权是国家主权在税收领域的表现，是一国政府在征税方面所行使的管理权力及其范围。税收管辖权具有排他性和独立性。排他性意味着在处理本国税收事务时不受外来干涉和控制，独立性表现在该主权国家在税收方面行使权力的完全自主性。

从税收管辖权的概念可知：（1）国际税收中税收管辖权的主体是拥有征税权的两个或两个以上的国家，而这些国家在政治、经济、文化等方面不可能都是相同的，在税收制度、政策上也会存在诸多差异。（2）税收管辖权的客体是纳税人。凡有来源于两个或两个以上国家的收入，或者虽然只有来源于一个国家的收入但同时对两个或两个以上国家负有纳税义务的跨国自然人或法人，都是国际税收涉及的纳税人。

（二）国际税收管辖权的分类

按照来源国原则和居住国原则确立的所得税等方面的税收管辖权，可以划分为三类：

一是收入来源管辖税。依照领土原则，对来源于或认定来源于本国境内及其拥有行使主权的区域内的所得和财产，不论其取得者或所有人是否居住在境内，均行使征税权。

二是居民税收管辖权。按照住所或居所地原则，政府对本国法律规定的居民在全世界范围内或一定范围内取得的所得和拥有的财产行使征税权。

三是公民税收管辖权。遵循国籍原则，政府对本国公民（不论其居住在境内与否）在全世界范围内的所得和拥有的财产行使征税权。

显然，前者是属地主义在国际税收中的体现，后两者是管辖权属人主义在国际税收中的反映。从税收管辖权的角度说，对一国的居民行使居民管辖权，对该国的非居民行使收入来源管辖权，已经成为国际上的通行做法，并已成为各国涉外税制遵循的一般准则。

（三）税收管辖权的基本原则

任何一个国家的管辖权都不是无限的，只能在一定范围内行使。在长期实践的基础上，国际社会确认了有关行使管辖权的若干原则，这些原则确定了各国管辖权的行使范围与深度。

1. 国籍原则。国家有权对一切具有本国国籍的人实行管辖，而不论其是居住在国内还是国外。这种由属人最高原则引申出的管辖权，是以人员身份来确定管辖权行使范围的，又称属人原则或属人主义。

2. 领域原则。任何一个国家，对在其所属领土上的人、物或发生的事件，有权依本国的法律和政策实行管辖，这是由属地最高原则引申出来的管辖权。这种由地域概念来确定管辖权行使范围的原则，又称属地原则或属地主义。

3. 普遍性原则。普遍性原则又称世界性原则。按照国际法的规定，对于某些特定的国际罪人，如战争罪犯、海盗、贩毒犯等，不论罪行发生在何时，也不论罪犯是何国籍，各国均有权对罪犯罪行实行管辖。

4. 保护性原则。保护性原则又称安全性原则，主要适用于刑事管辖权方面。该原则允许一个国家惩罚有害于其安全的行为，即使这类行为系外国人在国外所为，在该人进入该国时也有权对其加以管辖。

在上述四项原则中，领土原则和国籍原则以及从中引申出的属地原则和属人原则是主要原则，不论对刑事管辖权、民事管辖权还是税收管辖权一概如此。

三、国际重复征税与减除

（一）国际重复征税的含义

国际重复征税是指两个或两个以上的国家在同一时期内对参与国际活动的同一纳税人、不同纳税人的同一征税对象或不同纳税人的同一税源征收相同或类似的税收，一般可分为法律性重复征税和经济性重复征税两种类型。法律性重复征税强调的是纳税主体和纳税客体均具有同一性，是指不同国家对同一跨国纳税人的同一课税对象进行的多次纳税，它是由于法律上对同一纳税人采取不同的征税原则造成的。经济性重复征税是指不同国家对不同的跨国纳税人的同一课税对象或同一税源的重复征税。它是由于股份公司这种经济组织形式造成的。

国际重复征税具有以下特征：（1）纳税主体的同一性，指同一个纳税人在两个或两个以上国家同时负有纳税义务。（2）征税主体的不同一性，指行使征税权力的不是同一个国家，而是两个或两个以上拥有独立的税收管辖权的国家，或享有自主立法权的地区。（3）纳税客体的同一性，指同一征税对象或同一税源。一般来说，对不同的课税对象的征税是不会导致重复征税的，只有税收的课征活动作用于同一征税对象或同一税源上，才有可能产生重复征税。（4）纳税周期的同一性，指在同一纳税期间内所发生的征税。（5）税收的同一性，指双方或多方课征的税收是相同的或类似的。

（二）国际重复征税产生的原因

税收管辖权的差别性使有关国家在行使税权时出现矛盾。当一个跨国纳税人具有来源于两个或两个以上国家的收入时，相关国家的税务当局都有权对这笔收入行使税收管辖权，这样就不可避免地会发生税收管辖权的交叉重叠。税收管辖权的重叠方式主要有三种：

1. 居民管辖权的重叠。这主要是由于各国采取的约束居民管辖权的规范不同而造成的，及各国实行的确定居民身份的标准不同。例如，对自然人居民，有的国家采取住所标准，有的国家采取时间标准；对法人居民身份的确定，有的国家采取注册地标准，有的国家采取管理机构标准。这样都可能使同一跨国纳税人具有双重居民的身份，而造成两个国家同时对该纳税人行使居民管辖权。即使两个国家按同一类标准确定居民身份，如这一标准所包含的内容不同、范围不同，同样可能造成重复征税。

2. 收入来源管辖权的重叠。从地理概念上讲，两个国家分别对来源于各自国家的收入征税，一般是不会发生重复征税的，但主要问题在于各国确定所得来源的标准不同。如在确定劳务所得来源的问题上，有的国家以劳务报酬支付地为标准，有的国家以劳务活动发生地为标准，这样对同一笔所得也会发生重复征税。

3. 居民管辖权与收入来源管辖权的重叠。在当前大部分国家同时行使居民管辖权和地域管辖权的情况下，这是产生国际重复征税的最基本的、最大量的重叠方式。例如，甲、乙两国同时行使这两种税收管辖权。甲国一居民在乙国从事经济活动，从乙国取得一笔所得，乙国要对这笔所得行使地域管辖权征税。甲国根据该国的居民征税原则，也要对该居民来自全世界的收入（当然包括来自乙国的这笔所得）行使居民管辖权征税。这样，两国对同一笔所得同时行使两种不同的税收管辖权，就造成了国际重复征税。

此外，两个国家对同一项费用的扣除方法、价格或利润的计算方法不同，或者对“公平市场价格”的看法不同，也有可能导致国家重复征税。

（三）国际重复税收的减除

所谓国际重复税收的减除，是指居住国政府通过优先承认本国居民（或公民）纳税人向来源国政府交纳的税款，对其居民来源于其他国家的所得税减、免征税，以减轻或消除对同一所得、资本或财产价值的国际重复征税。减除国际重复征税，有利于税收的公平合理，有利于各国间资金、技术、人员和劳务的合理流动，从而促进世界经济的发展。世界各国在国际税收实践中，根据本国的税收传统和实际情况，以单边式或双边式，采用不同的方法来减除或消除国际重复征税。

1. 免税法

免税法也称豁免法，是指行使居民管辖权的国家对本国居民来源于国外的所得免税，只对其来源于国内的所得征税。实行该方法的指导原则是承认输入来源地管辖权的独占征税原则。这就意味着居住国政府完全放弃对其居民来自国外的所得征税的权力，将这种权力无条件地留给该笔所得的来源国政府。

实行免税法可分为两种类型：一种是阿根廷、巴拿马、海地、委内瑞拉和中国香港等，只行使来源地税收管辖权的国家和地区，它们对本国（地区）的居民和非居民的境外所得一律不计入课税的基数，不予课征。这种免税，是因仅行使单一来源地税收管辖权而不兼行居民税收管辖权所致，比兼行两种税收管辖权的国家（地区）所给予的有条件免税更为彻底、范围更宽。另一种类型是兼行两种税收管辖权的国家对其居民的境外所得实行有限定条件的免税，免税的对象一般仅限于境外营业利润、个人劳务所得和某些财产等，而对股息、利息和特许权使用费等项投资所得仍然保留居住国的征税权，并将本国居民在来源国交纳的预提税从本国应纳税额中做适当扣除。这种免税法尤其为欧洲大陆税法国家所采用。

免税法的计算办法分为两种：第一，全额免税。居住国在确定对其居民的国内所得或财产所适用的税率时，不考虑该居民被免予征税的国外所得或财产的数额。第二，累进免税。居住国在确定对其居民的国内所得或财产所适用的税率时，将该居民已被免予征税的国外所得或财产的数额考虑在内。在实行累进税率的情况下，计税所得额的大小决定着适用税率的高低。一方面，考虑到纳税人的实际负税能力，居住国需要对居民的某些境外所得或财产予以免税，另一方面，为了达到税负公平，消除因不考虑国外所得或财产而使纳税人落入低税率档次的现象，在确定居民纳税人国内所得或财产的适用税率时，要将其境外所得或财产加以综合考虑，按国内、国外所得或财产的总额在税率表中查找相应税率。这就是所谓的累进免税法。

总之，累进免税法与全额免税法之间的根本区别在于，前者要按居民纳税人的国内所得与国外所得的总额来求得适用税率，这样做的结果是只对居民纳税人的国外所得免除了国际重复征税，而不会使其国内所得因提出国外所得后落入较低税率档次，获得额外好处。

2. 抵免法

抵免法是行使居民管辖权的国家对其居民的国际所得征税时，允许居民把已纳的外国税额从应向本国交纳的税额中扣除。

实行抵免法的指导原则是既承认收入来源管辖权，又承认居民管辖权，并承认收入来源管辖权的优先地位。也就是说，对跨国纳税人的同一笔跨国所得，来源国可以对之征税，居住国也可以对之征税，但是来源国政府可以先于居住国政府行使征税权，即在形成这笔所得的时候就予以征税，以后，在这笔所得汇回国内时，居住国政府方可对之课税。

税收抵免法的优越性是显而易见的。首先，它能较为彻底地消除国际重复征税；使投资者向国外投资与向国内投资的税收负担大致相等，解除了跨国投资者怕向外投资而承担双重税负的顾虑，从而有利于国际投资和各国对外经济关系的发展。其次，既避免了对同一笔所得的双重征税，又保证了对同一笔所得必征一次税，在一定程度上防止了国际逃税和避税。再次，有利于维护各国的税收管辖权和税收利益，因为它较能体现公平税负的原则。由于抵免法的这些优点，在免除国际重复征税的诸方法中，世界各国采用抵免法的比较多。

3. 扣除法

行使居民管辖权的国家，对居民已纳的外国所得税额，允许其从来自国内外的应税总所得中作为费用扣除。扣除法只能减轻或缓和国际重复征税，并不能完全消除。其消除国际重复征税的数额不会超过该纳税人已纳的外国税额乘以本国税法适用的最高税率得出的数额。

扣除法往往和抵免法一起构成一国单边免除国家间双重征税方法的体系。不少国家允许居民或采用抵免法，或采用扣除法。例如美国规定，凡美国公民和国内公司在外国交纳了所得税者，可以采用扣除法从应税所得中扣除这些税额，也可以采用抵免法将这些已纳的外国税额在美国应征的所得税额中抵免。

4. 减免法

所谓减免法，是指居住国政府对其居民纳税人的国外所得按一种较低的税率征税，以缓解国际重复征税的影响。这是在现代所得税问世的初期，国际重复征税尚不十分严重的情况下，解决国际重复征税的一种权宜之计。这仅是一种减轻或缓和国际重复征税的方法，不能完全消除国际重复征税。

减除国际重复征税的免税法、抵免法、扣除法、减免法都能在不同程度上消除国际重复征税。免税法和抵免法较为彻底，扣除法和减免法次之。在国际税收实践中，由于抵免法和免税法都能比较理想地消除国际重复征税，所以《经合组织范本》和《联合国范本》都建议在免税法与抵免法中自行选择一种，作为双边消除国际重复征税的方法。

（四）税收饶让

税收饶让是指一国对本国纳税人在国外得到减除的那一部分所得税，视同纳税，给予抵免待遇，不再按本国规定的税率补征。税收饶让，也称饶让抵免，它是税收抵免的延伸或扩展，与税收抵免有着密切的关系。税收饶让一般都要通过双边签订税收协定加以明确规定。

发展中国家为了吸引外资到本国投资，往往在税收上给予减免优惠待遇，但如果资本输出国不给予税收饶让，发展中国家所给予的减免，则转化为资本输出国的税收收入，而纳税人从中得不到任何好处。因此，发展中国家为了通过税收减免以吸引外资，在与发达国家签订税收协定时，必然提出税收饶让的要求，但发达国家对此认识不完全一致。

虽然税收饶让不是一种独立的减免国家重复征税的方法，而只是税收抵免内容的附加，但这种配合税收抵免方法的特殊方式，对于解决国家重复征税问题，具有非常重要的意义。

四、国际税收协定

（一）国际税收协定的概念

国际税收协定，是指两个或两个以上的主权国家，为了协调相互之间的税收分配关系而签订的一种书面税收协议。

依照不同的分类标准，国际税收协定可以分为不同的种类。若以涉及主体的多少为分类标准，国际税收协定可以分为双边和多边两类。两个国家之间所缔结的税收协定，称为双边国际税收协定，如中美税收协定属于双边国际税收协定。三个或三个以上国家之间所缔结的税收协定，称为多边国家税收协定，如欧洲经济共同体为消除共同体内部重复征税而签订的税收协定，属于多边国家税收协定。目前国际上大多数税收协定是双边的。

（二）国际税收协定的基本内容

目前各国之间缔结的国际税收协定，在结构和条款上基本一致，概括起来，国际税收协定一般包括以下基本内容。

1. 免除双重征税问题。其中包括明确所得的概念、协调缔约国之间的税收管辖权、免除双重征税的方法等。

2. 保证税收无差别对待。即缔约国各方给对方公民以本国公民待遇，按等同于本国公民标准收税，保证不加歧视等。

3. 消除和减少国际逃税。即制定一个能为缔约国各方所接受的收入和费用的分配标准，即防止跨国纳税人逃税。

思考题

1. 简述税收管辖权的内容。
2. 减除国际双重征税的方法有哪些?
3. 纳税人与负税人有什么区别?
4. 简述全额累进税率与超额累进税率的区别与联系。
5. 简述税收中的公平与效率的关系。
6. 简述税负转嫁的制约因素。

练习题

一、单项选择题

1. 定额税率在计算上更为便利,而且由于采用( ),不受价格变动的影响。

A. 定价计征 B. 比例计征 C. 从价计征 D. 从量计征

2. ( )是指纳税人通过压低商品购价或工人工资将税收负担转嫁给供货商或雇用工人。

A. 前转 B. 后转 C. 顺转 D. 混转

3. 税负转嫁方式中的后转又称( )。

A. 平转 B. 顺转 C. 逆转 D. 税收资本化

4. 按负担是否转嫁为标准,可分为( )。

A. 中央税与地方税 B. 直接税与间接税
C. 价内税与价外税 D. 实物税与货币税

5. 累进税率的优点是( )。

A. 对收入进行弹性调节 B. 不受征税对象价格变动的影响
C. 计算简单 D. 激励作用较强

6. 下列税种中税负不易转嫁的税种是( )。

A. 增值税 B. 营业税 C. 消费税 D. 所得税

7. 下列有关从量税表述正确的是( )。

A. 从量税以课税对象的价格为计税依据
B. 从量税一般采用比例税率
C. 从量税一般采用累进税率
D. 激励作用较强

8. 我国现行所得课税的主要税种不包括( )。

A. 企业所得税　　B. 个人所得税
C. 土地增值税　　D. 增值税

9. 纳税人是（　　）。
A. 代扣代交人　　B. 负税人
C. 纳税主体　　D. 自然人

10. 国际税收的纳税人是指（　　）。
A. 自然人　　B. 跨国负税人
C. 跨国纳税人　　D. 跨国扣税人

二、多项选择题

1. 税收的特征包括（　　）。
A. 强制性　B. 无偿性　C. 灵活性　D. 固定性

2. 按照课税对象的性质可将各种税种分为（　　）。
A. 所得课税　　B. 商品课税
C. 财产课税　　D. 直接税
E. 间接税

3. 税负转嫁的方式有（　　）。
A. 前转　　B. 后转
C. 混转　　D. 消转
E. 税收资本化

4. 以下关于税收归宿与税负转嫁的一般规律正确的是（　　）。
A. 商品课税较易转嫁，所得课税一般不易转嫁
B. 供给弹性较大，需求弹性较小的商品的课税不宜转嫁，供给弹性较小，需求弹性较大的商品的课税较易转嫁
C. 课税范围宽广的商品较易转嫁，课税范围狭窄的难以转嫁
D. 对垄断性商品课征的税不易转嫁
E. 从价课税的税负不容易转嫁，从量课税的税负容易转嫁

5. 避免国际重复征税的方法有（　　）。
A. 免税法　　B. 扣除法
C. 抵免法　　D. 减法
E. 消除法

6. 国际重复征税的影响（　　）。
A. 加重跨国纳税人的负担　　B. 违反税收的公平原则

C. 阻碍国际经济的发展

D. 影响有关国家之间的财权利益关系

E. 减轻跨国纳税人的负担

7. 一般国际税收协定应该包括（ ）。

A. 明确所得概念

B. 协调缔约国之间的税收管辖权

C. 保证税收无差别待遇

D. 消除和减少国际逃税

E. 确定免除双重征税的方法

三、判断题

1. 纳税人是指最终负担税款的单位和个人。（ ）

2. 全额累进税率的累进程度高，超额累进税率的累进程度低，在税率级次和比例相同时，前者的负担轻，后者的负担重。（ ）

3. 直接税包括个人所得税、企业所得税以及不动产税。（ ）

4. 一般认为，价外税比价内税更容易转嫁，价内税课征的侧重点为消费者，价外税课征的侧重点是厂家或生产者。（ ）

5. 国际重复征税是指两个或多个国家，在同一时期对同一跨国纳税人的同一征税对象，或对不同跨国纳税人的同一税源征收同类税收所造成的重复征税。（ ）

6. 按照属人原则确立的税收管辖权，分为居民税收管辖权和公民税收管辖权。前者的基本含义为国家有权对本国公民课税，而不论其收入来源于何处；后者的基本含义为国家有权对本国居民课税，不论其收入从何处取得。（ ）

第四章 财政支出

财政支出是政府活动的一个非常重要部分。实践表明财政支出对社会经济的发展起着巨大的作用。通过本章的学习，应了解财政支出的分类、财政支出成本效益分析，掌握购买性支出、转移性支出的内容、性质，了解政府采购制度的定义、采购范围、采购方式和采购程序等。

第一节 财政支出概述

一、财政支出的含义

财政支出是政府将集中起来的货币资金，有计划地分配使用到各种用途上去的过程。通过对财政资金的支出，满足整个社会再生产和公共部门等各方面活动的资金需要，从而为实现政府的各项职能服务。因此，财政支出是财政分配活动的重要环节，它反映了政府的政策，规定了政府活动的范围和方向。

二、财政支出的分类

随着社会经济的发展，财政支出的数量不断增加，财政支出的种类也越来越多，为了正确安排、合理分配和有效地使用财政资金，加强对财政支出的管理和监督，应当根据不同的标志，对财政支出进行科学的分类。

（一）按与国家职能关系分类

财政支出按其和政府职能的关系，大体上可以分为以下几类：经济建设支出、文教科卫等事业发展支出、行政管理费支出、国防支出、社会保障与福利支出、债务支出、其他支出。其中，经济建设支出主要包括生产性基本建设支出、企业挖潜改造资金支出、流动资金支出、科技三项费用、地质勘探费、支援农业生产支出和支援经济不发达地区发展资金等。文教科卫事业发展支出主要包括文教科卫事业费、农林水事业费、这些部门的非生产性基建支出及人员经费和公用经费等。社会保障与福利支出主要包括社会保障、抚恤和社会救济等支出。这种分类可以反映出国家政治、经济、文化、军事活动的全貌和各个时期政府职能与活动范围的变化情况。世界各国在预算管理上也大致采用类似的分类方法。

可以看出，按与国家职能关系对财政支出进行分类，能够明白地揭示国家执行了怎样一些职能以及侧重于哪些职能。对一个国家的支出结构做时间序列分析，便能够揭示该国的国家职能发生了怎样的演变；对若干国家在同一时期的支出结构做横向分析，则可以揭示各国国家职能的差异。

（二）按支出用途分类

按支出的具体用途分类，是财政支出分类中一种传统的分类方法，它的理论依据是马克思关于社会产品价值构成理论。根据这一理论，社会总产品反映社会在一定时期内的生产成果，在价值形态上由三部分组成：（1）生产过程中已经消耗掉的生产资料的价值 C；（2）物质生产部门的劳动者所创造的必要产品的价值 V；（3）物质生产部门的劳动者所创造的剩余产品的价值 M。经过初次分配，C 转化成补偿基金，用于补偿消耗掉的生产资料；V 转化成消费基金，用于劳动者的个人消费；M 一部分转化成积累基金，用于投资，一部分转化成消费基金，用于提高人民的物质文化生活水平。初次分配的结果实际上是从上期生产的结果来看的社会总产品的静态的价值构成。社会总产品经过再分配，从最终使用也就是从下一周期生产的起点来看，C 的价值并不是全部用于补偿消耗掉的生产资料（重置投资），因为在固定资产规模不断扩大的情况下，在全社会的固定资产折旧价值中，有一部分可以用于积累性的投资。消费基金也不会全部消费掉，有一部分也会以储蓄的形式沉淀下来，再通过各种渠道转化成投资。一般来说，积累基金都用于新增投资。由此可见，在一个动态发展的经济社会里，社会总产品的价值构成同社会总产品的最终使用构成是不同的。

财政支出既然属于社会总产品分配活动中的一个过程，按照马克思的社会再生产理论，财政支出按具体用途分类的项目也可以从静态的价值构成和动态的社会再生产角度分别考察。从静态的价值构成来看，其中挖潜改造资金属于补偿性支出；基本建设支出、流动资金、科技三项费用、地质勘探费、工交商业部门事业费、支援农村生产支出、各项农业事业费、价格补贴支出等支出中增加固定资产的部分，属于积累性支出；文教科学卫生事业费、抚恤和社会救济费、国防费、行政管理费等属于消费性支出。从动态的社会再生产的角度来看，挖潜改造资金、基本建设支出、流动资金、科技三项费用、地质勘探费、工交商业部门事业费、支援农村生产支出、各项农业事业费、价格补贴支出等支出中增加固定资产的部分，属于投资性支出；文教科学卫生事业费、抚恤和社会救济费、国防费、行政管理费等属于消费性支出。

（三）按经济性质分类

财政支出按其支出的经济性质分类，即按其是否与商品、服务相交换为标准分类，可将全部财政支出分为购买性支出和转移性支出两类。

购买性支出，是指政府用于购买为了执行各种政府职能所需的商品和劳务的支出。这里既包括政府购买日常行政管理所需商品与劳务的支出，又包括政府投资兴办各种事业所需商品与劳务的支出。在我国，这类支出大体包括各种经济建设支出、文教科卫支出、行政支出、国防支出等。这些支出的目的与用途各不相同，但财政资金支付后都获得相应价值的商品和劳务。

转移性支出，是指政府单方面的、无偿的资金支付，它不相应取得商品和劳务。在我国，这类支出大体包括社会保险和救济方面的各种福利支出、对居民的补助支出、债务利息支出、捐赠支出等。

将财政支出分为购买性支出和转移性支出，具有相当重要的经济意义。因为，不同性质的财政支出对社会经济所起的作用，即对社会生产和收入分配所产生的影响是不同的。购买性支出所起的作用是通过支出使政府所拥有的资金与市场上企业和个人提供的商品与劳务相交换，直接增加了社会购买力，从而对社会生产、就业以及国民经济总量与结构的平衡有直接的影响，并对收入分配有间接的影响。转移性支付则是通过支出过程使政府所有的资金转移到受领者手中，其直接影响只是资金所有权的转移（购买力转移）对收入分配有直接影响，但对社会生产和就业的影响是间接的。因此，这种分类对研究财政支出对宏观经济的运行有重要意义。

第二节　购买性支出

购买性支出由社会消费性支出与投资性支出两部分构成。社会消费性支出是国家执行政治职能和社会职能的保证，而且提供行政管理和社会服务是政府合法性的基础，也是政府取得公民支持和承认的前提。在财政支出项目中，属于社会消费性支出的有行政管理支出、国防支出、文教科卫支出等。投资性支出是指以政府为投资主体，以财政资金为投资来源的一种投资活动。财政投资性支出主要目的是为了克服市场失灵，促进社会资源优化配置。其投资范围主要包括公益性投资领域和基础性投资领域。

一、社会消费性支出

（一）社会消费性支出的性质

1. 社会消费性支出的含义

社会消费性支出是指维护政府机构正常运转和政府提供公共服务所需的经费的总称。社会消费性支出与投资性支出的主要区别在于：投资性支出的使用通常形成资产，进而带来经济收益；消费性支出则是消耗性支出，使用后不形成任何资产。

2. 社会消费性支出的本质

社会消费性支出提供纯公共产品，满足的是社会共同需要，构成了财政这一经济现象存在的主要依据。社会消费性支出具有极端的正外部效应的特征，因此，资金的筹措不能遵循一般商品交换的原则，而只能通过税收方式。在财政支出安排上，首先保证这些支出，这是财政工作的基本职责。社会消费性支出是国家执行政治职能和社会职能的保证，一国政府不仅要为公民提供国家防务和社会安定，还要通过法律、行政和社会管理处理和协调公民之间的相互关系，维系正常的社会关系和商务关系。其次，随着经济的不断增长，政府还必须保证各项社会事业的相应发展，实现经济社会的可持续发展，扩展社会发展空间，不断提高居民的生活质量。

3. 社会消费性支出的内容

在我国目前的财政支出项目中，属于社会消费性支出的有行政管理支出、国防支出、文教、科学、卫生事业费，还有工、交、商、农等部门的事业费等。在不同国家的不同时期，社会消费性支出的项目、规模也有所不同。自由资本主义时期，强调靠“看不见的手”调节经济，提倡“廉价政府”。当时的财政支出主要是行政管理、国防和少量基础设施，支出规模较小，占的比重较低。随着市场经济的不断发展，国家对经济的干预逐渐强化，也产生了一些新的政府政治职能和社会职能，相应地社会消费性支出项目不断增加，规模不断扩大。从世界各国的一般发展趋势来看，社会消费性支出的绝对规模总的是呈现一种扩张的趋势，相对规模在一定发展阶段也是扩张趋势，达到一定规模则相对停滞。当然其中有些项目增长较快，相对规模在上升，而有些项目增长较慢，相对规模在下降。

（二）行政管理支出

1. 行政管理支出的性质

行政管理支出是财政用于国家各级权力机关、行政管理机关、司法检察机关和外事机构行使其职能所需的费用支出。这项开支是维持国家政权存在、保证各级国家管理机构正常运转的必需费用，也是纳税人必须支付的成本，是政府服务社会的基础，是政府为行使其最基本的职能所必须花费的一项支出，用来维持行政管理机关的正常运作。

行政管理支出与其他社会消费性支出相比具有特殊性。首先，公共行政部门所提供的行政管理，是面向全社会的一种管理，其数量与价值都不能通过市场竞争机制来确定，其管理对象和接受管理的主体不具有排他性，因而行政管理属于纯公共产品范畴，其支出也必须由政府财政予以提供，因而由政府向全体社会成员收取税收来提供其经费的来源，并应尽可能为纳税人创造良好的社会秩序和生产、生活环境，最大限度地发挥其作用。其次，从直接生产与消费社会财富的角度看，行政管理支出属于非生产性的社会消费性支出，对公共行政部门提供的经费一经使用，就会引起对社会物质产品的消耗。因此，在经济资源一定的条件下，政府用于行政管理的费用过多，就会直接增加纳税人的负担，从而降低微观经济主体的投资能力或消费能力，使公共产品与私人产品的资源配置发生扭曲。在政府财政收入一定的条件下，如果政府用于行政管理的费用过多，政府就不得不压缩用于公共投资、教育、卫生等方面的支出，从而影响整个公共产品配置的效率。由此可以看出，本着尽量减少经济效率损失的原则，必须对行政管理支出实行必要的规模控制。最后，行政支出具有稳定性。政府职能在一定时期内相对稳定，行政机构的设置是根据政府履行其职能的实际需要确定的，并经过一定的法律或制度程序确立。它体现了国家在既定时期管理社会经济工作的需要，与各级政府之间或职能机构之间的职权划分相联系。

2. 行政管理支出的内容

行政管理支出的内容决定于国家行政管理机关的结构及其职能。我国行政管理支出包括行政支出、公安支出、国家安全支出、司法检察支出和外交支出。其中，行政支出包括党政机关经费、行政业务费、干部训练费及其他行政费等；公安支出包括各级公安机关经费、公安业务费、警察学院和公安干部训练学校经费及其他公安经费等；国家安全支出包括安全机关经费、安全业务经费等；司法检察支出包括司法检察机关经费、司法检察业务费、司法学校与司法检察干部训练经费及其他司法检察费等；外交支出包括驻外机构经费、出国费、外宾招待费和国际组织会议费等。从行政管理支出的内部结构来看，整个行政管理支出包括两大类，即人员经费和公用经费，前者包括工资、福利费、离退休人员费用等，后者包括公务费、修缮费、设备购置费和业务费。

3. 行政管理支出规模发展变化的一般规律

行政管理既然是政府的一项基本职能，行政管理支出当然不可能从财政支出中完全消失，甚至它的绝对规模不断增长也带有必然性。我们不妨对行政管理费包含的几项支出做一下简略分析。

行政支出的增加显然是党政机关扩大的结果，原有机关的扩大和机关新设，都会使机关经费——“人头费”和行政业务费——“办公费”增加。随着社会经济的发展，经济活动日趋复杂，“公共事务”也日益增多。如果确认这是一种趋势，那么，行政支出的增长就有一定的必然性。

公安、司法、检察、安全支出是用于维持社会秩序的。社会经济活动日趋复杂，社会交往规模日益增大，“城市化”浪潮不可遏制，可能难免导致犯罪和违法事件以及经济和社会纠纷增多。因此，为了保证社会在法制的轨道上有秩序地运行，用于维持秩序的机关的规模增大以及相应的经费的增长是不可避免的。

国际交往也会随经济发展和外事活动的频繁而增多起来，于是，驻外机构的费用、迎来送往的支出也将呈不断增加的趋势。

将上述各方面总括起来看，不得不承认，“行政管理支出不断增长”如果不是规律，至少是一个实践可以证实的事实。然而，行政管理支出占财政支出的比重却应是下降趋势，世界各国一般都是如此。

（三）国防支出

1. 国防支出的性质

国防支出是指政府用于国防建设以满足全体社会成员安全需要的费用。政府国防支出的目的，在于加强国防建设，维护国家独立，保障领土完整、安全和主权不受侵犯。世界上任何拥有独立主权的国家，都把防御外敌侵犯和保卫国家安全作为政府的重要基本职能。通过国防支出，为国防建设提供财力保障。国防支出与行政管理支出一样，也属于政府购买性支出。面向全体社会成员提供的公共服务，无法通过市场配置来解决，都具有非排他性和非竞争性，属于纯公共产品，必须由政府来提供。也就是说，政府国防支出所提供的国防服务，实际上是一种使用公共财政资金来达到既定目标的国家行为。因而，政府财政所提供的国防支出，就构成了一种纯社会消费性支出。

2. 国防支出的内容

在我国，国防支出主要用于国防建设、国防科研事业、军队正规化建设和民兵建设等方面。国防支出在各国有不同的细目分类，但基本上都可以划分为维持费和投资费两大部分。维持费主要用于维持军队的稳定和日常活动，提高军队的战备程度，是国防建设的重要物质基础，包括军事人员经费、军事活动维持费、武器装备维修保养费和教育训练费。投资费主要用于提高军队的武器装备水平，是增强军队战斗力的重要条件，主要包括武器装备的研制费、武器装备的采购费、军事工程建设费和防空费。在中国，国防支出的主要内容有国防费（如部队生活费、装备购置和维护管理费、军事行动作战费、部队训练和教育费等）、国防科研事业费、民兵建设费（含民兵事业费、民兵装备购置费）、动员预编经费以及专项工程经费。国防支出的分配与使用，必须通过政府预算来安排。我国国防支出的各项经费，均由中央军委负责管理，由中国人民解放军总后勤部根据中央军委的指示具体组织实施。

3. 国防支出的适度规模

国防支出的合理限度，主要是指国防支出究竟多少才合适的问题。如果单纯从国防角度看，军费开支是越多越好。充裕的军费开支有助于提高威慑和防御能力。但是，国防开支的数额要控制在一定的范围之内，军需和民需之间有此消彼长的相互制约关系。社会生产在军需和民需之间进行选择。一个政府可以扩充军备，但是需要以减少民需产品等其他产品的生产为代价。这种国防和民需产品生产之间的选择和权衡分析，有益于政府决策时对两者同时进行兼顾。通过这种分析仍然没有得出国防支出本身的合理限度。为了得出这个合理限度就必须对国防支出做边际效用分析，即在国防预算一定的条件下，国防支出的安排需要考虑具体项目之间不同的成效问题。在分析国防支出的合理限度时，需要知道每增加一定数额的国防开支所带来的额外防卫收效，这种边际效用分析对于降低和避免不必要的浪费，合理有效地确定国防支出的数额是十分有用的。

（四）文教科卫支出

1. 文教科卫支出的性质

文教科卫支出是文化、教育、科学、卫生支出的简称。从内容上看，文教科卫支出绝大部分用于支付文教科卫部门工作人员的工资和公用经费，仅指财政用于文教科卫等部门的经常性支出，不包括财政向这些部门拨付的基本建设支出、科技三项费用等投资性支出。所以，从总体上说，文教科卫支出属于一种财政消费性支出。文教科卫支出属于非生产性支出。文教科卫等部门是非物质生产部门，它们不生产物质产品，也不提供生产性劳务。从这个意义上划分，文教科卫支出属于非生产性支出。需要指出的是，将文教科卫支出划分为非生产性支出，并不意味着它不重要，与社会生产没有任何关系。实际上，文教科卫事业的发展与物质财富的生产有着密切的关系，而且其贡献越来越大。由于文化、教育、科学、卫生事业在现代社会经济发展中发挥着日益重要的作用，各国政府无不投入大量资金，而且支出规模越来越大。

2. 教育支出

（1）教育支出的性质。教育不是纯公共产品，它不具有自然垄断的特性，它的边际成本远大于零，教育的边际成本与平均成本基本相同。而且，对受教育者收取费用并不困难，从这点看教育完全可以由私人或私营部门来提供。然而，实际情况却恰恰相反，政府在为全社会提供教育服务方面起着主要的作用。归结来看，主要有以下三个方面原因：第一，教育具有极大的外部效应。教育的社会效益不能简单地用个人的求职工资收入来衡量，教育的外部性体现在受过教育的居民对社会有重要的意义。因为，一个人人有文化的社会比一个只有少数人识字的社会运行得要好得多，多数人能看书识字比只有少数人能看书识字更有助于社会交流与经济发展。一般来说，受教育越多，人的素质就越好，这对整个民族素质的提高和国民经济的发展都是不可缺少的。因此，教育不仅是一个有利于个人的支出项目，而且也是一个有利于国家与社会的支出项目，所以这种支出必须有政府的参与，从而也需要政府公共支出的支持。第二，教育资本市场不完善影响社会公平。教育作为一种人力资本投资，它显然要受到每个家庭预算的限制。如果教育资本市场是完善的，那么能受益于教育的人，或者说教育收益大于教育支出的人应当愿意借钱接受高等教育。但是，因为教育资本市场不完善，私人金融部门多数不愿借钱给贫困的学生。通常的情况总是贫困家庭缺少这种投资来源，以致他们的子女不能接受较高水平的教育，从而在人力资本市场上不能与较高收入家庭的子女进行公平的竞争。一旦政府参与人力资本投资，即对贫困家庭的子女给予教育资助，那么就能大大减少这类社会不公平现象，弥补教育市场的缺陷。第三，促进社会的公平分配。由于收入和分配不公平现象的存在，政府会采取社会福利政策，用提供各种补贴和救济的方式加以缓解。然而仅仅采取这几种措施是难以消除贫富差异以及由此而产生的一系列问题的。无论从道义还是从社会发展上讲，人们接受教育的机会并不应该受其家庭财富多少的制约。在贫富差异依然存在而且主要由私营部门开办教育的条件下，富人显然舍得为其子女在教育方面支付更多的费用。但是，在市场作用下容易产生的学费昂贵现象，往往会把穷人子弟拒于学校大门之外。政府正是出于再分配的考虑，通过参与教育，使社会成员均可享受到教育的机会和接受教育的权利。

(2) 我国教育支出的现状。由于文化、教育、科学、卫生事业在现代社会经济发展中发挥着日益重要的作用，各国政府无不投入大量资金，而且支出规模越来越大。我国财政支出结构的变化也充分反映了教育份额不断增大的趋势。我国是穷国办大教育。国务院于1993年在《中国教育改革和发展纲要》中提出逐步将国家财政性教育经费提高到占国内生产总值（GDP）的比重4%的目标。根据教育部、国家统计局、财政部全国教育经费执行情况统计公告，2008年国家财政性教育经费占GDP比例为3.48%，距离目标只有0.52个百分点。但同世界发达国家和某些发展中国家比较仍然存在差距。同时，我国教育投资的内部结构不合理，基础教育的投入不足，而高等教育的投入比例偏高。表现为：一方面，我国的广大农村地区，特别是贫困地区的适龄儿童失学严重，全国拖欠中小学教师工资的现象较为普遍；另一方面，高等教育的市场化趋向仍不够明显，政府负担偏大，其他投资主体不够活跃，造成政府财政吃力而义务教育吃紧的局面。在教育机构内部，人员经费所占比例较大，挤占公用经费，经费使用效益有待提高。因此，从我国的国情来看，我国教育改革可着重从两方面进行：一是基础教育经费由政府负担，以保障人人享有接受基础教育的权利，并以此促进社会收入分配公平；二是在教育领域引进市场机制和个人的力量，利用市场把一部分非国有资源引导到教育领域，以解决我国教育投入长期不足的难题，同时促使教育面对劳动力市场的需求不断优化自身结构。

3. 科学研究费支出

科学研究可以由一个人或者一个集体去完成。一般来说，科学研究的成果是可以转让的，但有时候由于种种情况这种转让是非常困难的。科学研究是整个社会所需要的，但是有些科学研究的成本与收益是不能通过市场对称起来的。因此，对于那些外部效应较强，辐射面较宽的科学研究经费应当由国家承担，而那些可以通过市场去弥补成本的科学研究经费，则可以由私人部门承担。我国目前财政用于科学研究支出占财政支出和GDP的比重逐年增加，并且通过科技三项费用、税收优惠和财政补贴等多种渠道，鼓励和带动民间科技的投入，加大了科技革新力度，推动产业升级。

4. 卫生支出

政府医疗卫生支出包括医疗支出和公共卫生支出两部分。其中，医疗服务是指一般性疾病的治疗和享受性的保健服务。由于接受服务的对象是具体的个人，具有排他性，其利益体现为个人化，因此，提供医疗服务的经费可以按市场收益收费原则来解决，政府可以提供资金并参与这类服务，但并不一定要包揽。在通常的情况下，各国政府出于对人民健康问题的关注以及实现社会分配公平、保持社会稳定的需要，往往通过多种形式特别是以医疗保险为主的社会保障制度，参与医疗服务的部分提供。公共卫生服务与医疗服务不同。公共卫生服务主要是为社会提供公共服务，涉及面广，资金需要量大，不以营利为目的，其受益对象是全体社会公众，私人不可能也不愿意提供这类服务。公共卫生服务不可能像医疗服务那样进入市场进行交换，其利益也是由社会公众无差别地享受的，因此公共卫生服务所需要的经费主要应由政府财政提供。我国目前卫生费用总规模以及政府投入规模是偏低的，主要投入的主体构成中，政府与社会投入所占比重趋于下降，居民投入所占比重在上升，与国际相比较，我国的公共卫生支出在世界上属于最低一档。我们要多渠道地筹措资金发展卫生事业，多层次地兴办卫生事业，这是可行的，也是必要的。

总的来说，科教文卫事业虽然是社会公共需要，但不是完全意义的社会公共需要，因此，为加快这些事业的发展，政府和社会公众应当共同出资兴办。在文教方面，政府应当为有助于提高全民科学文化素质的事业出资；在科学研究方面应当为基础研究出资；在医疗卫生方面应主要为卫生事业出资。

二、财政投资性支出

（一）政府投资的内涵、特点和范围

1. 政府投资的内涵

政府投资和非政府投资一样，是社会总投资的重要内容。财政投资即政府投资，是指政府为了实现经济和社会发展战略，将一部分财政资金转化为公共部门资产的行为和过程。有别于一般财政消费性支出，财政投资当期的投入，将带来未来的产出。一般来讲，财政投资指预算内投资，有时被称为“政府财政投资”，并不包括利用预算外资金进行的投资。各国财政投资主要用于道路、桥梁、港口、码头、农业等基础设施或行业。我国现行的国家预算支出大类中，财政投资支出项目包括基本建设支出、流动资金、挖潜改造和科技三项费用以及支农支出等。基本建设支出则可分为生产性支出与非生产性支出两部分，生产性支出主要用于基础产业投资，非生产性支出主要用于国家党政机关、社会团体、文教、科学、卫生部门的办公用房建设。

2. 政府投资的特点

政府投资与非政府投资相比有自身明显的特点：（1）追求的目标不同。非政

府投资追求微观上的营利性，而政府投资则追求国民经济的整体效益。非政府投资是由具有独立法人资格的企业或个人从事的投资，作为商品生产者，它们的目标是追求盈利，而且，它们的盈利是根据自身所能控制的微观效益和微观成本计算的，而政府由于居于宏观调控主体的地位，则是从社会效益和社会成本角度来评价和安排自己的投资。(2) 资金的来源方式和投资方向不同。企业或个人主要依靠自身的积累和社会筹资来为投资提供资金，一般难以承担规模宏大的建设项目，而且既要追求盈利，一般主要从事周转快、见效快的短期性投资；政府投资资金来源于税收、国债等方式，财力雄厚，可以投资于大型项目和长期项目。(3) 在国民经济中的地位和作用不同。在市场经济条件下，投资主要依赖于企业，但企业囿于一行一业，且投资不可能顾及非经济的社会效益，如果完全依靠非政府投资，一国的投资结构就很难优化，而政府由于在国民经济中居于主导地位，可以从事社会效益好而经济效益一般的投资，可以而且应该将自己的投资集中于那些外部效应较大的公用设施、能源、通信、交通、农业以及治理大江大河和治理污染等有关国计民生的产业和领域，进而调整国民经济结构，打破经济发展的制约瓶颈。

3. 政府投资的范围

(1) 竞争性生产投资的选择。在竞争性生产投资项目上，财政投资支出的主要对象，应该是支柱产业的重点项目和高技术、新兴产业方面的开发项目，而且通常表现为对这些投资项目进行有选择的支持，并参与投资。

(2) 基础产业投资的选择。在基础产业投资项目上，政府财政应该集中必要的财政资金进行财政投资，并引导社会资金、企业资金和国外资金参与投资。

(3) 公益事业投资的选择。在公益事业投资项目上，政府财政应该承担起投资的责任，用政府的财政资金来提供这些具有“资本品”性质的“纯公共产品”。

(二) 基础设施投资

1. 政府投资于基础设施的意义

基础设施是支撑一国经济运行的基础部门，它决定着工业、农业、商业等直接生产活动的发展水平。一国的基础设施越发达，该国的国民经济运行就越有效，人民的生活也越便利，生活质量相对来说也就越高。基础设施的内涵，可有广义和狭义之分。狭义的基础设施，是指经济社会活动的公共设施，主要包括交通运输、通信、水、供电、机场、港口、桥梁和城市供排水、供气等。广义的基础设施，还包括：提供无形产品或服务的科学、文化、教育、卫生等部门。从经济性质看，基础设施从总体上可以归类为混合物品。基础设施投资形成的固定资产，一定程度上，它不能被某单个生产者独家使用，它不是独占性地处在某个特殊的生产过程中，不能被卖者当作商品一次性地将整体出售给使用者。基础设施部分地具有“公共产品”的一般特征。基础设施属于资本密集型行业，需要大量的资本投入，而且建设周期长，投资回收慢，私人部门往往不愿意也没能力介入，因此只能依赖政府财政投资提供资金。特别是在发展中国家，经济发展尚处于初期阶段，而基础设施是经济起飞的前提条件，发展中国家的私人部门往往不够强大，无力进行这方面的投资。所以，发展中国家的基础设施更应由政府投资。否则，当加工工业发展之后会出现瓶颈效应，延缓经济发展的进程。

2. 基础设施投资与一般投资的关系

基础设施是处在“上游”的产业部门。所谓“上游”是指基础设施所提供产品是其他生产部门（也包括本部门）生产和再生产时所必需的投入品，如能源和原材料。一般来说，基础设施的感应度强，感应度系数较高。感应度系数是反映当各个部门平均增加一个单位最终产品时，某一个部门由此而受到的需求感应程度，即需要该部门为其他部门的生产而提供的产值量。从价值构成上分析，基础设施所提供产品的价格，构成其他部门产品成本的组成部分。它们的价格变动具有很强的连锁效应，会引起整个产业成本的波动。为了达到一定的产出量，基础设施投资和一般产业投资之间必须保持一定的配比关系，且按一定的比例递增。从实证分析结果看，欧美发达国家从增加一般产业投资开始，再增加基础设施投资；日本、韩国的情况有所不同，在经济发展过程中，是首先增加基础设施投资，再增加一般产业投资。

3. 基础设施投资的提供方式

从经济性质看，基础设施从总体上说可以归类为混合物品，可以由政府提供，可以由市场提供，也可以采取混合提供方式。但在发展中国家，关系国计民生的大型工程一般是采取多种形式的以政府为主、吸收社会资本参与的混合提供。通常要就基础设施项目的特点进行具体分析，比如，是否关系到国家安全、是否具有自然垄断性质、是否具有外部效应等。从我国的实践来看，基础设施投资的提供方式主要有以下几种形式：（1）政府筹资建设，或免费提供，或收取使用费；（2）私人出资、定期收费补偿成本并适当盈利，或地方主管部门筹资、定期收费补偿成本；（3）政府与民间共同投资的方式；（4）政府投资，法人团体经营运作；（5）BOT 投资方式，指政府将一些拟建基础设施项目通过招商转让给某一财团或公司，组建项目经营公司进行建设经营，并在双方协定的一定时期内，由项目经营公司通过经营，偿还债务，收回投资并盈利，协议期满，项目产权收归政府。

（三）财政用于“三农”的支出

1. 财政对“三农”投入的意义

农业、农民和农村是相互联系的一个整体，党中央在分析当前国际国内形势和我国发展阶段性特征的基础上，提出了推进社会主义新农村建设的重大历史任务。这是在新形势下加强“三农”工作，全面建设小康社会和构建和谐社会的战略举措。

（1）农业是国民经济的基础。农业情况的好坏，在很大程度上制约着整个国民经济的发展。由于历史原因，我国农业部门的劳动生产率水平比较低，自我积累能力很薄弱。从国民经济发展的需要考虑，国家财政每年拨出一定数额的资金支援农业生产的发展，以保证国民经济的稳定发展，其意义是十分重大的。

（2）有助于促进农民持续增收，缩小城乡居民收入差距。我国农民收入的增长长期以来处于低速徘徊的局面，城乡居民收入差距仍继续拉大。在社会主义新农村建设中，要将粮食增产、农业增效和农民增收作为一个完整的目标体系，同时，拓宽农民增收渠道，充分挖掘农业内部增收潜力；积极稳妥推进城镇化，逐步改变二元结构，分类引导人口城镇化；清理和取消对务工农民流动和进城的歧视性规定及不合理的限制；稳定、完善和加强对农业和农民的直接补贴政策，加强扶贫开发工作。

（3）有助于加强农村基础设施建设，加快发展农村社会事业，改善农村面貌。大力加强农田水利、耕地质量和生态建设，改善农业生产的物质条件。加快乡村生活基础设施建设，着力解决农民最急需的生活基础设施建设。加强农村义务教育，着力普及和巩固九年义务教育，大规模开展劳动力技术培训，提高农民整体素质，培养新型农民。积极发展农村卫生事业，推进新型农村合作医疗制度试点工作。加强村庄和人居环境规划，扎实稳步地推进村庄治理。

2. 财政对“三农”投入的特点

财政对“三农”的投入，既具有一般性，也具有我国的特殊性。

（1）“三农”投入的一般特点。在市场经济体制下，财政是履行政府弥补市场失灵的功能，提供那些市场不能满足的具有外部效应的公共产品和公共服务，对“三农”的投入也是如此，而且任何国家都是如此。

（2）我国“三农”投入的特殊性。我国当前农业生产率和收益率低下，自身难以产生满足自身发展的积累。农业是一个特殊的生产部门。一方面，农产品的生产和供应受气候条件及其他诸多条件的影响，不仅波动大，而且具有明显的周期性。另一方面，农产品的需求弹性较小，需求是相对稳定的。以相对稳定的需求和不规则波动的供给为特点的农产品供求关系，会使农业部门的生产条件经常处于不稳定状态；而这种不稳定，很难依靠自身的力量通过市场加以克服，进而又会强烈地冲击国民经济的正常运行。所以，为了稳定农业，并进一步稳定整个国民经济，政府必须广泛介入农业部门的生产和销售活动，将农业部门的发展置于政府的高度关注之下。

3. 财政对“三农”投入的政策和措施

综观世界各国的经验，财政对农业的投入一般都采取立法的形式规定投入的规模和环节，使农业的财政投入具有相对稳定性。《中华人民共和国农业法》曾规定，多渠道筹集资金，加大对农业的投入。如确保财政的农业投入的增幅高于经常性收入的增幅，从预算内外筹集资金建立农业发展基金、水利建设基金等专项基金，并对专项资金使用实施配套政策，鼓励和支持引进国外贷款用于发展农业，通过财政支出引导农民、农村经济组织和社会其他方面增加对农业的投入等。2006 年又通过下发中央一号文件和发布《中共中央、国务院关于推进社会主义新农村建设的若干意见》，进一步明确了“三农”投入的基本政策。要求加快建立以工促农、以城带乡的长效机制。坚持“多予少取放活”的方针，重在“多予”上下工夫，调整国民收入格局，国家财政支出、预算内固定资产投资和信贷投资，按照存量调整、增量重点倾斜的原则，不断增加对农业和农村的投入。扩大国家财政覆盖农村的范围，建立健全财政支农资金稳定增长机制。“十五”时期以来，财政认真贯彻落实国家对“三农”投入的政策精神，连续采取多项措施，不断加大对“三农”的投入。主要措施有：（1）深化以税费改革为中心的农村综合改革；（2）调整粮食风险基金使用结构，实行“三补贴”政策，即对种粮农民按种植面积实行直接补贴，对部分地区农民实行良种推广补贴和农机具购置补贴；（3）大力支持农业综合生产能力建设，增大对农业和农村基础设施建设、生态建设、科技进步、综合开发等方面的投入；（4）着力建立农村义务教育经费保障机制，全部免除西部地区农村中小学生学杂费；（5）加大农村基本医疗、公共卫生和社会保障投入，促进城乡基本公共服务均等化；（6）大力推进农村综合开发投资参股经营试点，带动社会资金投入农业和农村综合开发。

第三节　转移性支出

转移性支出主要包括社会保障支出、各类财政补贴支出、捐赠支出和债务利息支出。这些支出都具有以下一些主要特点：一是非购买性或直接消耗性，即政府的这类支出，不表现为对商品或劳务的直接购买，而是为了实现公平与效率、有利于保持社会经济稳定等目标，而采取的一项资金转移或政策调节措施。二是无偿性，转移性支出通常表现为政府财政资金无偿的、单方面的转移，既不期望在经济上得到等价的补偿，也不要求受益者对所得到的转移资金予以归还。三是转移性支出对经济社会发展的间接影响性。作为再分配的一个重要手段，一方面，转移性支出的增加必然会同时增加部分消费者对商品和劳务的需求，从而将对社会购买力、储蓄能力和价格等产生不同程度的影响，另一方面，这种影响又往往具有间接性的特点。本节主要讨论社会保障支出、财政补贴支出和税收支出这三方面的内容。

一、社会保障支出

（一）社会保障支出与社会保障制度

社会保障支出是与社会保障制度联系在一起的。各国的社会保障制度不同，相应的社会保障支出安排也就存在较大差别。但是，在现代社会中，任何社会制度的任何国家，社会保障支出都是社会公共需要的重要组成部分。在人类社会延续和发展的历史长河中，随着社会生产力的不断提高和物质财富的不断增加，个人的生活质量在不断提高，相应的社会公共需要的内涵和范围也必然在不断扩展，以满足社会成员的多方面需要，保证有一个安定的社会环境。

所谓社会保障制度，是指由法律规定了的、按照某种确定的规则实施的社会保障政策和措施体系。社会保障既然是社会性事业，那么政府介入是政府的一项义不容辞的责任。政府介入，一方面是出于弥补市场的失灵和缺陷；另一方面可以减少实施成本，增强抗拒风险的能力，还可以运用社会保障调节经济的运行。

（二）我国的社会保障制度

1. 传统体制下的社会保障制度

新中国成立之初建立了社会保险制度。计划经济时期的社会保险制度是依据1951年政务院颁布的《中华人民共和国劳动保险条例》建立起来的，所以过去又称劳动保险制度。在传统体制下，中国的社会保障体系事实上被分为两大块：一是集体所有制单位（包括广大农民及城镇集体单位），其资金来源于集体经营的提留，采取公积金和公益金的形式，其保障对象只限于集体的成员；二是全民制单位，其资金来源从形式上看是来自一个个全民制单位，但在国家对全民企业实行“统收统支”制的大背景下，事实上是无区别地取自全部全民企业和单位，并无区别地施用于全体在全民制企业和单位中就业的人员。除此之外，国家财政还面向全社会提供社会保障，但保障项目只有抚恤支出、社会福利救济费和自然灾害救济费三种，支出的金额也不多，多数年份占财政支出的比例不到2%。这样看来，从严格的“社会”意义上说，主要是在国有制单位就业的职工得到了社会保障，即“铁饭碗”制度。

2. 改革开放后社会保障制度的改革

随着市场化经济体制改革步伐的加快，各项改革都尖锐地触及社会保障问题。“铁饭碗”被打破。改革开放以后，针对原有社会保障制度的弊端和局限性，国家在社会保险方面进行了一系列的改革和创建工作，形成了目前以养老、失业、医疗三大保险为基本项目，以工伤保险、生育保险、社会救济和社会福利为辅助项目的社会保险体系。

二、财政补贴支出

（一）财政补贴的性质

财政补贴是一国政府根据一定时期政治经济形势及方针政策，为达到特定的目的，对指定的事项由财政安排的专项资金补助支出。作为一种转移支出，财政补贴支出同社会保障支出有很多相似性。从政府角度看，无论是以补贴形式还是以社会保障形式拨付支出，都不能换回任何东西，支付都是无偿的。从领取补贴者的角度看，无论以什么名目得到政府的补贴，都意味着实际收入的增加，因而经济状况都较前有所改善。这两类支出自然也有差别。主要体现在与相对价格体系的关系上，财政补贴总与相对价格的变动联系在一起：或者是补贴引起价格变动，或者是价格变动导致财政补贴。因为有这种联系，很多人索性就把财政补贴称为价格补贴或财政价格补贴。社会保障支出则与产品和劳务的价格不发生直接联系，固然人们获得保障收入后用于购买，可能使购买商品的价格发生变化，但这种影响既不确定，又是间接的。因为与相对价格结构有直接关联，财政补贴便具有改变资源配置结构、供给与需求结构的影响，而社会保障支出则很少有此影响。

（二）财政补贴的分类

财政补贴普遍存在于世界各国的财政支出中，由于各国的社会制度、经济发展水平各异，其财政补贴构成的内容也呈现出多样性。其中，最重要、最常见的是按补贴的项目进行分类，可分为以下几种：

1. 物价补贴，国家为了弥补因价格体制或政策原因，造成人民生活水平降低或企业利润减少而支付的补贴。我国的财政补贴中，一半以上是物价补贴。当市场价格过低，农民增产不增收时，政府为保护农户利益，按保护价敞开收购粮食，实行的就是农产品物价补贴。实行补贴后，农产品的相对价格上去了，供给持续增加，就能够保证亿人口大国的粮食安全。同理，政府推出经济适用房政策，对低收入者给予住房补贴，那么房价相对下降，需求增加，刺激了房地产市场的发展，便能够拉动经济更快增长。

2. 企业亏损补贴，国家对一些因客观原因造成亏损的国有企业给予的补贴，以维持企业的生产经营。例如在我国，按规定生产低利或亏损产品、技术设备落后、供销条件不利的国有企业可享受企业亏损补贴。

3. 财政贴息，国家对企业的某些用于规定用途的银行贷款，就其支付的贷款利息提供的补贴。实质上是财政替企业向银行交付利息，是国家财政应用金融手段对重点企业或项目给予的扶持。财政贴息包括全额补贴和差额补贴。

4. 税收支出，国家财政对某些纳税人和课税对象给予的税收优惠，包括减税、免税、退税、税收抵免等。税收优惠从表面上看是减少国家的财政收入，但其实质是国家给享受税收优惠纳税人的一种补贴，在功能和效果上都是在执行国家的支出计划，类似于国家的财政支出。

5. 进出口补贴。进口补贴是国家为体现产业政策，为进口国家急需产品而给进口商的一种补贴；出口补贴是国家为降低出口商品的成本和价格、提高商品在国际市场上的竞争力而给出口商和出口商品生产者的补贴。

财政补贴根据不同的需要，还可以进行各种不同的分类。按补贴的形式分类分为现金补贴和实物补贴；按补贴的经济性质分类，分为生产性补贴和生活性补贴；按补贴的环节分类，分为生产环节补贴、流通环节补贴和消费环节补贴；按补贴的对象分类，分为企业补贴和个人补贴；按补贴的透明度分类，分为明补和暗补。补贴的列收列支方法，各国有所不同。大多数国家直接将补贴全部列为财政支出，我国的价格补贴已经列收列支，而企业亏损补贴一向是作冲减收入处理，也不列支出，这样，财政收支都减少，没有完全反映政府的实际收支情况，也不利于财政管理。

（三）财政补贴的实际经济效应

财政补贴的最终目的是顺利实施国家的经济政策，带动社会资金来扩充财政资金的经济效应，推动产业升级；消除“排挤效应”，保持经济社会稳定。

财政补贴具有以上所列的积极效应，政府将财政补贴作为调节经济运行的一种政策手段是理所当然的。然而，财政补贴既然是一种调节手段，使用范围及规模就有一个限度，超过这个限度，其积极作用就可能趋弱，甚至反而出现消极作用。我国财政补贴存在的问题主要有：财政补贴项目过多过滥；长期的补贴影响经济效率和资源配置效率；不利于经济体制改革的顺利进行；某些不当的补贴扭曲了价格体系。为此，应从制度创新入手，提高财政补贴支出效益，重新规范财政补贴的重点和范围，改革补贴方式。

三、税收支出

（一）税收支出的概念与分类

“税收支出”概念于20世纪70年代在美国应运而生，并迅速在西方各国广泛运用。1973年，美国财政部部长助理、哈佛大学教授萨里在其所著《税收改革之途径》一书中，首次使用“税收支出”一词。从此，税收支出作为一种新的财政理论正式出现。此后，西方各国在官方文件中相继引进了这一概念，并利用国家预算对税收支出加以控制，使之不断完善。当然，在不同的国家和同一国家的不同时期，税收支出概念的表达方式不仅相通。综合各国的定义，我们认为：所谓税收支出是政府为了实现政治经济及社会发展中的特定政策目标，通过采取与现行税法的基本结构相背离的税收制度来鼓励特定经济活动（如投资、扩大内需、购房、市政债券发行和慈善捐赠等），减少纳税人的特定负担而发生的政府支出，税收支出是政府的一种间接支出，属于财政补贴性支出。

从税收支出所发挥的作用来看，可分为照顾性税收支出和刺激性税收支出。照顾性税收支出，主要是针对纳税人由于客观原因在生产经营上发生临时困难而无力纳税所采取的照顾性措施。例如，国有企业由于受到扭曲的价格等因素的干扰造成政策性亏损，或纳税人由于自然灾害造成暂时性的财务困难，政府除了用预算手段直接给予财政补贴外，还可以采取税收支出的办法，减少或免除这类纳税人的纳税义务。这类税收支出，目的在于扶植国家希望发展的亏损或微利企业、外贸企业，以求国民经济各部门的发展保持基本平衡。但是，需要我们特别注意的是，在采取这种财政补贴性质的税收支出时，必须严格区分经营性亏损和政策性亏损，要尽可能地避免用税收支出的手段去支持因主观经营管理不善所造成的财务困难。刺激性税收支出，主要是指用来改善资源配置、提高经济效益的特殊减免规定，主要目的在于正确引导产业结构、产品结构、进出口结构以及市场供求，促进纳税人开发新产品、新技术以及积极安排劳动就业等。这类税收支出是税收优惠政策的主要方面，税收调节经济的杠杆作用也主要表现于此。刺激性税收支出又可分为两类：一是针对特定纳税人的税收支出；二是针对特定课税对象的税收支出。前者主要是那些享受税收支出的特定纳税人，不论其经营业务的性质如何，都可以依法得到优惠照顾，如我国对城市知青或伤残人创办的集体企业以及所有的合资、合作经营企业，在开办初期给予减免税照顾，而后者则主要是从行业产品的性质来考虑，不论经营者是什么性质的纳税人，都可以享受优惠待遇，如我国对农、牧、渔业等用盐可减征盐税等。

（二）税收支出的形式

尽管各国对税收支出已规定出明确的定义，但在实践中，真正把税收支出项目与正规的税制结构截然区别开来并非易事。许多国家一般把直接支出作为区分标准：如果能用直接支出替代的减免项目就列为税收支出，否则，就不能算作税收支出。例如，根据所得税制的构成原则，本不属于课税范围的一些扣除和减免项目，诸如个人生活费用的扣除，为取得所得而支出的成本扣除等，就不能列入税收支出的范围。税收支出项目的具体确定虽然困难重重，但还是有一定规律可循。就刺激经济活动和调节社会生活的税收支出而言，其一般形式大致有税收豁免、纳税扣除、税收抵免、优惠税率、盈亏相抵、退税、延期纳税、加速折旧等。

1. 税收豁免是指在一定时期内，通过对纳税人的某些所得项目或所得来源不予征税，或对某些活动不列入征税范围等，以豁免其税收负担。至于豁免期和豁免税收项目，应视当时的经济环境和政策而定。最常见的税收豁免包括免除关税与货物税和免除所得税。免除关税与货物税，可以使企业降低成本、增强市场竞争能力。免除所得税，一方面可以增加新投资的利润，使企业更快地收回所投资本，减少投资风险，以刺激投资；另一方面可以促进社会政策的顺利实施，以稳定社会正常生活秩序。

2. 纳税扣除是指准许企业把一些合乎规定的特殊支出，以一定的比率或全部从应税所得中扣除，以减轻其税收负担。在累进税制下，纳税人的所得越高，这种扣除的实际价值就越大。这是因为，在比率扣除条件下，纳税人的所得额越大，其扣除额就越多；就某些纳税人来说，由于在其所得中扣除了一部分数额，其实际适用税率降低，从而降低了其征税税率。

3. 税收抵免是指允许纳税人从其某种合乎奖励规定的支出中，以一定比率从其应纳税额中扣除，以减轻其税收负担。税收抵免可以分为限额抵免和全额抵免，限额抵免是指税务机关不允许其抵免额超过其应纳税额；全额抵免是指税务机关允许其抵免额超过应纳税额。税收抵免的形式多种多样，其中最主要的两种形式是投资抵免和国外税收抵免。投资抵免是指政府对符合规定的新增固定资产投资，可以从其当年应纳所得税额中，扣除相当于新增投资设备某一比率的税额，以减轻其税负，促进资本形成并增强经济增长的潜力。国外税收抵免，常见于国际税收业务中，即纳税人在居住国汇总计算国外的收入所得税时，准予扣除其在国外已纳税款。

4. 优惠税率是对符合国家规定的企业或征税对象适用较低的税率。其适用范围可根据实际需要而予以调整。优惠税率，可以是有期限的优惠，也可以是长期优惠。一般说来，长期优惠税率的鼓励程度大于有期限的优惠税率，尤其是那些需要巨额投资且获利较迟的企业，常常可以从长期优惠税率中得到较大的利益。在实践中，优惠税率的表现形式很多，如规定较一般税率为低的税率政策或实行纳税限额政策等。

5. 盈亏相抵是指准许企业以某一年度的亏损，抵消以后年度的盈余，以减少其以后年度的已纳税款；或者冲抵以前年度的盈余，申请退还以前年度已纳的部分税款。一般而言，抵消或冲抵前后年度的盈余，都有一定的时间限制。由于盈亏相抵方式可以使亏损企业按照规定从以前或以后年度的盈余中得到补偿，所以对具有高度冒险性的投资有相当大的刺激效果。当然，盈亏相抵是以企业发生亏损为前提的，并且就其应用范围来说，盈亏相抵通常只能适用于所得税方面。

6. 退税是指国家按规定对纳税人已纳税款的退还，包括多征误征的税款、按规定提取的地方附加及代征手续费等方面的退税。但作为税收支出形式的退税是指优惠退税，是国家鼓励纳税人从事或扩大某种经济活动而给予的税款退还，包括出口退税和再投资退税。出口退税是国家为了鼓励出口而给予的税款退还。再投资退税是为了鼓励投资者将分得的利润进行再投资，而退还纳税人再投资部分已纳的部分或全部税款。

7. 延期纳税又称“税负延迟缴纳”，是指允许纳税人对那些符合规定的应税收入，延迟缴纳或分期缴纳应负担的税额。延期纳税可适用于各种税的缴纳，其通常应用于税额较大的税收上。延期纳税等于纳税人得到了一笔金额相当于已纳税款的无息贷款，可以在一定程度上帮助纳税人解除财务上的暂时困难。同时，延期纳税对政府来说，负担也比较轻微，只是损失了已纳税款的利息而已。

8. 加速折旧是指在固定资产使用年限的初期多提折旧，后期少提折旧。采用这种折旧方法，可以在固定资产的使用年限内早一些得到折旧费和减免税的税款。加速折旧是一种特殊的税收支出形式，虽然它可以在固定资产使用年限的初期多提折旧，但折旧累计总额不可能超过资产的可折旧成本，所以，其总折旧额并不会比一般折旧高。由于折旧是一项费用，折旧额越大，企业的应纳税所得越小，税负越轻，所以对于企业而言，虽然总税负不变，但税负前轻后重也相当于企业得到了一笔无息贷款；对政府而言，也损失了一部分收入的"时间价值"。因此，加速折旧同延期纳税一样，都是税收支出的特殊形式。

（三）税收支出的预算控制

税收支出概念的提出，目的在于将各种税收支出列入国家预算，以加强对税收优惠的管理和控制。综观世界各国的实践，对税收支出进行预算控制可以分为以下三种类型：

1. 非制度化的临时监督与控制。它是指政府在实施某项政策过程中，只是在解决某一特殊问题时，才利用税收支出并对此加以管理控制。但在经济合作与发展组织的许多国家中，对税收支出的监督与控制是临时的，没有形成制度。如政府为了给某一地区、部门或行业提供财政补助时，可以用税收支出，也可以用现金支付。当决定采用税收支出时，才把它作为一项措施加以利用，并对放弃的税收收入进行评估。

2. 建立统一税收支出账户。这种做法一般对全部税收支出项目定期编制成报表（通常按年度编报），连同主要的税收支出成本的估价，附于年度预算报表之后，如前联邦德国、美国。之所以要编制统一的税收支出账户，主要是出于以下考虑：税收支出是政府实施其各项政策的手段之一，应该和政府通过直接支出所提供的各种补助一样，赋予同样的估价和控制程序；有了统一的税收支出账户，政府就能以相同的预算方法来衡量直接支出和税收支出的成本，就能据此比较各种政府干预措施在实现不同政策目标过程中的效率高低，选择其最优；如果轻易用直接支出取代税收支出，政府的直接支出项目和数额将明显扩大和增加，对政府的开支范围和临时性规模就难以控制，因此对税收支出也要加强预算控制。

3. 临时性与制度化相结合的控制方法。它是介于前两种方法之间的一种折中方法，是只对那些比较重要的税收减免项目，规定编制定期报表，纳入国家预算程序，但并不想建立起独立的税收支出体系。其理由是：对于一项特定的税收减免，是属于税收支出，还是属于正规的税制结构，很难区别开来；在实践中，连续完整地估价税收支出成本也是不大可能的；即使是在税收支出统一账户中，对于一些项目的归类也非易事。这些困难使某些国家宁愿公布一个明确的税收减免项目目录，也不愿将这些税收减免项目置于特别支出方案中，因此，列入目录的减免项目并不列入一般预算控制过程，也没有必要把包括在目录中的所有项目都叫做税收支出。

为了实现我国税收支出的预算控制，我们亟待要做的工作是研究分析现行税收法规，对各种税收优惠项目进行分类，形成与预算支出项目的对应关系。对现行税收条款进行认真整理和分析，将那些出于优惠目的、可能减少税收收入的法令条款单列出来；在此基础上，划分确定出正规的税制结构，进而确定税收政策的范围和内容；对认定为税收支出的各种减免项目进行归类，建立税收支出的控制体系。

第四节　财政支出的效益

一、财政支出效益的含义及特殊性

（一）财政支出效益的含义

财政支出效益是研究财政支出规模多大、怎样的支出结构才能使经济和社会发展最快。所以通常所说的财政支出的规模应当适当，结构应当合理，其根本目标就是提高财政支出效益。

财政支出效益可从不同角度考察：（1）财政支出总量效益，是指财政支出在总量上应该多大才合适，如何确定适度的财政支出规模，以促进经济更快发展，这要分析财政支出占 GDP 的比重。（2）财政支出结构效益，是指财政支出项目间的组合效益。财政支出各项目不同的使用比例，会带来不同的效益。（3）财政支出项目效益，是指具体支出项目所产生的效益，是支出效益的细化。

（二）财政支出效益的特殊性

财政支出效益和微观经济主体支出效益存在重大差别：（1）二者计算所费和所得的范围不同。微观经济主体只计算发生在自身范围内的直接的和有形的所费和所得；政府除了要计算直接的和有形的所费和所得之外，还计算长期的、间接的和无形的所费与所得。（2）二者择优的标准不同。微观经济主体追求的是利润最大化，所选方案要能够带来尽可能大的经济效益；政府追求的是整个社会的最大效益，不仅考虑经济效益，还要考虑社会效益，不回避可能的、必要的局部亏损。（3）二者效益的表现形式不同。微观经济主体支出效益的表现形式单一即只需采用货币计算的价值形式；而政府财政支出的效益表现形式具有多样化特征，除价值形式以外，还可以通过其他如政治的、社会的、文化的等多种形式表现出来。所以，政府在提高财政支出效益的过程中，面临的问题更为复杂。

二、财政支出效益评价方法

财政支出项目多种多样，针对不同类别的财政支出项目，就有不同的财政支出效益的评价方法。有一些财政支出项目如生产性投资，成本易于衡量，其效益是经济的、有形的，可以用货币计量的，对于这类财政支出，可以采用“成本—效益”分析法。另有一些财政支出，如行政管理、国防等方面的支出，成本易于计算，但效益难以衡量，而且通过此类支出所提供的商品或服务，不可能以任何形式进入市场交换，对于这类支出，可以采用“最低费用选择法”。还有介入二者之间的一些项目，如基础设施等，成本易于衡量，效益难以计算，但通过这类支出所提供的商品或服务，可以部分或全部地进入市场交易，对于这类支出，可以采用公共定价法，其他如确定开支标准、定员定额、经费包干、实行支出基金制等，也都是行之有效的方法。

（一）“成本—效益”分析法

所谓“成本—效益”分析法，就是针对政府确定的项目目标，提出若干建设方案，详列各种方案的所有预期成本和预期效益，并把它们转换成货币单位，通过比较分析，确定该项目或方案是否可行。“成本—效益”分析法最早产生于美国的《1936年防洪法案》，如今，这种方法已经得到了广泛的应用。

“成本—效益”分析法的基本分析步骤是：

1. 确定政府支出项目目标。在众多的政府支出项目之间做出选择时，既要考虑各支出项目的目标实施效果，又要考虑目标之间的相互关系与目标实现的时间跨度。

2. 列举成本和效益。政府项目应从全社会角度考虑社会资源的配置状况，所以在列举政府项目的成本和效益时，不仅成本包括直接成本和间接成本，效益也要包括直接效益和间接效益。

3. 测算成本和效益。在确认应该包括哪些成本和效益之后，接下来就需要找到计算成本和效益值的方法。作为公共支出项目，既然不能仅从项目自身的成本和效益考虑，那么，在计算其成本和效益值的时候，也就不能仅以市场价格为依据。公共部门要从社会福利最大化角度考虑现有的市场价格是否符合帕累托效率条件，要对被种种因素扭曲的市场价格加以调整，计算所谓“影子价格”，即当社会经济处于某种状态下，能够反映社会消耗、资源稀缺程度和最终产品需求情况的价格。很多公共项目提供的产品或服务往往不存在市场，也就没有现成的市场价格可以利用，这时需要设法创造出“影子价格”来。

4. 计算贴现成本和效益。由于许多项目的成本和效益都发生在不同年度，为了估价项目的整个寿命期内效益是否大于成本，一般来说，“成本—效益”分析法要把将来的成本和效益用社会贴现率贴现成现值进行比较。社会贴现率一般比私人企业的投资收益率高。因为社会贴现率是站在国家宏观经济角度，对其投资所应达到的收益率标准，它不但要考虑该项投资在当代的收益，还要考虑下一代人的获益；即使不考虑下一代的因素，私营部门也往往较为短视，因而将投资的收益率估计过低，最后公共支出项目会带来外部效应，这种外部受益也应纳入项目效益之中。

5. 选择决策标准。“成本—效益”分析法的最终目的是要帮助政府决策者选出最优的财政支出项目方案，这就需要选择科学的支出项目评估标准，常用的标准有净现值标准、“收益—成本”比率标准和内部收益率标准。

6. 选定项目。“成本—效益”分析法就是要在各种项目或方案之间做出选择，事实上，不同的决策标准会给出不同的结果，选定决策标准是选定要实施的项目的前提。在实践中，最常用的决策标准是净现值标准，净现值标准是决定实施还是放弃一个项目的良好标准，因为它衡量的是该项目创造的对经济财富的净增加。政府的效率目标就是要使本国的经济财富尽可能地增加。在多种项目之间做出选择时，“收益—成本”比率标准通常不能给出正确的答案；就内部收益率标准而言，当项目的规模不同时，不能提供可靠的比较基础，高的项目可能还不如低的项目，因为前者的净收益也许大大低于后者。而且，一个项目有时可能有不止一个内部收益率。由于相当多的财政支出的成本与效益都难以准确衡量，有的甚至根本无法衡量，不能运用“成本—效益”分析法，因此就要使用其他的方法进行比较和分析。

（二）最低费用选择法

最低费用选择法的主要特点是，不能用货币单位来计量备选的财政支出项目的社会效益，而只计算每项备选项目的有形成本，并以成本最低为择优的标准。

运用最低费用选择法的步骤大体如下：

1. 根据政府确定的目标，提出多种备选方案。

2. 以货币单位为统一尺度，分别计算出各备选方案的各种有形费用的和。在计算费用的过程中，如果财政支出的项目需要多年才能完成，也要用贴现法折算出现值，以保证备选方案的可比性。

3. 按照费用的高低排出顺序，以供决策者选择。在目标既定的情况下，费用最低的备选方案为最优方案。

最低费用选择法主要用于军事、政治、文化、卫生等财政支出项目上。运用这种方法确定最优支出方案，技术上不难做到，难点在于备选方案的确定。因为，所有备选方案应能无差别地实现同一个既定目标，根据这点再选择费用最低的方案，但要做到这一点是很困难的。

（三）公共定价法

政府提供用于满足社会公共需要的公共产品和服务，既有纯公共产品和服务，也有准公共产品和服务，同其他商品和服务一样，也应该存在确定价格的问题。公共定价法是指确定公共产品和服务定价的一种公共财政支出效益分析法。政府通过公共定价法旨在提高公共财政支出效益。

公共定价包括纯公共定价和管制定价。纯公共定价是指政府直接制定自然垄断行业的价格，而管制定价（价格管制）是指政府规定竞争性管制行业的价格。纯公共定价和管制定价都涉及定价水平和定价体系。定价水平是指政府每提供一个单位公共产品和服务的收费标准，而定价体系是指考虑费用结构和需求结构的各种定价组合。公共定价方法包括平均成本定价法、二部定价法和负荷定价法。平均成本定价法是指政府在保持企业收支平衡的情况下，采取尽可能使经济福利最大化的定价方式；二部定价方法是指由定额定价和从量定价合而为一的定价方式；负荷定价法是指根据不同时间段或时期的需要制定不同的价格。

第五节　政府采购制度

政府采购是将财政支出管理与市场竞争机制有机结合，利用商业管理方法来管理政府公共支出的一种手段。因此，它既是公共支出管理的一种有效工具，也是政府宏观调控的一个重要杠杆。

一、政府采购的概念和特点

（一）政府采购及政府采购制度

所谓采购，是指以合同方式有偿取得货物、工程和服务的行为，包括购买、租赁、委托、雇佣等。

政府采购，一般解释是指各级国家机关和实行预算管理的政党组织、社会团体、事业单位，为了开展日常政务活动或为公众提供服务的需要使用财政性资金在政府的统一和监督下购买货物、工程和服务的行为。我国关于政府采购的解释，是指各级国家机关、事业单位和团体组织，使用财政性资金采购依法制定的集中采购目录以内的或者采购限额标准以上的货物、工程和服务的行为。

政府采购制度，是指为规范政府采购行为而制定，保证政府采购合理有效、经济节省、公开透明的政府支出管理制度，是政府管理公共支出、调节经济运行、维护本国和社会利益的基本制度。

（二）政府采购的特点

政府采购与企业采购、私人采购相比，具有以下特点：

1. 资金来源的公共性。政府采购的资金来源为财政性资金或需要由财政偿还的公共借款。

2. 采购主体的特定性。采购主体为依靠国家财政资金运作的政府机关、事业单位和团体组织。

3. 采购活动的非商业性。政府采购不以营利为目的，而是为政府部门提供消费品或向社会提供公共服务。

4. 采购对象的广泛性。采购对象包括货物、工程和服务的各个领域。

5. 采购管理的政策性。采购当事人必须执行国家政府采购的法规、政策和制度，依法采购。

6. 采购运作的规范性。采购方式、采购程序事先经过严格规定，具体操作时根据不同的采购规模、采购对象及采购要求等，采用不同的采购方式和采购程序进行。

7. 采购影响的不可替代性。采购规模的扩大或缩小、采购结构的变化对社会经济发展状况、产业结构及公众的社会生活环境都有着其他采购主体不可替代的影响。因为其特殊作用，政府采购已成为世界各国政府通常使用的一种宏观调控手段。

（三）政府采购的原则

1. 公开透明原则

公开透明原则，即政府采购所进行的有关活动都必须公开进行，包括采购的数量、质量、规格、要求都要公开，招标投标活动要公开，采购的过程要公开，以及采购结果要公开等。国外一般将政府采购称之为阳光工程，就是说这项工程只有在阳光下进行，才能最有效地保证它的合理性，才能使有关供应商和社会公众了解采购情况，监督采购资金的使用。政府采购使用的是财政资金，是纳税人的钱。不进行必要的公开和监督就很难避免暗箱操作，中饱私囊的情况，这种现象的存在严重损害国家和纳税人的利益。为此政府采购首先要遵循公开透明原则，将整个采购活动暴露于阳光之下。

2. 公平竞争原则

公平竞争原则是指政府采购在有多种选择，有多个供应商可以供货的情况下，要通过公开竞争选择最优的供应商，取得最好的采购效果，既不能不搞公平竞争，也不能搞暗箱操作、偏袒某一个供应商而丧失公开竞争的原则。所以说，政府采购不能指定品牌，不能提供带有倾向性的技术参数。政府采购对供应商而言是一种采购量大，资金有保证的供货渠道，参与政府采购，不仅能够及时将自己生产的产品销售出去，回收资金和赚取利润，而且可以提高自己企业的声誉。对于许多供应商的积极参与，只有按照公平竞争的原则进行操作，才使采购人采购到最好的东西，也使参与的供应商感到公平合理，即使自己未中标也心服口服。

3. 公正原则

公正原则是指在政府采购的交易中要正当，不能以自己所处的地位，强迫对方接受不合理的条件，或者无理要求。目前随着市场经济的不断发展，政府采购成为许多供应商追逐的对象。不错，政府采购要通过公平竞争降低采购成本，提高采购质量，但我们政府采购人是政府机关，不能利用自己所处的这种优势地位进行不公正交易。如果在政府采购中采购人利用自己的优势地位进行一些不公正的采购交易活动，就可能违背政府采购的宗旨。

4. 诚实信用原则

诚实信用原则也称诚信原则，是指在政府采购活动中无论作为采购人或者是供应商或者其他当事人，从事、代理或供货行为，发布信息等都应当诚实，讲信用，不能有任何欺骗和欺诈行为。

二、我国政府采购制度的基本内容

2002 年 6 月 29 日，九届全国人大常委会第二十九次会议通过了《政府采购法》，为我国依法管理财政支出提供了法律保证。下面以《政府采购法》为依据，介绍我国政府采购制度的基本内容。

（一）政府采购的当事人

1. 采购人。采购人又称采购主体或采购实体，是政府采购活动中的需求方，在政府采购当事人中居主导地位。我国规定采购人是指依法进行政府采购的国家机关、事业单位和团体组织。国家机关包括权力机关、行政机关、审判机关、检察机关及军队。[①] 事业单位指没有生产收入、享受国家预算拨款、不进行经济核算的文化、教育、卫生等单位。团体组织是指按一定目的系统组织起来的团体，一般属于非营利性组织。

2. 供应商。供应商是指在中国境内外注册的企业、公司及其他提供货物、工程和服务的自然人、法人或其他组织。采购人在采购之初对供应商的资格进行审查，只有合格的供应商才能参加竞标。我国规定参加政府采购活动的供应商具备以下条件：（1）具有独立承担民事责任的能力；（2）具有良好的商业信誉和健全的财务会计制度；（3）具有履行合同所必需的设备和专业技术能力；（4）有依法缴纳税收和社会保障资金的良好记录；（5）参加政府采购活动的前3年内，在经营活动中没有重大违法记录；（6）法律、行政法规规定的其他条件。采购人可以根据采购项目的特殊要求，规定供应商的特定条件，但不得以不合理的条件对供应商实行差别待遇或者歧视性待遇。

3. 采购代理机构。采购代理机构是国家设立或认可的独立法人，主要从事政府采购代理业务。集中采购机构属于代理机构，它接受采购人的委托，在约定的范围内办理集中采购事宜。我国《政府采购法》规定关于在设区的市、自治州以上的人民政府设立集中采购机构，集中采购机构根据本级政府采购项目组织采购。集中采购机构的性质是非营利事业法人，采购不是为了满足自身的需要，而是为采购人采购纳入集中采购目录和部分未纳入集中采购目录的政府采购项目。目前我国各地纷纷成立的政府采购中心实质就是采购代理机构，隶属于各级政府，接受财政部门的业务指导与监督。

（二）政府采购范围

从资金性质来看，所有用财政性资金进行的政府购买项目，除涉及国家安全和另有规定外，均应纳入政府采购范围。从采购对象的性质来看，一般包括三大类：货物、工程和服务。货物指各种形态和种类的物品，包括原材料、燃料、设

---

① 由于军用装备和物资涉及国家安全和机密，军事采购未纳入政府采购调整范围，而是由中央军事委员会另行制定。另外，我国的国有企业和国有控股企业的采购即使动用了财政资金，也不纳入政府采购范畴，原因是落实政企分开，保证企业实现自主生产经营。

备、产品等。工程指建设工程，包括建筑物和构筑物的新建、改建、扩建、装修、拆除、修缮等。服务则指除货物和工程以外的其他政府采购对象，服务是一个内涵很广的概念，世贸组织采购相关协定中认为服务包括金融、保险、证券、电信、法律、会计等。

（三）政府采购方式

政府采购方式指政府使用财政性资金采购货物、工程和服务时，根据不同情况应当采用的法定形式。我国采用国际上通用的主要方式，具体有公开招标采购、邀请招标采购、竞争性谈判采购、单一来源采购和询价采购等。一般来讲，国家对政府采购所采用的方式及适用条件都有明确的法律规定，至于具体采用何种方式，主要应在政府采购原则的指导下，视具体的采购项目而定。

1. 公开招标采购。公开招标采购是指采购人按照法定程序，对外公开发布招标公告，邀请所有潜在的符合条件的供应商参加投标。采购人根据事先确定的标准从所有投标供应商中选出最优者，并与之签订采购合同。其特点是程序复杂，采购规模大，采购效率高，一般以集中采购为主，但采购费用较高。公开招标采购是目前政府采购中的主要方式。

2. 邀请招标采购。邀请招标采购指采购人根据供应商的资信和业绩，选择若干供应商（一般不低于3家），并向其发出投标邀请书，然后从受邀参与竞标的供应商中选出中标者的招标方式。其特点是无须发布招标公告，招标时间大大缩短，招标费用也相应降低，但竞争的范围有限，采购人的选择余地相对较小。公开招标采购与邀请招标采购相比，前者在公开程度、竞争的广泛性等方面具有较大的优势，缺陷就是对于采购标的较小的项目而言，采用公开招标方式往往得不偿失，而且对于有些专业性较强的项目，具备资格的潜在供应商较少，或者急需在较短时间内完成的采购任务等也不宜采用公开招标采购方法。邀请招标采购方式在一定程度上弥补了这些缺陷，同时也能够相对较充分地发挥招标的优势。

3. 竞争性谈判采购。竞争性谈判采购指采购人通过与多家供应商进行谈判，最后从中确定最优供应商的一种采购方式。这种采购方式主要适用于招标后没有供应商投标的、或者没有合格标的、或者重新招标未能成立的采购项目。对于一些技术复杂或者性质特殊不能确定详细规格或者具体要求的，或者招标所需时间过短不能满足用户紧急需要的，以及不能事先计算出价格总额的采购项目也适用。竞争性谈判采购的程序为：首先成立谈判小组，成员由采购方代表和相关采购专家共3人以上的单数组成，其中专家的人数不得少于成员总数的三分之二；其次是制定谈判文件，确定受邀谈判的供应商名单（一般也不少于3家），分别与供应商进行一对一的谈判；最后由谈判小组根据采购需求，在保证质量和服务的情况下，按照保价最低的原则评定中标方，并将结果对外公开。

4. 单一来源采购。顾名思义，单一来源采购就是不存在竞争供应方，采购项目仅由一家供应商提供的采购方式，又称为直接采购。单一来源采购主要应用于下列一些特殊情况：虽然达到了招标采购的数额标准，但由于所采购项目的来源渠道单一，不适合其他采购方式；或者发生了不可预见的紧急情况不能从其他供应商处采购；或者为了保证与原有采购项目的服务配套一致性，需要继续从原供应商处采购且采购资金总额不大的采购项目。其缺点是采购方处于不利地位，有可能增加成本，并且在谈判过程中容易滋生索贿、受贿等腐败现象。

5. 询价采购。询价采购指采购人向有关供应商发出询价单让其报价，然后在报价的基础上进行比较并确定最优供应商的一种采购方式，也就是通常所说的货比三家，是一种相对简单的采购方式。这种采购方式主要适用于采购的货物规格、标准统一，货源充足且价格变化幅度小的采购项目。询价采购方式的程序与竞争性谈判采购类同，不同之处在于被询价的供应商只能报价一次且不能更改。

由于各个政府采购项目的情况不同，还有其他一些如批量采购、小额采购和定点采购等方式都可采用，实践中究竟采用何种采购方式要经政府采购监督管理部门认定批准，采购方无权决定。

（四）政府采购管理

1. 主管机构。政府采购按使用对象可分为军用产品采购和民用产品采购。军用产品采购的主管机构为国防部门，民用产品采购的主管机构一般是财政部门，中央为财政部，地方为各地财政厅（局）。由于政府采购制度是财政支出管理制度的组成部分，国际上政府采购的主管部门基本上都是财政部门，或在内部设置专门机构负责管理和协调，主要职责包括政策法规的制定和监督执行，采购代理机构和供应商的资格标准制定和审查，采购计划的编制，采购预算审查、批准和拨付采购款，采购官员的培训和管理，采购争端仲裁及采购信息统计和分析等。

2. 法律体系。为了加强政府采购的管理，实现政府采购的政策目标，各国都制定了一系列有关政府采购的法律规章，基本法规为政府采购法。我国于2002年颁布了《政府采购法》，同时以部长令形式颁布了《政府采购货物和服务招标投标管理办法》、《政府采购信息公告管理办法》和《政府采购供应商投诉处理办法》等管理规定。目前，国际上主要有WTO的《政府采购协议》、联合国贸易法委员会的《货物、工程和服务采购示范法》、欧盟的《公共采购指令》及世界银行的《国际复兴开发银行贷款和国际开发协会信贷采购指南》等组成的国际采购法体系。

3. 政府采购模式。政府采购模式可分集中采购、分散采购、集中与分散采购相结合三种。集中采购模式是指由集中采购机构依据政府制定的集中采购目录，受有关采购人的委托，按照采购原则及必须采取的市场竞争机制和一系列专门操作规程进行的统一采购。其优点一是有利于获取规模效益，降低管理成本；二是有利于培养具备专业技能的采购人员。分散采购模式是指由各使用单位根据自身事业发展的需要，在预算数约束下，在市场上自行采购。分散采购模式要求采购方向主管财政部门上报采购计划，获得批准后自行按采购原则进行采购。其优点为采购灵活，能满足需求方对物品的多样性、特殊性要求，尤其在紧急情况下的采购效率较高；缺点是难以形成规模化的价格优势，也容易造成重复采购，而且增加了采购人员的数量，加大了采购成本，降低了采购效率。分散采购模式一般只有在小规模的日常办公用品采购中，才能体现其优越性。集中与分散采购相结合模式是指法定集中采购目录内或达到采购限额标准以上的货物、工程和服务由一个部门统一采购，其他的需求部门自行采购。需求部门不愿自行采购的，仍可参加统一采购。这种采购模式是现代政府采购最普遍采用的模式。

4. 质疑和投诉机制。为了维护供应商的合法权益，供应商可以就采购活动中的任何事项向采购人或采购代理机构询问，采购人或采购代理机构必须答复。对采购文件、采购过程和中标、成交结果有异议的，供应商可以向采购人或者采购代理机构质疑。如果有必要，还可以向财政部门投诉申请复议或者向人民法院提起行政诉讼。供应商投诉成功的补偿机制为：道歉、重新审查采购决定、取消采购决定、终止合同、重新招标、补偿损失、修正有关采购规划或程序、暂停采购活动等。为了减少采购活动中的争端，国家制定了内部和外部审计与监督程序，以保证采购活动正常进行。

5. 采购官员管理。政府采购官员代表政府进行各种采购，手中拥有非常大的权力而且责任重大，对官员自身综合素质能力要求较高，不仅要懂得政府采购的法规政策，还要熟悉采购程序，掌握必要的采购技巧和善于解决采购过程中的各种问题。为了保证采购队伍的专业化和职业化，各国都非常重视采购官员的培训和管理。欧美发达国家对采购官员实行资格管理，只有通过资格考试的人员才能组织采购活动和签订采购合同，而且采购人员对做出的决定承担法律责任。我国规定采购人员按职责由中央或地方负责培训，培训合格的官员在采购主管部门登记注册上岗。

6. 采购信息管理。采购信息管理是政府采购制度中的一个重要组成部分。

采购信息管理不仅包括采购信息的发布，还包括采购信息的记录。关于采购信息的发布，共同的做法是在采购主管机构规定的公开发行刊物上刊登采购通告。

7. 中央和地方关系。政府采购实行分级管理，各级政府分别负责管理各自的采购活动。中央政府和地方政府都必须遵守国家相关的采购法规，地方政府在不违背政府采购法的原则和要求前提下，可以制定本地政府采购实施细则。另外，由于中央和地方存在资金往来关系，特别是中央给地方的转移支付，因此只要地方政府的采购项目中含中央补助，无论地方法地位如何，都必须按中央政府的采购规则操作。

（五）政府采购程序

对于政府采购项目，不论其性质如何，采购资金规模怎样，采取什么样的采购方式，一般都应按照以下的采购程序进行。

1. 确定采购需求。这是采购过程中的第一步。确定采购需求是指采购方确定自己所需要的商品和劳务，以采购预算的形式提出。应注意的是，政府采购预算没有单独的编审程序，而是属于部门预算的组成部分，随部门预算一起审批，只有被列入年度采购计划的需求才能执行采购。财政部门在审查时，既要考虑采购预算的限额，还要从采购需求的全局出发综合考虑各种需求的社会合理性，从源头上控制盲目采购和重复采购等问题，为提高采购效益打下良好基础。

2. 预测采购风险。采购风险是指采购过程中可能出现的一些意外情况，如支出增加甚至超出预算、供应商延迟交货、货物与采购要求不符、采购人员人为失误及采购各方当事人的违规、欺诈行为等。这些情况会影响采购目标的实现，因此要事先进行预测，采取相应的防范措施。

3. 选择采购方式。政府采购的具体方式很多，应对各种方式的具体适用条件做出明确的规定并参照执行。采购方式选择恰当，不但可以加快采购速度，而且可以节约成本，减少不必要的人力与物力开支。

4. 资格审查。政府采购制度规定，采购方的任何采购都必须从合乎规定的供应商处获得，因此在竞标开始之前应对供应商的资格进行审查，只有合格的供应商才能参与。

5. 执行采购方式和签订采购合同。采购方式确定后，采购人或者集中采购机构必须严格按照已定采购方式的程序和要求操作，并在中标或者成交通知书发出之日起30日内，按照采购文件规定与中标供应商签订政府采购合同。供应商签订合同时，必须按标准交纳一定数额的履约保证金，以确保按时履行合同义务。

6. 履行采购合同。合同生效后，采购进入执行阶段。采购方必须在采购合同签订之日起7个工作日内，将合同副本报同级政府监管部门备案，作为财政拨款的依据。供应商必须在合同规定的最后期限提交货物、工程或服务。采购方和供应商都不得单方面修改合同条款，否则将视为违约，违约方必须按合同规定向另一方赔偿损失。

7. 采购项目验收与结算。在合同执行过程中或执行完毕后，采购方都要按规定进行检验和评估，履约完毕后，组织专业人员组成的验收小组进行验收。确认合格后，分别在验收证明书和结算验收证明书上签字。财政部门凭两证明书对供应商进行资金结算，结算完成后，采购方将履约保证金还与供应商。随着国库集中支付制度的建立和完善，采购资金的支付已从传统的先拨付预算单位，再由其给付供应商的做法改变为财政资金一律留在国库，验收合格后由财政部门直接支付给供应商，无须通过采购方，减少了支付环节。

8. 采购项目效益评价。采购项目效益评价主要针对已采购项目而言。采购方及有关监督、管理部门应对已购项目的运行情况及其效果进行评估，以检验采购项目是否达到了预期目的，并据此判断采购方的管理能力及供应商的履约能力。如果未达到预期目的或效益差，则要查找原因，对责任方进行必要的处理。

【阅读材料4.1】 教育不公平真是因为穷吗?

最近两三年来，中央十分关注社会公平问题，为解决农村和城市弱势群体的困难采取了很多有力措施，受到群众欢迎，缓解了一些社会矛盾。目前，一方面是教育规模达到了历史上最好水平，成绩确实很大；但另一方面，按对照科学发展观的要求，教育人文质量有所下降，教育价值有所失衡，特别是教育公共投资不足，国民占有教育资源严重不平等，教育的公平性问题已成为普遍性问题，实在令人忧虑。

教育，这一被公认为实现社会公平的“最伟大武器”，正在成为扩大社会不公平的加速器。目前盛行的“择校热”、“名校办民校”、“高考招生腐败”等现象遭到了强烈的质疑和批评，城乡教育的差距、入学机会的社会阶层差异已越来越引起人们的关注，7个农民供不起1个大学生，农民供孩子上学就像赌博，教育让很多国人感到无奈甚至愤怒，因为教育的不公平剥夺了弱势群体平等的受教育权。

20世纪90年代初，国家要求逐步提高财政性教育经费支出占国民生产总值的比例，到世纪末达到4%。但这个目标从未达到，1996年还一度跌到2.44%，2003年才占到3.41%，低于世界各国平均水平（5.1%）。教育投资包括国家投资及社会和私人投资两部分，由于政府教育投入不足，中国社会和私人投资占到总投资的44%，而OECD（经济合作与发展组织）国家的平均水平只有12%。这些均与科教兴国的国策不相适应。

这一较少投入在配置上又不合理。以2002年为例：全年全社会各项教育投资为5 800多亿元，而占总人口60%以上的农村却只获得其中的23%。新中国成立后，国家对城市中小学基本建设历年均有投资，对农村则投资很少。从1983年起，由于先后普及小学教育和实施九年义务教育，全国各地均动员农民集资解决中小学校舍和危房问题。农村的义务教育在很大程度上成了农民的自办教育，本来就穷得丁当响的农民偏偏要承担如此重的义务，不知又有多少孩子由于贫困被阻挡在了学校的大门之外。

教育上的投入严重不足，便放任学校和教师在基层乱收费。不难理解，为什么10年来教育的乱收费竟然达到2 000亿元，在一些地方学校居然也进入了暴利行业?“钱学交易”、“钱权交易”愈演愈烈，腐败现象层出不穷，公民享受的受义务教育权利，很大程度上沦为了家长之间权力和金钱的竞争。

政策、教育体制和运行机制是导致教育不公平的重要原因，而政府作为维护和促进教育公平的社会主体，应该承担起更多的责任。我国已签署的《世界人权宣言》规定:“人人都有受教育的权利，教育应当免费，至少在初级和基本阶段应如此。”我国颁布的《义务教育法》也规定“国家、社会、学校和家庭依法保障适龄儿童、少年接受义务教育的权利”、“国家对接受义务教育的学生免收学费。国家设立助学金，帮助贫困学生就学”、“实施义务教育所需事业费和基本建设投资，由国务院和地方各级人民政府负责筹措，予以保证”。《义务教育法》已经颁布了17年了，政府依然没有做到对接受义务教育的学生免收学费以及保证实施义务教育所需事业费和基本建设投资。

“穷国办大教育”，这是喊了许多年的托辞。20世纪80年代喊穷，90年代喊穷，21世纪了也喊穷，国民生产总值已经达到1万亿美元以上，外汇储备也达6 000多亿美元，可还是连最起码的义务教育都解决不了，怎么说得过去呢?

我们真是穷吗?可我们公款吃喝一年要花2 000亿元以上，公车消费一年1 000亿元，公费旅游300亿美元，生计艰难的百姓无法阻挡住官员的铺张浪费。我们只看到日本今天的发达和富裕，可是人家在130年前就已经实现了几乎百分之百的义务教育，在第二次世界大战后，日本一片废墟，日本天皇每天只吃两顿饭，却要求日本政府保证让学校的每一个孩子吃饱。我们穷在哪里呢?穷就穷在对教育的认识和态度上，百年大计教育为本，不是空喊口号就能解决的。

——《中国经济时报》2005年2月5日　作者：毕延河

[思考]：收集资料并分析我国教育支出的现状及存在的问题。

思考题

1. 社会消费性支出的性质是什么?
2. 行政管理费和国防费的性质是什么?
3. 简要分析文教科卫支出的经济性质。
4. 基础设施投资的提供方式有哪些?
5. 财政对“三农”投入的特点是什么?

6. 我国社会保障制度的主要内容是什么?
7. 简述政府采购及其原则。
8. 政府采购的方式有哪些?

练 习 题

一、单项选择题

1. 政府进行投资的主要依据是(　　)。
   A. 投资的内在成本的大小　　B. 投资的社会效益和社会成本
   C. 投资的生产成本与收益　　D. 投资的社会成本的大小
2. 由于受自然条件的影响,使农业生产具有(　　)。
   A. 产出与需求的波动较大　　B. 产出波动大,需求弹性不大
   C. 产出波动小,需求弹性大　　D. 产出与需求的波动较小
3. 在国家财政支出中,最为典型的公共产品是(　　)。
   A. 基础产业提供的服务　　B. 科学研究
   C. 义务教育　　D. 行政与国防提供的服务
4. 财政支出中的行政管理支出是指(　　)。
   A. 国家权力机关和行政管理机关的经费支出
   B. 行政国防支出
   C. 社会发展支出
   D. 社会保障支出
5. 科学、教育、文化、卫生事业提供的服务主要是(　　)。
   A. 私人产品　　B. 公共产品
   C. 混合产品　　D. 私人产品与公共产品
6. 医疗卫生服务方面,政府对全体社会成员只能提供(　　)。
   A. 免费的医疗服务　　B. 有差别的医疗服务
   C. 基本相同的公共医疗服务　　D. 一切医疗服务
7. 转移支出中,数量最大影响最广的是(　　)。
   A. 补贴支出　　B. 捐赠支出
   C. 债务利息支出　　D. 购买支出
8. 公共部门的成本—效益分析,通常是从(　　)出发来进行分析的。
   A. 近期的社会经济影响　　B. 长期的社会经济影响
   C. 短期的社会经济影响　　D. 中短期的社会经济影响

二、多项选择题

1. 在市场经济条件下，政府投资（　　）。
   A. 可以在一切领域发挥作用
   B. 通常不进入竞争性领域
   C. 通常在竞争性领域中发挥作用
   D. 一般不向有明显经济效益的项目投资
   E. 只能是对市场投资行为的补充
2. 政府投资农业的主要内容包括（　　）。
   A. 支援农村生产支出　B. 农业基本建设支出
   C. 农林水利气象支出　D. 农产品收购支出
   E. 农业事业费支出
3. 国防作为一种十分标准的公共产品，具有（　　）等特点。
   A. 边际成本为零　B. 内在效益较大
   C. 内在效益为零　D. 典型的内部效应
   E. 典型的外部效应
4. 财政用于科学、教育、文化、卫生事业的支出，主要由这些部门的（　　）组成。
   A. 职工工资　B. 各种性质的公务费
   C. 科学研究经费　D. 修缮费和设备购置费
   E. 行政性收费
5. 转移支出主要包括（　　）。
   A. 补贴支出　B. 发展农业支出
   C. 捐赠支出　D. 国防支出
   E. 债务利息

三、判断题

1. 我国财政支出中的转移性支出体现的是政府的市场性分配。（　　）
2. 随着我国社会保障体系的建立和完善，转移性支出的总量占财政支出的比重将不断减少。（　　）
3. 财政补贴有利于提高资源配置效率。（　　）
4. 政府采购方式中使用最多的是协商采购方式。（　　）
5. 国库集中收付制度规定所有的财政支出都必须由国库直接支付。（　　）

6. 由于竞争性项目是具有市场竞争能力的生产投资项目，投资效益较高，所以投资主体是政府。（ ）

7. 在财政支出中，购买性支出的比重越大，政府对生产和就业的影响则越小。（ ）

8. 按财政支出的功能分类，财政支出可分为经常性支出和建设性支出。（ ）

9. 政府投资更注重微观经济效益、生态环境和社会效益。（ ）

10. 政府采购制度要求集中支付，不需要建立国库集中收付制度。（ ）

第五章　国　债

国债是政府取得财政收入的一种特殊形式，同时也是宏观调控的重要手段。国债大规模的出现只不过是最近几百年的历史，但其影响却是深远的。尤其是自20世纪30年代的资本主义经济大危机以来，许多国家纷纷实行赤字财政政策并相应地大举借债来调节宏观经济，使得国债的运用规模和范围都有了极大的拓展。我国自改革开放以来，国债经历了从无到有、进而逐步发展成熟的过程，并在我国的宏观调控特别是在1998～2005年实行的积极财政政策中发挥了重要的作用。

本章首先介绍国债的概念及其产生和发展、分类、结构、负担和限度等，然后结合国债作为现代信用形式的特点，讲述国债的发行、偿还等环节，在此基础上，分析国债发行、流通所形成的国债市场的结构及其功能。

第一节　国债概述

一、国债概念及特征

（一）国债的概念

在信用经济高度发展的今天，为某种需要而举债已成为十分普遍的经济现象。举债的主体或借债人主要有两类：一是私人和企业，二是政府。一般将私人和企业举借的债务称为民间债务或私债，将政府举借的债务称为国债或公债。国债是整个社会债务的重要组成部分，具体是指中央政府在国内外发行债券或向外国政府和银行借款所形成的国家债务，主要包括国库券和公债两大类。一般国库券是由财政部发行，用以弥补财政收支不平衡；公债是指为筹集建设资金而发行的一种债券。有时也将两者统称为公债。自 2009 年 2 月，一度严禁发行的地方政府债券再次开始发行。

税收和国债都是国家取得财政收入的形式，其区别在于以下两个方面：

1. 财政作用不同。国家通过信用方式筹集资金，虽然可以暂时解决一定时期的财政困难，表现为该时期的财政收入，但必须用以后年度的收入加以偿还，实际上是税收的预支，马克思称之为“税收的预征”；而税收则不同，税收是国民收入的一部分，是当年财政的实际收入，不存在“寅吃卯粮”问题，税收反映国家的真实财力。

2. 形式特征不同。从无偿性来看，国债认购于国家是一种债权债务关系，国家有偿取得财政收入，国家作为债务人到期要还本、付息，这种有借有还的原则，与税收的无偿性显然不同。从强制性来看，国债作为一种信用关系，发行国债者与认购国债者双方在法律上处于平等地位，只能坚持自愿认购原则而不能强制推销。而税收则是国家凭借其政治权力的强制征收，国家与纳税人双方在法律上分别处于执法者与守法者不同地位，不管纳税人是否自愿都必须依法纳税，否则要受到法律强制。从固定性来看，认购国债既然是出于自愿，债权人与债务人双方本着协商办事原则，当然不可能有像税收那样的固定性特征。

【阅读材料 5.1】

中国地方政府债券

地方政府债券是指地方政府根据信用原则、以承担还本付息责任为前提而筹集资金的债务凭证，是指有财政收入的地方政府及地方公共机构发行的债券。地方政府债券一般用于交通、通信、住宅、教育、医院和污水处理系统等地方性公共设施的建设。同中央政府发行的国债一样，地方政府债券一般也是以当地政府的税收能力作为还本付息的担保。因此，地方政府债券的安全性较高，被认为是安全性仅次于“金边债券”的一种债券，而且，投资者购买地方政府债券所获得的利息收入一般都免交所得税，这对投资者有很强的吸引力。

所谓地方债券，是相对国债而言的，是以地方政府为发债主体的债券。不过我国债券业内也往往把地方企业发行的债券列为地方债券范畴。20 世纪 80 年代末至 90 年代初，许多地方政府为了筹集资金修路建桥，都曾经发行过地方债券。有的甚至是无息的，以支援国家建设的名义摊派给各单位，更有甚者就直接充当部分工资。但到了 1993 年，这一行为被国务院制止了，原因乃是对地方政府承付的兑现能力有所怀疑。此后颁布的《中华人民共和国预算法》第二十八条，明确规定“除法律和国务院另有规定外，地方政府不得发行地方政府债券”。“地方政府债券”的禁令一直保持至 2009 年。

我国财政高层第一次公开表态重新发行地方债券是在 2007 年 9 月，时任财政部部长的金人庆在 APEC 财长会议提交的报告中表示，中国政府正考虑授权地方政府发行债券。2009 年 2 月 17 日，在北京举行的十一届全国人大常委会第十八次委员长会议听取了《国务院关于安排发行2009年地方政府债券的报告》有关情况的汇报。真正恢复地方政府债券的发行是在2009年。2009年新疆维吾尔自治区政府债券（一期）已于2009年3月30日至4月1日在上证所发行，并已于2009年4月3日上市，由此也成为禁令实施16年后，首次发行的地方政府债券。此外，2009年财政部还代理发行了2 000亿元地方债券。

（二）国债的产生和发展

国债的产生离不开商品经济和信用经济的发展，如果社会上没有较为充裕的闲置资金，国债就成为无源之水，无本之木。国债是在私债的基础上发展和演变而来的，在奴隶社会开始萌芽。到封建社会，国债有了进一步发展。国债真正大规模发展是在资本主义时期，依照马克思的说法，“殖民制度以及它的海外贸易和商业战争是公共信用制度的温室”。在今天，国债的发展早已远远超出了发达资本主义国家的范畴。不管社会制度怎样，不论经济发展水平如何，几乎所有国家都将国债作为政府筹集财政资金的重要形式和发展经济的重要手段。

我国的国债制度始于清朝，为应付甲午战争军需于1894年发行第一次内债“息借商款”。1898年又发行“昭信股票”，1912年发行“爱国公债”。北洋军阀和国民党政府也曾多次发行内债和举借外债。据统计，1927～1949年国民党政府发行国债86次，创中国历史之最。新中国成立以后，我国国债发行的基本情况如下：1950年发行“人民胜利折实公债”；1954年至1958年，分5次发行了总额为3 546亿元的“国家经济建设公债”；1959年停发，直到1981年改革开放后，又重新开始发行。1981～1993年国债发行的品种有国库券、重点建设债券、财政债券、国家建设债券、特种公债、保值公债等，以弥补财政赤字和筹集重点建设资金。从1997年下半年开始，面对东南亚一些国家发生的金融危机和国内出现的需求不足、通货紧缩、经济增长乏力迹象，实施积极的财政政策，扩大财政支出，加大对基础设施投资力度，国债发行规模又上了一个新台阶。1998～2005年，向国内发行国债总额分别为3 228.77亿元、3 702.13亿元、4 153.59亿元、4 483.53亿元、5 660.00亿元、6 029.24亿元、6 726.28亿元和6 922.87亿元。

（三）国债的特征

由于国债的发行和偿还是以政府信用和税收收入为依托的，所以与其他证券相比国债具有典型的特征。

1. 安全性高

国债由政府发行并承担还本付息的责任，是国家信用的体现，因此是各类债券中信用等级最高的，尤其是中央政府债券，被称为“金边债券”，在市场上广受欢迎。

早在17世纪，英国政府经议会批准，开始发行了以税收保证支付本息的政府债券，该国债信誉度很高。当时发行的英国政府国债带有金黄边，因此被称为“金边债券”。在美国，经权威资信评级机构评定为最高资信等级（AAA级）的债券，也称“金边债券”。后来，“金边债券”一词泛指所有中央政府发行的债券，即国债。中央政府是国家的权力象征，它以该国的征税能力作为国债还本付息的保证，投资者一般不用担心“金边债券”的偿还能力。为了鼓励投资者购买国债，大多数国家都规定国债投资者可以享受国债利息收入方面的税收优惠。因此，“金边债券”为投资者所热衷，流动性很强，并被广泛地用作抵押和担保。不过，由于国债的风险低，安全性和流动性好，它的利率一般也低于其他类型债券。

2. 流通性强

政府债券的发行量大，安全性好，竞争力强，易于转让，所以，许多国家国债的二级市场十分发达，一般不仅允许在证券交易所上市交易，还允许在场外市场进行买卖。发达的二级市场又为国债的转让提供了方便，使其流通性大大增强。

3. 收益稳定

因国债的本息大多数固定且有保障，所以其交易价格一般不会出现大的波动，二级市场的交易双方均能得到相对稳定的收益。

4. 免税待遇

为了鼓励人们投资政府债券，大多数国家规定，对于购买国债所获得的收益，可以享受免税待遇。我国的个人所得税法规定，个人的利息、股息、红利所得，应纳个人所得税，但国债和国家发行的金融债券利息，可免交个人所得税。因此，在国债与其他证券收益率相等的情况下，如果考虑税收因素，国债投资者可以获得更多的实际投资收益。

二、国债的分类和结构

（一）国债的分类

现代国家的国债不仅包括各种各样的借款，而且包括名目繁多的债券，是一个庞大的债务体系。为了便于国债管理，必须首先对国债进行分类：从国债的构成分类，国债可划分为各种不同的债务形式。

1. 内债与外债

按国债发行地域不同，可将国债分为内债和外债。内债是指政府向本国境内的自然人和法人举借的债务。外债是指政府向外国政府、国际金融机构和境外的自然人或法人举借的债务。举借国内债务不会因借债而增加国内资金的总量，举借国外债务可以在一定时期内增加本国可支配的资金总量。

2. 短期国债、中期国债、长期国债和永久国债

按照政府从借入债务到偿还债务的时间长短划分，可将国债分为短期国债、中期国债和长期国债。短期国债是指通常在 1 年期以内的政府债务，最典型的短期国债形式是国库券。在西方国家，国库券一般是由国库发行的 1 年期以内的短期政府债券，主要是为了解决财政年度内先支后收的矛盾。中期国债是指 1 年以上 10 年以内的政府债务。长期国债是指期限通常在 10 年以上的政府债务，也称作公债。发行公债筹资的目的主要是用于弥补财政赤字与其他非生产性开支。还有一种永久国债，是指没有偿还期的国债，只是按年付息，但可以上市流通，随时兑现。

3. 固定利率国债与浮动利率国债

根据利率的变动情况可将国债分为固定利率国债与浮动利率国债。固定利率国债的利率在发行时就确定下来，不论今后物价如何变化也不再调整变动。浮动利率国债的利率可以随时根据物价指数或市场利息率的变动情况进行调整。

4. 上市（流通）国债与非上市（流通）国债

根据国债能否在证券市场流通，可将国债分为上市（流通）国债和非上市（流通）国债。上市国债是指可以在证券市场上自由买卖和转让的国债；不可上市国债是指不能在证券市场上流通转让，其持有者只能到期获得本金和利息的国债。一般而言，自由转让是国债的基本属性，大多数国家的债券都是可以进入证券市场自由买卖的，但也有一些国家的债券不允许公开出售，如美国的“储蓄券”和我国 1984 年以前发行的国库券。

5. 凭证式国债和记账式国债

根据发行的凭证不同，国债可分为凭证式国债和记账式国债。凭证式国债是指国家采取不印刷实物券，而用填制“国库券收款凭证”的方式发行的国债。凭证式国债具有类似储蓄又优于储蓄的特点，通常被称为“储蓄式国债”，是以储蓄为目的的个人投资者理想的投资方式，具有安全性好，保管、兑现方便的特点。记账式国债是利用账户通过电脑系统完成国债发行、兑付的全过程，又被称为“无纸化国债”，可以记名、挂失，安全性好，发行成本低，发行时间短，发行效率高，交易手续简便，已成为世界各国发行国债的主要形式。

（二）国债的结构

国债的结构，是指一个国家各种性质债务的互相搭配以及各类债务收入来源的有机组合。在实践中，国债的结构主要包括国债的期限结构、利率结构、种类结构和持有者结构。

1. 国债的种类结构

国债的种类结构，是指各种类型的国债在国债总额中所占的比重。

西方国家的国债种类比较丰富，目前经济合作与发展组织（OECD）成员的国债全部为记账式债券。可流通国债是主要债券形式，在发达国家中占70%～85%。我国国债种类结构单一，1978年前只有一种，即国库券。后来逐渐增加种类，主要有重点建设债券、财政债券、金融债券、保值国债等。总体说来，种类还是太少，不能满足不同的投资者的需求。

2. 国债的期限结构

国债的期限结构，是指各种期限的国债在国债总额中所占的比重。合理的国债期限结构是短期、中期、长期国债的比例恰当。

美国1970年短期国债占49%、中期占33%、长期占14%，各种期限都有。由于经常性财政支出和短期财政资金调剂是西方国家财政债务发行的主要用途，所以短期国债发行量比较大。我国国债期限结构不尽合理，中期国债偏多，短期太少。我国国库券开始发行时期限为10年，1985年调整为5年，后又缩短为3年，其他种类的国债也大多为3～5年。以3～5年的中期国债为主的国债期限结构缺乏均衡合理的分布，易于导致国债偿还集中到期，且难以发挥国债的调节作用。对于投资者来说，这种单一的国债期限结构不利于投资者进行选择，很难满足持有者对金融资产期限多样化的需求，其结果必然使国债的形象欠佳，吸引力较弱。从1994年起，为了使期限结构合理化，已经开始适量发行短期国债和长期国债。发行短期国债，长期国债通常用于周期较长的基础设施或重点项目。

3. 国债持有者结构

国债的持有者结构，是指各应债主体即各类企业和各阶层居民实际认购和持有国债的比例，又可称为国债资金来源结构。

面向金融机构发行国债，不仅可以使国债期限品种多样化，而且能降低国债发行成本。在市场经济发达国家，商业银行持有的各种国债大约占其资产总额的10%左右。同时在这些国家的国债持有者结构中，金融机构占有相当显著的份额，如1996年底，美国为50%，英国为80%，德国为60%。而在我国，从1992年到1998年的有关统计数据看，个人国债持有量占国债发行量的比例从未低于50%，有些年份甚至高达70%以上。金融机构国债持有量占其总资产的比率，从近几年数据看，这个比率从未超过30%。

4. 国债的利率结构

国债利率，是国债利息占国债票面金额的比率，不同期限的国债有不同的利率。利率水平及其结构是否合理，是直接关系偿债成本高低的问题。国债利率的选择和确定也是国债管理的重要内容。

在发达国家的金融市场上，国债利率是影响市场利率的重要因素。国债利率具有多极化和弹性化特征，制约国债利率的主要因素是证券市场上各种证券的平均利率水平。国债利率必须与市场利率保持大体相当的水平才能使国债具有吸引力，才能保证国债的发行不遇到困难。而我国国债利率结构不合理，国债利率高于银行同期存款利率，致使偿债负担沉重。合适的国债利率水平和结构，除应与国债品种、期限统一考虑外，主要是实行利率市场化，而在这方面我国还与发达国家有很大差距。

三、国债的负担和限度

（一）国债的负担

各个国家的经济实践已经充分证明，国债不仅存在一个负担问题，而且如何衡量处理负担也是财政理论与实践的重要内容。国债负担可以从三个方面来分析。

1. 认购者负担

国债是认购者收入使用权的让渡，这种让渡虽是暂时的，但对他的经济活动会产生一定的影响，所以国债发行必须考虑认购者的实际负担能力。

2. 政府负担

即债务人负担。政府借债是有偿的，到期要还本付息，尽管政府借债时获得了经济收益，但偿债却体现为一种支出，借债的过程也就是国债负担的形成过程。所以，政府借债要考虑偿还能力，只能量力而行。

3. 纳税人负担

不论国债资金的使用方向如何，效益高低，还债的收入来源最终还是税收。马克思所说的国债是一种延期的税收，就是指国债与税收的这种关系。当然，在现代普遍实行“以新债还旧债”的国债制度下，虽然可以不需要增加当前税收来偿还国债，但持续“以新债还旧债”，就会不断增加债务余额。

4. 代际负担

国债不仅形成一种当前的社会负担，而且在一定条件下还会向后推移。就是说，由于有些国债的偿还期较长，使用效率又低，连年以新债还旧债并不断扩大债务规模，就会形成一代人借的债转化为下一代甚至几代人负担的问题。如果转移债务的同时为后代人创造了更多的财富或奠定了创造财富的基础，这种债务负担的转移在某种意义上被认为是正常的；如果留给后代人的只有净债务，而国债收入已经消费掉，那么，债务转移必将极大地影响后代人的生产和生活，这是一种愧对子孙的短期行为。

（二）国债的限度

由于国债存在负担问题，因此国债的发行总有一定的限度。国债的限度一般指国债规模的最高额度或国债的适度规模问题。由于受各种因素的制约，单纯从国债规模的绝对数还无法明确表明国债规模是否合理，只有采取相对指标才更具有现实意义。国债规模的评价指标主要有债务负担率、债务依存度和偿债率等三个指标。

1. 债务负担率

债务负担率，是指当年国债累计余额（历年发行的国债尚未兑付的余额）占国内生产总值（GDP）的比重。它是衡量国债规模的宏观指标，不仅揭示一国国债负担的情况，而且也反映国债规模增长对GDP增长的相互关系。债务负担率用公式表示为：

$$\text{债务负担率} = \frac{\text{国债累计余额}}{\text{GDP}} \times 100\% \qquad (5.1)$$

关于债务负担率，国际上尚未有一个公认的标准。欧盟的《马斯特里赫特条约》规定，加入欧元体系的国家必须将政府的财政赤字占GDP比重控制在3%以下，政府债务占GDP的比重控制在60%以内。一般来说，发达国家的债务负担率最多不超过当年GDP的45%。发达国家财政收入占GDP的比重较高（一般为45%左右），所以国债余额大体上相当于当年的财政收入总额。

2. 债务依存度

债务依存度，是指当年国债发行额占当年财政支出的比重，表明财政支出依赖债务收入来安排的程度，其经济含义是国家财政支出的每100元中有多少钱是靠发行国债来实现的。

当国债的发行量过大，债务依存度过高时，表明财政支出过多依赖债务收入，财政处于脆弱状态，并对财政的未来发展构成潜在的威胁。因为国债毕竟是一种有偿性的收入，国家财政支出主要还应依赖于税收，债务收入只能是一种补充性收入。因此国债规模的合理性主要可以根据这一指标来判断。

债务依存度一般有两种计算口径。

国家财政债务依存度，反映国债总规模的大小。用公式表示为：

$$\text{国家财政债务依存度}=\frac{\text{当年国债发行额}}{\text{国家财政支出}}\times 100\% \tag{5.2}$$

中央财政债务依存度，反映国债的发行主体之一——中央政府的债务负担情况。用公式表示为：

$$\text{中央财政债务依存度}=\frac{\text{当年国债发行额}}{\text{中央财政支出}}\times 100\% \tag{5.3}$$

关于债务依存度，国际上存在较模糊的安全控制线。一般认为，国家财政债务依存度应为15%～20%，中央财政债务依存度不超过25%～35%。但由于各国的财政体制不同，财政集中的国民收入份额不同，年度之间的财政政策不同，某一年度的债务负担情况不能反映一个国家的总体状况，因此目前大多数国家不用债务依存度来衡量该国国债的负担情况与规模。

3. 偿债率

偿债率，是指当年的国债还本付息额占当年国家财政收入的比重，表明当年财政收入中用于偿还债务的份额，可直接反映一国政府的债务清偿能力。偿债率用公式表示为：

$$\text{偿债率}=\frac{\text{当年国债还本付息额}}{\text{当年国家财政收入}}\times 100\% \tag{5.4}$$

发达国家的这一指标一般为10%左右。

（三）我国的国债负担

我国国债的适度规模是当前社会非常关注的一个问题。下面从债务负担率、债务依存度和偿债率这三个指标对我国的国债规模进行分析①。

1. 债务负担率

从国际比较来看，我国债务负担率目前仍处于较低水平，距离欧盟的60%的最高界限仍存在较大空间，表明从认购人的应债能力来看继续增发国债仍有较大的空间，近几年居民和机构投资者购买国债非常踊跃也说明了这一点。我国的债务负担率变化情况如表5.1所示。

---

① 如无特别说明，下文中的“国债”均指内债。

表 5.1 1994~2009 年我国国债余额及债务负担率的变化

年份	GDP（亿元）	国债发行额（亿元）	当年还本付息额（亿元）	国债余额（亿元）	国债余额比上年增长（%）	债务负担率（%）
1994	48 197.90	1 175.25	499.36	2 286.40	48.40	4.74
1995	60 793.70	1 549.76	882.96	3 300.03	44.34	5.43
1996	71 176.60	1 967.28	1 355.03	4 361.43	32.15	6.13
1997	78 973.00	2 476.76	1 918.37	5 508.93	26.31	6.98
1998	84 402.30	3 310.93	2 352.92	7 765.70	40.97	9.20
1999	89 677.10	3 715.08	1 910.53	10 542.00	35.75	11.76
2000	99 214.60	4 180.10	1 579.82	13 120.00	24.45	13.22
2001	109 655.20	4 604.00	2 007.73	15 618.00	19.04	14.24
2002	120 332.70	5 679.00	2 563.13	19 336.10	23.81	16.07
2003	135 822.80	6 153.53	2 952.24	22 603.60	16.90	16.64
2004	159 878.30	6 879.34	3 671.59	25 777.60	14.04	16.12
2005	183 217.4	6 922.87	3 923.37	32 614.21	26.52	17.80
2006	211 923.5			35 015.28	7.36	16.52
2007	257 305.6			53 365.53	52.41	20.74
2008	300 670.0			53 271.54	-0.18	17.72
2009	335 353.0	16 280.66	9 323.92	60 237.68	13.08	17.96

注：（1）1998 年国债中包括了用于补充国有独资商业银行资本金的 2 700 亿元特别国债；（2）从 2006 年起实行债务余额管理，国家政府预决算不再反映债务发行收入；（3）2007 年国债包括用于购买外汇的 15 500 亿元特别国债。

资料来源：1994~2006 年数据来源于《中国财政年鉴（2007）》；2007 年国债余额数据来源于 2007 年 6 月 29 日第十届全国人民代表大会常务委员会第二十八次会议通过的《关于批准财政部发行特别国债购买外汇及调整 2007 年末国债余额限额的决议》。2008 年、2009 年数据来源于《2009 年财政决算》。

2. 债务依存度

由于 2009 年以前我国的国债发行权仅限于中央政府，地方政府无权发行地方债券，因此依靠国债满足财政支出需要的也只能是中央政府。所以在我国中央财政依存度这个指标更具有现实意义和警示效应。

从 20 世纪 90 年代起，我国国债规模迅速扩大，债务依存度上升，1995 年国家财政债务依存度达到 22.14%，2004 年中央债务依存度为 87.15%。这说明以“满足社会的公共需要”为主体格局的中央财政支出，有一半以上的资金来源于国债发行收入。关于我国 1994 年以来的债务依存度的具体变化情况如表 5.2 所示。

表 5.2　**1994～2009 年我国的债务依存度**

年份	国债发行额（亿元）	全国财政支出（亿元）	中央本级财政支出（亿元）	国家财政债务依存度（%）	中央财政债务依存度（%）
1994	1 175.25	5 792.62	1 754.43	20.29	66.99
1995	1 549.76	6 823.72	1 995.39	22.71	77.67
1996	1 967.28	7 937.55	2 151.27	24.78	91.45
1997	2 476.76	9 233.55	2 532.50	26.82	97.80
1998	3 310.93	10 798.18	3 125.60	30.66	105.93
1999	3 715.08	13 187.67	4 152.33	28.17	89.47
2000	4 180.10	15 886.50	5 519.85	26.31	75.73
2001	4 604.00	18 902.58	5 768.02	24.36	79.82
2002	5 679.00	22 053.15	6 771.70	25.75	83.86
2003	6 153.53	24 649.95	7 420.10	24.96	82.93
2004	6 879.34	28 486.89	7 894.08	24.15	87.15
2005	6 922.87	33 930.28	8 775.97	20.40	78.88
2006		40 422.73	9 991.40		
2007		49 781.35	11 442.06		
2008		62 592.66	13 344.17		
2009	16 280.66	76 299.93	15 255.79	21.34	106.72

注：(1) 本表中的财政支出数据 2000 年以前不包括国内外债务还本付息支出和利用国外借款收入安排的基本建设支出。从 2000 年起，全国财政支出和中央财政支出中包括国内外债务付息支出。(2) 1998 年国债中包括了用于补充国有独资商业银行资本金的 2 700 亿元特别国债。

资料来源：同表 5.1。

3. 偿债率

1994 年以前，我国国债发行规模并不很大，国家财政收入中用于债务支出的比例也不高，在此之前 15 年累计起来也只不过 1 749.02 亿元，国家财政每年的偿债率也不超过 7%（1992 年除外，当年为 9.83%），而中央财政偿债率在 1991 年就跃上了 16.70%。从 1994 年以后，国债发行规模剧增，一年上一个台阶，由此导致债务支出总额迅速上升；到 2005 年按国家财政收入和中央财政收入计算的偿债率分别为 12.40% 和 23.71%，都远远突破国际警戒线。1994 年后我国国债偿债率的变化情况如表 5.3 所示。

表 5.3　　1994～2009 年我国国债的偿债率

年份	国债还本付息额（亿元）	全国财政收入（亿元）	中央财政收入（亿元）	国家财政收入偿债率（%）	中央财政收入偿债率（%）
1994	499.36	5 218.10	2 906.50	9.57	17.18
1995	882.96	6 242.20	3 256.62	14.15	27.11
1996	1 355.03	7 409.99	3 661.07	18.29	37.01
1997	1 918.37	8 651.14	4 226.92	22.17	45.38
1998	2 352.92	9 875.95	4 892.00	23.82	48.10
1999	1 910.53	11 444.08	5 849.21	16.69	32.66
2000	1 579.82	13 395.23	6 989.17	11.79	22.60
2001	2 007.73	16 386.04	8 582.74	12.25	23.39
2002	2 563.13	18 903.64	10 388.64	13.56	24.67
2003	2 952.24	21 715.25	11 865.27	13.60	24.88
2004	3 671.59	26 396.27	14 503.10	13.91	25.32
2005	3 923.37	31 649.29	16 548.53	12.40	23.71
2006		38 760.20	20 456.62		
2007		51 321.78	27 749.16		
2008		61 330.35	32 680.56		
2009	9 323.92	68 518.30	35 915.71	13.61	25.96

注：从 2006 年起实行债务余额管理，所以 2006～2008 年国家财政预决算中不再反映债务还本支出，2009 年的国家财政决算数据才又重新包含国债还本付息额。

资料来源：同表 5.1。

四、国债的功能和效应

（一）国债的功能

1. 弥补财政赤字

这是国债产生的主要动因，也是现代国家的普遍做法。财政赤字可以通过向中央银行借款、增税和发行国债等方式弥补。相比较增税和向银行透支的方式来弥补赤字而言，发行国债产生的副作用最小，这是因为通过发行国债弥补赤字，其实质是将属于社会支配的资金在一定时期内让渡给国家使用，是社会资金使用权的单方面、暂时性转移；认购国债的资金基本上是社会资金运动中游离出来的闲置资金，一般不会导致通货膨胀。

2. 筹集建设资金

现代社会中，以国债资金来扩大建设规模是发行国债的重要目的之一。在我国财政支出中，经济建设资金占到50%左右，从1987年开始发行重点建设债券和重点企业建设债券，包括电力债券、钢铁债券、石油化工债券和有色金属债券。在日本，法律上将国债明确分为两种：一是建设公债，二是赤字公债。

3. 调控经济运行

现代市场经济条件下，国债已经成为国家调节经济运行的重要工具。如何使用通过发行国债筹集的资金、使用到哪些方面，对经济运行具有重要影响。如通过适度举借债务，筹集建设资金，将社会上的闲置资金、消费资金引导到国家重点建设上来，可以调节社会投资结构和产业结构，促进经济社会协调发展。通过举借债务，增加财政投资，用于生产建设，将扩大社会的积累规模，改变积累与消费的比例关系。

在金融市场上，国债是作为最基础的金融资产出现的，往往成为银行、证券机构、企业、个人和各种基金的投资对象。特别是短期国债的发行及买入和卖出，在不少国家成为中央银行调节货币供应数量和调节利率的重要手段。

（二）国债的效应

事实上，发行国债会影响财政的活动，会引起货币和其他资产供求关系的变化，从而对整个经济活动产生影响。下面从国债发行的挤出效应和货币效应等两个方面进行分析。

1. 国债的挤出效应

大多数经济学家认为在货币供给不变的情况下，国债发行会对私人部门产生“挤出效应”。所谓国债的挤出效应，是指政府为了弥补财政赤字而发行国债，当大量国债投入市场时，提高了对资金的需求，从而提高了市场利率，而利率的提高会引起私人部门投资的减少。因此，国债的挤出效应会减弱政府支出增加的扩张效应。国债挤出效应是否发生，与货币市场上的货币供给及利率变动有直接的关联。

在以国债弥补财政赤字时，若用货币融资法（即中央银行直接认购或在公开市场购买国债），就会增加名义货币存量，因此利率趋于降低，投资随之增加。而在采用债务融资法（由个人、企业和商业银行认购国债）时，由于名义货币供应量不会增加、赤字财政所造成的价格上升（由总需求和国民收入增加使然），以及一部分流通中的货币用于购买国债，导致实际的货币供应量减少和利率攀升，从而减少了个人和企业的投资，并由此产生国债的挤出效应。挤出效应的大小取决于货币需求的收入弹性、货币需求的利率弹性、投资的利率弹性和投资乘数等。

在关注国债的挤出效应时，我们还应看到：第一，在资源闲置和存在失业的情况下，随着产品需求的扩大，实际收入和产量也会增加，因而挤出效应是不完全的；第二，由于储蓄水平随着收入的上升而做到“水涨船高”，利率不会上升到完全抑制投资的地步，储蓄的增加有可能为较多的预算赤字融资，而无须完全取代私人支出；第三，当经济中实现充分就业时，挤出效应就可能成为现实，这时扩张性财政政策所引起的总需求扩大，就会导致物价的上升而不是国民产出的增加。

2. 国债的货币效应

国债发行产生的货币效应是指国债发行对一国货币供给带来的影响。国债的发行能否及会在多大程度上引起货币供应量的变动，应视不同的债权人而定。

当购买国债的是居民个人或企业，包括商业银行时，一般来说只是购买力的转移或替代，这种国债的收入是实实在在的收入，是债权人把属于其支配的商品物资转移给政府支配的货币收入，是有物质保证的，因此不会产生增加货币供给的效应，不会造成通货膨胀。如果国家把国债投向国民经济急需的能源、交通等瓶颈部门和基础设施建设，一般来说将有利于调节投资结构，促进产业结构优化，从而促进国民经济的发展。只有当中央银行直接认购国债或在公开市场上从企业、居民个人和商业银行处购买国债时，名义货币存量才会增加，才会影响金融市场利率水平，甚至影响物价稳定，严重时还可能会引发通货膨胀。

第二节　国债的管理

一、国债的发行

（一）国债发行的方式

国债发行的方式主要有四种：公募法、包销法、公卖法和摊派法。

1. 公募法

公募法是指国家向社会公开募集国债的方式。有直接公募法和间接公募法之分。直接公募法是指由财政部门直接承担发行国债的责任，通过邮政系统和其他通信系统，向国内所有居民个人、企业和机构公开招募，其发行费用和损失皆由国库承担。间接公募法是将发行事项委托给银行机构，并规定一定的条件，由银行分摊认领一定的数额，然后转向公众募集，摊销余数由银行机构自行认购以凑足数额。直接公募法和间接公募法各有优劣，视发行环境而定。在资金不充裕的国家，如因政府必须募足一定数额的国债，间接公募方式是必不可少的发行方式。但政府可尝试采用竞募法，由民众与银行共同竞争，凡能出高价的就将国债售给他。这样，可防止银行垄断国债发行和挟持政府。而对于社会资金充裕、金融组织甚为健全和灵活的国家，人们已经认识到国债的利益，不管采用直接公募法还是间接公募法，国家都可以按有利的条件发行。

2. 包销法

包销法又叫承受法，指国家将发行的债券统一售给银行，再由银行向社会销售，若银行不能把全部国债销售出去，其差额部分由银行承担。这种方法只需政府和银行之间议定条件就行，手续简单，国库收款较整齐、快速。包销法与间接公募法的区别是：包销法是国债发行权的转让，政府不干涉银行的发行权和发行事务；间接公募法，银行只是代理发行权和发行事务，最终向政府负责，受政府的指导和监督。目前西方国家国债的发行大多采用包销法。

3. 公卖法

公卖法也叫出售法，指政府将国债委托证券市场代为销售的方法。采用这种发行方法，主要是政府担心如果向公众招募一时不易募足，又可能引起民间的骚乱与金融的动荡，倒不如在证券市场依市价出售更为公平。同时，政府还可以根据财政需要，随时决定国债出售的数额，这比事先发行的国债可以减轻一部分利息负担。但这种方式下，国债的出售往往受到证券投资经营状况的影响，弊端较大，从总的方面看对于国家财政是不适宜的。公卖法类似公募法，区别在于：公募发行的条件下，债券的价格由国家确定或选定后不再变动；而公卖发行的条件下，债券的价格由证券市场的供求行市决定并且不断波动。

4. 摊派法

摊派法是一种强制的发行方式，由政府根据情况向企业单位等分配购买国债的任务指标，企业必须保证完成。20 世纪 80 年代我国发行的国债基本属于这种情况。这种办法对保证完成国债发行任务，有计划地调节资金具有一定意义，但会带来国债的信誉不高和人民的抵触情绪，导致发行困难等不良后果。

我国改革开放后，国债发行方式逐步改革和完善，先后曾采取行政摊派、承购包销、柜台销售和招标发行等多种发行方式。（1）1981 年重新开始发行国债，初期仍沿用计划经济时期采取的行政摊派方式。（2）1991 年开始采用承购包销发行方式，当年财政部和承购包销团的主干事中国工商银行信托投资公司签订了承购包销合同，承销当年国库券 25 亿元。1993 年推出了一级自营商制度。所谓一级自营商，是指具备一定条件并由财政部认定的银行、证券公司和其他非银行金融机构，它们可以直接向财政部承购和投标竞销国债，并通过开展分销、零售业务，促进国债发行，维护国债发行市场顺利运转。当年19家信誉良好且资金雄厚的金融机构获准成为首批一级自营商，随后又进一步扩大了一级自营商队伍，健全了一级自营商的管理制度。（3）1994年也曾采用柜台销售方式，即利用遍布全国的银行储蓄网点销售不可上市流通的凭证式国债。（4）1995年开始试行招标发行方式，通过招标形成了科学的价格决定机制，加速了利率市场化进程，为国债市场的发展奠定了基础。不过，我国招标发行方式的特点是规定一级自营商的一定比例的承销基数，即实行基数承销基础上的招标，实质上是一种承购包销与招标发行相结合的发行方式。2000年，为了打通银行间国债市场和交易所国债市场的连接，组建了统一的记账式国债承销团，代替了一级自营商制度，随后又组建了凭证式国债承销团。

从总体上说，目前我国国债发行方式是一种承购包销和招标发行相结合的模式。具体而言，凭证式国债是凭证式国债承销团（以商业银行为主）承购包销与柜台销售相结合，而记账式国债是招标与承购包销相结合，即先是向承销团进行招标，再由承销团成员分销或在二级市场上销售。

（二）国债发行价格

国债的发行价格是指债券的出售价格或投资者的认购价格。国债的发行价格不一定就是票面值，可以低于票面值发行，少数情况下也可以高于票面值发行，所以就有一个发行的行市问题。按照国债发行价格与其票面值的关系，可以分为平价发行、折价发行和溢价发行三种发行价格。

1. 平价发行

所谓平价发行，是指国债按票面值出售。认购者按国债票面值认购，政府按票面值取得收入，到期亦按票面值还本。国债平价发行，必须有两个前提条件：一是市场利率要与国债发行利率大体一致。如市场利率高于国债利率，按票面值出售便无法找到认购者或承购者；市场利率低于国债利率，按票面值出售，财政将遭受不应有的损失。二是政府的信用必须良好。唯有在政府信用良好的条件下，人们才会乐于按票面值认购，国债发行任务的完成才能有足够的保障。

2. 折价发行

所谓折价发行，是指国债以低于票面值的价格出售，即认购者按低于票面值的价格认购，政府按这一折价取得收入，到期仍按票面值还本。债券的发行价格低于票面值，其主要原因是由于市场利息率上升，投资者选择其他投资方式可以取得较高的收益，政府只有降低发行价格，债券才能找到认购者或承购者。除此之外，在发行任务较重的情况下，为了鼓励投资者踊跃认购而用减价的方式给予额外的利益，也是选择折价发行的一个重要原因。

3. 溢价发行

所谓溢价发行，是国债以超过票面值的价格出售，即认购者按高于票面值的价格认购，政府按这一高价取得收入，到期仍按票面值还本。国债能按高于票面值的价格出售，只有在下述两种情况下才能办到：一是国债利息率高，高于市场利息率以致认购者有利可图；二是国债利率原与市场利率大体相同，但当债券出售时，市场利率出现下降，以致政府有可能提高债券出售价格。

比较上述三种发行价格，从政府财政的角度加以审视，第一种发行价格即平价发行可以说是最为有利的。首先，采用这种价格发行国债，政府可按事先规定的票面值取得预期收入，又按此偿还本金，除需按正常的利息率支付一定的债息外，不会给政府财政带来额外负担。其次，按照票面值出售债券，不会对市场利率带来上涨或下降的压力，抛开政府经济政策的因素不论，这是有利于经济稳定的。而且，债券面额与发行价格一致，还有利于避免债券的投机行为。第三种发行价格即溢价发行，虽可在发行价格上为政府带来一些价差收入，但因溢价发行只有在国债利率高于市场利率的情况下才能办到，财政也要为此承受高额利息支出，而且，由于其收入不规则，也不利于财政收入的计划管理。至于第二种发行价格即折价发行，则既不能为财政按票面值带来预期收入，偿还本金支出又要大于实际国债收入，而且还有可能影响市场利率的稳定，对财政最为不利。

二、国债的还本和付息方式

（一）国债的还本方式

国债的还本方式一般有三种方式：直接偿还法、市场购销法和以新替旧偿还法。

1. 直接偿还法

直接偿还法可细分为按次偿还法、抽签偿还法和到期一次偿还法三种。

（1）按次偿还法

即对一种债券规定几个还本期，每期偿还一定比例，直到债券到期时，本金全部偿清，又称为分期逐步偿还法。这种偿还方式可以分散国债还本对国库的压力，避免集中偿还给财政带来困难。但在这种偿还方式下须频繁地进行本金兑付，国债利息率也往往要有差别的规定。还本越迟，利息越高，一定程度上鼓励债券持有人推迟还本期，国债偿还的工作量和复杂程度会因此加大。在美国，各级地方政府发行的国债多数采用这种方法偿还。

（2）抽签偿还法

即政府预先确定每一期还本付息的比例，然后在国债偿还期内，通过定期按债券号码抽签对号以确定每期的还本付息额，对每次中签者，按债券面额还本并按规定付给利息。对于没有中签的国债仍然按期支付利息，直到全部债券都中签。我国 1981 ~1984 年发行的国库券，就采用此种方法。这种偿还方式的利弊与分期逐步偿还法大致类似。

（3）到期一次偿还法

即实行在债券到期日按票面金额一次全部偿清，也就是何时债券到期，何时一次偿还。这是一种传统的偿还方式，其优点是国债还本管理工作简单、易行，且不必为国债的还本而频繁地筹措资金。缺点则是集中一次偿还本金，有可能造成政府支出的急剧上升，给国债管理带来巨大的压力。1988 年我国政府所发行的国库券的偿还期定为三年，在发行后第四年度一次偿还本息，就给当时的财政造成了较大的资金负担。

2. 市场购销偿还法

市场购销偿还法是国家在债券期限内，通过定期或不定期地从证券市场上赎回一定比例债券，赎回后不再卖出，使得当这种债券期满时，已全部或绝大部分被政府所持有。这种方式的优点是给投资者提供了中途兑现的可能性，并会对政府债券的价格起支持作用。其缺点是政府需为市场购销进行大量繁杂的工作，对从事此项业务的工作人员也有较高的素质要求，因而不宜全面推行。这种方式只适用短期的非上市国债的偿还。

3. 以新替旧偿还法

以新替旧偿还法是指政府通过发行新债券来兑换到期的旧债券，以实现偿还国债的目的。这种偿还方法，债券的持有者在债券到期时兑换相应数额的政府新发行债券，从而延长持有政府债券的时间；政府用新发行的债券来还债，从而使到期债务后延。这种偿还方式有着明显的优越性。从财政的角度看，国债既可用一般预算资金偿还，又可通过发行新债券偿还，增加了筹措还债基金的灵活性。从债券持有者角度看，由于拥有继续持有政府债券的优先权，在其他投资方式收益较低的情况下对其是有利的。问题在于，如果经常使用这种偿还方式，实际上等于无限期推迟偿还，很可能会损坏政府信誉。

上述国债偿还本金方式中，对某种国债具体选择哪种兑付方式，主要考虑的因素是能否减少财政支出、是否有利于调控货币供给量、是否有利于稳定国债行市、是否能保障持券人的投资利益等。

（二）国债还本资金来源

对应不同的偿债方式，财政部门需要采用不同的方式筹集所需偿债资金，形成国债还本资金来源。一般来说，国债还本资金来源有以下几种：

1. 设立偿债基金

就是由政府预算设置专项基金用以偿还国债，即每年从财政收入中拨交一笔专款设立基金，由特定机关管理专门偿付国债，专款专用，不用作其他用途，从而在制度上保证偿还债务的所需资金。而且，在国债未还清之前，每年的预算拨款不能减少，以期逐年减少债务，故称作偿债基金。

从历史的经验来看，设立偿债基金有利有弊。

其利处在于：（1）可以使偿债资金来源稳定；（2）可以减轻每年因还债给预算所带来的压力；（3）设有偿债基金的国债，更容易受到投资者的欢迎，因为这意味着国债的发行价格能高于条件相同或类似的同值债券。

其弊端在于：（1）偿债基金常被挪用而形同虚设。（2）政府因设置基金而被迫定期定额拨款，会使预算的安排失掉一定的灵活性。而当预算平衡出现严重困难时，为保证按年拨付基金，势必会发行新的债券。这样一来，政府负担会因此加重，且会引起不必要的管理混乱。因此，偿债基金的办法，虽然在一些西方国家中试行，但最后大多以失败而告终。

2. 依赖财政盈余

就是政府在每年预算有盈余时，以当年的盈余资金作为偿还国债的资金。从各国的情况来看，这种靠财政结余作为偿债来源的办法只是理论上的假定，实践中难以操作。这是因为，当今各国国债的发行规模都较大，且大都呈现日益增加的趋势，每年的到期债务已远非当年的财政结余所能负担；各国财政收支的平衡也越来越困难，财政赤字的年份越来越多，赤字数额越来越大；况且，为了能长期不断地发行债券，也必须按期及时偿还国债以维持政府信誉，根本不可能视财政结余的多寡来决定偿还国债的数额。

3. 国家预算拨款

就是将每年的国债偿还数额作为财政支出的一个项目而列入当年的支出预算，由正常的财政收入保证国债的偿还。表面上看这似乎是确保国债按期偿还的稳妥办法，但实践中也会遇到种种问题。这是因为，如果政府财政有能力每年拨出专款用作国债偿还支出，也就没有必要发行国债，或者不必每年发行那么多国债。除非在财政状况非常充裕的时期，政府一般不可能通过预算列支并靠正常财政收入偿还国债。否则，即使在预算中列支，也常常会被作为支出的“软项”，在正常的财政收入紧张时被挤掉而使“偿债支出”形同虚设。

4. 举借新债

就是政府通过发行新债券，为到期债务筹措偿还资金。这既有实践上的必要性，也有理论上的合理性。从各国的财政实践来看，当今世界，政府国债的累计额十分庞大，每年的到期债务已远远超过财政收入的负担能力，偿还到期债务的资金来源不能不依赖于不断地举借新债。从理论上看，国债可以被看作储蓄的延长形式。在正常情况下，任何储蓄，从个别讲，有存有取；但从总体看，则只存不取。国债同样如此，从单项债务看，它有偿还期；但从债务总体讲，它实际上并不存在偿还期，而是可以采用借新债还旧债的办法，长时间地延续下去。或许正因为如此，通过发新债还旧债，便成为各国政府偿还国债的基本手段。

（三）国债付息方式

国债的付息方式大体可分为两类：

1. 按期分次支付法

即将国债应付利息，在国债存续期间内分期支付，一般附有息票，债券持有者可按期剪下息票兑付利息。这种方法往往适用于期限较长或在持有期限内不准兑现的债券。这是因为，在较短的期限内，如能定期支付一定数额的利息，不仅可激发持有人认购国债的积极性，也可避免政府债息费用的集中支付，使债息负担均匀分散化。

2. 到期一次支付法

即将债券应付利息连同本金在债券到期时一起支付。这种方法多适用于期限较短或超过一定期限后随时可以兑现的债券。这是因为，在较短的期限内，债息的分次支付成为不必要。如在债券到期时将息款连同本金一次支付，则可大大简化政府的国债付息工作，对债券持有者来说也是可以接受的。

由于付息方式上的不同，政府在每一年度应付的利息和实际支付的利息并不完全一样。通常情况下，应付额会大于实付额而形成一笔利息上的债务。因此，在国债的付息工作中，政府往往要通过恰当的选择付息方法，安排好应付额和实付额的关系，以期与财政状况和经济形势的需要保持一致。

第三节 国债市场

一、国债市场及其功能

（一）国债市场的含义及分类

国债是一种财政收入形式，政府债券是一种有价证券。证券市场是有价证券交易的场所，政府通过证券市场发行和偿还国债，意味着国债进入了交易过程，而进行国债发行和交易的市场就是国债市场。毫无疑义，国债市场是证券市场的构成部分，同时又对证券市场具有一定的制约作用。

国债市场按照国债交易的层次或阶段可分为两个部分：一是国债发行市场，二是国债流通市场。国债发行市场是指国债发行的场所，又称国债一级市场或初级市场，是国债交易的初始环节。一般是政府与证券承销机构如银行、金融机构和证券经纪人之间的交易，通常由证券承销机构一次全部买下发行的国债。国债流通市场又称国债二级市场，是国债交易的第二阶段。一般是国债承销机构与认购者之间的交易，也包括国债持有者与政府或国债认购者之间的交易。它又分证券交易所交易和场外交易两类。证券交易所交易指在指定的交易所营业厅从事的交易，不在交易所营业厅从事的交易即为场外交易。

（二）国债市场的功能

国债市场一般具有两个方面的功能：一是实现国债的发行和偿还。如前所述，国家可以采取固定收益出售方式和公募拍卖方式在国债市场的交易中完成发行和偿还国债的任务。二是调节社会资金的运行。在国债市场中，国债承销机构和国债认购者以及国债持有者与证券经纪人从事的直接交易，国债持有者与国债认购者从事的间接交易，都是社会资金的再分配过程，最终使资金需求者和国债需求者得到满足，使社会资金的配置趋向合理。若政府直接参与国债交易活动，以一定的价格售出或收回国债，就可以发挥诱导资金流向和活跃证券交易市场的作用。

在现代社会，主要发达国家的国债大都是通过国债市场发行的，并有相当部分是通过国债市场偿还的。近年来，随着国债规模扩大和对社会资源运行调节的必要性认识的增强，发展中国家也开始重视国债市场的作用，并逐步建立适应本国国情的国债市场。

二、国债发行市场

国债发行市场，又称国债一级市场或初级市场，是指政府的财政部门与债券承销机构（一级自营商）及投资者（主要是机构投资者）之间进行交易的场所。国债发行市场是国债交易的初始环节，在这一市场上，具体决定国债的发行时间、发行金额和发行条件，并引导投资者认购及办理认购手续、缴纳款项等。国债发行市场没有集中的具体场所，是无形的观念性市场。

我国国债发行市场经过数十年的发展已基本形成。其基本结构是：以差额招标方式向国债一级承销商出售可上市国债，以承销方式向承销商如商业银行和财政部门所属国债经营机构销售不上市的储蓄国债（凭证式国债），以定向招募方式向社会保障机构和保险公司出售定向国债。这种发行市场结构，是多种发行方式搭配使用，适应我国当前实际的一种发行市场结构。

三、国债流通市场

（一）国债流通市场的含义及分类

国债流通市场，又称国债二级市场或转让市场，是国债交易的第二个阶段，一般是国债承销机构与投资者之间的交易，也包括国债投资者与政府之间的交易以及国债投资者相互之间的交易。

国债流通市场一般是有形市场，具有明确的交易场所，可以从不同角度对国债流通市场进行分类。如按交易的场所，国债流通市场可以分为证券交易所交易和场外交易。证券交易所交易是指在指定的交易所营业厅从事的国债交易，不在交易所营业厅从事的交易即为场外交易。场外交易又可分为银行间国债交易和银行柜台国债交易等。银行间国债交易是指中央银行与商业银行之间及商业银行之间在交易所之外进行的国债交易。银行柜台交易主要是指商业银行与投资者之间在商业银行所进行的国债交易。

在证券交易所内进行的国债交易按国债签订合约和清算的期限划分，可分为现货交易方式、回购交易方式、期货交易方式和期权交易方式。

1. 现货交易方式，是指国债买卖双方在谈妥一笔交易后（即成交时），马上办理交券付价的交割手续的交易方式。它是证券交易中最古老的交易方式，也是国债交易方式中最普通、最常用的交易方式。

2. 回购交易方式，是指债券持有人在卖出一笔债券的同时，与买方签订协议，承诺在约定期限后以约定的价格购回同笔债券的交易方式。国债回购是由两笔国债买卖交易完成的，第一笔交易为即期交易，第二笔交易为远期交易。当第一笔交易发生时，债券持有人出售国债，资金持有人购买国债；当第二笔交易发生时，原购买方返售同笔国债，原出售方买回同笔国债，至此一笔完整的国债回购交易宣告完成。

国债回购为国债持有者、投资者提供融资，是投资者获得短期资金的主要渠道，也为公开市场操作提供工具。因而国债回购业务对国债市场的发展有重要的推动作用。但国债回购市场的不规范，也会产生负面作用。如买空卖空现象严重，回购业务无实际债券作保证，回购资金来源混乱以及资金使用不当等，都会冲击金融秩序。

3. 期货交易方式，是指以国债期货合约为交易对象的交易方式。国债期货合约是买卖双方就将来某一特定时刻、按照某一特定价格，购买或出售某一特定数量的某一特定国债产品所作的承诺。这里，“特定时刻”称为国债期货的交割期限，“特定价格”称为国债期货的成交价格，“特定数量”称为国债期货的成交数量，“特定国债”称为标的国债。期限、价格、数量和标的国债，是国债期货合约中必不可少的四项基本要素。

国债期货合约具有如下特点：（1）期货合约交易与标的国债的交割在时间上不一致；（2）国债期货合约到期结算时按合约中的成交价格与标的国债到期时的现货价格之间的差价结算；（3）合约中的标的国债是约定的一种“标准”标的国债，不一定是现实中的国债，期货合约的交易与标的国债的交易在空间上可以分离；（4）期货合约交易实行保证金制度，具有杠杆作用；（5）期货合约的市场流动性好。期货国债具有保值、投机和套利功能。

4. 期权交易方式，是指交易双方为限制损失或保障利益而订约，同意在约定时间内，按照协定价格买进或卖出契约中指定的债券，也可以放弃买进或卖出这种债券的权利的交易方式。

（二）我国的国债流通

我国从1981年恢复发行国债到1988年的7年期间，还没有国债二级市场，造成了持有一定期限的国债限制持券人购买力的结果，使持券人感到不方便。因此，解决居民手中国债的变现问题，就成为当务之急。1985年曾经搞过一个贴现办法，但是实行起来效果并不好，因而建立国债流通市场是既方便居民，又防止购买力膨胀的重要途径。

从1988年开始，我国首先允许7个城市随后又批准了54个城市进行国库券流通转让的试点工作。允许1985年和1986年发行的国库券上市，试点地区的财政部门和银行部门设立了证券公司参与流通转让工作。试点主要在证券中介机构进行，因而中国国债流通市场始于场外交易。1991年又进一步扩大了国债流通市场的开放范围，允许全国400个地区市一级以上的城市进行国债流通转让。同时，国债承销的成功，证券机构迅速增加，这些都促进了场外市场交易活跃起来。时至1993年，场外交易量累计达450亿元，大于当时的场内交易量。但是，场外交易具有先天弱点：管理不规范，信誉差，拖欠现象严重，容易出现清算与交割危机；场外市场统一性差，地区牌价差价大，买卖差价大；不少场外市场有行无市，流动性差等等。由于上述原因，场外交易的规模和比重大幅下降，到了1996年，场外市场交易量的比重已不足10%。与此同时，场内交易市场虽然起步较晚，但由于自身优势却获得稳步发展。目前场内交易主要集中在四家场所：上海证券交易所、深圳证券交易所、武汉国债交易中心（1992年建立，专营国债转让）、全国证券交易自动报价系统。由于这些场所的管理相对规范，信誉良好，市场统一性强，因而保证了场内交易量的稳步增长，至1996年场内交易量已占整个国债交易总量的90%以上。当前中国国债流通市场的结构已形成以场内交易为主，以证券经营网点的场外交易为辅的基本格局，基本上符合中国当前的实际。

我国自1991年兴起国债回购市场，1995年曾对国债回购市场进行整顿，整顿后国债回购市场逐步走向正轨。为了有序地发展国债市场，首先，要巩固和发展交易所内的回购市场；其次，要建立规范的场内回购市场，建立统一托管清算体系，杜绝买空卖空，打击市场分割；最后，中央银行加大公开市场操作力度，使国债回购成为公开市场操作的有效工具。

我国于1992年还曾一度推出国债期货交易。国债期货是国债现货市场发展到一定阶段的产物，它具有独特的功能：一是显示和引导国债价格或国债行市。国债期货市场是买卖双方经过公开竞价，使国债价格不断随供需状况而变化，并在市场上传递。由于期货市场是众多买者和卖者的意愿，是最有代表性的价格，对当前与未来的价格走势都有指导作用。二是套期保值。国债投资者可以在期货市场和现货市场上同时就某一品种国债做数量相同、买卖相反的操作，以求期货市场与现货市场的盈亏相补或相抵，从而实现保值。三是投机获利。国债期货投资者还可以在期货市场上的不同债种之间投机获利，也可以在现货市场和期货市场之间投机获利，为投资者提供更多的对冲机会。我国于1992年12月28日向证券自营商推出国债期货伊始，投资者反应冷淡。随着证券市场的发展以及人们金融意识的增强，上海证券交易所也于1993年10月25日向社会公众正式推出规范式的国债期货合同。与此同时，北京商品交易所在期货交易所中率先推出国债期货交易。从此国债期货日益为广大投资者认同，成交量日益扩大，从日成交量不到亿元发展到日成交量超千亿元。但是，由于我国发展国债期货市场的条件还不成熟，又加上法制建设滞后，于1994年下半年至1995年上半年曾发生多起严重违规事件，在监管部门采取提高保证金比率、实行涨跌停板制度、规定最高持仓量等措施后，仍难以走上正轨，于是国务院于1995年5月宣告国债期货的试点暂停。

思 考 题

1. 简述国债的政策功能。
2. 简述衡量国债负担的指标。
3. 简述我国近年来国债负担升降的情况和原因。
4. 试比较衡量国债依存度的不同方法，并分析我国当前国债依存度的情况。
5. 简述国债发行和偿还的方式。
6. 试述我国国债市场的现状、存在的问题及进一步完善的措施。

练 习 题

一、单项选择题

1. 国家信用的主要形式是（　　）。
   A. 国家向国外银行的借款　　B. 国家对内发行的国库券或国债券等
   C. 国家财政向国家银行的借款　　D. 国家在国外发行或推销的债券
2. 下列财政收入中属于有偿形式的是（　　）。
   A. 国家税收　　B. 国有企业分红
   C. 发行国债　　D. 规费收入
3. 国债与私债的本质差别在于（　　）。
   A. 发行的客体不同　　B. 发行的主体不同
   C. 发行的依据或担保物的不同　　D. 发行的机构不同
4. 国债发行或认购建立在（　　）的基础上。
   A. 国债的安全可靠　　B. 国债发行的有偿性
   C. 认购者自愿承购　　D. 国家信用形象良好

5. 国债最基本的功能是（　　）。

A. 弥补财政赤字，平衡财政收支的功能

B. 调剂季节性财政收支的功能

C. 筹集财政资金，取得财政收入

D. 调节国民经济的发展

6. 短期国债是指（　　）。

A. 两年以内还本付息的国债　　B. 3 年以内还本付息的国债

C. 半年以内还本付息的国债　　D. 1 年以内还本付息的国债

7. 国债依存度的计算公式是（　　）。

A. 国债依存度 = 当年国债发行总额 ÷ 当年财政支出总额 ×100%

B. 国债依存度 = 当年国债支出总额 ÷ 当年国债发行总额 ×100%

C. 国债依存度 = 当年国债还本付息额 ÷ 当年财政收入总额 ×100%

D. 国债依存度 = 国债发行总额 ÷ 国民生产总值 ×100%

8. 国债的发行机关是（　　）。

A. 中央财政部门　　B. 中国人民银行

C. 中国农业银行　　D. 中国证券机构

9. 国债的平价发行是指（　　）。

A. 发行价格与证券市值相当

B. 发行利率等于市场利率

C. 发行价格大约等于到期的还本付息额

D. 发行价格等于票面金额

10. 从一般情况来看，实属理论假设的偿还国债的资金来源是（　　）。

A. 建立偿债资金　　B. 财政盈余

C. 预算列支　　D. 举借新债

11. 国债因其具有很高的信誉，故被称为（　　）。

A. 高信誉债券　　B. 国家信用债券

C. 金边债券　　D. 契约债券

12. 国债与税收所引起的资金转移的差别在于（　　）。

A. 国债是资金所有权永久性转移

B. 国债是资金所有权与使用权的永久性转移

C. 国债是资金使用权的暂时让渡

D. 国债是资金所有权的暂时让渡

13. 现代发达国家的国债大都是通过（　　）发行的。

A. 国债市场　　B. 中央财政部门

C. 证券业机构　　D. 金融机构

14. 在下面（　　）情况下，国债利率可定得高些。

A. 国家信用好　　B. 社会资金量充足

C. 偿还期限较长　　D. 金融市场利率下降

二、多项选择题

1. 国家信用主要有（　　）形式。

A. 国家对内发行的国债券或国库券、建设券等政府债券

B. 国家在国外发行或推销的国债

C. 国家财政向国家银行的借款

D. 中央银行发行的新纸币面值

E. 国家向国外的借款和对外的贷款

2. 国债的特征是（　　）。

A. 有偿性　　B. 无偿性

C. 固定性　　D. 自愿性

E. 灵活性

3. 国债的功能主要有（　　）。

A. 弥补财政赤字，平衡财政收支的功能

B. 宏观调控、保持国民经济持续发展

C. 树立良好的政府形象，密切政府同人民群众的联系

D. 筹集建设资金，供应经济发展的资金要求

E. 调节国民经济的发展

4. 国债按发行区域为标准，可分为（　　）。

A. 国内债券　　B. 中央债券

C. 地方债券　　D. 国家债券

E. 国外债券

5. 国债市场的功能是（　　）。

A. 调节社会资金的运行

B. 实现国债的发行和偿还

C. 调节资金总量

D. 保证国债的转让和流通

E. 诱导资金流向和活跃证券市场

6. 按照国债的计量单位为标准，可将国债分为（　　）。
A. 利率国债　　B. 实物国债
C. 流通国债　　D. 货币国债
E. 折实国债

7. 国债的负担可从（　　）方面进行分析。
A. 认购者即债权人的负担　　B. 政府即债务人的负担
C. 纳税人的负担　　D. 消费者的负担
E. 国家财力的负担

8. 国债的发行价格有（　　）。
A. 折价发行　　B. 平价发行
C. 溢价发行　　D. 浮定价发行
E. 市场价发行

9. 国债偿还方式主要有（　　）。
A. 分期逐步偿还法　　B. 抽签依次偿还法
C. 抽签轮次偿还法　　D. 到期一次偿还法
E. 市场购销偿还法

10. 政府用于偿还国债的资金来源有（　　）。
A. 举借新债　　B. 通过预算列支
C. 依靠财政盈余　　D. 设立偿债基金
E. 通过征收国债所得税

三、判断题

1. 国债产生于奴隶社会，但真正获得发展是在封建社会。（　　）

2. 国债发行是为了弥补财政赤字，然而国债发行也可以牵动财政赤字的出现。（　　）

3. 国家借款是最原始的举债形式，具有手续简便、成本费用较低等优点，因而现代国家在对居民和企业借款时仍主要采用这一方式。（　　）

4. 合理的国债期限结构应该是以中长期国债为主的期限结构。（　　）

5. 按期分次支付利息的方法主要适用于期限较长或在持有期限内不兑现的债券。（　　）

6. 从政府财政角度看，溢价发行可以说是最为有利的，因为政府在发行价格上可以得到价差收入。（　　）

7. 在现代社会中，利用国债利率升降调节证券市场运行和资金运转是政府

实现宏观经济管理的重要手段之一。 ( )

8. 从发行方式看，采取由中央银行统一认购的方式是抑制通货膨胀的一种有效途径。 ( )

9. 国债同财政收入的其他方式一样，是政府凭借强制力取得的，具有无偿性。 ( )

10. 发行国债的首要目标是为了促进经济增长。 ( )

第六章　政府预算和预算管理体制

本章主要介绍政府预算的概念、分类、原则、组成体系、形式，政府预算的编制、执行和政府决算的基本内容，政府预算管理体制和分税制的主要内容，以及我国实行部门预算编制改革、预算外资金管理和分税制改革的相关情况。

第一节　政府预算

一、政府预算概述

（一）政府预算概念

政府预算又称公共预算，是一国具有法律效力的基本财政收支计划。它具体反映了计划年度内政府财政资金的规模、来源以及财政资金的去向和用途，体现了以政府为主体的分配关系。

政府预算的本质是受民主程序控制的财政收支计划，这也是现代预算区别于古代财政收支计划的根本意义之所在。大致来说，对于政府预算定义可从以下角度去理解。

1. 政府预算是一个政治事件——预算过程可被看作政治领域中寻求政治利益的政治事件。

2. 政府预算是一个决策——在必须做出决策时，经济分析能帮助人们评价相对的成本和收益。

3. 政府预算是政府收支报告——政府预算是对所期望政策的陈述，通过实际支出信息与预算的比较，判断政策是否被执行。

4. 政府预算是政府计划和政策的重要工具——阐明了与政府活动计划有关

的资金量，体现了行政首脑的施政纲领。

5. 政府预算是一种计划——是针对一段特殊时期（通常是 1 年）的计划和对这段时期内所需的资源做出的预测。

6. 政府预算是一套数字、表格和图表——是按一定标准，将财政收入和支出分门别类地列入的特定表格。

7. 政府预算是资金的申请——这一申请通常由行政首脑提交给立法机构或国会，其中包括对平衡支出所需的收入和其他来源的财力所作的说明。

注意，政府预算也称国家预算，但这两个概念是有一定区别的。国家预算通常是指一个国家各级政府预算的总和，即剔除重复计算后各级政府的收入和支出总和，而政府预算特指某一级政府的预算，如中央政府的预算、省级政府预算等。

（二）政府预算的特点

单从形式上看，政府预算与私人部门预算并没有什么区别，都是对未来一定时期内所需资源量以及可能取得的资源量进行的预计、预算和安排。但是与其他预算相比，政府预算具有如下特点：

1. 法律性。政府预算的法律性是指政府预算必须经国家权力机关批准后方可实施，是具有法律效力的文件。政府预算一经制定，便不能随意更改，没有特殊原因，必须不折不扣地执行。在我国，全国预算须经全国人民代表大会批准，地方各级预算须经同级人民代表大会批准。各级政府都必须严格执行预算，若要追加、追减，也必须经人民代表大会批准。

2. 综合性。政府预算的综合性，指预算收支规模、结构和增长速度等状况，综合反映了一定时期一个国家或地区经济社会发展的整体运行情况。也就是说，政府预算具有“晴雨表”的功能。预算收支规模、结构和增长速度等指标发生变化时，其问题的根源，往往并不在政府预算收支本身，而在于国民经济和社会发展中的一些深层次的问题。

3. 集中性。政府预算的集中性，指预算所筹集的资金是政府所能掌握的集中性财力，政府可统筹兼顾，用于国民经济和社会发展各方面的支出，以满足社会公共需要，提高人民福利水平。

4. 预测性。政府预算的预测性，指政府预算收支的各项指标是在对国家或一个地区经济社会发展状况进行科学预测的基础上编制的。它有两层含义：一是政府预算各项收支指标的编制，反映了人们对未来预算年度经济社会发展的预期，例如税收是以对预算年度经济发展所提供税源增长状况预测为依据的，各项支出的安排是以对经济社会发展过程中各项公共需要的预测为基础的；二是政府预算收支指标的编制，要以科学的方法准确预测有关数据，一切从实际出发，实事求是，不能虚报浮夸。

5. 年度性。政府预算的年度性是指政府预算有一定的时间界定和时效性，各国政府预算年度的起讫日期并不完全相同，通常为1年，都必须严格按预算年度编列预算收支。

（三）政府预算的产生

政府预算最早产生于17世纪的英国，其英文词汇“budget”，原意为皮包。当时英国财政大臣到议会提请审批财政法案时，总是携带一个盛有财政收支账目的大皮包，时间一长，人们就将政府收支计划寓意为“皮包”。

在13~17世纪期间的欧洲，资产阶级为了争夺财权并最终战胜封建阶级，提出政府的财政收入必须编列计划，并经过议会批准才能执行。经过长期的斗争，资产阶级的这一要求才最终得到实现。英国最早进行资产阶级革命，政府预算也最早出现于英国。英国议会于1787年通过了《统一基金法案》，开始将全部的财政收支统一在一个文件当中，自此便出现了正式的预算。1822年，英国财政大臣开始将预算报告提请作为立法机构的议会进行审议，于是，按年度对预算编制进行审批并对预算执行情况进行监督的制度得以确立。此后，预算制度又被欧美的其他国家逐步引进、改进，直至在世界各国广泛地推行和实施。到19世纪，几乎所有的国家都建立了政府预算制度，政府预算已成为财政体系中不可缺少的组成部分。

我国有政府预算的历史较短，直到1911年（清宣统三年）才开始正式编制政府预算。

（四）政府预算的分类

最初的政府预算是将财政收支数字按一定程序填入特定的表格来反映的。随着社会经济生活和财政活动逐步复杂化，政府预算逐步形成包括多种预算形式和预算方法在内的复杂系统，具体来说，包括以下几种划分方式。

1. 根据预算编制形式划分，分为单式预算和复式预算

单式预算是指在预算年度内，将全部财政收支编制在一个总预算内，形成一个收支项目安排对照表。复式预算是指在预算年度内将全部财政收支按经济性质分别编成两个或两个以上的预算，从而形成两个或两个以上的收支对照表。详细分析内容见本章本节“二、政府预算的组成体系与形式”。

2. 按预算的方法不同，分为零基预算和增量预算

零基预算是指政府各部门的财政收支计划指标，只以新的财政年度的经济社会发展情况为依据，而不考虑以往年度的财政收支情况。由于零基预算在编制预算时，一切从零开始，因而政府可以根据轻重缓急重新调整安排支出项目，从而有利于控制支出，避免不必要的浪费和提高效益。但也正因为没有基数，零基预算的编制工作量较大，费时费力。增量预算是指财政收支计划指标在以前财政年度基础上，按新的财政年度的经济发展加以调整之后确定的。增量预算比较简单易编，对增量部分的管理与控制较好，但对基数部分的管理与控制较松。

3. 根据预算管理的范围不同，分为总预算、部门预算和单位预算

总预算是国家各级政府的基本财政计划。由各级政府的本级预算和下级政府总预算组成。地方各级总预算由本级政府预算和汇总的各部门（含直属单位）预算组成。部门预算是反映本级各部门系统内各级单位全部收支的预算，由本部门所属各单位预算组成。单位预算是各级政府机关、社会团体、事业单位的经费预算和国有企业的财务收支计划。根据经费领拨关系和行政隶属关系，单位预算可分为一级单位预算、二级单位预算和基层单位预算。

4. 根据国家预算组成环节的层次不同，分为中央预算和地方预算

由于各个国家的政权组成结构不同，预算体系的组成环节也不尽相同。包括我国在内的一些国家，国家预算是由中央预算和地方预算汇总而成的，即地方预算包括在国家预算之中。但包括美国、法国、英国在内的另一些国家，中央（联邦）预算与地方预算是各自独立的，即国家预算只包括中央（联邦）预算，而不包括各级地方预算。

中央预算是指经法定程序审查批准的，反映中央政府活动的财政收支计划。中央预算集中了国家预算资金的主要部分，主要承担国防、外交和中央国家机关运转，调整国民经济结构、协调各地区发展和实施宏观调控的任务，在政府预算体系中占主导地位。地方预算是指经法定程序审查批准的，反映各级地方政府收支活动计划的总称。地方预算负有组织实现大部分国家预算收入的重要任务，另外，它担负着地方行政管理、地方科教文卫事业发展、支援农业、地方工业、商业和城市建设等重要任务，在政府预算体系中居于基础地位。

5. 按列支的财政收支项目的不同，分为普通预算与特别预算

普通预算又称为经费预算，是指政府编制的一般财政收支项目（科目）的预算。特别预算是指政府对某些具有特别意义的项目（特别事业、特殊用途的收支）另行安排的预算，如西方的公营企业投资预算、公共工程投资预算、社会保障预算及各类特种基金预算等。

6. 根据政府预算编制期限长短划分，分为年度预算和中长期预算

年度预算是指预算有效期为1年的财政收支预算。中长期预算，也称中长期财政计划，指预算有效期为1年以上的财政收支预算。一般而言，中期指1年以上5年以下的计划，长期指5年以上。

预算年度又称为财政年度或会计年度，是指编制和执行政府预算的起止期限。预算年度一般为1年，但由于世界各国国情、历史和传统习惯不同，预算年度的起止日期有差异，大致有历年制和跨年制两类。历年制，即每年从公历1月1日起至12月31日止，如中国、法国、德国、芬兰、希腊、冰岛、意大利等。跨年制，即一个预算年度跨两个日历年度。英国、日本、新加坡、印度、印度尼西亚等，采取从4月1日起至次年3月31日止的预算年度；瑞典、澳大利亚、科威特、埃及等，采取从7月1日起至次年6月30日止的预算年度；美国、泰国、尼泊尔等，采取从10月1日起至次年9月30日止的预算年度。

7. 按预算项目能否直接反映经济效果分，可分为项目预算和绩效预算

项目预算是指只反映投入项目的用途和支出金额，而不考虑其支出的经济效果的预算。绩效预算是指根据成本—效益比较的原则，决定支出项目是否必要及其金额大小的预算。具体说就是有关部门先制定需要从事的事业计划和工程计划，再依据政府职责和施政计划选定执行实施方案，确定实施方案所需的支出费用所编制的预算。绩效预算是一种比较科学的预算方法。其特点有二：一是绩效预算重视对预算支出效益的考察，预算可以明确反映出所产生的预计效益；二是按职责、用途和最终产品进行分类，并根据最终产品的单位成本和以前计划的执行情况来评判支出是否符合效率原则。

8. 按法律效力来分，可分为正式预算、临时预算和追加预算

正式预算是经立法机关审核通过后的预算。临时预算是在没有正式预算的情况下，为管理政府收支活动所编制的暂时性预算。追加预算是正式预算在执行过程中由于情况变化，需要增减收支，并突破预算，而编制的补充性或修正性预算。

（五）政府预算原则

政府预算原则是指政府选择预算形式和体系应遵循的指导思想，也就是确定政府财政收支计划的方针。自政府预算产生之后，就开始了对预算原则的探索，形成各种各样的思想和主张。时至今日，影响较大并为大多数国家所接受的主要有下述六条原则：

1. 公开性原则

政府预算反映政府活动的范围、方向和政策，与全体公民的切身利益息息相关，因此政府预算及其执行情况必须采取一定的形式公诸人民，让人民了解财政收支状况，并置于人民的监督之下。

2. 可靠性原则

每一收支项目的数字指标必须运用科学的方法，依据充分确实的资料，并总结出规律性，进行计算，不能任意编造。

3. 完整性原则

该列入政府预算的一切财政收支都要反映在预算中，不得打埋伏、造假账或者在预算外另加预算。国家允许的预算外收支也应在预算中有所反映。

4. 统一性原则

尽管各级政府都设有该级财政部门，也有相应的预算，但这些预算都是政府预算的组成部分，所有的地方政府预算连同中央政府预算一起共同组成统一的政府预算。这就要求统一的预算科目，每个科目都要严格按统一的口径、程序计算和填列。

5. 法律性原则

政府预算与一般财政经济计划不同，它必须经过规定的合法程序，并最终成为一项法律性文件。政府预算的法律性是指政府预算的成立和执行结果都要经过立法机关审查批准。政府预算按照一定的立法程序审批之后就形成反映国家集中性财政资金来源规模、去向的法律性规范。

6. 年度性原则

任何一个政府预算的编制和实现，都要有时间上的界定，即所谓预算年度。它是指预算收支起讫的有效期限，通常为1年。预算的年度性原则，是指政府必须按照法定的预算年度编制国家预算，这一预算要反映全年的财政收支活动，同时不允许将不属于本年度财政收支的内容列入本年度的国家预算之中。

二、政府预算的组成体系与形式

（一）政府预算的组成体系

政府预算作为政府基本财政收支计划，一般来说，有一级政府即有一级财政收支活动主体，也就应有一级预算。在现代社会，大多数国家都实行多级预算，从而也就产生了政府预算的组成体系问题。

我国政府预算组成体系是按照一级政权设立一级预算的原则建立的。我国宪法规定，国家机构由全国人民代表大会、国务院、地方各级人民代表大会和各级人民政府组成。与政权结构适应，并同时结合我国的行政区域划分，我国《预算法》明确规定，国家实行一级政府一级预算，相应设立中央，省、自治区、直辖市，设区的市、自治州，县、自治县、不设区的市、市辖区，乡、民族乡、镇五级预算。不具备设立预算条件的乡、民族乡、镇，经省、自治区、直辖市政府确定，可以暂不设立预算。

我国的政府预算由中央预算和地方预算构成，如图 6.1 所示。一级政府总预算包括本级政府预算和下级政府总预算。本级政府预算由各部门的预算组成。中央政府预算由中央各部门的预算组成。地方预算由各省、自治区、直辖市总预算组成；地方各级总预算由本级政府预算和汇总的下一级总预算组成；地方各级政府预算由本级各部门的预算组成。各部门预算由本部门所属各单位预算组成。单位预算是指列入部门预算的国家机关、社会团体和其他单位的收支预算。单位预算又可由一级单位预算、二级单位预算和基层单位预算构成，如图 6.2 所示。

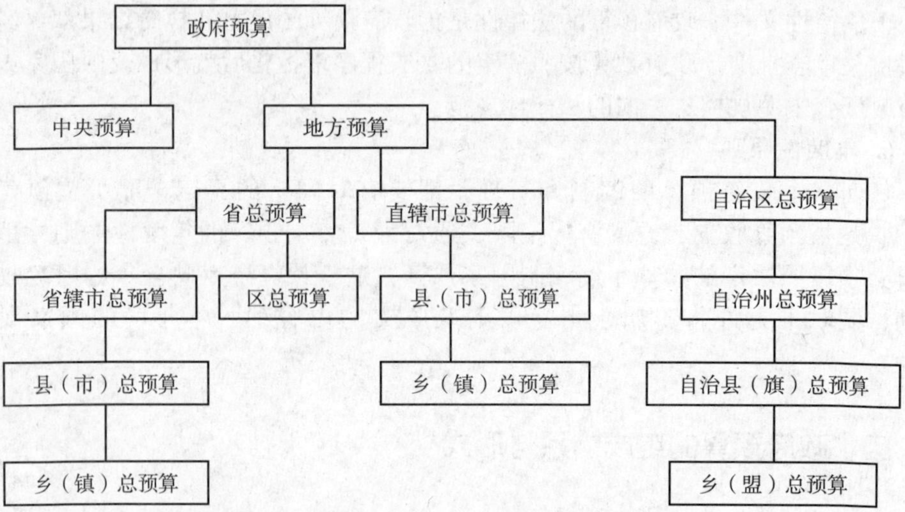

图 6.1 按政府级次划分的政府预算组成体系

（二）政府预算形式

政府预算的基本组织形式有单式预算和复式预算两种。

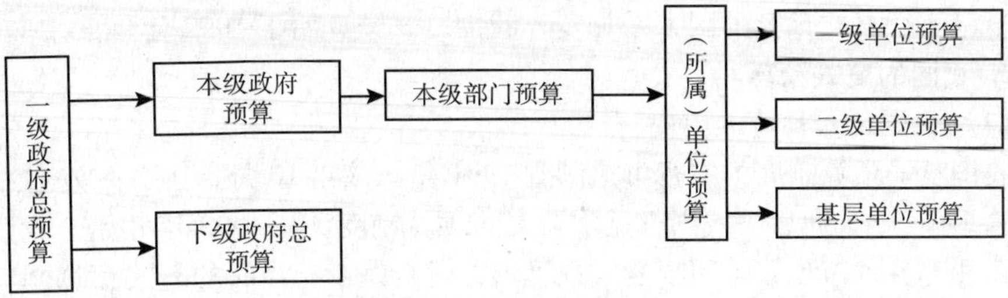

图 6.2　一级政府总预算构成

1. 单式预算

在预算年度内，将全部的财政收入与支出汇集编入单一的总预算内，而不去区分各项或各种财政收支的经济性质。

其优点是把全部的财政收入与支出分列于一个统一的预算表上，单一汇集平衡，从整体上反映了年度内政府总的财政收支情况，便于立法机关审议批准和社会公众的了解，简便易行。

主要缺点是没有把全部的财政收入按经济性质分列和汇集平衡，不便于经济分析和有选择地进行宏观经济控制。

2. 复式预算

复式预算是从单一预算组织形式演变而来的。其做法是在预算年度内，将全部的财政收入与支出按经济性质汇集，编入两个或两个以上的收支对照表内，从而编成两个或两个以上的预算。

复式预算通常是将政府预算编制成"经常预算"和"资本预算"。经常预算也叫经费预算，它的收入来源主要是税收和其他经常性收入，支出对象是政府的日常行政事业项目；资本预算也称建设性预算，它的来源主要是经常性预算的结余，国有企业上缴的红利以及债务收入，支出主要反映政府的投资性的支出项目。

复式预算的特点主要体现在以下三个方面：

（1）区分了各项收入和支出的经济性质和用途，便于政府权衡支出性质，分别轻重缓急，做到资金使用有序性，能比较合理地安排使用各类资金，也便于经济分析和科学的宏观决策与控制。

（2）经常预算和资本预算两个部分以各自来源应付各自的支出，各自平衡，打破了预算的完整性原则和传统的收支平衡观念。

（3）把国债收入作为资本预算的正常收入项目，使得资本预算总是平衡的，只有经常预算的收支才可能有差额。

最早实行复式预算的国家是丹麦，我国复式预算始于1992年。

3. 我国的复式预算

（1）我国复式预算的历史

我国复式预算制度的实行可追溯到1991年。该年10月，国务院发布《国家预算管理条例》。此后，我国开始实行复式预算制度。从1992年开始，我国的中央预算和部分省市预算采用了复式预算形式进行编制。当时的复式预算制度将我国的预算分为经常性预算和建设性预算。由于当时的复式预算只是在原有的收支规模基础上，对预算收支科目按性质和用途进行了划分。这样的复式预算自然不能够适应社会主义市场经济体制的要求，因为它是在原来计划经济的框架内进行设计的，而不是依市场经济的要求重新设计预算。

1994年我国颁布了《预算法》及其《实施条例》。《实施条例》第二十条规定："各级政府预算按复式预算的形式编制，分为政府公共预算、国有资产经营预算、社会保障预算和其他预算。"这种分类对政府以不同身份（社会经济管理者和国有资产所有者）取得的不同性质的收入和支出进行了划分，有利于复式预算优点的发挥。

《预算法》颁布以来，中央政府虽然从1992年开始编制复式预算，但具体形式一直处于多变状态之中。1992～1996年编制的预算分为经常预算和建设预算；1997年以一般预算收支、基金预算收支取而代之；1998～2006年又以一般预算收支、基金预算收支和债务预算收支的形式编制。这种三部分预算收支在形式上既不同于单式预算，也不同于一般意义上的复式预算。很明显的一点，无论是将政府预算编成经常预算和建设预算，还是将政府预算概括为一般预算收支、基金预算收支和债务预算收支，都与《预算法》和《预算法实施条例》的界定相距甚远。而且，按照常规，复式预算是依据性质的不同划分预算收支的，但一般预算收支和基金预算收支，却在性质上相互交叉，以致其区分的界限模糊不清。至于地方政府编制的预算，则更是与《预算法》所要求的形式相去甚远。

（2）我国复式预算的现状

2007年9月8日，国务院发布《关于试行国有资本经营预算的意见》，规定从2007年起，将在中央本级试行国有资本经营预算，地方试行的时间、范围和步骤由各省（区、市）及计划单列市人民政府决定。从2010年开始，除公共财政收支预算外，国务院还向全国人大报告政府性基金预算、中央国有资本经营预算，并试编社会保险基金预算，为今后报全国人大审批社会保障预算奠定基础。这样，目前我国各级政府预算由公共财政预算、政府性基金预算、国有资本经营预算共同构成。

公共财政预算是指政府凭借国家政治权力，以社会管理者身份筹集以税收为主体的财政收入，用于保障和改善民生、维持国家行政职能正常运转、保障国家安全等方面的收支预算。

政府性基金是指各级政府及其所属部门根据法律、行政法规和中共中央、国务院有关文件规定，为支持某项公共事业发展，向公民、法人和其他组织无偿征收的具有专项用途的财政资金。政府性基金的管理原则是：基金全额纳入预算，实行“收支两条线”管理；在预算上单独编列，自求平衡，结余结转下年继续使用。各单位组织征收的政府性基金缴入国库形成国家财政收入，再由财政部门按照综合预算有关规定，确定该项基金部门支出规模和方向，形成部门收入。自2002年7月起，所有政府性基金均纳入预算管理。2008年中央政府性基金主要包括：三峡工程建设基金、铁路建设基金、港口建设费、民航机场管理建设费、土地有偿基金、大中型水库移民后期扶持基金、中央财政外汇经营基金、彩票公益金等。

国有资本经营预算是指国家对取得的国有资本收入及其支出实行预算管理，是国家以投资者身份对国有资本实行存量调整和增量分配而发生的各项收支预算。国有资本经营预算支出按照当年预算收入规模安排，不列赤字。国有资本经营预算收入主要包括从国家出资企业取得的利润和国有资产转让收入，支出主要用于对重要企业补充资本金和解决一些困难企业的退出成本。2008年开始实施中央国有资本经营预算，试行范围为国资委所监管企业和中国烟草总公司。

（3）进一步完善我国的复式预算

《预算法》对我国复式预算的框架作了规定，在相当长的时期里，我们所要做的是如何健全以政府公共预算、国有资本经营预算和社会保障预算三位一体的预算框架，使各预算收入和支出之间建立起稳定的对应关系，以改善财政资金管理，健全财政职能。

①政府公共预算的完善。必须明确区分不同性质的财政资金，只有体现社会经济管理需要的财政资金才能将其归入公共预算。我国的一部分预算外资金的收支体现了政府管理社会的需要，也需要纳入预算管理。只有这样，才能使我国的预算符合市场经济所需要的预算的完整性和统一性的要求。

②国有资产经营预算的完善。建立规范的国有资本经营预算编制、审批、执行和监督程序。进一步发挥国有资本经营预算收入对增强政府的宏观调控能力、完善国有企业收入分配制度以及推进国有经济布局和结构的战略性调整的作用。坚持国有资本经营预算的公共属性特征，做好国有资本经营预算与政府公共预

算、社会保障预算的衔接。国有资本经营预算收入的一部分可用于公共预算支出或满足社会保障支出的需要。按照既有利于国有企业发展与改革，又有利于国家宏观调控和规范国有企业收入分配秩序的要求，适当提高国有企业税后利润上缴比例。研究制定中长期国有资本经营预算。

③社会保障预算的完善。社会保障预算是指国家为保证社会成员的基本生活权利而提供救助和补给，以便实现国家社会保障职能、建立社会保障制度而编制的预算。目前，我国社会保障预算编制制度尚未正式建立，处在局部探索阶段。财政部将以社会保险基金预算为重点，在《社会保险基金财务制度》有关基金预算规定的基础上，研究细化社会保险基金预算编制、执行和审批的原则、范围、方法和程序等，明确社会保障预算管理职权，社会保障预算收入支出范围，社会保障预算、编制、审批、执行和监督程序及法律责任。社会保障预算以基金形式设立，主要包括养老、医疗、失业、工伤、生育保险基金，而财政性社会保障资金应当纳入政府公共预算。社会保障预算编制应当坚持专款专用，即社会保障资金收入只能用于社会保障支出，不能用于平衡公共预算缺口或其他；保障项目收入与保障项目支出相对应，不能调剂使用。

④其他预算的完善。这主要是根据不同时期经济形势的特点，建立起有专门收支用途的预算。例如逐步建立财政投融资预算。财政投融资预算是为了保证国家重点建设资金的需要，将国家政策性投融资收支与现有的国家债务收支相结合，纳入预算管理，以全面反映政府有偿组织收入和安排支出的活动。财政投融资预算收入主要有：国库券收入、商业银行购买财政专项债券收入、财政周转金收入和财政储蓄收入等。财政投融资预算支出主要有弥补预算差额、国库券还本付息支出、国外借款还本付息支出、归还政府其他借款支出以及财政以有偿形式安排的支出。

三、政府预算的编制、执行和政府决算

从实际经济内容看，政府预算的编制，是政府对财政收支的计划安排；政府预算的执行，是财政收支的筹措和使用过程；政府决算，则是政府预算执行的总结。

政府预算的决策程序大体是在每一个预算年度开始之前，由政府的预算编制机关编制当年度的预算草案，经立法机关审议批准，成立正式预算；预算年度开始后，由政府行政机关负责执行预算，并由审计机关进行日常监督；预算年度终了后，由预算执行机关就全年度的预算执行情况及其结果编制该年度的政府实际

收支报告（决算），经审计机关审核后，由立法机关予以批准。就整个预算决策程序来看，它可以分为三个阶段：预算的编制和批准、预算的执行和预算的监督。

（一）政府预算的编制

预算编制是整个预算工作程序的开始，根据市场经济国家的经验，以及我国《预算法》的有关规定，我国现行政府预算编制采用部门预算作为基本组织形式。所谓部门预算，通俗地说，就是一个部门一本预算。部门预算由政府各部门编制、经财政部门审核后由议会（我国为人民代表大会）审查通过的反映部门所有收入和支出的预算。有关我国部门预算的详细内容见本节“四、我国的部门预算编制改革”。

编制政府预算的大体程序为前期准备、正式编制和审批三个阶段。

1. 编制政府预算的前期准备

第一步，对计划年度预算执行情况进行预计和分析；第二步，拟定计划年度预算收支控制指标；第三步，颁发编制政府预算草案的指标和具体规定；第四步，修订政府预算收支科目和预算表格。

2. 政府预算的正式编制

政府预算的正式编制采取自下而上、自上而下、上下结合、逐级审查汇总的方式，大体经过以下步骤：第一步，制定政府预算收支指标；第二步，中央各部门和地区各省、自治区、直辖市，根据国家下达的预算收支控制指标，结合本地部门、本地区的经济状况，参照所属单位和地区的预算收支建议数，经过认真测算分析，拟定预算收支指标和财务指标逐级下达；第三步，中央各部门所属的企事业单位，根据上级下达的指标，自下而上地编制单位经费预算草案和财务收支计划草案，经主管部门审查后，报送财政部；第四步，各省、自治区、直辖市所属各单位和各市县根据省、自治区、直辖市下达的指标，自下而上地逐级汇编单位预算草案和总预算草案，经省、自治区、直辖市审查汇编，再报送财政部；第五步，由财政部对中央各部门报送的单位预算草案和各省、自治区、直辖市报送的总预算草案进行审查汇编，再报国务院审定通过，就成为政府预算草案。

3. 政府预算的审批

由政府部门所编制的中央政府预算草案及全国预算草案，必须经全国人民代表大会审议批准方为有效；各级地方预算草案也必须经同级人民代表大会审批后才有效。政府预算的审批程序，一般要经过两个环节：首先由全国或本级人民代表大会的预算委员会或财经委员会审查。再将审查结果提请全国或本级人民代表大会讨论表决。政府预算草案一经全国或本级人大通过批准后，便成为具有法律效力的正式国家预算。

（二）政府预算的执行

政府预算一经批准，就进入到预算的执行阶段，政府预算的执行是指组织预算收支任务实现的过程。按照《预算法》的有关规定，我国预算执行阶段是从当年1月1日至12月31日，各级预算由本级政府组织执行，具体工作由本级政府财政部门负责。

1. 政府预算执行的特点

（1）政府预算执行是一项经常性的工作。

（2）政府预算的执行是实现政府预算各项收支任务的中心环节。

（3）政府预算执行情况和结果是政府预算编制的基础。

（4）预算执行过程中，需要随着客观情况的变化，组织新的平衡。

2. 政府预算执行机构

国务院和地方各级人民政府为政府预算的执行机构。具体工作由各级财政部门负责，税收、海关、国库等部门为参与机构。在我国，国库由中国人民银行代理，是我国政府预算的总出纳和总账房。

3. 政府预算执行程序

政府预算的执行程序一般包括以下三个环节：

（1）收入的执行。它要求各地区、各部门及各执行机关严格按照国家税法和其他法规，及时、足额地完成预算收入的征收、上缴、入库、划解。

（2）支出的执行。要求按照政府预算项目和金额，按计划、按进度、按指定用途划拨资金，并及时对预算支出情况进行检查和分析。

（3）预算平衡。由于预算是在年初编制的，在执行过程中会受到多方面因素的影响，导致预算原有的平衡关系被破坏，因而需要对预算收支进行调整、协调，进行动态平衡。预算的调整一般有两种情况：全面调整和局部调整。全面调整是指国际国内环境变化导致预算的变动已经超出了预备费所能承受的限度，必须进行全局性调整，要按法定程序报人大审批后方可调整，一般不经常发生，只在某些特殊情况下才出现。局部调整是指国际国内环境变化导致预算的变动没有超出预备费所能承受的限度，可以按规定先调整后报批。局部调整主要有四种方式：预算的追加和追减、动用预备费、预算科目之间经费流用（科目流用）、预算的划转。

4. 我国预算执行管理

近年来，按照建立中国特色公共财政体系的要求，通过体制、机制和制度创新，我国的预算执行管理发生了根本性的变化，逐步构建起中国特色现代财政国库管理体系，涵盖了国库集中收付、国库现金管理、政府采购管理、预算执行情况报告、政府会计核算管理以及财政国库动态监控等诸多方面，并形成相互促进的有机整体，以下简单介绍几种我国现行的预算执行管理制度。

（1）国库集中收付制度

所谓国库，是指负责办理国家财政收支的机构。

国库集中收付制度，也称国库单一账户制度，是指将政府所有的财政性资金（包括预算内资金和预算外资金）集中在国库或国库指定的代理行开设账户，同时，所有的财政支出均通过这一账户进行拨付。具体包括国库集中支付制度和国库集中收缴制度，它是市场经济国家普遍采用的一种财政资金收付管理制度。

其特点是：①所有财政收入都必须直接缴入国库，各征收机关设立的各种收入过渡户将不复存在；②所有财政性资金在实际使用时由国库单一账户直接支付给商品或劳务提供者，各预算单位在商业银行开设的账户随之取消；③财政资金在实际支付前，都是财政可统一支配和调用的资金。

2001 年 3 月，我国正式开始实施财政国库管理制度改革。改革的基本目标是改革传统的财政资金银行账户管理体系和资金缴拨方式，建立以国库单一账户体系为基础、资金缴拨以国库集中收付为主要形式的财政国库管理制度。

截至 2008 年底，在国库集中支付改革方面，所有中央部门及所属 12 000 多个基层预算单位实施了国库集中支付改革；地方 36 个省、自治区、直辖市和计划单列市本级，300 多个地市，1 900 多个县（区），超过 28 万个基层预算单位实施了国库集中支付改革；改革的资金范围已由一般预算资金扩大到专项转移支付资金、政府性基金、预算外资金等。

（2）公务卡制度

公务卡是指预算单位工作人员持有的，主要用于日常公务支出和财务报销业务的信用卡。2007 年 7 月，我国正式实行公务卡制度改革。推行公务卡改革，对公务消费由公务卡取代现金支付结算，利用“刷卡支付、消费有痕”的特点，使公务消费置于阳光之下，财政部门能够掌握所有通过公务卡支付报销的明细信息，并可通过监控系统实时监控，加强了财政财务管理。截至 2008 年底，绝大多数中央预算部门和地方省级部门推行了公务卡改革试点。

（3）财税库银的税收收入电子缴税横向联网

是指财政部门、税务机关、国库、商业银行利用信息网络技术，通过电子网络系统办理税收收入征缴入库等业务，税款直接缴入国库，实现税款征缴信息共享的缴库模式。2007 年，我国财税库银的税收收入电子缴库横向联网工作正式启动，截至 2008 年底，20 多个省份已开展试点。

（4）政府采购制度

政府采购是指各级国家机关、事业单位和团体组织，使用财政性资金采购依法制定的集中采购目录以内的或者采购限额标准以上的货物、工程和服务的行为。

1996 年，我国开始进行政府采购制度改革试点。2003 年《中华人民共和国政府采购法》正式实施，标志着政府采购制度改革进入了新的历史发展时期。

目前，我国政府采购制度改革已取得重大进展。一是政府采购范围和规模不断扩大，经济效益和社会效益大幅提高。政府采购规模由 2002 年的 1 009. 6 亿元增加到 2007 年的 4 660. 9 亿元，2002 ~2007 年我国政府采购资金年节约率在 11% 左右，累计节约财政资金约 1 900 多亿元。2008 年政府采购规模达到 5 990. 9 亿元。二是政府采购法律制度框架基本形成，初步建立了以政府采购法为统领的政府采购法律制度体系。三是政府采购管采分离成效明显，初步建立了采购管理机构统一监督管理下的集中采购机构和采购单位具体操作执行的采购管理体制。

（三）政府决算

1. 什么是政府决算

所谓“政府决算”，是指经法定程序批准的年度预算执行结果的会计报告，是政府预算执行效果的总结。政府决算由决算报表和文字说明两部分构成，它通常按照我国统一的决算体系逐级汇编而成，分为编制、报送和审批三个环节。决算是预算管理的一个必不可少的重要环节，是总结预算执行情况，接受人大监督的必备工作。

2. 政府决算的编制程序

政府决算的编制，通常采用自下而上地进行编制、审核和汇总。先从执行预算的基层单位开始编制决算，经单位领导审核后上报主管部门，主管部门审核后汇总编制成一个部门总决算，上报财政部门；县、市财政部门再汇编成县、市级总决算，然后报送省（自治区、直辖市）财政部门；省（自治区、直辖市）财政部门将本级收支决算和县、市级总决算汇编成省（自治区、直辖市）总决算报送财政部；财政部根据地方总决算和中央总决算编制成国家决算草案，经全国人民代表大会批准形成国家决算。

3. 政府决算的审批

我国《预算法》规定：国务院财政部门编制中央决算草案，报国务院审定后，由国务院提请全国人民代表大会常务委员会审查和批准。县级以上地方各级政府财政部门编制本级决算草案，报本级政府审定后，由本级政府提请本级人民代表大会常务委员会审查和批准。乡、民族乡、镇政府编制本级决算草案，提请本级人民代表大会审查和批准。

（四）政府预算的监督

政府预算监督是指各级政府对预算编制、执行、调整乃至决算等活动的合法性和有效性进行的监督，是预算管理的重要内容。我国的预算监督同世界上主要国家一样，都是由立法机构的监督和财政部门的监督所组成。通过对预算编制及执行中违反预算管理的行为进行监督检查，有利于实现预算收支平衡，保证国家预算基金的合理使用，圆满完成预算收支任务。

1. 各级人民代表大会及其常委会的监督

在西方国家的预算监督中，立法机构的监督，也即议会的监督居主导地位，议会在审议预算时比较细，有权对某项具体支出和税制变化提出质疑乃至否定。我国实行的人民代表大会制度，立法机构的监督是由人民代表大会对预算和决算的监督以及人大常委会对预算的监督来体现。根据《宪法》和《预算法》的规定，各级人民代表大会的职权是：预算、决算的审批权，预算、决算的监督权，对预算、决算不适当的决定的撤销权。各级人民代表大会常务委员会的职权是：预算的监督权、预算调整方案的审批权；根据授权对决算进行审计，对决算方面不适当决定的撤销权（即各级人民代表大会常务委员会有权撤销本级人民政府和下一级人民代表大会关于预算、决算的不适当决定）。

2. 财政部门的监督

我国《预算法》和《会计法》明文规定："各级政府财政部门负责监督检查本级各部门及其所属部门的预算执行，并向本级政府和上一级政府财政部门报告预算执行的情况。""各单位必须依照法律和国家有关规定接受财政等机关的监督。"

财政部门的监督除通过财政部派员在各地的中央财政监察专员办事处常驻地就地进行监督外，还由各级财政部门开展日常监督检查、专项监督检查和全国财税大检查等多种形式的监督检查。

四、我国的部门预算编制改革

（一）部门预算的概念

部门预算是反映政府部门收支活动的预算。通俗地讲，部门预算就是一个部门的一本预算。是由政府各部门依据国家有关政策规定及其行使职能的需要，由基层预算单位编制，逐级上报、审核、汇总，经财政部门审核后提交立法机关依法批准的涵盖部门各项收支的综合财政计划。

（二）我国部门预算编制内容

部门预算是完整地反映政府财政整体职能的预算，主要由一般预算和基金预算构成。一般预算由一般预算收入和一般预算支出组成，一般预算收入主要是指部门及所属事业单位取得的财政预算拨款、预算外收入、事业收入、事业单位经营收入、其他收入等。一般预算支出主要是指部门及所属事业单位的基本建设支出、挖潜改造支出、科技三项费用、各项事业费、社会保障支出及其他支出等。基金预算包括政府性基金收入和指定范围的支出，如图 6. 3 所示。

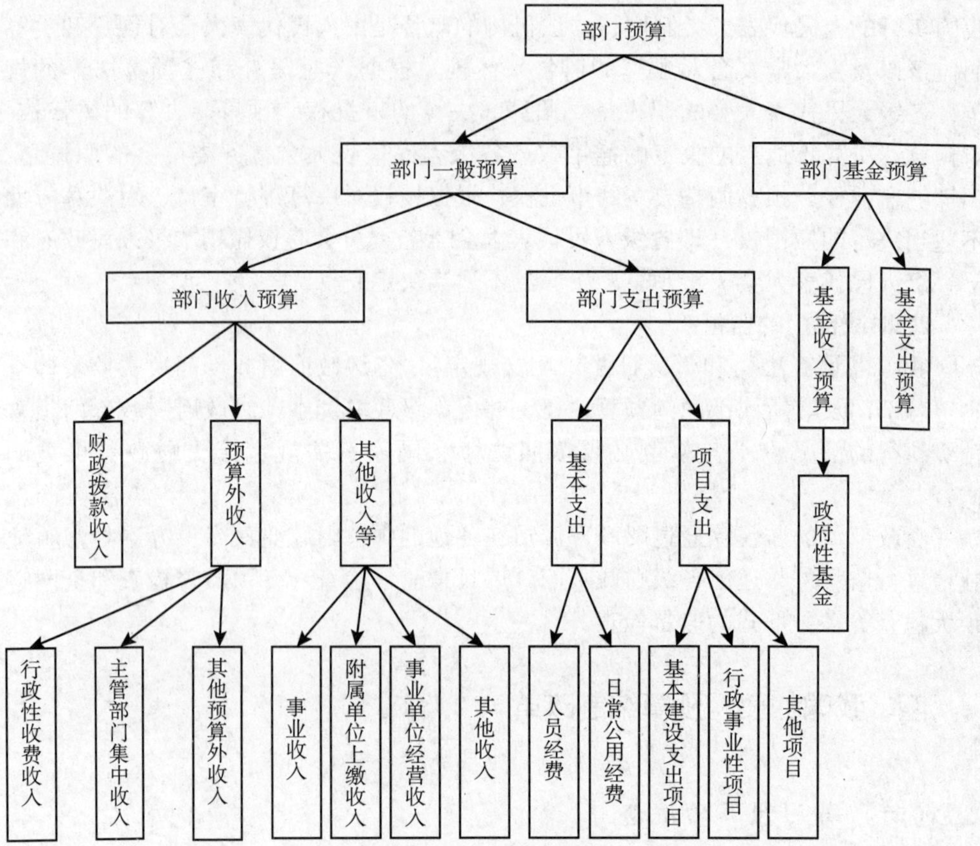

图 6. 3　部门预算构成

（三）我国部门预算编制流程

中央部门预算采取自下而上的编制方式，编制程序实行“二上二下”的基本流程。一是中央部门编报部门预算建议数，简称“一上”。编报部门预算要从基层预算单位编起，层层汇总，由一级预算单位审核汇编成部门预算建议数，上报财政部门。二是财政部下达部门预算控制数，简称“一下”。财政部对各中央部门上报的预算建议数审核、平衡后，汇总成中央本级预算初步方案报国务院，经批准后向各中央部门下达预算控制限额。三是中央部门上报部门预算，简称“二上”。各中央部门根据财政部下达的预算控制限额，编制部门预算草案上报财政部。四是财政部批复部门预算，简称“二下”。财政部在对各中央部门上报的预算草案审核后，汇总成中央本级预算草案和部门预算草案，报经国务院审批后，提交全国人民代表大会审议，并在人代会批准预算草案后1个月内向中央部门批复预算，各中央部门应在财政部批复本部门预算之日起15日内，批复所属各单位的预算，并负责具体执行。

（四）我国部门预算改革新进展

2008年，部门预算改革取得了新进展。一是规范预算分配，扩大基本支出定员定额试点范围。完善基本支出标准体系，将新近批准的37家参照《公务员法》管理的事业单位纳入定员定额试点范围，研究扩大事业单位试点范围，研究建立以人员为核心的中央部门基础信息数据库。积极推进实物费用定额试点，试点范围从2007年的18家扩大到25家。严格控制项目支出申报规模，继续进行项目清理，细化项目预算编制。二是加强预算管理，提高资金使用效益。继续加大结余资金统筹使用力度，将部门当年预算与结余资金统筹安排，提高财政资金使用效益。进一步扩大绩效考评试点范围，探索建立部门绩效考评情况内部公开机制，不断完善绩效考评工作。截至2008年底，中央预算支出绩效考评试点范围扩大到74个中央部门的108个项目，大部分地区均开展了预算支出绩效考评试点。

下一步，预算编制改革的发展方向是：着力完善预算支出标准体系，不断提高预算管理的公正性；着力推进综合预算管理，不断提高预算管理的科学性；着力提高部门预算年初到位率，不断提高预算管理的严肃性；着力探索绩效预算管理模式，不断提高预算管理的有效性。

五、预算外资金

（一）预算外资金概述

1. 预算外资金概念

预算外资金是指国家机关、事业单位、社会团体、具有行政管理职能的企业主管部门和政府委托的其他机构，为履行或代行政府职能，依据国家法律和具有法律效力的规章，而提取、募集和安排使用的未纳入财政预算管理的各种财政性资金。

2. 预算外资金的性质和特点

（1）性质。预算外资金属于国家财政资金的范畴，它是与预算资金相对而言，不是指广义的社会资金。预算外资金是按照国家法律、法规和财政制度的规定设置的。预算外资金是国家预算必要的补充，其收入有规定的来源，支出有指定的用途。预算外资金是一种特殊形态的财政资金，这就决定了它既要放在预算之外，又要纳入财政管理，接受监督。

（2）特点。与预算内资金相比，具有以下特点：

①自主性。预算外资金不纳入政府预算，由地方财政部门和行政事业单位及主管部门自收自支、自行管理，所以地方财政部门和行政事业单位对预算外资金具有充分自主支配权和使用权。

②专用性。预算外资金一般都有专门用途，专款专用，不能随意挪用。

③分散性。预算外资金属于非集中性资金，其来源项目繁多，且零星分散，资金的支出有多种用途。国家对这一部分资金不进行统筹安排，而由地方、各部门和各单位自收自支，自行掌握使用，使用灵活。

（3）我国预算外资金范围。由于不同时期经济体制环境的差别，预算外资金的范围与内容相差很大。下面是不同时期预算外资金的范围及内容：

①1993 年之前（大范围），包括：a. 地方财政部门管理的预算外资金；b. 行政事业单位管理的预算外资金；c. 国有企业及其主管部门管理的预算外资金。

②1993 年《企业财务通则》和《企业会计准则》实施后，至 1996 年（中范围），由于政企分离，上面的 c 被取消，只剩少数国企上缴主管部门的预算外资金。其范围调整为：a. 地方财政部门管理的预算外资金；b. 行政事业单位管理的预算外资金。

③1996 年国务院颁布《关于加强预算外资金管理的规定》后（小范围），许

多政府性基金和收费被纳入到预算内管理：其范围又有进一步调整为：a. 行政性收费；b. 乡镇自筹、统筹资金。

（二）预算外资金的历史及现状

新中国成立以来，我国预算外资金的发展经历了由少到多、又通过清理整顿逐步减少的过程。预算外资金的发展大体分为以下几个阶段：

1. 1950～1957 年：预算外资金的初步形成；
2. 1958～1977 年：预算外资金"U"形发展；
3. 1978～1996 年：预算外资金迅速膨胀；
4. 1997 年至今：控制消肿阶段。

为进一步加强预算外资金管理，1996 年国务院发布了《关于加强预算外资金管理的决定》，指出："预算外资金是国家财政性资金，实行收支两条线管理。"自此，国家逐步明确了对预算外资金要实行"收支两条线"管理。"收支两条线"是指政府对行政事业型收费、罚没收入等财政非税收入的管理方式，即有关部门取得的非税收收入与发生的支出脱钩，收入上缴国库或财政专户，支出由财政根据各单位履行职能的需要按标准核定的资金管理模式。

实行收支两条线后，有预算外资金的机关或单位将收入上缴财政专户以后，如果是使用，必须将其开支计划报送同级财政部门审批。有预算外收入的机关和单位购买货物、工程和服务，如果预算内资金不足，可以使用预算外资金。经过调整，1997 年全国预算外收入 2 826 亿元，比 1996 年下降 1 067 亿元。但是与前次调整一样，至 2000 年，预算外资金再次反弹到约 3 810 亿元。

2001 年底，国务院办公厅转发了财政部《关于深化收支两条线改革，进一步加强财政管理意见的通知》，从 2002 年起选择部分单位进行深化"收支两条线"改革试点。此后，国家深化了以"收支两条线"管理为中心的预算外资金管理改革。

根据全国人大有关要求，2011 年我国将努力实现预算外资金全部纳入预算管理。

（三）进一步加强预算外资金管理

由于预算外资金的管理办法存在一些缺陷，使用中缺少有力的监督，出现了一系列问题，破坏了市场经济所要求的公共预算的完整性和统一性。这就要求必须进一步加强预算外资金管理。加强预算外资金管理主要是从以下几个方面入手：

1. 抓好预算外资金收入的管理，这主要是严格审批各种收费（基金）。

2. 抓好财政专户管理。

3. 抓好预算外资金的支出管理。

4. 强化预算外资金的监督。

5. 继续深化“收支两条线”管理改革。

6. 认真清理和规范政策外补贴，严禁设立“小金库”，继续整顿和规范行政事业单位的银行账户管理。

第二节　预算管理体制

一、预算管理体制概述

（一）预算管理体制概念

预算管理体制是在中央与地方政府之间，以及地方各级政府之间划分预算收支范围和预算管理权限的一项重要制度。预算管理体制主要包括两层含义：一是指管理体系，即在政府预算中，中央与地方以及地方各级政府形成的预算管理体系，包括预算管理的组织机构、组织形式、决策权限和监督方式等；二是指预算管理的根本制度，即在预算管理体系中，各级预算之间的职责权限及财力的划分。

从严格意义上说，预算管理体制与财政管理体制既有联系，又有区别。财政管理体制的范围通常包括预算管理体制、税收管理体制、公共部门财务管理体制、国家金库管理体制、国有资产管理体制等组成。预算管理体制是财政管理体制的基本部分，居于主导地位。通常狭义的财政管理体制即预算管理体制。

预算管理体制的实质是处理财权、财力如何集中与分散的问题。妥善处理好中央与地方之间财权、财力的划分，集中与分散关系是预算管理体制的核心问题。由于中央与地方政府的职能目标不同，所代表的利益群体和利益范围不同，两者之间的矛盾始终存在。

（二）预算管理体制的类型

预算管理体制体现了中央与地方政府在财权、财力分配上的关系。财力、财权是集中还是分散，主要取决于一国的经济和政治体制。通常情况下，一国的生产力发展水平越高，生产出来的社会财富就会越多，中央可集中的财力也就越大。而一个政治权力高度集中的国家，总需要有更多的财力集中在中央政府手中；反之，地方政府的权力就会相对大一些。

从国际上看，各国的预算管理体制千差万别，不尽相同。按地方财政自主权的大小，预算管理体制大致可分为以下三类：统收统支型、统一领导分级管理型和分税分级型。

1. 统收统支型财政体制

所谓统收统支型财政体制，即地方主要的财政收入如数上缴中央财政，而地方所需的财政支出基本上由中央财政全额拨款，地方财政收支之间不发生直接关系。这种体制的最大特点是各种财政收支权限都集中于中央财政，地方财政拥有的财权和财力都极其有限。可见，这种类型的财政体制仅适用于面积、人口都很少的国家。对一般国家而言，它只是一种特殊时期才实行的临时财政体制。例如我国曾于 1950 ~ 1952 年期间实行这种预算管理体制。

2. 统一领导、分级管理型财政体制

统一领导、分级管理型财政体制，即按“统一领导、分级管理”的原则建立起来的，以中央集权为主、适度分权的财政体制。其基本特征有：

（1）在中央统管财政立法权、执行权、计划权的前提下，按照“统一领导、分级管理”原则和政府级次划分预算级次，实行分级管理。但地方预算收支管理权限很小，不能构成一级独立的预算主体。

（2）按中央和地方政府的职责分工和企事业单位的行政隶属关系确定各级预算的支出范围。

（3）实行纵向平衡体制，由中央统一进行区域间财力调剂。凡收入大于支出的地区，上缴财政收入；凡收入小于支出的地区，由中央补助。中央预算另设专案拨款，由中央集中支配。

3. 分税分级型财政体制

所谓分税分级型财政体制，是在明确各级政府职责权限范围的前提下，以税种划分各级财政收入，并实行政府间转移支付以平衡各级财政收支的财政体制。其主要特征是：

（1）分税分级型财政体制的前提，是以法律的形式明确划分各级政府的职责范围，即支出范围。按公共产品受益范围划分各级政府的职责范围，使各级政府的职能重点明确，从而决定了各级政府财政支出的范围和规模。

（2）分税分级型财政体制的基础，是以分税方法划分各级财政收入，即在职责划分基础上，明确各级财政的收入来源，以分税的方式，实行中央税和地方税的分征和分管。各级政府以其独立的收入来源自主安排各自财政支出。

（3）分税分级型财政体制的核心，是中央预算与地方预算相互独立，自求平衡，即不编制统一的国家预算，中央有中央预算，地方有地方预算，各级预算都是独立的。

（三）预算管理体制的建立原则

1. 统一领导、分级管理的原则

在预算管理体制中，统一领导与分级管理就是中央集权和地方分权的关系问题。统一领导是指中央政府拥有统一的领导权，在此前提下决定地方政府的职责。只有在中央政府统一领导下的地方分权，才能保证财政职能的有效实施。中国是多民族国家，在预算管理体制的安排上应注意贯彻民族政策，处理好中央和地方的关系，充分调动两者的积极性。

2. 与国家政权结构及经济管理体制相适应的原则

首先，财政的分级管理必须与国家政权结构相一致。一级政权就应建立一级财政，因为一级政权及相应的行政管理机构承担着职权范围内的经济和社会文教建设等方面的义务和责任，必须赋予相应管理财政收支的权力和财力，才能保证其职能的实现。其次，作为整个国民经济管理体制的重要组成部分，预算管理体制必须随着国家经济管理体制的发展变化而变化。

3. 财权与事权统一、权责结合的原则

财权与事权统一，即各级政府有什么职权、事权就有相应的财权。财权与事权的统一，离不开权责的结合。体现在财政体制上，就是要使各级财政都有各自的收入来源和支出范围。

（四）预算管理体制的内容

预算管理体制的根本任务是通过划分预算收支范围和规定预算管理职权，促使各级政府明确各自的责权利，发挥各级政府的理财积极性，促进国民经济和社会事业发展。预算管理体制的内容主要包括以下几方面。

1. 确定预算管理的主体和级次

一般是一级政权构成一级预算管理主体。我国的政权机构分为五级，相应的预算管理主体也分为中央、省、市、县、乡五级。

2. 预算收支范围的划分

此项内容即明确国家财力在中央与地方及地方各级政府之间如何分配，这是预算管理体制的核心内容。具体涉及政府预算收支划分的依据和预算收支划分的方法。在财力总规模一定的前提下，如何划分收支范围直接决定一级财政拥有财力的多少。收支范围划分往往根据“各级政府的职能范围”、“企事业单位的隶属关系”、“各地区经济发展水平”等原则来确定，在收支范围确定以后，还要确定划分收支的方法，即在各级政府之间具体划分收入数额，以及处理上下级预算之间支出关系的方法。我国目前实行分税制预算管理体制，而在1950～1994年期间，曾采用统收统支、收入分类分成、总额分成、定额上缴（或定额补助）等方法。

3. 预算管理权限的划分

此项内容即确定各级人民代表大会、各级人大常委会和各级政府在预算的编制、审批、执行、监督等方面拥有的权限和应负的责任。

4. 预算调整制度和方法

在预算执行中，当社会经济情况发生变化，特别是不可预料的情况发生时，往往需要对已批准的预算或是对已经确定的各级政府的收支范围进行必要的调整。为避免这些调整的随意性或主观性，需要规定相应的制度或调整、批准程序。一般由财政部门提出并编制预算调整方案，经同级人大常委会审查批准后方可执行，并报上一级政府备案。这种预算调节包括各级预算间的纵向调节和各地区预算间的横向调节，前者称为纵向转移支付，后者称为横向转移支付。

二、我国预算管理体制的历史沿革

新中国成立以来，我国的预算管理体制经历了多次变动。总的趋势是由高度集中的管理体制逐步过渡到实行各种形式的在中央统一领导下的分级管理体制。历次预算管理体制的重大演变，都不是独立进行的。预算管理体制多次变革的目的也都是为了适应政治经济形势的需要，处理好中央与地方的财力分配关系，处理好财权的集中和分散问题，以充分调动中央和地方的积极性。

（一）预算管理体制的建立（1949～1950年）

对于制度的建立，理论上有两种观点：一是认为制度是自然演化的结果；二是认为制度是人为设计的结果。我国建立预算管理体制显然是一个人为设计的结果，它受到环境因素的影响但关键取决于制度设计者——政权组织，运用所掌握的垄断性政治资源来完成。当时，新中国刚刚成立，实现全国统一、恢复国家社会稳定、建立新的政治经济秩序是新政权最为急迫实现的任务，新的预算管理体制必须与此相适应，为此服务。因此，国家通过1950年颁布《关于统一国家财政经济工作的决定》、《关于统一管理1950年度财政收支的决定》，以及其他有关决定，统一了国家预算，建立起统收统支型预算管理体制。

这一体制的特点是将预算管理权限和财力都集中到中央，收入高度集中，全国各地的主要收入统一上缴中央金库，没有中央命令不得动用；支出由中央集中统一管理，地方政府的财权财力和事权都极为有限，预算管理主体、级次和权限都单一化。

（二）计划经济体制下的集权与分权探索（1951～1978年）

1950年形成的统收统支型预算管理体制是在特定历史情况下的产物，是一个高度集权的体制。在1951～1978年期间，政权组织的工作重心进行了多次调整，预算管理体制的收支划分、管理权限等方面与此相适应，在1953年、1957年、1960年、1967年和1971年也做了较大变动。实际上，就是预算管理体制的集权与分权的探索。在计划经济体制下，要求国家权力高度集中，使得地方政府依附于中央政府。因此，预算体制中尽管一直强调"分级管理"，但地方预算要由中央下达，预算管理主体是单一的，只有到了1971年地方才能自编预算。

这一阶段的预算收支体制存在的缺点是：（1）社会资源配置效率低下。（2）不利于调动各方面的积极性。（3）运行失灵，管理失效。由于高度集中的财政体制中总是面临一统就死、一死就放、一放就活、一活就乱、一乱又统的恶性循环。

（三）逐步分权的财政包干型预算管理体制（1978～1993年）

党的十一届三中全会决定从1979年开始把全党工作的着重点转移到以经济建设为中心上来。开始对计划经济管理体制逐步进行全面改革，并选择以预算体制作为突破口，改革先行一步。1979～1992年，是一个包干的时代：农村搞联产承包，企业搞承包经营，而政府之间也搞的是财政包干。这是改革开放初期中央政权在推行放权让利的改革时所采用的主要方式。财政包干型预算管理体制的具体形式多样化，但都是要"分灶吃饭"，这实际上就是确认地方政府利益的过程。当地方政府有了自己的财政收支范围，有了稳定的税收及相应的预算管理权，地方政府在"分级管理"中的预算主体地位就形成了。

这时体制的缺点是分级包干侧重划分收入，而中央与地方的职责仍交错不清，因而财权与事权不统一，收入与支出不对称。中央与地方的关系仍缺少稳定性。另外按企业隶属关系划分各级政府的收入，导致地方政府热衷于价高利大的产品项目，助长了低水平重复建设和投资膨胀。由于体制上不能保证政府财力必要的集中和中央与地方的合理分配关系，导致国家财力分散。

（四）分税制预算管理体制的建立与完善（1994 年至今）

随着社会主义市场经济改革目标的确立，我国宏观经济管理体制都要进行深度改革，预算管理体制必须也要与此相适应。市场经济要求建立规范的公共财政体制与之相适应，1994 年的预算管理体制改革与此是一致的。这次改革主要在财政收入方面，借鉴了国外的成功做法，使税收制度较好地与国际接轨；而财政支出方面基本没有变化，仍保留着大量的计划经济色彩。同时，尽量改革不触动地方既得利益，使得建立规范的中央财政对地方的转移支付制度的改革留待以后推出。但这次改革中，建立中央税收和地方税收体系，分设中央与地方两套税务机构分别征管，改进预算编制办法，建立适应分税制需要的国库体系和税收返还制度等措施，调整了中央与地方的分配关系，初步建立了规范的分级预算管理制度。

但这一现行体制仍存在问题：一是政府间的事权划分尚不明晰；转移支付尚不规范，“保存量，调增量”削弱了对地方财力的调节力度；地方税建设相对滞后等。

三、分税制

分税制是市场经济国家普遍实行的一种财政体制，是符合市场经济原则和公共财政理论要求的，这是市场经济国家运用财政手段对经济实行宏观调控较为成功的做法。市场竞争要求财力相对分散，而宏观调控又要求财力相对集中。这种集中与分散的关系，反映到财政管理体制上就是中央政府与地方政府之间的集权与分权关系问题。分税制较好地解决了中央集权与地方分权问题。

（一）分税制的概念

分税制是按税种划分中央和地方收入来源的一种财政管理体制。实行分税制，要求按照税种实现“三分”：分权、分税、分管。所以，分税制实质上就是为了有效的处理中央政府和地方政府之间的事权和财权关系，通过划分税权，将税收按照税种划分为中央税、地方税（有时还有共享税）两大税类进行管理而形成的一种财政管理体制。

分税制的实质主要表现为：按照税种划分税权，分级管理。其中，税权是政府管理涉税事宜的所有权利的统称，主要包括税法立法权、司法权和执法权。其中，能否独立行使税法立法权，是确定分税制能否成立和判定其完善程度的关键。执法权主要包括税收组织征收管理权、税款所有权（支配权）。分税制就是要将这些税权（立法权、司法权、执法权）在中央及地方政府间进行分配。即通过对不同税种的立法权、司法权、执法权在中央和地方政府进行分配，以求实现事权同财权的统一。

一般来说，完善的分税制要求中央政府和地方政府根据自己的事权自主地决定所辖的税种。中央政府和地方政府有权根据自己的事权自主决定税法的立法、司法、执法事宜；划归地方政府征管的地方税税种，地方政府可以因地制宜、因时制宜地决定立法、开征、停征、减税、免税，确定税率和征收范围。

（二）确立分税制的依据

分税制得以确立的依据主要有以下三个方面。

1. 以各级政府的事权范围为依据

政府行使事权，必须有相应的财力保障和政策工具。实行分税制，应当界定各级政府的事权范围，让地方政府拥有一定的税权，拥有法定的固定收入来源和财力保障。因此，应当根据权责对等的原则，建立中央和地方两套税制，中央税由中央立法，地方税由地方参照中央税立法，中央政府和地方政府对中央税和地方税分别管理，分别征收，分别使用。

2. 以各类税种的自身特征为依据

分税制要以税种自身的特征为依据来划分税种的归属级次。在税种设置合理的前提下，原则上应把收入大、对国民经济调控功能较强、与维护国家主权关系紧密、宜于中央集中掌握和征收管理的税种或税源划为中央税，把宜于发挥地方优势、税源分散不宜统一征收管理的税种或税源划为地方税；把征收面宽、与生产和流通直接相联系、税源波动较大、征管难度大、收入弹性大的税种划为中央地方共享税。这种以税种特性为依据划分中央税、地方税和中央地方共享税的方法，有利于加强税收的征收管理和强化税收功能。

3. 以加强和方便税收征管为依据

分税制作为一种税收管理制度，其税种的划分，应方便税务机关进行征管和纳税人履行纳税义务。

（三）分税制的内容

分税制的主要特点在于规范化和法制化，综合各国实践，分税预算体制主要包括以下内容。

1. 一级政权，一级预算主体

分级分税预算体制是多级预算体制，各级预算相对独立，自求平衡。

2. 划分各级政府的事权和支出范围

分税制要求各级政府的职责明确，各级预算的重点和层次分明。中央财政主要承担国家安全、外交和中央国家机关运转所需经费，负责调整国民经济结构、协调地区发展、实施宏观调控所必需的支出以及由中央直接管理的社会事业发展支出。地方财政主要承担本地区政权机关运转所需支出以及本地区经济、社会事业发展所需支出。

3. 收入划分实行分税制

根据事权与财权相结合的原则，按税种划分中央与地方收入。把需要由全国统一管理、影响全国性的商品流通和税源集中、收入较大的税种划为中央税，税权（立法权、司法权、执法权）均归中央；把与地方资源、经济状况联系比较紧密，对全国性商品生产和流通影响小或没有影响，税源比较分散的税种划为地方税，税权归地方；把一些税源具有普遍性、但征管难度较大的税种划为中央和地方共享税，立法权归中央，司法权和执法权可归中央也可归地方。

4. 预算调节制度

预算调节制度即转移支付制度，具有纵向转移和横向转移两种形式。纵向转移主要采取补助的方式，即中央对地方给予补助，横向转移是各地方之间的转移，不再通过中央预算。

（四）分税制的类型

从世界各国分税制的情况来看，目前国际上常见的分税制类型主要包括以下几种。

1. 按照分税级次，分为两级和两级以上的类型

根据分配级次的不同，分税制类型常见的有两种：一是中央政府与地方政府两级分税制，二是中央政府、州（省、自治区、直辖市）政府、县（府、郡、自治州、盟、旗）政府三级分税制。

2. 按照完善程度，分为彻底型和不彻底型的类型

在各国税收实践中，实行分税制的国家基本上可划分为彻底分税制与不彻底分税制两种形式。

彻底分税制（亦称“完全分税制”）是指，彻底划分中央和地方税收管理权限，不设置中央地方共享税的一种分税制制度。采取这种分税制的，大多是联邦制国家，如美国等。它具有如下特点：政府首脑由民众选举产生并对选民负责，政府事权明晰，民众意愿对政府行为有较大的影响，税权和事权对应密切，税收管理权限划分清楚，中央与地方税务机构分设。一般来说，实行这种制度需要有良好的法制环境作为支撑。如果民众没有对立法、执法的有效建设和监督权力，实行彻底分税制只会带来官本位下的腐化和短期行为，使地方经济受到损害。因此，在法制建设不太完善的国家和时期，设想实行彻底分税制，是行不通的。

不彻底分税制（亦称“不完全分税制”）是指，税收管理权限交叉，设置中央税、地方税以及中央和地方共享税的一种分税制制度。它既具有固定性的特点又具有灵活性的特征。采用这种分税制的大多是管理权限比较集中的国家，如英国、日本等。

3. 按照税权分配程度，分为集权为主、分权为主、集权和分权相结合的类型

按照税权的分配程度，目前世界上实行的分税制主要有三种类型：

其一，集权为主的分税制。这种类型以英国、法国、瑞典为代表。它们的共同特点是：(1) 政治集权、经济干预。(2) 税权集中。(3) 中央税收为主体。经济发展水平比较低的发展中国家在近几年的税制改革中也大多采用了这种模式。

其二，分权为主的分税制。这种类型以德国、原南斯拉夫为代表，其特点是：(1) 三级政府，三级预算，相对独立。(2) 共享税是主体，税种分为各级政府的固定税和共享税两大类。

其三，集权与分权相结合的分税制。这种类型以美国、日本为代表。此类国家在沿袭各自历史传统和信奉的经济理论的基础上，形成了大致相同的分税制特点。主要包括：(1) 有比较完善的中央和地方两个税收管理体系。(2) 有比较灵活的中央财政对地方财政的调控措施，有比较健全的税收管理体系。经济发展水平较高的发展中国家也多采取这种模式。

四、我国分税制财政体制改革

1994 年，我国经济体制改革在中央的“全面推进、重点突破”的战略部署指导下进入新阶段，财税体制改革充当改革的先锋，实施分税制财政管理体制改革。根据事权与财权相结合的原则，将税种统一划分为中央税、地方税、中央与地方共享税，建起了中央和地方两套税收管理制度，并分设中央与地方两套税收机构分别征管；在核定地方收支数额的基础上，实行了中央财政对地方财政的税收返还和转移支付制度等。成功地实现了在中央政府与地方政府之间税种、税权、税管的划分，实行了财政“分灶吃饭”。

（一）我国分税制财政体制改革的背景

1979～1994 年，针对权力高度集中的计划经济体制，中国推行的是以“减税让利”为主要思路的税制改革，核心是将权力下放到地方和企业。这种制度也被称为“地方财政包干制”，或俗称“分灶吃饭”。“减税让利”形成了“两个比重”下降，即财政收入占 GDP 的比重下降、中央财政收入占全国财政收入的比重下降，曾被称为“诸侯经济”。在企业与政府财政实行承包制，各级财政实行大包干制的条件下，在一定程度上切断了政府财政收入随着经济增长而增长的内在机制；进一步强化了地方财政和地方企业的关系，加剧了地区封锁、“诸侯经济”现象，有损于全国统一市场的形成；在中央与地方关系方面，大包干体制制约了中央财政收入的增长，削弱了中央政府宏观调控能力。因此，从总体上看，大包干体制已经不适应社会主义市场经济发展的要求。根据建立社会主义市场经济体制的基本要求，借鉴国外的成功做法，为理顺中央与地方的分配关系，我国于 1994 年实行了分税制改革。

（二）实行分税制改革的指导思想

1. 正确处理中央与地方的分配关系，调动两个积极性，促进国家财政收入合理增长。既要考虑地方利益，调动地方发展经济、增收节支的积极性，又要逐步提高中央财政收入的比重，适当增加中央财力，增强中央政府的宏观调控能力。

2. 合理调节地区之间财力分配。既要有利于经济发达地区继续保持较快的发展势头，又要通过中央财政对地方的税收返还和转移支付，扶持经济不发达地区的发展和老工业基地的改造。同时，促使地方加强对财政支出的约束。

3. 坚持统一政策与分级管理相结合的原则。划分税种不仅要考虑中央与地方的收入分配，还必须考虑税收对经济发展和社会分配的调节作用。中央税、共享税以及地方税的立法权都要集中在中央，以保证中央政令统一，维护全国统一市场和企业平等竞争。税收实行分级征管，中央税和共享税由中央税务机构负责征收，共享税中地方分享的部分，由中央税务机构直接划入地方金库，地方税由地方税务机构负责征收。

4. 坚持整体设计与逐步推广相结合。分税制改革既要借鉴国外经验，又要从我国的实际出发。在明确改革目标的基础上，办法力求规范化，但必须抓住重点，分步实施，逐步完善。要先把主要税种划分好，其他收入的划分逐步规范；作为过渡办法，现行的补助、上解和有些结算事项继续按原体制运转；中央财政收入占全部财政收入的比例要逐步提高，对地方利益格局的调整也宜逐步进行。总之，通过渐进式改革先把分税制的基本框架建立起来，在实施中逐步完善。

（三）我国实行分税制的基本内容

1. 中央与地方事权和支出的划分

中央财政主要承担国家安全、外交和中央国家机关运转所需经费，调整国民经济结构、协调地区发展、实施宏观调控所必需的支出，涉及由中央直接管理的事业发展支出。具体包括：国防费，武警经费，外交和援外支出，中央级行政管理费，中央统管的基本建设投资，中央直属企业的技术改造和新产品试制费，地质勘探费，由中央财政安排的支农支出，由中央负担的国内外债务的还本付息支出，以及中央本级负担的公检法支出和文化、教育、科学、卫生等各项事业费支出。

地方财政主要承担本地区政权机关运转所需支出以及本地区经济、事业发展所需支出。具体包括：地方行政管理费，公检法支出，部分武警经费，民兵事业费，地方统筹的基本建设投资，地方企业的技术改造和新产品试制经费，支农支出，城市维护和建设经费，地方文化、教育、卫生等各项事业费，价格补贴支出以及其他支出。

2. 中央与地方收入的划分

根据事权与财权相结合的原则，按税种划分中央与地方的收入，将维护国家收益、实现宏观调控所必需的税种划分为中央税；将同经济发展直接相关的主要税种划为中央与地方共享税；将适合地方征管的税种划为地方税，并补充地方税税种，增加税种收入。税款收入按照管理体制分别入库、分别支配、分别管理。中央税归中央政府管理和支配，地方税归地方政府管理和支配。即分设中央与地方两套税务机构，中央税务机构征收中央税和中央与地方共享税，地方税务机构征收地方税。1994 年对中央和地方的收入进行了明确划分，之后在实施过程中进行了一些调整。具体划分如下：

（1）中央固定收入。包括：关税、海关代征消费税和增值税、消费税、中央企业所得税、地方银行和外资银行及非银行金融企业所得税，铁道部门、各银行总行、各保险总公司等集中缴纳的收入（包括营业税、所得税、利润和城市维护建设税），中央企业上缴利润等。其中外贸企业出口退税，除 1993 年地方已经负担的 20% 部分列入地方上缴中央基数外，以后发生的出口退税全部由中央财政负担。2003 年 10 月我国对出口退税机制进行改革，从 2004 年开始出口退税由中央和地方共同负担，即以 2003 年出口退税的实退指标为基数，对超基数部分的应退税款，由中央与地方按 75∶25 的比例分别承担。2005 年对出口退税负担机制做出进一步完善，在维持 2004 年经国务院批准核定的各地出口退税基数不变的基础上，超基数部分由中央、地方按照92.5:7.5的比例分担；出口退税改由中央统一退库，地方负担部分年终专项上解。

（2）地方固定收入。包括：营业税（不含铁道部门、各银行总行、各保险总公司集中缴纳的营业税）、地方企业所得税（不含上述地方银行和外资银行及非银行金融企业所得税）、地方企业上缴利润、个人所得税、城镇土地使用税、城市维护建设税（不含铁道部门、各银行总行、各保险总公司集中缴纳的部分）、房产税、车船税、印花税、屠宰税、耕地占用税、契税、遗产和赠与税、土地增值税、国有土地有偿使用收入等。其中，2002年，中央对所得税分享办法进行了两项重大调整：一是居民个人储蓄利息所得税划为中央收入；二是改革原有按企业的隶属关系划分所得税的办法，对企业所得税和个人所得税收入实行中央和地方按比例分享。除铁路运输、国家邮政、四大国有商业银行、三家政策性银行、中石化及中海油等企业外，其他企业所得税和个人所得税收入实行中央与地方按统一比例分享。2002年所得税收入中央与地方各分享50%；2003年以后中央分享60%、地方分享40%。同时，将以2001年为基期，按改革方案确定的分享范围和比例计算，地方分享的所得税收入，如果小于地方实际所得税收入，差额部分由中央作为基数返还地方，如果大于地方实际所得税收入，差额部分由地方作为基数上解中央。对于跨地区经营、集中缴库的中央企业所得税等收入，规定按分公司（子公司）所在地的企业经营收入、职工人数和资产总额三个因素在相关地区间分配。而且中央因改革所得税收入分享办法增加的收入全部用于对地方主要是中西部地区的一般性转移支付。改革将循序渐进，分享比例分年逐步到位。此外，所得税分享范围和比例全国统一，保证财政体制规范和便于税收征管。

（3）中央与地方共享收入。包括：增值税、资源税、证券交易税、所得税。增值税中央分享75%，地方分享25%。资源税按不同的资源品种划分，大部分资源税作为地方收入，海洋石油资源税作为中央收入。证券交易税、中央与地方各分享50%。1997年以后，对证券交易印花税的分享比例进行了几次调整：自1997年1月1日起，将证券交易印花税分享比例调整为中央80%、地方20%，由于调高证券交易印花税税率所增加的收入全部归中央，分享比例折算为中央88%、地方12%；2000年将证券交易印花税分享比例分3年调整到中央97%、地方3%，即2000年中央91%、地方9%，2001年中央94%、地方6%，从2002年起中央97%、地方3%。此外，2002年后将所得税也改为中央与地方的共享收入。

3. 中央财政对地方财政税收返还、补助数额的确定

分税制在重新划分中央财政收入与地方财政收入的基础上，相应调整了政府间财政转移支付数量和形式，除保留原体制下中央财政对地方的定额补助、专项补助和地方上解外，根据中央财政固定收入范围扩大、数量增加的新情况，着重建立了中央财政对地方财政的税收返还制度。具体办法是：中央税收上交完成后，通过中央财政支出，将一部分收入返还给地方使用。现行中央对地方税收返还包括增值税、消费税返还、所得税基数返还和成品油价格和税费改革税收返还。

（1）增值税、消费税返还。中央财政对地方财政消费税、增值税返还数额，以1993年为基期年，按照1993年地方实际收入以及税制改革和中央与地方收入划分情况，核定1993年中央从地方净上划的收入数额（即消费税+75%的增值税-中央下划收入）。1993年中央净上划收入全额返还地方，保证现有地方既得财力，并以此作为以后税收返还基数；1994年以后，税收返还基数在1993年基数上逐年递增，递增率按本地区增值税和消费税的平均增长率的1∶0.3系数确定，即本地区上述两税平均每增长1%，中央财政对地方的税收返还增长0.3%，按环比计算，即每年在上年税收返还数额的基础上增长。如若1994年以后中央的净上划收入达不到1993年基数则相应减少税收返还数额。2009年，简化中央与地方财政结算关系，将地方上解与中央对地方税收返还作对冲处理，相应取消地方上解中央收入科目。

（2）所得税基数返还。以2001年为基期，为保证地方既得利益，如果按改革方案确定的分享范围和比例计算出的地方分享的所得税收入小于地方实际所得税收入，差额部分由中央作为基数返还地方。

（3）成品油价格和税费改革税收返还。是指实施成品油价格和税费改革后，中央因改革形成的财政收入，扣除中央本级安排的替代航道养护费等支出，对种粮农民、部分困难群体、公益性行业的补贴，以及用于逐步有序取消政府还贷二级公路收费补助支出以后的部分。转移支付资金分配采取“基数加因素”的办法，分为替代性返还和增长性补助两部分。其中，替代性返还指替代地方原有的公路养路费等“六费”收入基数给予的返还；增长性补助指当年转移支付总额中扣除替代性返还后的增量资金分配，选取燃油消耗量、当量公路（航道）里程、路网密度、路况指数等客观因素进行公式化分配。

4. 转移支付制度

分税制的确立要求相应完备的转移支付制度。我国在1994年的分税制改革中形成了多种形式的政府间转移支付制度，具体包括定额补助、专项补助和税收返还等。此后，为了配合国家有关政策的实施，相应对转移支付进行了调整。

中央对地方转移支付由财力性转移支付和专项转移支付构成。财力性转移支付是指为弥补财政实力薄弱地区的财力缺口，均衡地区间财力差距，实现地区间基本公共服务能力的均等化，中央财政安排给地方财政的补助支出，由地方统筹安排。财力性转移支付包括一般性转移支付、民族地区转移支付等。专项转移支付是指中央财政为实现特定的宏观政策及事业发展战略目标，以及对委托地方政府代理的一些事务或中央地方共同承担事务进行补偿而设立的补助资金，需按规定用途使用。专项转移支付重点用于教育、医疗卫生、社会保障、支农等公共服务领域。财力性转移支付和专项转移支付各有特点：前者便于地方统筹安排，但不便于对绩效结果进行考核；后者不利于地方统筹安排，专款专用，但可以体现中央的政策导向，便于监督考核。

近年来，转移支付制度进一步规范。一是调整和完善财政转移支付结构。加大一般性转移支付力度，清理整合专项转移支付项目，将需要较长时期安排补助经费，且数额相对固定的项目，划转列入一般性转移支付，提高一般性转移支付的规模和比例。二是加快财政转移支付法制建设。针对我国目前政府间转移支付制度的法制建设滞后，转移支付补助资金的使用及管理尚缺乏有效约束和效益评估的现状，为通过法律形式规范和完善财政转移支付资金和项目资金安排，力求使财政转移支付资金和项目资金分配更加公平、合理、规范、高效。目前，中央已经启动有关财政转移支付资金的立法程序。

2008 年中央对地方税收返还和转移支付 22 990.76 亿元，增加 4 852.87 亿元，增长26.8%。包括：税收返还4 282.16 亿元，增长3.9%。财力性（含一般性）转移支付 8 746.21 亿元，增长 22.7%。专项转移支付 9 962.39 亿元，增长 44.6%，增幅提高主要是增加了补助地方教育、医疗卫生等重点事业发展支出。中央对地方税收返还和转移支付相应形成地方财政收入，并由地方安排财政支出。地方支出平均 38% 的资金来源于中央财政转移支付，其中中西部地区支出平均 54.4% 的资金来源于中央财政转移支付。

2009 年起，进一步规范财政转移支付制度。将中央对地方的转移支付，简化为一般性转移支付、专项转移支付两类。其中，一般性转移支付包括原财力性转移支付，主要是将补助数额相对稳定、原列入专项转移支付的教育、社会保障和就业、公共安全、一般公共服务等支出，改为一般性转移支付；原一般性转移支付改为均衡性转移支付。

5. 妥善处理原体制中央补助、地方上解以及有关结算事项

为顺利推行分税制改革，1994 年实行分税制以后，原体制的分配格局暂时不变，过渡一段时间再逐步规范化。原体制中央对地方的补助继续按规定补助。原体制地方上解仍按不同体制类型执行：实行递增上解的地区，按原规定继续递增上解；实行定额上解的地区，按原确定的上解额，继续定额上解；实行总额分成的地区和原分税制试点地区，暂按递增上解办法，即按1993年实际上解数，并核定一个递增率，每年递增上解。

原来中央拨给地方的各项专款，该下拨的继续下拨。地方1993年承担的20%部分出口退税以及其他年度结算的上解和补助项目相抵后，确定一个数额，作为一般上解或一般补助处理，以后年度按此定额结算。

6. 配套改革和其他政策措施

为了使分税制能够顺利推行，国家还采取了一些配套改革和其他政策措施：改革国有企业利润分配制度；同步进行税收管理体制改革；改进预算编制办法，强化预算约束；建立适应分税制需要的国库体系和税收返还制度；建立并规范国债市场；妥善处理原由省级政府批准的减免税政策问题；各地区要进行分税制配套改革。

（四）我国分税制财政体制改革的成效

我国推行分税制已有十几年，总体上看，分税制财政体制改革取得显著成效，基本适应了社会主义市场经济发展的需要。具体体现在以下几方面：

1. 调动了各方面积极性，国家财政实力显著增强。1994年的财税改革较好地处理了国家与企业、个人的分配关系，规范了中央与地方的分配关系，充分调动了各级政府促进经济发展、加强税收征管、依法组织收入的积极性。我国财政收入保持了较快增长势头，财政实力不断壮大。1993～2008年，全国财政收入由4 349亿元增加到61 330.4亿元，增长了13倍，年均增速高达19.6%；全国财政收入占国内生产总值的比重则由12.3%提高到19.5%。分中央和地方看，1994～2008年中央财政收入年均增长17.6%（1994年为基期），地方财政收入年均增长18.7%，实现了中央和地方财政收入增长的“双赢”。

2. 中央调控能力增强，促进了地区协调发展。实施分税制财政体制后，逐步建立了中央财政收入稳定增长的机制，为提高中央本级收入占全国财政收入的比重提供了必要条件。1993～2008年，中央本级收入占全国财政收入的比重由22%提高到53.3%，大大增强了中央财政财力再分配能力，中央对地方财政转移支付快速增长，为中央均衡地区间财力差异提供了财力保障。1994～2008年，中央对地方财政转移支付总额由590亿元增加到18 709亿元，增长了31倍。地方本级支出来源于中央财政转移支付的比例由14.6%上升到38%。同时，通过加大转移支付力度，特别是实施“三奖一补”政策，建立了缓解县乡财政困难的激励约束机制，调动了中央和地方共同提高县乡财政保障能力的积极性。

3. 加强和改善了国家宏观调控，一定程度上抑制了盲目投资。分税制财政体制改革将烟、酒等商品的消费税全部划归中央，将增值税的“大头”划归中央（中央75%、地方25%），所得税收入分享改革也遵循了这一思路（中央60%、地方40%），有利于削弱一些地方粗放发展加工业和盲目投资上项目（包括小烟厂、小酒厂）的冲动。从近些年来地方经济发展情况看，产业结构和发展方式都有所调整和转变，各级政府的理财思路也发生了积极变化，各地根据本地区实际，寻找新的经济增长点，培植新财源，努力促进经济社会协调发展。

思考题

1. 简述政府预算的概念、特点及其原则。
2. 建立分税制的理论依据是什么？简述我国分税制改革的主要内容。

练习题

一、单项选择题

1. 政府预算制度最早出现在（　　）。

A. 美国　　B. 英国　　C. 中国　　D. 德国

2. 我国的政府预算由（　　）组成。

A. 中央和地方两级预算　　B. 中央、省、市三级预算

C. 中央、省、市、县四级预算　　D. 中央、省、市、县、乡五级预算

3. 依据分税制预算管理体制的要求，按税种划分中央和地方的收入，其原则是（　　）。

A. 事权和财权相结合　　B. 事权和收入相结合

C. 分级管理　　D. 一级政府一级预算

4. 下列税种中，从2002年1月1日起成为我国中央地方共享税的是（　　）。

A. 增值税　　B. 所得税

C. 证券交易印花税　　D. 资源税

5. 我国目前的分税制中增值税在中央和地方间的划分比例是（　　）。

A. 80∶20　　B. 75∶25

C. 70∶30　　D. 60∶40

二、多项选择题

1. 下列关于政府预算的表述中，正确的有（　　）。

A. 政府预算经过同级人民代表大会的审查和批准才能生效
B. 政府预算指标背后反映的是政府在做什么和不做什么之间进行选择
C. 政府预算体现了政府的年度工作重点和方向
D. 我国的政府预算年度实行跨年制
E. 政府预算按编制形式分类，分为增量预算和零基预算

2. 按照预算编制形式分类，政府预算分为（　　）。
A. 绩效预算　　B. 单式预算
C. 投入预算　　D. 复式预算
E. 规划项目预算

3. 按照《预算法》的要求，我国政府预算改革的目标是逐步建立起（　　）等各有分工又功能互补的复式预算体系。
A. 经常预算　　B. 公共预算
C. 建设性预算　　D. 国有资本经营预算
E. 社会保障预算

4. 现在中央和地方共享收入包括（　　）。
A. 增值税　　B. 资源税
C. 证券交易税　　D. 企业所得税
E. 土地增值税

5. 世界上绝大多数国家所接受的预算原则有（　　）。
A. 完整性　　B. 专用性
C. 公开性　　D. 可靠性
E. 灵活性

三、判断题

1. 政府预算是随着财政的产生而产生的。（　　）
2. 我国政府预算分四级。（　　）
3. 政府预算管理体制的实质是处理预算资金分配和管理上的集权与分权、集中与分散的关系问题。（　　）
4. 我国现行分税制预算管理体制，将预算收入划分为中央预算固定收入和地方预算固定收入两部分。（　　）
5. 我国政府预算的预算年度采取跨年制。（　　）

第七章 金融概述

与财政手段直接影响总供给和总需求参与宏观调控不同，金融手段通过构建与实物世界相互影响、互动调节的金融系统来影响实物世界。在这个金融系统中，以货币为基本构成要素，以货币支付手段派生出的信用关系体现金融活动的本质关系，以利率为基础价格因素和调控指标，包括金融市场和金融机构体系两个重要的作用子系统，并通过两个子系统中的利率价格信号影响企业和居民的经济活动，以实现货币当局的调控目标。

本章分三个部分介绍金融系统的基本构成要素。首先从货币起源与发展、货币形态的演变、货币职能、货币制度等方面介绍货币；其次从信用的概念、本质及信用的各种形式等方面介绍信用；最后结合利息的产生引入利率这一金融活动中重要的价格因素，并详细介绍利率的影响因素和利率对其他宏观变量的影响。

第一节 货币与货币制度

一、货币的起源与发展

在生活中，“财富”、“钱”、“收入”往往成为货币的代名词，但是，货币与它们是有很大区别的。货币是在商品交换的过程中，从商品界自发地分离出来，固定充当一般等价物的特殊商品。货币不是人们凭空创造的，也不是国家权力的产物，它是在商品交换发展的漫长历史过程中自发产生的，与商品经济有着内在的联系。可以说货币是商品内在矛盾发展的必然产物，是价值形式演变的结果。

（一）货币是价值形式长期演变的结果

商品具有使用价值和价值两种属性。商品的使用价值可以通过自己来表现；

但商品的价值，却不能由其自身来表现，而必须通过与它相交换的其他商品来表现。这种以一种商品的价值来表现另一种商品价值的形式就称为价值表现形式，简称价值形式。价值形式随商品交换的发展而发展，先后经历了简单价值形式、扩大价值形式、一般价值形式和货币价值形式四个阶段的演变。

1. 简单价值形式

人类社会最初的商品交换带有偶然性，一种商品的价值只是偶然地通过另一种商品表现出来。这时另一种商品只是偶然地充当等价物，故其商品的价值表现是不充分的。举例用公式可表示为：

$$1\text{ 只羊}=2\text{ 把石斧} \tag{7.1}$$

2. 扩大价值形式

随着社会分工的发展和生产力的提高，商品交换已成为经常的现象，这时一种商品的价值经常由一系列商品来表现，这一系列商品都可能成为这种商品的等价物，但在每次具体成交时，发挥等价物作用的只能是其中的一种，故其商品的价值表现仍然不完全、不统一。举例用公式可表示为：

$$1\text{ 只羊}=\begin{cases}2\text{ 把石斧，或}\\3\text{ 斤茶叶，或}\\4\text{ 斤盐，或}\\\text{其他商品，等等}\end{cases} \tag{7.2}$$

3. 一般价值形式

随着商品交换的进一步发展，一切商品的价值共同表现在某一种从商品世界中分离出来而充当一般等价物的商品上，这时就形成了一般等价物，商品的价值有了统一的表现。但由于一般等价物没有完全固定在某一种商品上，因此，它有必要向货币价值形式过渡。举例用公式可表示为：

$$\left.\begin{array}{l}2\text{ 把石斧，或}\\3\text{ 斤茶叶，或}\\1\text{ 张羊皮，或}\\\text{其他商品，等等}\end{array}\right\}=1\text{ 只羊} \tag{7.3}$$

4. 货币价值形式

当一般等价物被固定在一种特殊商品上时，就形成了货币。这时一切商品的价值都由货币来表现，价值形式就形成了货币价值形式。在历史上充当过一般等价物的商品有很多，但只是到了由金银等贵金属来充当一般等价物阶段，货币的各项职能才得以稳定地发挥。举例用公式可表示为：

80 斤粮食，或
3 斤茶叶，或
30 尺布，或
其他商品，等等
} = 1 单位货币　　(7.4)

（二）货币形态的演变

在货币产生后的数千年岁月中，货币的形态经历了由低级向高级的不断演变过程。在这个过程中，不同的民族，不同的国家及地区，不同的时期，由于受到各自不同的经济状况和文化环境的影响，出现过不同的货币。从货币的形成、发展和形态的演变上来看，大体经历了以下几个历史发展阶段。

1. 实物货币

实物货币也称商品货币，是最古老的货币，在人类历史上，布匹、牛羊、贝壳实物等都曾先后充当过货币。实物货币充当交易媒介有其自身的缺陷，一是实物体积笨重，不便携带与运输；二是质地不均，极难进行分割；三是实物容易腐烂、变质，难以贮存与作为价值标准。因此，实物货币逐渐被金属货币所取代。

2. 金属货币

金属尤其是黄金和白银作为货币几乎是各国共同的历史。金属货币实际上仍然属于实物形态的货币，都是以自身所包含的价值与其他商品相交换。但是金属的自然属性比一般的实物商品更适宜充当货币，所以，金属货币就成为一个独立的货币发展的阶段。历史上充当过货币的金属有铜、铁、锡等，最后固定在较贵的金银身上。金银等贵金属是天然的货币金属，最适合于充当一般等价物。贵金属的特性表现在：质地均匀，表现价值的尺度很容易统一；便于分割和携带，最适合充当交换媒介；体积小、价值高，符合越来越发展的商品、劳务交易的需要。另外，贵金属在当时还不是生产过程的必需原材料，用于货币材料不影响经济发展。这些特性使贵金属在相当长一段历史时期中，在世界很大范围内充当了货币的角色。

金属货币流通分为金属条块流通和铸币流通两个阶段。

（1）金属条块流通阶段。金属货币最初是以条块形式流通的，它没有固定的形状和均等的重量，交易时根据金属的成色、重量来确定其价值量的大小，这种金属货币称为称量货币。称量货币使用时要现称重量、验成色，很不方便。

（2）铸币流通阶段。为克服金属条块流通带来的不便，后来一些大商人在金属条块上加盖印记，以其信誉保证货币的重量和成色。然而，私人信誉毕竟是有限的，当商品交换突破了地方市场的范围，人们对金属条块的重量和成色便要求有更具权威的证明，于是，就出现了铸币。铸币是由国家统一铸造，具有一定重量和成色，铸成一定形状并标明面值的金属货币。铸币最初的形状是各式各样的，但后来都过渡到圆形，因为圆形最便于携带并不易被磨损。

我国历史上的金属货币一直是几种货币材料并行流通。从先秦到清代，铜一直是官方肯定的货币材料。与铜并行流通的先后有贝、金、帛和银。铜钱计数行使，属铸币流通；金银计量行使，是称量货币。较早的铜铸币是西周和春秋战国时期的铲币、刀币、蚁鼻钱等。在秦统一中国时，圆形方孔的秦“半两”钱统一了中国的铸币流通，在中国铸币史上占有重要的地位。

金属货币的流通也有缺点：一是称量与鉴定成色十分麻烦；二是金属货币流通极易磨损，携带也不安全，流通费用较高；三是金属数量有限，开采不易，币材的供应无法适应市场交易的不断扩大。因此，随着经济的发展，出现了代用货币。

3. 代用货币

代用货币本身虽没有什么价值，却能代表足值的金属货币，并能够与其代表的贵金属自由兑换，因而被称为足值货币的代表。代用货币往往由政府或银行发行，以纸币代替金属货币流通使用。如我国北宋时最初由商人发行的“交子”，早期资本主义国家发行的“银行券”，都是代用货币。银行券是由银行发行的，以信用和黄金作双重保证的承诺兑现的信用凭证。它代表黄金货币在市场上流通，同时发行银行保证按其含金量随时兑换成黄金货币。在第一次世界大战以前，除在战时或经济动荡时，国家一直坚持银行券兑现金属货币并由国家法令支持其流通。而且，在银行券广泛流通的同时，贵金属铸币的流通数量日渐减少，表现出纸制货币的流通终将取代铸币流通的趋势。

代用货币虽然克服了金属货币的缺点，但其自身也有缺点：一是因为代用货币要代表足值的金属货币，所以其发行量要取决于金属货币准备量，限制了商品流通对货币需求增长的要求。二是大量的金银货币准备闲置在仓库里，实际上也是资源浪费。

4. 信用货币

信用货币是以信用为保证，在流通中充当流通手段与支付手段的货币，它是货币发展的现代形态。金属货币自身存在的缺陷以及代用货币受金属货币发行准备限制的特点，使得金属货币和代用货币均满足不了不断扩大的经济规模对货币的需求，难以适应商品交易的发展需要。所以，信用货币逐渐浮现出来。

信用货币是由国家强制发行与流通的货币符号，是目前世界上几乎所有的国家都采用的货币形式。最初的信用货币是国家为了弥补财政赤字，凭借国家信用直接发行并强制流通使用的，如英国国库发行过的纸钞、美国政府发行过的绿背钞票、日本政府发行过的纸钞等。19 世纪末 20 世纪初，各资本主义国家银行券的发行权逐步集中到中央银行。这样，银行券的发行与国家的纸币发行合而为一。20 世纪 30 年代，世界性的经济危机爆发，随着银行券的停止兑现，各国便陆续实行了不兑现的信用货币制度，即由中央银行代表国家发行纸币作为法定通货，国家凭借强制力使其流通，并使之获得社会的公认。不兑现的信用货币成为纯粹的货币价值符号，它本身不能与金属货币相兑换，是一种债务型的货币。

信用货币的主要形态是纸币、金属辅币和银行存款。

（1）纸币，即钞票。它一般是由中央银行发行的信用货币，它由法律赋予其无限法偿的地位，并成为一国的本位货币。纸币不能兑换，其稳定的条件是中央银行必须根据经济发展的需要，控制纸币的发行量。

（2）硬辅币。由各种贱金属（如铜、镍、铝等）铸造的小面额铸币，它往往由政府直接控制，并以法律规定与其他货币的比价关系，可自由兑换为其他货币。

（3）银行存款货币。银行存款的形式有很多，作为支付手段，最重要的存款形式是可用于转账结算的活期存款。在信用发达、银行业务广泛开展的条件下，活期存款的存户可借助于支票将其存款支付给收款人，而不必经过兑取现金的过程，即客户在银行活期存款账户上的存款余额也是货币。这种可签发支票的存款因此也被称为“存款通货”。在现代经济中，企业的交易活动大量地采用转账结算进行收付，存款通货的量通常数倍于现钞的量。存款货币成为市场交易中最重要的支付工具。存款货币依赖于银行信用制度的存在而存在。银行存款货币的流通使用有着不可替代的优点：一是方便了支付人与被支付人；二是使用成本低，且不易伪造；三是按支付额实收实付，免去清点与找零的麻烦。

信用货币之所以能被公众接受并保持其价值，主要依据于信用货币的发行量，如果政府的货币当局合理控制信用货币发行量，公众对信用货币则保持信心，即使没有充足的货币发行准备，货币仍然能正常地流通和保持价值。

5. 货币形式的发展

随着科学技术的发展，一些先进国家已经开始采用电子货币划拨系统。在这个系统中，各销售场所装有同银行电脑中心连接的终端机。这样，顾客买东西时，只需将他本人专用的货币卡塞入终端机，电子计算机便会将交易金额自动地分别借入或贷入买卖双方的银行账户，这样现金和支票的使用就成为多余的了。电子货币的出现最终会导致现金和支票的消失，但绝不能消灭货币本身，仅仅是货币的符号化逐渐趋于极限的高度。因为在这个电子货币划拨系统中，货币将继续以存款的形式存在。

（三）货币的口径

各种形式的货币，以其流动性或流通速度又可分为多个层次。一般情况下，可以把货币划分为 M_0（现金）、M_1（狭义货币）、M_2（广义货币）三个层次。M_1作为现实的购买力，对社会经济生活有着最广泛而直接的影响。M_2目前是我国中央银行货币管理和监测的重点。

M_0 = 流通中现金。

M_1称为狭义货币，是“广义货币”的对称。包括流通中的现金与商业银行活期存款。构成狭义货币的现金，是法定通货的存在形式；商业银行的活期存款，保证存款人随时可签发支票进行转让或者流通，具有支付手段和流通手段两种职能，是狭义货币中的存款通货。狭义货币的组成可由下式表示：$M_1 = M_0$ + 企业活期存款 + 机关团体部队存款 + 农村存款。

由于各种定期存款一般可以提前支取转化为现实购买力，把它算作货币，可以更全面地反映货币流通状况，便于分析和控制市场金融活动。依此类推，储蓄存款、可转让定期存单、易转手的短期债券等作为具有通货性质的准货币，也可按其流动性状况囊括进来，这就是 M_2的内涵。广义货币的表达式如下：$M_2 = M_1$ + 城乡居民储蓄存款 + 企业存款中具有定期性质的存款 + 信托类存款 + 其他存款广义货币的供应量。

二、货币的职能

因为货币总是通过执行其职能才同经济活动相联系的，所以，要认识货币，弄清楚货币和整个经济活动的关系，就应该首先弄清楚货币的职能。

货币的本质决定货币的职能，货币的职能是货币本质的具体表现。货币在商品交换过程中，随着社会经济发展，逐渐发挥价值尺度、流通手段、贮藏手段、支付手段、世界货币五种职能。

（一）价值尺度

货币在表现商品的价值、衡量商品价值量的大小时，就执行了价值尺度的职能。这是货币最基本的职能之一。货币之所以能够衡量其他一切商品的价值，是由于货币本身也是商品，具有价值。正如秤能用来称量其他物品的重量，是因为秤砣本身有重量一样。“货币在执行价值尺度的职能时，只是想象的或观念的货币。”① 这是因为商品在进入流通过程以前，一方面只是想象中或观念上的商品价值与货币价值相比较并表现出一定的交换比例，另一方面，劳动产品与现实货币没有发生交换，故只是观念上和想象中的货币就可以了。例如一双鞋值15元，只要把价格写在标签上或价目表上就行了，并不需要将15元现实的货币摆放在鞋的旁边。

西方学者认为，货币发挥价值尺度职能大大减少了交换价值表现式的数量，提高了交换的效率。在物物直接交换下，因为交换价值没有一个统一的测量标准，所以每种商品和劳务都不得不把自己的交换价值表现在其他所有的商品和劳务上。如果设n种不同种类和不同质量的商品和劳务待交换，则每种商品和劳务交换价值的表现式的总数就有$n(n-1)/2$之多。货币出现后，这个数量降低，它们只要把自己的交换价值表现在货币上就可以了，这样货币作为所有的商品和劳务的交换价值的唯一的表现者，就取得了交换价值的标准地位，这时商品和劳务的交换价值的表现式大为减少，由过去的$n(n-1)/2$种变为（$n-1$）种了。计算交换比率的时间和劳动也大大减少。

（二）流通手段

货币在商品流通中起媒介作用时，就发挥流通手段职能，这是货币最基本的职能之一。货币作为交换媒介是从物物交换的困难中产生出来的。如前所述，货币的出现克服了物物交换中必须同时满足两个“双重巧合”的困难，从而降低了交易成本，提高了交易效率，并通过交换效率的提高，促进了社会分工的深化，促进了商品交易的发展。

货币发挥流通手段职能，克服了直接交换的局限性，但同时也意味着商品生产者之间的自发的社会联系更加复杂了。因为在直接物物交换下不存在买卖的概念，何一个交换行为从交换双方来看都同时既是买，又是卖；而在以货币为媒介的商品交换条件下，商品交换分裂为两个独立的行为，即“买”与“卖”。由于买与卖是两个独立的行为，因此存在买和卖在时间和空间上的分离。这样商品所有者在一地出卖商品以后，可以到另一地去购买，也可以在出卖商品以后，不马上购买，于是就有可能使一些人的商品卖不出去，造成生产的相对过剩。因此在以货币为媒介的商品流通中，已经包含发生经济危机的可能性。

流通手段与价值尺度是密切联系的。价值尺度是流通手段的前提，流通手段

---

① 马克思：《资本论》（第1卷），人民出版社1975年版，第114页。

是价值尺度的发展。但两者又有区别，作为价值尺度的货币，是观念的货币，而这种观念的货币必须以完全的货币作基础；作为流通手段的货币，必须是现实的货币，而没有完全价值的铸币或完全没有价值的纸币也能执行流通手段职能。正如马克思所说的，商品转化为流通手段的货币，“只是转瞬即逝的要素。它马上又会被别的商品代替。因此，在货币不断转手的过程中，单有货币的象征存在就够了。”① 因而，作为交换媒介的货币，不一定非要足值的货币来充当，可以由不足值的、甚至由完全没有价值的货币符号来代替。而纸币是比较完美的价值符号，所以，纸币就是在这一情况下产生的。

作为流通手段的货币必须是现实的货币，这就存在一个货币量的问题。经济生活中需要的货币量取决于商品价格、商品数量和货币流通速度等变量。比如，出售1个价格为10元的商品需要10元货币，出售100个这种商品就需要1 000元货币。可见货币量与商品总价值呈正比例变化。与商品出卖即退出流通领域的特点相反，货币则在流通领域之内循环不断地为商品流通服务，同时各种商品出卖时间总会有先有后，这样，同一枚货币就会几次执行流通手段的职能。在一定时期内货币可实现几次买或卖，通常称为货币流通次数。很显然，货币流通次数与货币量呈反方向变化。用公式表示如下：

$$\text{执行流通手段职能的货币必要量} = \frac{\text{商品价格水平} \times \text{待实现的商品总量}}{\text{同枚货币的周转次数}} \tag{7.5}$$

马克思主义从劳动价值论的角度出发认为价值尺度是货币的首要职能，价值尺度和流通手段的统一即为货币。

（三）贮藏手段

商品生产者在出售商品取得货币后，如不随即购买，不把货币当作流通手段，而是把它当作财富来保存或当作价值来积累时，货币便执行贮藏手段的职能。货币的贮藏手段职能是在货币的价值尺度和流通手段职能的基础上产生的。货币能否作为价值的贮藏，取决于两个因素：一是在贮藏期内不损失其价值；二是在需要购买时能顺利地买到所需商品。

货币贮藏在不同历史阶段的表现形式是不同的：（1）在前资本主义社会，贮藏货币主要表现为金银商品窖藏的形式，这是最原始、最朴素的货币贮藏形式。金银本身有价值，因而这种贮藏不论对贮藏者本人来说，还是对社会来说，都是价值在货币形态上的实际积累。（2）随着社会生产力的发展，货币贮藏主要采取

① 《马克思恩格斯全集》（第23卷），人民出版社1979年版，第123页。

两种形式：一种是充当流通手段和支付手段的准备金，不断地进入流通并不断地从流通中流回；另一种是指货币暂时闲置的，包括新积累尚未使用的货币资金，它在较长时间里停留在流通之外，等待时机再进入流通，参加资本的循环和周转。

目前，世界各国的货币虽然已与黄金没有任何直接法定联系，但各国政府以及个人都仍然把黄金作为贮藏的主要对象。人们除了以金银积累和储存价值外，更为普遍地还是采取银行存款和储蓄的方式，也有直接储存纸币的。但无论采取什么样的方式贮存，都不意味着有对应数量的真实价值退出流通领域。因此，现代货币贮藏与金属货币贮藏是完全不同的。

马克思以金属货币流通为背景，论证了货币贮藏手段的职能在调节货币流通中起着重要的作用。当流通领域所需要的货币量增加时，被贮藏的货币就会加入流通领域成为流通手段；而当流通中所需要的货币量减少时，有一部分货币就会自动退出流通领域成为贮藏货币。这样贮藏货币就像蓄水池一样，自发地调节流通中的货币量，使之与流通中的货币需要量相适应。但必须注意，只有在金属货币流通的条件下货币贮藏才能发挥这种作用。当前世界各国流通的纸币，货币贮藏就不再发挥这种作用。

（四）支付手段

当货币作为独立的价值形式进行单方面运动时，如偿还债务、缴纳税款、支付工资等就执行支付手段的职能。

发挥支付手段职能的货币同发挥流通手段职能的货币一样，都是处于流通过程中的现实货币，所谓流通中的货币就是两者的总体。因此作为支付手段的货币和作为流通手段的货币一样，即必须是现实的货币，且可用价值符号来代替。但与货币的流通手段相比，货币的支付手段有其自己的特点：（1）与发挥流通手段不同，货币发挥支付手段职能时，与等价的商品不再同时出现在交换过程的两极上，而是作为价值的独立形态，单方面发生转移。（2）作为支付手段的货币，它不是商品交换的媒介物，而只是补充交换的一个独立环节。（3）作为支付手段的货币，不但反映了交换双方之间的买卖关系，而且也反映了他们间的债权债务关系，即信用关系。（4）货币的支付手段可使生产者利用赊购的方式先得到原材料进行生产，待自己的商品出售后再支付欠款。显然，货币的支付手段克服了货币作为流通手段要求一手交钱、一手交货的局限性，推动了商品流通的进一步发展。在现阶段，货币作为流通手段的活动范围差不多完全限定在生产者与消费者之间的零售贸易内，而大宗交易则由作为支付手段的货币来完成。支付手段职能的发展使流通手段的活动范围大大缩小。

货币发挥支付手段的职能，还可以大大节约现金的使用。因为以赊销形式出卖的那部分商品，不需要立即支付货币，因此，在出售商品价格总额中，可以扣除这部分对货币的需要；此外尽管债务到期需要用货币偿付，但由于部分债权债务之间可以互相抵消，也可以减少这部分对货币的需要量，从而使流通中的货币需要量也相应减少。用公式表示如下：

$$\begin{array}{c}\text{执行流通手段和支付}\\ \text{手段职能的货币必要量}\end{array}=\frac{\begin{array}{c}\text{待实现的商}\\ \text{品价格总额}\end{array}+\begin{array}{c}\text{到期支}\\ \text{付总额}\end{array}-\begin{array}{c}\text{赊销商品}\\ \text{价格总额}\end{array}-\begin{array}{c}\text{彼此抵消}\\ \text{支付总额}\end{array}}{\text{同一货币作为流通手段和支付手段的流通次数}}\quad(7.6)$$

货币支付手段职能的出现，一方面促使商品流通进一步扩大，但另一方面则意味着“买”和“卖”的进一步脱节。当货币作为流通手段时是先卖而后买，不卖则不能买；而当货币发挥支付手段职能时是不卖也能买，这就产生了新的问题；由于种种原因商品生产者会不能按预期的时间或预期的价格出卖，这样就会不能按期清偿债务。在债权债务把商品所有者紧密地连接在一起时，一个商品所有者不能还债就会引起一系列的商品所有者不能还债，就会引起大批破产。所以货币发挥支付手段职能也包含着危机的可能性。

总之，货币作为支付手段，促进了信用制度和借贷关系的发展，成为现代货币信用经济发展的基石。最初只是在商品生产者之间用于清偿债务，在商品生产达到一定水平和规模时，随着信用制度的扩展，货币作为支付手段职能发挥作用的范围也在扩展，扩展到商品流通领域之外。但是，它扩展的范围和深度最终仍要受到生产和流通总规模的制约。

货币的支付手段职能还推动了信用关系的出现。当商品生产者以赊销的方式卖出产品，他得到了买者开出的承诺到期付款的债务凭证，即商业票据，这种票据本身又因债权的转移而流通。这种可以转让，并能代替货币使用的有价证券，即为信用工具。

（五）世界货币

当货币超出国界，在世界市场上发挥价值尺度、流通手段、贮藏手段和支付手段职能时就执行了世界货币的职能。

马克思曾对金属货币在国际经济中所起的作用进行比喻，作为世界货币，必须脱掉其国家的制服才能发挥作用。就是说货币只能以其自然形状，即金块或银块形状，才能越出国界发挥作用。金块或银块作为世界货币，发挥着三方面的作用：（1）在国际贸易中作为一般购买手段。（2）在国际收支中执行一般支付手段的职能。目前，这一职能仍发挥着重要作用。(3) 作为国际间财富的一般转移手段。金属货币发挥世界货币职能，并不直接影响国内流通的货币量，当作为世界货币的金银流入国内时，流通不会因之泛滥，因为国外流入的过多货币会转化为贮藏；当作为世界货币的金银从国内流出时，流通也不一定因之感到不足，因为货币的流出国外会由贮藏来满足。

随着金属铸币的退出流通，黄金在世界范围已非货币化，某些国家的货币(如英镑、美元、欧元、日元等) 由于其在国际经济关系中占有重要地位，或者稳定，已经替代黄金而作为世界货币通行于国际市场。

三、货币制度

(一) 货币制度及其构成

货币制度，简称"币制"，是指由国家法律所确定的有关货币发行与流通的相关规定。货币制度的构成要素主要包括币材的确定、货币单位的确定、本位币和辅币的发行及流通程序的确定和准备制度的确定。

1. 确定本位货币金属

确定本位货币金属是建立货币制度的基础。因此，货币制度的建立首先要确定以何种金属作为本位币材。确定不同的本位货币金属就构成不同的货币制度，如确定黄金作为本位货币的金属材料，那么货币制度就是金本位制度。货币金属的确定必须具有客观依据，国家不能滥用权力，随心所欲地指定某一种金属作为币材。随着经济的发展，货币金属由贱金属向较贵重金属和贵金属渐进。到了19 世纪，体积小价值大的贵金属——黄金占据了统治地位，确立了黄金的货币金属地位。一般地说，发达国家的货币金属多为黄金，落后国家则为白银。

2. 确定货币单位

在确定货币金属的同时，还要确定货币单位，也就是价格标准。货币单位的确定包括确定货币单位的名称和每一货币单位所含货币金属的重量。例如，美国的货币单位的名称为美元 (Dollar)，1900 年的金本位法案规定 1 美元含成色 9∶10 的黄金 25.8 格令，纯金 23.22 格令；英国货币单位的名称为英镑 (Pound Sterling)，1816 年 5 月的金本位法案规定 1 英镑含成色 11∶12 的黄金 123.27447 格令，纯金 113.0016 格令；我国 1914 年北洋政府的《国币条例》中规定：货币单位名称为圆，每圆含纯银 23.977 克。

3. 确定本位币和辅币的铸造、发行和流通程序

本位币是用国家确定的本位货币金属，按照国家规定的货币单位所铸成的铸币。本位币是足值货币，其名义价值等于实际价值。它是一国的基本通货。本位币具有无限法偿的能力、自由铸造等特点。无限法偿是指国家规定本位币具有无限制的支付能力，不论每次支付数额如何巨大，如用本位币，收款人都不能拒绝接受。自由铸造是指每个公民都有权把经国家确定的货币金属送到国家造币厂代为铸成铸币，在数量上不受限制，国家不收或收取很低的费用，同时公民也有权把铸币熔化为条块状。但严禁私自铸造。自由铸造使铸币本身的价值与其所包含的金属价值保持一致。

本位币的最小规格是一个货币单位，而商品价格和劳务付费有时不到一个货币单位，因此，除了本位币，国家还铸造辅币。辅币是本位币以下的小额通货，其面值大多为本位币的1/10或1/100。如美元的辅币是美分，1美元=100美分；英镑的辅币是新便士，1英镑=100新便士。辅币多用贱金属铸造，其名义价值高于实际价值，是不足值货币。因此，一般国家政府规定：辅币不能自由铸造，只能由国家来铸造；辅币与主币的兑换比率是通过法律形式固定下来的；辅币的支付能力是有限的，即在一次支付行为中只可用一定金额辅币支付，超过法定数量，收款方可以拒收。但在向国家纳税和向银行兑换时可不受此限制。

4. 确定纸币发行和流通程序

在金属货币制度下，流通中的货币除了铸币形式的主币及其辅币外，还有银行券、纸币或不兑现的信用货币。银行券和纸币虽然都是没有内在价值的纸制的货币符号，但因为它们的产生和性质各不相同，所以其发行和流通程序也有所不同。

在当代社会经济中，银行券和纸币已基本成为同一概念。因为，第一，各国银行券已经不再兑现金属货币。第二，各国的纸币已经完全通过银行的信贷程序发行出去。二者已经演变为同一事物。现代意义上的纸币主要是通过四个渠道投放到流通领域：一是中央银行向商业银行发放贷款；二是央行为财政提供贷款和透支；三是央行收购外汇和黄金；四是央行购买有价证券。

5. 规定金准备制度和外汇储备制度

在货币制度的发展史上，由于本位货币、发行流通程序的不同，出现过的发行准备制度包括两类：

（1）金准备制度，是指作为金准备的黄金必须集中于中央银行或国库。这些作为货币发行准备的黄金主要有以下用途：第一，国际支付的准备金；第二，作为扩大和收缩国内金属货币流通的准备金；第三，作为支付存款和兑换银行券的准备金。从20世纪70年代以后，世界各国已经不再用黄金作为货币发行和干预外汇价格的保证了，黄金的货币地位和作用也削弱了，世界各国已无金属货币流通，黄金准备制度只作为国际支付的准备金，其他两个用途已经不复存在。

（2）外汇准备制度，是指作为外汇准备的外国货币必须集中于中央银行。其用途一般包括：第一，国际支付的准备金；第二，国内金属货币流通的准备金；第三，支付存款和兑换银行券的准备金。比如德国在20世纪20年代规定，发行新马克的发行准备中，黄金加上外汇至少为40%，其中外汇至少要占25%。国际上广泛使用的外币和在国外可以使用的支付手段，包括政府在国外的短期存款或其他可以在国外兑换现金的支付手段，后者如外国有价证券、外国银行支票和外币汇票等，都可作为外汇准备。

（二）货币制度的类型

综观世界各国货币制度的演变过程，大体上经历了银本位制、金银复本位制、金本位制、不兑现的信用货币制度等类型。各国曾采取过的货币制度类型如图7.1所示。

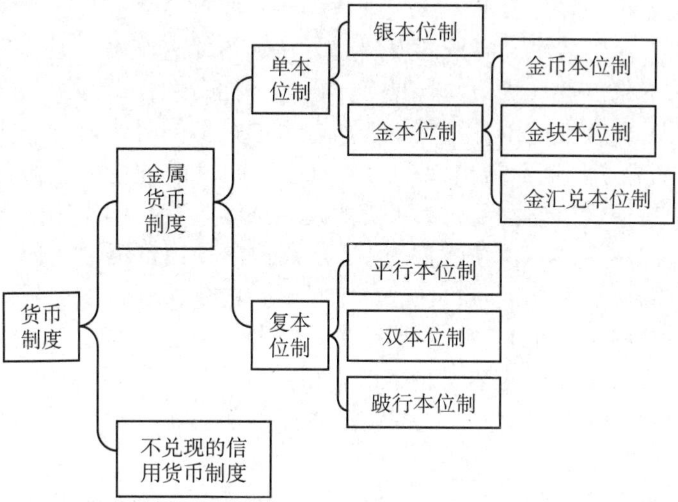

图7.1　货币制度分类

1. 银本位制

银本位制是以白银作为本位币的一种货币制度。其基本特征是：白银作为本位币的价值与其所含白银价值相等；银币可以自由铸造；货币代表物可以自由兑换银币；银币具有无限法偿能力；白银和银币可以自由输出、输入等。

白银在前资本主义社会是主要币材，这与前资本主义社会经济发展水平不高的现实是相适应的。那时经济不够发达，商品交易主要是小额交易，规模很小，因此对货币的需要量也不大，白银价值较低，适合这种交易的需要。在货币制度萌芽的中世纪，许多国家就实行银本位制。在贵金属货币流通中，银本位制作为一种独立的货币制度在一些国家存在的时间并不长，且范围也不广，主要有墨西哥、日本、印度等。这主要是因为在经济发展过程中，银本位制逐渐暴露出很多弱点。如银本身的价值不够稳定，影响币值的稳定；其次由于银的价值较低，给大宗贸易带来不便。因此，在19世纪70年代白银价格大幅度下降以后，各国相继放弃银本位制，转为金银复本位制或金本位制，只有少数落后国家仍保持银本位制。

2. 金银复本位制

金银复本位制，就是同时以金、银两种金属为本位货币的货币制度。其基本特征是：金银两种金属同时被法律承认为本位货币；金银两种本位币都可自由铸造；金银铸币都具有无限法偿能力；金银铸币都可自由兑换、自由输出入。

金银复本位制是资本主义发展初期最典型的货币制度。在金银复本位制度下，白银适应于小额零星交易，黄金则适应于大额批发交易，满足了资本主义经济发展的需要，对资本主义经济的发展起了一定的促进作用。但不久就暴露出这种货币制度的不稳定性。货币本身具有排他性和独占性，而法律上却同时承认金银均为本位币，当金银铸币各按其本身所包含的价值同时流通时，即称为“平行本位制”，流通界中的商品就出现了两种价格，而这两种价格会随着金银市场比价而变化，于是造成流通混乱。为了克服这一问题，有些国家用法律规定金币与银币的比价，即称为“双本位制”，但是金银的市场比价仍然变化，当金银法定比价同金银市场比价不一致时，在法律上被低估的货币（即实际价值高于法定名义价值的货币，称为良币），就会被收藏、熔化或输出国外；而法律上被高估的货币（即实际价值低于法定名义价值的货币，称为劣币）就会独占市场，最后流通界只有一种货币，即劣币。这就是“劣币驱逐良币”或“格雷欣法则”(Gersham's Law)。

实行金银复本位制的国家，在“劣币驱逐良币”规律的作用下，不得不规定金币仍可自由铸造，银币禁止自由铸造，以此来维持流通中两种铸币的法定比价，这种制度故称为“跛行本位制”。复本位制的这种不稳定性，对资本主义经济的进一步发展起着阻碍作用，于是开始向金本位制过渡。

3. 金本位制

金本位制是指以黄金作为本位币的货币制度，又可划分为金铸币本位制、金块本位制和金汇兑本位制三个阶段。

（1）金铸币本位制

19 世纪初英国首先过渡到金本位制，这种制度最初的表现形式是金铸币制度，其基本特点是：金币可以自由铸造、自由熔毁；金币的价值与其所包含的黄金价值保持一致；纸币或银行券可以自由兑换金币；金币具有无限法偿能力；黄金可以自由输出入。在金铸币本位制下，尽管有的国家也铸造银币，但银币的铸造受到限制，且银币具有有限法偿能力，从而不像复本位制下那样与金处于分庭抗礼的地位。

金本位制相对于其他货币制度是比较稳定的。这是因为：①金币的币值相对稳定，便于精确地计算成本、价格和利润，从而为促进生产发展创造了有利条件，同时稳定的流通手段，增强了人们对通货的信誉，又为资本主义商品流通的扩大创造了有利条件。②在西方主要国家的货币制度分别向金本位制过渡时，银行券的发行制度也趋于完善，各国中央银行建立并垄断了银行券发行，建立健全了发行的保证制度，保证银行券与金币的自由兑换，从而使银行券能够稳定地代替金币发挥作用。③金币币值稳定，使债权人和债务人的利益均不受损，从而保证了信用事业的正常发展，同时也加速了金融资本的形成和壮大。随着金融资本的形成和壮大，信用工具、信用形式日趋多样化，金融市场的活跃，又促进工商业的更大发展。④金币的自由输出入，保证了各国货币比价的稳定，从而促进了国际贸易的发展。

上述稳定的局面后来被帝国主义矛盾的加剧和第一次世界大战所打破。这是因为：一是资本主义各国发展极不平衡，引致黄金分布不平衡，黄金存量少的国家金币流通的基础遭到削弱；黄金存量多的国家为了准备战争，而将黄金集中于中央银行，金币流通遭到破坏。二是大量的扩军备战，引起这些国家巨额的财政赤字，为了弥补财政赤字，各国增加了银行券的发行，这种情况下发行的银行券，很难兑换黄金，因此银行券的自由兑换遭到破坏。三是扩军备战也使黄金外流严重，于是这些国家纷纷出面干预，限制黄金的输出，至此黄金的自由输出入遭到破坏。

（2）金块本位制

第二次世界大战后，一些原来发达的国家黄金存量锐减，没有能力恢复金铸币本位，而只是建立了金块本位制，这种制度又称为“生金本位制”，是指流通中没有金币，而只有银行券，银行券仅与金块兑现，但有一定限制。例如，英国在 1925 年实行金块本位制时宣布，居民若用银行券兑换黄金，其最低起点是 1 700 英镑；法国在 1928 年实行金块本位制时规定，用银行券兑现黄金的起点是

21 500 法郎。这么高的兑换起点，等于剥夺了绝大多数人兑换的权利。金块本位制的基本特点是：以价值符号流通代替了金铸币流通，并规定价值符号的含金量；以有限制的金块兑换代替了自由的金币兑换；以买入金块制代替了自由铸造，国家按一定价格购买黄金，由中央银行或政府集中存储。

（3）金汇兑本位制

与此同时，有些国家则实行了金汇兑本位制，这种制度又称为“虚金本位制”，是指没有金币流通，只流通银行券。银行券在国内不能兑换金块，只能兑换为可兑换成金块的外汇。金汇兑本位制的基本特点是：国内不铸造，也不使用金币，只流通价值符号；价值符号只能购买外汇，即可以兑换金块的外汇；金汇兑本位制国家的通货同一个实行金块本位制或金币本位制的国家的金币保持固定比价，并在后者存放外汇或黄金作为外汇基金，以便随时出售来稳定这一固定比价。

金块本位制和金汇兑本位制，流通中都没有金币，黄金失去了作为流通手段的作用，因此均为残缺不全的金本位制，都是极不稳定的货币制度。这是因为：金块本位和金汇兑本位制都没有金币流通，黄金在货币流通中的自动调节作用不存在了。金块本位制大大限制了兑换黄金；而实行金汇兑本位制的国家，银行券在国内不能兑换黄金，只有通过外汇才能兑换黄金，这就从根本上动摇了金本位的基础。实行金汇兑本位制的国家，由于其发行基金和外汇基金都存放在其他国家，并与这些国家的货币相联系。因此，一旦存放地国家的币制、经济、政治波动，则其依附国的货币、经济和政治等都会受到影响和束缚，无法独立自主地保持本国货币的稳定。

随着 20 世纪 30 年代西方国家经济大危机，金本位制度彻底崩溃，取而代之的是不兑现的信用货币制度。

4. 不兑现的信用货币制度

不兑现的信用货币制度是指以纸币为本位币，且纸币不能兑换黄金的货币制度。这是当今世界各国普遍实行的一种货币制度。其基本特点是：（1）不兑现的信用货币，一般是由中央银行发行的，并由国家法律赋予无限法偿的能力。（2）货币不与任何金属保持等价关系，也不能兑换黄金，货币发行一般不以金银为保证，也不受金银的数量限制。（3）货币是通过信用程序投入流通领域，货币流通是通过银行的信用活动进行调节，而不像金本位制度那样，由金币自身进行自发地调节。银行信用的扩张，意味着货币流通量增加，银行信用的紧缩，则意味着货币流通量的减少。（4）这种货币制度是一种管理通货制度。一国中央银行或货币管理当局通过公开市场业务、法定存款准备金率、再贴现政策等手段，调节货币供应量，以保持货币稳定；通过公开买卖黄金、设置外汇平准基金、管理外汇市场等手段，保持汇率的稳定。(5) 货币流通的调节构成了国家对宏观经济进行控制的一个重要手段，但流通界究竟能够容纳多少货币量，则取决于货币流通规律。当国家通过信用程序所投放的货币超过了货币需要量，就会引起通货膨胀，这是不兑现的信用货币流通所特有的经济现象。流通中的货币不仅指现钞，银行活期存款也是通货。随着银行转账结算制度的发展，存款通货的数量越来越大，现钞流通数量越来越小。

5. 我国的人民币制度

我国的人民币制度是从人民币的发行开始的。1948 年 12 月 1 日中国人民银行正式成立，同时发行人民银行券，即人民币。人民币发行以后，中国人民银行迅速收兑了旧经济制度下的法币、金圆券、银圆券，同时通过逐步收兑原各解放区自行发行的货币，统一了货币，形成了新中国货币制度。

我国的货币制度内容主要包括：(1) 我国法定货币是人民币，人民币具有无限法偿能力。人民币单位为“元”，元是本位币即主币，辅币的名称为“角”和“分”。1 元等于 10 角，1 角等于 10 分。人民币的票券、铸币种类由国务院决定。人民币符号为“¥”是“元”字汉语拼音“yuan”的开头字母加两横而成。(2) 人民币是代表一定价值的货币符号，它没有含金量的规定，是不兑现的信用货币。(3) 人民币是我国唯一合法通货。国家规定禁止金银和外汇在国内市场上计价、流通、结算和私自买卖。严禁仿造人民币。(4) 人民币的发行实行高度集中统一，货币发行权集中于中央政府，由中央政府授权中国人民银行统一掌管。人民币的发行要适应生产发展和商品流通的正常需要，通过银行信贷程序进行。(4) 人民币正在逐渐成为可兑换货币。

第二节　信用的本质与形式

一、信用概念及其内涵

作为经济和金融范畴的信用是一种狭义的信用概念，一般是指以偿还和付息为基本特征的借贷行为。借贷活动是价值单方面转移，在一定时期内转让资金使用权，其条件便是要求借方到期按时偿还，并支付使用资金的代价——利息。可以从以下三个方面来分析和理解信用的内涵。

（一）信用是以偿还和付息为条件的借贷行为

信用作为一种借贷行为，贷者把一定数量的货币或商品贷放给借者，借者可以在一定时期内使用这些货币和商品，到期必须偿还，并按规定支付一定的利息。所以偿还和付息是信用最基本的特征。这一特征使它区别于财政分配。财政分配基本上是无偿的，财政收进来、支出去，都不需要偿还，没有直接的返还关系。在财政分配中，货币支出以后分配过程就算结束，不需要偿还，也不需要支付利息。信用分配是有偿的，它作为一种借贷行为必须有借有还，收进来、支出去都需要偿还，具有直接的返还关系，存款要提取，贷款要归还，在偿还时，还要按规定支付一定的利息。

（二）信用关系是债权债务关系

信用是商品货币经济中的一种借贷行为，在这种借贷行为中，商品和货币的所有者由于让渡商品和货币的使用权而取得了债权人的地位；商品和货币的需要者则成为债务人，借贷双方具有各自对应的权利和义务。这种债权债务关系最初是由于商品的赊销和货币的预付而产生的，但随着融资行为和信用制度的广泛建立和发展，债权债务关系渗透到了经济生活的各个角落。无论是企业生产经营活动，还是个人的消费活动或政府的社会、经济管理活动都依赖债权债务关系。对债权债务的管理和使用成为各种不同经济主体经常性的工作。所以，从本质上说，信用关系就是债权债务关系，信用行为就是放债和承债行为。

（三）信用是价值的特殊形式

在单纯的商品流通中，价值运动是通过一系列买卖过程实现的。在买卖过程中，卖者让渡商品取得货币，买者付出货币商品。首先，这里是所有权的转移，卖者放弃了商品的所有权，而取得了货币的所有权，买者则相反。其次，这里是等价交换，卖者虽然放弃了商品的所有权，但没有放弃商品的价值，只是改变了价值形态，即从原来的商品形态变成了货币形态，而买者虽然放弃了货币，但取得了与货币等价的商品。在信用活动中，一定数量的商品或货币从贷者手中转移到借者的手中，但并没有同等价值的反方向运动，而只是让渡了商品或货币的使用权而不是所有权。因此，信用活动是价值单方面的转移，是价值运动的特殊形式。

二、信用形式

现代商品经济中，信用的产生源自于普遍存在的债权债务关系。无论是国内还是国际经济交往，无论是居民、企业还是政府以及金融机构之间都普遍存在着信用关系。信用形式也多种多样。

（一）商业信用

商业信用是指企业之间相互提供的，与商品交易直接相联系的信用。商业信用的具体形式包括企业间的商品赊销、分期付款、预付货款、委托代销，等等。由于这种信用与商品流通紧密结合在一起，故称为商业信用。商业信用最典型的形式是商品赊销。商业信用发生的基本原因是：在商品经济条件下，由于生产者之间的生产时间和流通时间经常不一致，使商品运动和货币运动在时间上和空间上相脱节。即在社会再生产过程中，一些企业生产出商品等待销售，而需要购买商品的企业又暂时没有现款。商业信用通过赊销商品、延期付款的方式解决了买卖双方暂时的矛盾。这样，不仅卖方商品的价值得以顺利实现，又满足了买方补充现款的需要，从而加速商品价值实现的过程，缩短了生产和流通时间，促进了社会再生产的顺利进行。

1. 商业信用的特点

（1）商业信用的借贷行为与商品交易相联系，商品买卖行为与货币借贷相结合。商业信用实际上同时包含着两个经济行为，即买卖与借贷。在这里卖者把商品赊销给买者，商品买卖完成，商品的所有权发生了转移，但由于商品的货款没有立即支付，提供商业信用的卖者变成了债权人，而买者变成了债务人，买卖双方形成了债权债务关系，买卖行为同借贷行为相结合。

（2）商业信用是企业之间发生的最简单的直接信用形式。商业信用是企业之间以商品形态提供的信用，其借贷双方或债权人与债务人是商品的生产者与购买者，他们通过商品买卖形成借贷关系，这种借贷关系不需要借助于任何中介机构，所以是一种最简单的直接信用形式。

（3）商业信用状况与经济景气状况一致。在经济繁荣时期，生产规模扩大，商品增加，从而以信用形式出售的商品就增多，对商业信用的需求也增加了；相反，在危机或萧条时期，市场需求不足，商品滞销，企业的生产缩减，这时企业对商业信用的需求也就减少了。

2. 商业信用的优点

由于商业信用具有以上特点，因而其最大优点在于方便和及时。商业信用的提供，既解决了资金融通的困难，也解决了商品买卖的矛盾，从而缩短了融资时间和交易时间。同时，商业信用直接为商品流通服务，以商业信用作为优惠的销售条件，是商品销售的一个有力竞争手段。而且由于商业信用关系的商业票据在一定条件下可以流通转让，特别是持票人在必要时可向金融机构以贴现方式融入资金，因而无论是否有闲置资金，卖方企业都愿意运用商业信用来推销商品。正因为如此，一般在商业信用能解决融资问题的情况下，购货企业无须求助于银行信用，商业信用也成为西方国家信用制度的基础和基本形式之一。

3. 商业信用的局限性

商业信用虽有其优点，但由于其本身的特征，又决定了它的存在和发展具有局限性。

（1）规模和数量上的局限性。商业信用是企业间买卖商品时发生的信用，是以商品交易为基础的。因此，信用的规模受商品交易量的限制，生产企业不可能超出自己所拥有的商品量向对方提供商业信用。商业信用无法满足由于经济高速发展所产生的巨额资金需求。

（2）方向上的局限性。因为商业信用的需求者也就是商品的购买者，这就决定了企业只能与和自己的经济业务有联系的企业发生信用关系，通常是由卖方向买方提供，而且只能用于限定的商品交易。例如在纺织行业内只能按棉花商→纺纱厂→织布厂→印染厂→服装加工厂的方向逐级提供商业信用。

（3）信用能力上的局限性。商业信用的借贷行为之所以能成立，不仅是因为买卖关系的成立，重要的是贷者比较确切了解借者的支付能力。也只有商品卖者相信买者到期后能如数偿付货款，这种信用关系才能成立。因此，在相互不甚了解信用能力的企业之间就不容易发生商业信用。

（4）信用期限的局限性。企业在向对方提供商业信用时，一般受企业生产周转时间的限制，期限较短。所以，商业信用只能解决短期资金融通的需要。

（5）商业信用在管理上具有一定的局限性。商业信用是企业之间自愿发生的，有其盲目、自发、无序的一面。对商业信用如果不正确地加以引导和管理，其中也潜伏着危机，容易掩盖企业经营管理中的问题，可能引起虚假的繁荣，可能引发信用规模膨胀，造成微观或宏观效益低下。加强对商业信用的管理，需要银行信用来支持，国家可以通过信贷政策合理控制和引导商业信用。

4. 商业信用在我国的发展及商业信用票据化问题

商业信用的确立从历史上看曾经采用过“口头信用”和“挂账信用”的形式，在法律制度健全起来以后，大多采用“票据信用”的形式，即买卖双方要签发保证债务人到期足额支付款项的票据。商业信用中使用的票据是商业票据，可以有两种，一种是商业期票，一种是商业汇票，关于商业票据的知识会在本书第九章中详细介绍。

在新中国成立初期，商业信用曾经得到相当广泛的使用，并且发挥了良好的作用。在当时多种经济成分并存的情况下，各种经济成分之间的交易一直广泛利用着这种传统的信用形式；同时，国营经济为了实现对其他经济成分的领导和影响，也往往要利用这种形式。随着生产资料社会主义改造的基本完成，基于自身的局限性商业信用基本被禁止。

党的十一届三中全会以后，随着经济改革的深入，经济活动和经营方式的日益多样化，对商业信用的客观需求又凸显了出来，为此，国家实行了有控制地开放商业信用的政策，于是，商业流通领域出现了名优产品预收预付、滞销产品赊销赊购、积压产品寄售代销等形式，在与这些新的购销方式相适应的结算方式没有产生以前，由这些购销方式引起的商业信用，普遍采用“挂账信用”的处理办法，由于经济法规不健全，结算纪律松弛，一些单位往往利用“挂账信用”的缺陷，在商品交易中搞无本经营，长期占用其他单位资金，由此造成企业间相互拖欠货款，严重破坏了社会资金的良性循环。

为了加强对商业信用的管理，引导商业信用正常发展，从 1985 年起，银行陆续在一些城市开办了商业票据承兑与贴现业务，试图通过推广商业信用票据化，督促交易双方恪守合同，消除社会资金运行过程中的相互无限期拖欠问题。1995 年 5 月 10 日《中华人民共和国票据法》正式颁布，对包括商业汇票在内的汇票、本票和支票这三种票据进行了法律规定，为商业信用票据化提供了法律依据。

（二）银行信用

商业信用的局限性使它难以满足资本主义社会化大生产的需要，于是，伴随着资本主义银行的产生，在商业信用广泛发展的基础上产生了银行信用。银行信用是银行及其他金融机构以货币形式提供的信用，其主要形式是吸收存款和发放贷款。与商业信用相比，银行信用有其自身的特点和优点。

1. 银行信用的特点

（1）银行信用是间接融资信用。银行信用是银行通过吸收全社会各方面暂时闲置的货币资本（金），然后以贷款的方式把集中起来的这部分货币资本（金）贷放给企业，投入到社会再生产过程中去，银行是以信用中介的身份间接地对全社会的货币资金余缺进行调剂。

（2）银行信用是以货币形态提供的信用。

（3）银行信用的主体包括银行、其他金融机构、工商企业以及个人等，它们在信用活动中交替地以债权人和债务人的身份出现。

2. 银行信用的优点

由于银行信用具有以上特点，所以，它克服了商业信用的局限性，成为一种比较良好的信用形式。其优点是：

（1）银行信用的规模巨大。银行信用能从社会上广泛筹集货币资本，不仅有工商企业暂时闲置的货币资本，还有社会各阶层居民个人的货币储蓄。在当前不兑现的信用货币制度下，商业银行利用自身具有的创造派生存款能力，还能够多倍地扩大货币供应量和信贷规模。因此，银行信用不仅对工商企业现有资本进行再分配，还向工商企业提供大量的追加资本，使信用规模大为增加。这就在规模和数量上克服了商业信用的局限性。

（2）银行信用的投放方向不受限制。银行信用以货币形态提供，货币具有一般的购买力，谁拥有它，谁就拥有选择任何商品的权利。因此，任何部门、企业和个人暂时闲置的货币或资本都可以被各种信用机构动员起来，投向任何一个部门和企业，以满足任何方面的需要，不受任何方向上的限制。

（3）银行信用的期限长短均可。银行主要靠吸收存款向工商企业提供信用，银行吸收的存款短、中、长期均有，银行吸收的短期存款可用于向工商企业发放短期贷款，以满足企业季节性和临时性的流动资本需要；银行吸收的中长期存款可用于向工商企业发放中长期贷款，以满足企业在扩大投资上的固定资本需要。这就克服了商业信用在期限上的局限性。

（4）银行信用的能力和作用范围大大提高和扩大。由于银行和社会发生比较广泛的信用关系，利用的是社会资金，资金实力强、机构多，而且其本身有了解企业生产经营活动的方便条件。特别是中央银行出现以后，银行制度本身具有较高稳定性信誉，所以，银行信用不仅能力大大提高，而且其作用范围也扩大了，克服了商业信用在信用能力和作用范围上的局限性。

由于银行信用具有以上特点和优点，因而自它产生以后，对商品经济的发展起到了巨大的推动作用，成为现代经济中最基本的信用形式之一。

3. 银行信用在社会资金融通中的地位

银行信用本身具有规模大、风险小的优势。银行作为专门的信用中介机构，具有较强的专业能力来识别与防范风险，银行作为吸收存款、发放贷款的企业，不仅能够提供信用，而且能够创造信用。在信用领域，银行信用无论在规模、范围以及期限灵活性上都大大超过其他信用形式，在信用领域中居于主导地位。国家信用、商业信用、消费信用等日益依赖于银行信用，商业信用、国债的贴现和发行往往都是通过银行来进行。

在我国经济运行中，银行信用一直是最基本的资金融通形式。在经济体制改革之前，我国只允许通过银行信用来融通资金，禁止和取消其他形式的资金融通方式。随着改革的深化，金融机构多元化，资金融通方式日益多样化。但是从目前来看，通过银行信用融通资金仍然是我国企业资金融通的最基本形式。

（三）国家信用

国家信用是以国家为主体的借贷活动，通常国家是处于债务人的地位。我国早在周朝时期就已开始使用国家信用。如《汉书·诸侯王表序》中说：战国后期，周赧（nǎn）王召集六国出兵伐秦，由于没有军费，只好向富商地主借钱，可六国根本不听他的话，按兵不动，而他借的钱很快花完，债主纷纷上门讨债，他只好藏在宫中的一座高台上。成语“债台高筑”就源自于此。

国家信用的基本形式有：一是由国家发行政府债券，包括国库券和公债；二是政府发行专项债券，即政府特为某个项目或工程发行债券；三是银行透支或借款。其中最主要的形式是国家发行公债和国库券。在本书第五章中已有关于国库券和公债的详细介绍。

多种信用形式的发展是推动商品经济向更高层次发展的重要条件。要搞活经济、搞活资金，发展横向经济联合，就必然要开发多种信用形式，在更大的范围内广泛地融通资金。作为国家信用主要形式的国债，可动员银行信用所不能动员的资金，弥补国家资金的不足，以适应市场经济的不断发展。因此，国家信用的发达程度从一个侧面反映着一个国家的经济发展水平。国家信用在经济生活中起着积极的作用，发挥了重要的功能，关于国家信用功能的介绍也见本书第五章。

（四）消费信用

消费信用是指工商企业、银行或其他金融机构对消费者个人提供的，用以满足其消费方面的货币需求的信用。消费信用的主要特点是：（1）扩大需求，提高消费，刺激经济发展。（2）是有利的促销手段。（3）容易造成需求膨胀。针对当前需求不足的矛盾，消费信贷对于促进消费有着积极作用。

消费信用是工商企业或银行等金融机构，对消费者提供的直接用于生活消费的信用。消费信用主要有两种类型：第一类是工商企业以赊销商品、分期付款的方式向消费者提供的信用。赊销一般是由零售商以延期付款的方式销售商品，提供给消费者的短期消费信用。分期付款是用于购买耐用消费品，如汽车、住房的消费者，先付一部分货款，其余部分按合同规定分期加息偿付，在货款付清之前，消费品的所有权仍属于卖方的一种中长期消费信用。第二类是银行或其他金融机构以货币形式向消费者提供的消费信用，也就是消费贷款。它属于长期消费信用，一般用于购买汽车或住房，时间可达 20～30 年，或采取抵押贷款方式或采取信用贷款方式。

消费信用的作用主要表现在：（1）在一定程度上缓和消费者的购买力需求与现代化生活需求的矛盾，有助于提高消费水平。（2）可发挥消费对生产的促进作用。消费信用的存在和发展有效地扩大了消费品的需求，加速了商品价值的实现，从而导致商品生产规模的进一步扩大，刺激经济不断发展。但消费信用的使用要与市场供应相结合，与企业生产能力、资金供应状况相结合，与个人收入水平相结合，否则在一定条件下会产生消极作用。如果消费需求增长过快，生产扩张能力有限，消费信用则会加剧市场供求紧张状态，促进物价上涨。因此对于拥有不同经济条件的国家和地区，以及处于经济发展的不同阶段，消费信用会产生不同的效果。对于消费者个人来说，如果过度利用消费信用，则可能背上沉重的债务负担。

消费信用在现代经济中发展很快，它已经成为西方国家居民消费的重要方式。我国在新中国成立初期，曾经运用消费信用形式来推销某些高档消费品。20 世纪 80 年代，经济体制和金融体制改革以后，有些工商企业也曾经以分期付款的方式销售耐用消费品。但由于当时我国生产力水平还较低，企业资金能力有限，消费信用运用的范围很小。我国经过 20 多年的改革开放，经济持续快速发展，居民收入和消费水平不断提高，消费已成为经济稳定增长的重要力量，消费信贷的推行已是大势所趋。目前，从住房、汽车、耐用消费品、助学、旅游等各个消费领域，几乎都活跃着消费信贷的影子。商业银行也纷纷转变经营机制，优化信贷结构，大力推行消费信贷业务，为消费信贷的发展提供了内在的动力。应当承认，尽管与过去相比，我国消费信贷增长迅速，但与发达国家商业银行平均的消费信贷比重相比，我国的消费信贷总体规模偏低。

（五）高利贷信用

高利贷资本是通过放贷货币或实物获得高额利息的一种生息资本。高利贷信用就是高利贷资本的运动形式。它最早产生于原始社会解体时期。那时，私有制已经出现，原始公社内部发生了贫富分化现象，富裕家族占有大量财富，贫困家族为了生产和生活的需要，不得不向富裕家族借债，这就给高利贷的产生和发展创造了条件。另外，随着商品经济的发展，一部分劳动产品已经转化为商品，货币的各种职能特别是支付手段职能有了一定的发展，高利贷于是就出现了。

高利贷在奴隶社会和封建社会中得到广泛的发展，这是因为商品经济不发达和小生产是其赖以存在的经济基础。马克思指出："高利贷资本作为生息资本的独具特征的形式，是同小生产、自耕农和小手工业主占优势的情况相适应的。”①由于小生产者的经济地位极不稳定，经不起意外事件的打击，天灾人祸都会使小生产者陷入困境，若不向高利贷者借债就无法生存下去，所以小生产者的大量存在，构成了对高利贷的稳定需求，是高利贷生存和发展的催化剂。此外，一些奴隶主和封建主为了满足他们政治上的或生活上的需要，有时也向高利贷者借债。总之，前资本主义的政治经济条件决定了高利贷的产生和发展。

高利贷作为一种信用形式，有着信用的一般特征，如价值单方面让渡、到期偿还、收取利息等；同时高利贷也有自己的特点：（1）高利贷的利息率非常高。高利贷一般年利率可达30%以上，有的甚至可达百分之几百。如汉景帝时期的无盐氏。当时吴楚七国诸侯叛乱，首都长安城中列侯封君随从军队出征平叛，需要向商人借款。高利贷者认为关东战事胜负未决，不肯冒风险贷款。巨商无盐氏生性豪爽，极有胆量，认为可以赌一把，便拿出千金借贷给达官贵人，条件十分苛刻：“息什计”，即年利率达到1 000%。结果3个月后，吴楚叛乱被朝廷平定。一年后，无盐氏赚取上万金的财富，成为关中首富。正像马克思指出的：“高利贷者除了货币需要者的负担能力或抵抗能力外，再也不知道别的限制。”②（2）高利贷不利于生产发展，甚至对生产有破坏作用。在前资本主义社会中，高利贷的需求者主要是小生产者和奴隶主、封建主，小生产者借债主要是为补贴生计，而奴隶主、封建主借债主要是为享受奢侈的生活以及豢养卫士、发动战争，本来就已很有限的资金不能用于生产的扩大和发展。马克思一针见血地指出：“高利贷不改变生产方式，而是像寄生虫那样紧紧地吸在它身上，使它虚弱不堪。高利贷吮吸着它的脂膏，使它精疲力竭，并迫使再生产在每况愈下的条件下进行。”③高利贷的这两个主要特点是紧密联系在一起的，由于高利贷极高的利率，借债的人根本不可能把借到的资金用于生产，因为生产所得还不够支付高利贷的利息；反过来，也正由于生产资金的匮乏，使得生产不能快速发展，导致商品经济关系发展缓慢，从而使可得的资金量增长迟缓，因此利率高昂。

目前我国金融市场和金融机构的利率整体趋于合理的低水平，但高利贷在我国民间仍有存在的迹象。有资料显示，近年来我国民间高利贷已经高达8 000亿至1.4万亿元，仅浙东南地区就有3 000多亿元。据调查，在南方，民间高利贷的利息少则3分、5分，有的甚至高达1毛钱，超过了国家法定贷款利率的好几

① 《马克思恩格斯全集》第25卷，人民出版社1974年版，第672页。
② 《马克思恩格斯全集》第25卷，人民出版社1974年版，第677页。
③ 《马克思恩格斯全集》第25卷，人民出版社1974年版，第674～675页。

十倍。[①] 民间这种高利贷形式信用的发展在我国由来已久，在广大农村中普遍存在，农民婚丧嫁娶、购买日用消费品的临时资金需要，都是通过民间信用渠道解决的。改革开放以后，不仅农民经商、搞副业的经营性资金需要加入到民间信用中来，城镇一些个体工商户、集体企业、乡镇企业和私营企业的各种经营性资金需要，在国有商业银行贷款对象以国有大中型企业为主的情况下，也多通过民间信用的途径解决。20 世纪 90 年代以后，民间信用拓展到多种领域，如办厂、建房等。这种信用形式的出现主要与我国融资活动主要倚重于金融机构，而金融机构主要服务于国有大中型企业的融资体制相关，所以中小企业出于发展的需要不得不向民间高利贷融资。

（六）信托信用

信托是信用委托的意思，指的是接受他人委托，代为管理、经营或处理某项经济事务的行为。信托有两大类型，一类是以物资为信托对象的商品信托，另一类是以资金、财产为信托对象的金融信托。这里要谈的信托信用指的是金融信托。

金融信托按信托机构服务对象的不同，可分为个人信托、公司信托和公共团体信托三类。个人信托的委托人或受益人是个人，信托机构可为委托人提供代理投资、代管财产、保管有价证券、代办保险等各种法律法规许可的业务。我国契约型的证券投资基金和面向个人销售的各种计划，也属于个人信托范畴。公司信托的委托人是公司企业，主要有委托贷款、委托投资、代办公司招投标、代办公司改组、代理公司雇员年金、充当投资顾问等。公共团体信托的委托人是各级政府部门或群众团体，信托机构可以为他们提供管理各种公益基金的服务。

信托信用最大的特点是其灵活性。信托财产的管理、处理方式可以根据委托人的意愿适应客观情况变化而采取灵活多样的形式，其种类不仅比银行贷款或投资业务多得多，还可以根据需要随时创造出新的形式。

（七）租赁信用

从字义上讲，“租”是指将物品供给他人使用并因此获得报酬，“赁”是指借用他人的物品并为此支付费用。所以可以把租赁定义为：出租人按照契约规定，将财产租给承租人使用并向承租人收取租金的一种经济行为。在租赁期内，

① 丁元坤：《直观民间高利贷》，载《现代营销——营销学苑》2010 年第 8 期。

被租赁财产的使用权转给了承租人，但所有权仍然属于出租人。

租赁信用在西方发达国家颇为盛行，方式多种多样，归纳起来主要有两种类型，即融资性租赁和服务性租赁。融资性租赁是现代设备租赁的主要形式。当企业需要添置设备时，企业可以与租赁公司签订租赁合同，由租赁公司根据企业的具体要求，代为购进所需设备，然后租给企业使用，设备使用期间的维修、保养均由承租公司负责，租期结束后承租方有优先购入设备的权利。服务性租赁主要解决企事业单位对一些大中型通用设备（如通信卫星、大型计算机、运输车辆等）的短期需求。设备用毕即退还给租赁公司，设备使用期间的维修、保养甚至操作均由租赁公司负责。

三、直接融资与间接融资

（一）直接融资与间接融资的概念

信用活动从借款方面看就是融资活动。在金融市场发达的国家，企业融资的渠道是很多的，除了前面介绍的商业信用、银行信用、国家信用、消费信用、高利贷信用、信托信用和租赁信用之外，企业还广泛采用发行债券、股票等方式融资。

在现代金融体制下，企业的各种融资活动都离不开金融中介机构的服务支持，依金融中介机构在融资活动中所起作用的不同，企业的各种融资活动可以分为两大类型：间接融资方式和直接融资方式。

1. 间接融资

在间接融资方式中，商业银行是核心中介机构。这种融资方式的特点是：面对众多的资金盈余者，银行以资金需求者的身份向他们出售自己的金融工具，将社会闲置资金集中起来，然后再将筹集来的资金统筹安排，以资金供给者的身份提供给资金的短缺者，如图 7. 2 所示。

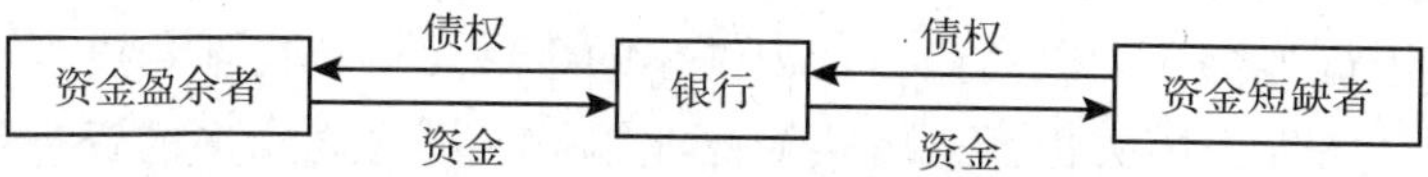

图 7. 2 间接融资资金流动

银行向资金盈余者出售的金融工具主要为各种存款凭证，向资金短缺者提供资金的主要方式为各种贷款，也不排除有一部分投资于政府债券。在这种融资媒介中，银行一方面充当了资金从盈余者向短缺者流动的媒介，另一方面又割断了二者的直接联系。资金盈余者把资金的使用权出售给了银行，持有银行承诺到期还本付息的债权凭证，不必要也不可能知道银行将把这笔资金投向何方。同样，资金短缺者在向银行购买资金使用权时也没必要向银行追究资金源自何处。银行的这种双重作用造就了间接融资方式，银行也因此而成为间接融资的中心。

在间接融资方式中，充当信用中介的金融机构除商业银行外还包括保险公司、社保基金、投资基金等。其中，商业银行无论过去还是现在都是各国最主要的金融中介机构，随着金融体系的多样化发展，其他金融中介机构的市场份额在增加，如在美国，共同基金不仅市场份额在近 20 年增长显著，并且，一些基金还进入了传统上由商业银行垄断的支付服务领域，共同基金的综合优势甚至让一些金融经济学家积极倡导要以共同基金来取代商业银行。不过，商业银行至今仍具备一些其他金融中介机构所不具备的特殊优势。

2. 直接融资

直接融资是以证券公司为核心的。直接融资指的是资金盈余者直接购买资金短缺者的债权或产权的融资方式。不过，这种交易也并非是绕过金融中介机构进行的。考虑到发行成本和业务能力，在现代金融体制下，资金短缺者一般会把发售债权或产权的业务委托给经营证券业务的金融机构，如我国的证券公司。与银行不同的是，证券公司对资金余缺双方来说只是一种服务性的中介机构，它接受客户委托代为买卖有价证券时，与委托人发生的是委托关系而不是债权债务关系。当然，这并不排除证券公司向客户授信的情况（见图 7.3）。

图 7.3 直接融资金融工具流动

3. 间接融资的结构框架

以中央银行为核心，以商业银行为主体的金融运行从立体角度考察，是一种塔式的构造，塔尖为中央银行，塔腰为商业银行，塔底为众多的资金盈余者和资金短缺者。三个层次主体间的交易形成三种性质的金融运行，塔腰与塔底之间是我们大家都熟悉的银行与存款人和贷款人之间的信贷交易形成的资金运行，是银行媒介资金运行的典型形式；塔腰存在着商业银行之间调剂头寸的交易所形成的同业拆借市场资金运行；塔腰与塔尖之间是商业银行与中央银行之间的交易所形成的金融运行，这虽然也是调节头寸性的，但这些调节作用与同业拆借的余缺调剂作用和意义是不同的，同业拆借只改变银行体系资金的分配结构，而不会改变总规模；商业银行与中央银行之间的交易则不仅会改变银行体系的分配结构，还会依法定存款准备金率的高低而成倍地增减金融运行的资金总规模，如图7.4所示。

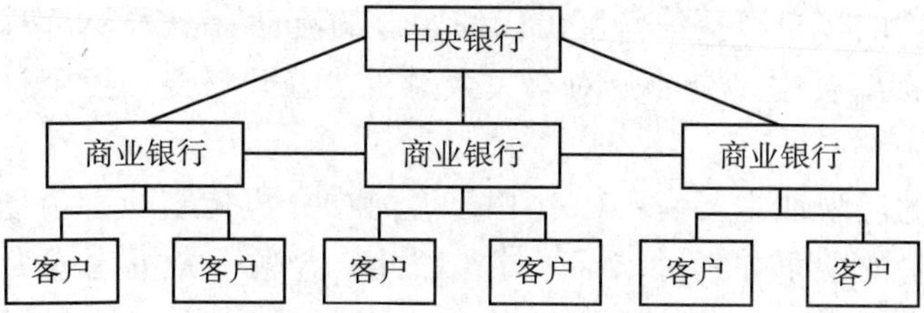

图7.4 间接融资结构框架

4. 直接融资的结构框架

以证券公司为核心的金融运行是双层结构的，市场上的直接交易者是证券公司，无论是交易所内交易还是通过场外交易系统的交易都是由具有交易资格的证券公司出面交易，非券商（无论是机构还是个人）参与交易只能委托有代理资格的证券公司进行。因此，证券公司处于市场的内层，大多数真正交易者则不能直接参与交易，处于市场的外层，如图7.5所示。

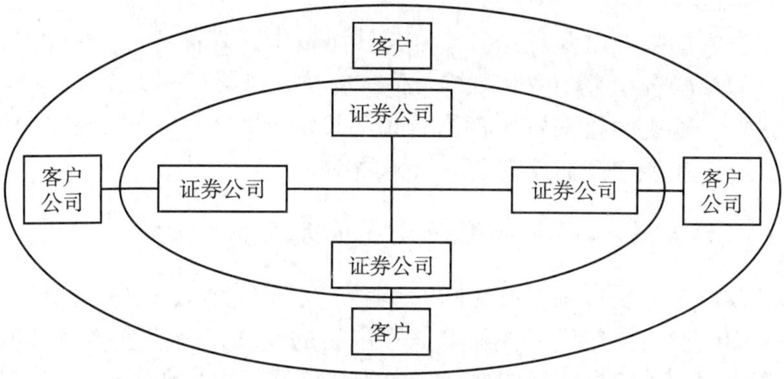

图7.5 直接融资市场结构

（二）直接融资与间接融资的优点与局限性

间接融资与直接融资各具优点，又各有局限性。

间接融资的主要优点有：（1）各国对中介机构的监管都要比一般企业严格得多，金融中介机构的资信度和内部管理也强于一般企业，因此，间接融资的社会安全性较强；（2）尽管银行贷款一般审批比较严格，要求条件较高，但对于有良好资信记录的长期客户，授信额度可以使企业的流动资金需要及时方便地获得解决；（3）在间接融资中，企业只对有关金融机构公开财务和投资计划，保密性较直接融资强。

间接融资的局限性主要有：（1）由于金融中介机构割断了市场最终资金需求者与最终供应者的联系并集供求于一体，因此，金融中介机构成为资金融通的核心，从而也集中了金融市场的风险与收益，在这种情况下，社会资金运行的资源配置效率将较多地依赖于金融中介机构的素质，不一定是好事；（2）银行的社会性强，外部监管和内部控制均比较严格、保守，对新兴产业、高风险项目的融资要求一般难以及时、足量予以满足。

直接融资的优点主要有：（1）筹资方直接面对市场，筹资规模和风险度可以不受金融中介机构资产规模及风险管理的约束；（2）直接融资活动具有较强的公开性，在良好的信息披露制度下，筹资方直接面对市场监督的压力，必须注意规范自己的生产经营活动，将资金投向高效益的领域；（3）直接融资活动还受公平性原则的约束，公平原则有助于形成良好的市场竞争环境，从而有助于实现资源的最优配置。

直接融资的局限性主要有：（1）在直接融资中，筹资者直接凭自己的资信度筹资，缺乏间接融资中金融中介机构资信的支撑，风险度较大；（2）直接融资一般需逐次进行，缺乏间接融资中额度管理的灵活性；（3）直接融资的公开性要求，有时会与企业保守商业秘密的需求相冲突。

（三）直接融资和间接融资的发展情况

改革开放以来，受传统经济体制的影响，我国金融运行一直以银行间接融资为主。进入 20 世纪 90 年代，伴随着证券市场的发展，企业直接融资步伐加快，以股票融资为主的直接融资在金融运行中所占比重逐步提高，形成了当前间接融资为主，直接融资为辅的金融运行格局，如表 7.1 所示。

表 7.1 中国直接融资与间接融资结构 单位：亿元，%

融资结构	1996 年		1997 年		2000 年		2001 年		2002 年		2003 年	
	变动额	比重	变动额	比重	变动额	比重	变动额	比重	变动额	比重	变动额	比重
非金融企业资金来源合计	19 698	100	15 161	100	13 599	100	13 802	100	20 647	100	31 204	100
贷款	15 041	76.4	11 298	74.5	9 318	68.6	9 414	68.2	14 486	70.2	23 735	76.1
证券	381	1.9	1 508	9.9	2 199	16.2	1 399	10.1	1 287	8.9	1 796	5.8
居民资金运用合计	10 992	100	11 177	100	10 870	100	14 118	100	19 721	100	23 110	100
存款	8 515	77.5	7 496	67.1	6 610	60.8	9 973	70.6	14 252	72.3	16 560	71.2
证券	1 566	14.3	2 189	19.6	2 223	20.5	1 908	13.5	1 515	7.7	1 307	5.7

资料来源：《中国金融年鉴》，相关年份，中国金融出版社。

表 7.1 中的数字从非金融企业的资金来源和居民资金运用角度显示了我国 20 世纪 90 年代中期至今的融资结构变化情况。非金融企业资金来源 70% 以上主要依赖于贷款，证券所占比重在 2000 年最高，达到 16.2%，此后进入低谷，在 2003 年只有 5.8%。这与我国证券市场特别是股票市场的波动正相关，从一个侧面反映了我国股票市场在这几年的低迷状态。而居民资金的运用表现出的是居民的投资渠道是否通畅，表中的数字显示我国居民资金的主要投资渠道依然是存款，达到 70% 以上，而证券投资所占比重很低。

随着我国直接融资市场的发展，企业融资结构和居民资金用途结构将会发生变化。

第三节 利息与利率

一、利息

（一）利息的本质

近现代西方经济学家主要从资本的范畴、人的主观意愿和心理活动等角度研究利息的来源与本质，提出了众多的学说。如英国经济学家西尼尔的“节欲说”。他认为资本来自储蓄，储蓄又来源于节欲，即要增加储蓄就必须节制当前消费与享受，这需要人们忍受额外的牺牲，利息就是人们牺牲自己目前消费而应得的报酬。奥地利经济学家庞巴维克的“时差利息说”则认为，现在物品要比同类等量的未来物品具有更大的价值，二者之间存在着价值时差，利息是对价值时差的一种补偿。

按照西方经济学家关于利息本质的认识，在现实中形成了“收益资本化”来估算生产要素价值的做法。持这种观点的学者认为：任何有收益的事物，即使它并不是一笔贷放出去的货币，甚至也不是真正有一笔现实的资本存在，都可以通过收益与利率的对比而倒算出它相当于多大的资本金额。这称之为“资本化”。

资本化公式：

$$P = \frac{C}{r} \tag{7.7}$$

式中，P 为估算的生产要素的价格，C 为持有该要素每年能取得的收益，r

为适当的贴现率。收益资本化的例子包括土地的价格、人力资本的价格、有价证券的价格。例如，土地本身不是劳动产品，无价格，从而不具备决定其价格的内在根据，但土地可以有收益，于是就可以取得地价。比如，一块土地每亩的年平均收益为100元，假定年利率为5%，则这块土地就会以每亩2 000（=100÷0.05）元的价格买卖成交，在利率不变的情况下，当土地的预期收益（C）越大时，其价格（P）会越高；而在预期收益不变的情况下，市场利率（r）越高，土地的价格（P）将越低，这就是市场竞争过程中土地价格形成的规律。同理，有些本来不是资本的东西也因收益的资本化而视为资本。以人力资本为例，若一个人的年工资为6 000元，当市场年利率为5%时，他的人力资本额可达12万元。

马克思从借贷资本的特殊运动形式的分析中揭示了利息的来源，分析了利息的本质。他分析借贷资本的运动特点是双重支出和双重回流。双重支出是指：首先是货币资本家把货币资本贷给职能资本家，然后职能资本家用货币购买生产资料和劳动力。双重回流是指：职能资本家把生产出来含有剩余价值的商品销售出去，取得货币收入，然后把借贷资本连本带利归还给借贷资本家。在这里，货币是被当作资本商品贷出和使用的。借贷资本的整个运动过程为：

$$G-W\begin{cases}P_m\\A\end{cases}\cdots P\cdots W'-G'-G'' \tag{7.8}$$

式中，G代表货币（包括借贷资本和生产资本形态），W代表商品，P_m代表生产资料，A代表劳动力，P代表生产过程，G'代表增值后的生产资本，G''代表增值后的借贷资本。由此可以看出，借贷资本的运动与资本主义再生产过程密切相关，借贷资本只有转化为现实资本，进入生产领域，才能增值。同时借贷资本是一种所有权和使用权相分离的货币资本。借贷资本家贷出的只是货币资本的使用权，是将资本商品的使用价值即生产利润的能力让渡给了职能资本家，职能资本家运用借入的资本，购买生产要素并进行生产，获得剩余价值，由于借贷资本家仍拥有借贷资本的所有权，凭借这种所有权必然要求借入者归还贷款并予以补偿。剩余价值转化为利润，职能资本家与借贷资本家共同瓜分剩余价值，利润分割为两部分：企业主收入和利息。所以资本所有权和使用权分离，借贷资本成为资本商品是利息产生的经济基础。利息来源于利润，是剩余价值的一种特殊表现形式，它体现了借贷资本家和职能资本家之间瓜分剩余价值的关系，也体现了借贷资本家和职能资本家共同剥削雇佣工人的关系。

（二）利息的两种计算方法

利息的计算方法有两种：单利计算法和复利计算法。

1. 单利计算法

单利计算法是指在计算利息额时，不论期限长短，永远在初始本金上计算利息，其计算公式为：

$$I = P \times r \times n \tag{7.9}$$

$$A = P + I = P \times (1 + r \times n) \tag{7.10}$$

式中，P 为本金，I 为利息，r 为利息率，n 为期限，A 表示本利之和。

2. 复利计算法

复利计算法是指计算利息时，按一定期限（如 1 年）将所生利息加入本金，逐期滚算利息。则计算公式为：

$$A = P(1 + r)^n \tag{7.11}$$

$$I = P[(1 + r)^n - 1] \tag{7.12}$$

单利计算法计算简单、方便，通常适用于短期借贷。复利计算法更符合商品经济条件下的资本特性，即资本在运动中不断增值，而且已经增值的部分作为资本使用，也要增值。因此用复利计算利息，可以正确地反映资金的时间价值（现值和终值）。长期借贷应以复利方法计算利息。

上述复利计算公式表示现在一定量的货币（P）在未来一定时间（n）后的价值（A），即资本的终值。若把将来某一时期（或时点）的资本值（A）换算成与现在时期（或时点）等值的资本，即通常所讲的贴现，其换算结果称为“现值”（P）。计算公式为：

$$P = \frac{A}{(1 + r)^n} \tag{7.13}$$

由上述公式可知，如果知道现值求终值，则直接利用复利计算公式；如果知道终值求现值，则可根据利率倒推出本金。

二、利率的含义及种类

（一）利率及其表示方法

利息率（简称利率）是一定时期收取的利息同借出款（本金）数额的比例，它是决定利息数量的因素与衡量标准。

利息率的表示方法有三种：年利率、月利率和日利率。年利率一般按本金的百分之几表示，例如本金是 100 元，年利率 7.2%，则每年每百元本金的利息收入是 7.2 元。月利率是按本金的千分之几表示，例如本金是 1 000 元，月利率是

6‰，则每月每千元本金的利息收入是 6 元。日利率按本金的万分之几表示，例如本金是 10 000 元，日利率是 0.2‰，则每日每万元本金可得利息 2 元。

在实际工作中，利率需要相互换算，即年、月、日利率可互相换算，换算方法为：年利率除以 12（月）为月利率，除以 360（天）为日利率。反之，月利率乘以 12、日利率乘以 360 则为年利率。月利率除以 30（天）为日利率，而日利率乘以 30（天）为月利率。

（二）利率的分类

利率按照不同的标准，可以划分为不同的种类。

1. 名义利率和实际利率

名义利率就是直接以货币表示的，市场通行使用的票面利率。实际利率是名义利率扣除通货膨胀因素以后的真实利率。名义利率和实际利率的关系可以用公式表示为：

$$实际利率 = 名义利率 - 通货膨胀率 \tag{7.14}$$

判断利率水平高低，不能只看名义利率，还需考虑物价因素。划分名义利率与实际利率的意义在于，它为分析通货膨胀下的利率变动及其影响提供了依据与工具，便利了利率杠杆操作。根据名义利率与实际利率的比较，实际利率呈现三种情况：实际利率为正利率；实际利率为零；实际利率为负利率。在不同的实际利率状况下，借贷双方和企业会有不同的经济行为。一般而言，正利率与零利率和负利率对经济的调节作用是互逆的，只有正利率才符合价值规律的要求。

【案例 7.1】

通货膨胀与保值贴补

当通货膨胀率很高时，实际利率将远远低于名义利率。由于人们往往关心的是实际利率，因此若名义利率不能随通货膨胀率进行相应的调整，人们储蓄的积极性就会受到很大的打击。比如在 1988 年，中国的通货膨胀率高达 18.5%，而当时银行存款利率远低于物价上涨率仅为 7.2%，可计算得实际利率为 -11.3%（7.2% -18.5%）。

所以在 1988 年的前三个季度，居民在银行的储蓄不仅没给存款者带来收入，就连本金的实际购买力也在日益下降。老百姓的反应就是到银行排队取款，然后抢购，以保护自己的财产价值，因此就发生了 1988 年夏天银行挤兑和抢购之风，银行存款急剧减少。

针对这一现象，中国的银行系统于 1988 年第四季度推出了保值存款，将名义利率大幅度提高，并对通货膨胀所带来的损失进行补偿。表 7.2 给出了 1988 年第四季度到 1989 年第四季度中国的银行系统 3 年保值存款的年利率、保值贴补措施使得存款实际利率重新恢复到正数水平。以 1989 年第四季度到期的 3 年定期存款为例，从 1988 年 9 月 10 日（开始实行保值贴补政策的时间）到存款人取款这段时间内的总名义利率为 21.5%，而这段时间内的通货膨胀率，如果按照 1989 年的全国商品零售物价上涨率来计算的话，仅为 17.8%，因此实际利率为 3.7%。实际利率的上升使存款人的利益得到了保护，他们又开始把钱存入银行，使存款下滑局面很快得到了扭转。

表 7.2 中国的银行系统对 3 年定期存款的保值率 单位：%

时　间	年利率	通货膨胀补贴率	总名义利率
1988 年四季度	9.71	7.28	16.99
1989 年一季度	13.14	12.71	25.85
1989 年二季度	13.14	12.59	25.73
1989 年三季度	13.14	13.64	26.78
1989 年四季度	13.14	8.36	21.50

资料来源：根据中国人民银行网站利率水平数据整理得出。

2. 短期利率和长期利率

短期利率是指融资时间在 1 年期以内的利息率。长期利率是融资时间在 1 年以上的利息率。一般长期利率高于短期利率水平。因为融资期限长，市场变化大，经营风险大，导致融资风险也就越大，因此融资期限越长，使用借入资金经营获得的利润越多，借者所应支付的利息就应越多。划分长短期利率的意义主要在于，明确融资期限长短对利率水平的影响，掌握期限利率结构的管理要求，确保借贷资金的真实收益。

3. 固定利率和浮动利率

固定利率是指利息率在整个借款期间内固定不变，不随借贷资金的供求状况和市场利率的波动而发生变化。浮动利率又称可变利率，是指利息率随着市场利率的波动而定期调整变化的利率。固定利率在借款期间不发生变化，因而它的主要优点是容易计算借款成本，简便易行，比较适宜于短期借款或市场利率变化不大的条件。浮动利率在借款期内随着市场利率的变化而定期调整，因而借款人在计算借款成本时比较困难、繁杂，利息负担可能减轻，也可能加重。但由于借贷双方可以共同承担利率变化的风险，利息的负担与资金供求状况密切结合，这种利率比较适宜于中长期贷款。

4. 市场利率、官方利率和公定利率

市场利率是在金融市场上由借贷资金供求关系直接决定并由借贷双方自由议定的利息率。包括借贷双方直接融资时协商的利率和金融市场买卖各种有价证券时的利率。市场利率是借贷资金供求状况变化的指示器。当资金供给大于需求时，利率呈下降趋势；相反，当资金供给小于需求时利率则呈上升趋势。由于影响资金供求状况的因素十分复杂，因而市场利率的变动非常频繁、灵敏。

官方利率是政府货币管理当局或中央银行确定发布的，各级金融机构都必须执行的各种利息率。由于商品经济条件下利率对资金活动规模、趋势、效率等影响极大，甚至直接影响国家的货币金融政策的贯彻执行，成为一种调节经济活动的重要杠杆，所以，国家不能听任市场利率自由涨落，必须经常采取积极的干预措施，实行必要的管制，这样就产生了官方利率。官方利率是由中央银行按照货币政策的需要直接确定。

目前，中国人民银行采用的利率工具主要有：（1）调整中央银行基准利率，包括：再贷款利率，指中国人民银行向金融机构发放再贷款所采用的利率；再贴现利率，指金融机构将所持有的已贴现票据向中国人民银行办理再贴现所采用的利率；存款准备金利率，指中国人民银行对金融机构交存的法定存款准备金支付的利率；超额存款准备金利率，指中央银行对金融机构交存的准备金中超过法定存款准备金水平的部分支付的利率。（2）调整金融机构法定存贷款利率。（3）制定金融机构存贷款利率的浮动范围。（4）制定相关政策对各类利率结构和档次进行调整等。

官方利率对市场利率发挥着宏观制约作用，它表达了政府的货币政策意向。所以，市场利率必然会受到官方利率的干预和影响，但是市场利率的变动主要还是取决于借贷资金的供求关系，这样市场利率和官方利率之间往往存在一定的差距，两者不可能完全保持一致。同时，中央银行在确定官方利率时，总是以市场利率作为重要依据。

由民间金融组织如银行公会所确定的利率是行业公定利率。

5. 存款利率与贷款利率

存款利率是指客户在银行或其他金融机构存款所取得的利息额与存款本金的比率。存款利率的高低直接影响存款者的收益和金融机构的融资成本，对金融机构所能集中的资金数量有着重要影响。

不同种类和期限的存款其利率也不同。一般而言，存款期限越长，存款利率越高。反之，存款期限越短，存款利率越低。有些国家甚至对活期存款不付息，因为活期存款是银行为客户提供的一种服务，客户在银行存放活期存款随时可以提取或用于支付，而银行为了保证客户提取活期存款必须持有充分的支付准备金，或只能投资于流动性较强的金融资产。

贷款利率是指银行和其他金融机构发放贷款所收取的利息额与贷款本金的比率。贷款利率的高低决定着产业利润在企业和银行之间的分配，从而决定着金融机构的利息收入和借款人的筹资成本，影响着借贷双方的经济利益。贷款利率也因贷款种类和期限不同而不同。

贷款利率一般高于存款利率，贷款利率与存款利率的差额即为存贷利差。存贷利差是银行利润的主要来源，它直接决定着银行的经济效益。由于存款利率的高低直接影响银行集中社会资金的规模，进而影响借贷资金的供求状况和贷款利率，贷款利率的高低直接影响贷款的规模，因此，保持合理的存、贷款利率对实现信贷资金供求平衡及调节货币流通有着重要作用。

我国银行的存贷款利差总的来讲有扩大的趋势（见表 7.3），从 1996 年至 2004 年以来存贷利差从 1.08% 提高至 3.33%，2004 年以来，存贷利差没有大的变化，在 3.6%～3.06% 之间波动。

表 7.3　**1996 年以来我国 1 年期存贷款利差的变动情况**　单位：%

时　间	存款利率	贷款利率	存贷利差
调整前	10.98	12.06	1.08
1996.05.01	9.18	10.98	1.8
1996.08.23	7.47	10.08	2.61
1997.10.23	5.67	8.64	2.97
1998.03.25	5.22	7.92	2.7
1998.07.01	4.77	6.93	2.16
1998.12.07	3.78	6.39	2.61
1999.06.10	2.25	5.85	3.6
2002.02.21	1.98	5.31	3.33
2004.10.29	2.25	5.58	3.33
2006.08.19	2.52	6.12	3.6
2007.03.18	2.79	6.39	3.6
2007.05.19	3.06	6.57	3.51
2007.07.21	3.33	6.84	3.51
2007.08.22	3.60	7.02	3.42
2007.09.15	3.87	7.29	3.42
2007.12.21	4.14	7.47	3.33

续表

时　间	存款利率	贷款利率	存贷利差
2008.10.09	3.87	6.93	3.06
2008.10.30	3.60	6.66	3.06
2008.11.27	2.52	5.58	3.06
2008.12.23	2.25	5.31	3.06
2010.10.20	2.50	5.56	3.06
2010.12.26	2.75	5.81	3.06
2011.02.09	3.00	6.06	3.06

资料来源：根据中国人民银行网站利率水平数据整理得出。

此外，按照借贷主体的不同，可以划分为中央银行利率、商业银行利率和非银行利率。由于划分标准本身可以是交叉的，故一种利率可能同时具备几种性质。各类利率都不是孤立存在的，相互之间都有很强的内在联系，并相互制约，共同构成一个有机整体，即利率体系。因此，利率体系就是指在一个经济运行机体中存在的各种利息率，由各种内在因素联结成的有机体。

三、利率决定理论

确定合理的利率水平是运用利率杠杆调节经济的关键环节。然而，利率的决定并不是人们单纯的主观行为，必须遵循客观经济规律的要求，需要综合考虑各种因素。

（一）马克思的利率决定理论

马克思的利率决定论是在批判和继承古典经济学派利息理论的基础上建立起来的，以剩余价值在不同资本家之间的分割作为起点的。马克思揭示：资本所有权与资本使用权的分离是利息产生的经济基础；利息是利润的一部分，剩余价值的转化形式；利息是借贷资本的价格。因此，认为利息率主要是由平均利润率和借贷资本供求关系这两个因素决定的。一般在其他条件不变的情况下，利息率与平均利润率成正比。在正常条件下，利息率不能超过或等于平均利润，否则职能资本家就无利可图；利息率的最低界限也不能低于或等于零，否则借贷资本家也无利可图。因此，利息率总是在平均利润率和零之间上下波动。

马克思指出："在货币市场上，一切借贷资本总是作为一个总额和执行职能的资本相对立，从而，借贷资本的供给和借贷资本的需求之间的关系，决定着当时市场的利息状况。"① 生息资本虽然是和商品绝对不同的范畴，但却变成特种商品，因而利息就变成了它的价格，这种价格，就像普通商品的市场价格一样，任何时候都由供求决定。因而，一般情况下，借贷资本供不应求，信用紧缩，利率上升；借贷资本供过于求，信用松动，利率下降，利率的波动受借贷资本供求状况的影响。

此外，法律、人们的道德观念、传统习惯等对利率也有影响。由于受客观条件的限制，马克思的利率决定理论分析了资本主义自由竞争时期市场利率决定和变动的一般规律。

（二）古典学派的利率决定理论

19 世纪 80 ~ 90 年代，奥地利经济学家庞巴维克（1851 ~ 1914）、英国经济学家马歇尔（1842 ~ 1924）、瑞典经济学家魏克塞尔（1851 ~ 1926）和美国经济学家费雪（1867 ~ 1947）等人对支配和影响资本供给和需求的因素进行了深入的探讨，建立了储蓄和投资决定利率的理论。这些理论严格遵循古典经济学重视实物因素的传统，主要从生产消费等实物经济生活中去探求影响资本供求的因素，因而被西方经济学家称为"古典"利率理论。

古典利率理论认为资本的供给来源于储蓄，而储蓄则意味着人们要牺牲现在的消费，来换取未来的消费，必须给"等待"或者"延期消费"这种行为进行补偿，而利息便是这种补偿。利率越高，意味着这种补偿越大，人们也就越愿意延迟其消费，即增加储蓄。因此储蓄是利率的增函数，即：

$$S = S(r), \quad \frac{dS}{dr} > 0$$

式中，S 代表意愿的储蓄，r 代表利率。

对于贷款的需求主要来源于投资，而投资量的大小则取决于投资预期报酬率和利率的比较，只有预期报酬率大于利率的投资才是有利可图的。当利率降低时，预期报酬率大于利率的投资机会将增多，从而投资需求将增大，所以投资是利率的减函数，即：

$$I = I(r), \quad \frac{dI}{dr} < 0$$

式中，I 代表意愿的投资。

古典经济学家认为，利率就是资本的租用价格。正如商品的供求决定均衡价格一样，资本的供求决定了均衡利率。图 7.6 便是这一思想的形象描述。其中储蓄曲线 $S(r)$ 和投资曲线 $I(r)$ 的交点 E 即为均衡的利率和储蓄、投资水平，在

① 马克思：《资本论》（第 3 卷），人民出版社 1975 年版，第 410 ~ 411 页。

这一点上储蓄与投资相等，即 $S_e = I_e$ 并且均衡利率 r_e 也被决定了。

按照这一理论，只要利率是灵活变动的，它就是市场上的价格信号，并且具有自动调节功能，使储蓄和投资趋于一致。当投资大于储蓄时，利率就会上升，从而使储蓄增加，投资下降，两者最终趋于一致；反之亦然。因此经济不会出现长期的供求失衡，它将自动趋于充分就业水平。

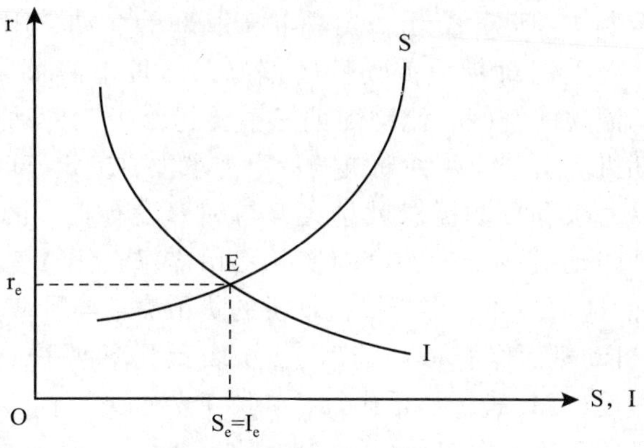

图 7.6　古典利率决定理论

古典学派利率决定理论有两个特点：

1. 古典利率理论是非货币性理论。该理论认为储蓄与投资的均等决定均衡利率。均衡利率不受任何货币数量变动的影响，储蓄与投资都是实物性的，因此利率为实物利率，或称自然利率。

2. 古典利率理论是一种局部均衡理论。储蓄与投资的数量都是利率的函数，而与收入无关。利率的变动仅仅影响储蓄与投资，并促进二者达到均衡，而不影响其他变量。

（三）凯恩斯学派的流动性偏好理论

流动性偏好说是由英国经济学家凯恩斯（1883～1946）在 20 世纪 30 年代资本主义经济大危机背景下提出的，与“古典”利率理论强调储蓄、投资等实物因素决定利率的观点相反，凯恩斯则从货币因素出发讨论利率决定，从而创立了其货币利率理论。

凯恩斯认为，现代货币经济的一个重要特征就是未来充满不确定性，因此，人们持有股票、债券等资产虽有可能获得一定的收益，但也可能会蒙受损失。货币虽然也是一种资产，但却是一种特殊形式的资产，能随时转化为其他商品，因而具有完全的流动性和最小的风险性。但是，在一定时期内，货币供给量有限，人们要取得货币，就必须以支付一定的报酬为条件来使他人让渡一部分货币。在凯恩斯看来，利息是社会公众在一定时期内放弃对货币流动性的控制权所获得的报酬，而不是对储蓄或等待的报酬。所以在凯恩斯看来，利息完全是一种货币现象，其数量的大小，即利率的高低是由货币供求关系所决定的。

凯恩斯认为，在一定时期内，一个国家的货币供给是外生变量，基本是由货币当局所掌握和控制，因此，货币供给独立于利率的变动，用 $\overline{M}$ 表示货币当局决定的货币供给。而人们对货币流动性的偏好，即货币需求（L）则是内生变量，取决于公众的流动性偏好。流动性偏好主要起因于三种动机，即交易动机、预防动机和投机动机。出于前两种动机的货币需求主要决定于收入，收入水平越高，对货币的交易需求和预防需求就越大，与利率没有直接的关系。如果用 L_1 表示交易动机和预防动机所产生的全部实际货币需求，用 Y 表示实际收入，则 $L_1(Y)$ 为收入 Y 的递增函数。出于投机动机的货币需求与利率呈反方向的变化，用 L_2 表示满足投机动机而保有货币的需求，r 表示利率水平，则 $L_2(r)$ 为利率的递减函数。再假设以 M_s 表示货币供给，在图 7.7 中用竖直的直线表示；以 M_d 表示货币需求，在图 7.7 中用向下倾斜的曲线来表示。则有公式：

$$M_s = \overline{M} \tag{7.15}$$

$$M_d = L = L_1(Y) + L_2(r) \tag{7.16}$$

当 $M_s = M_d$ 时，r_e 是由货币供给和货币需求决定的均衡利率。如图 7.7 所示：

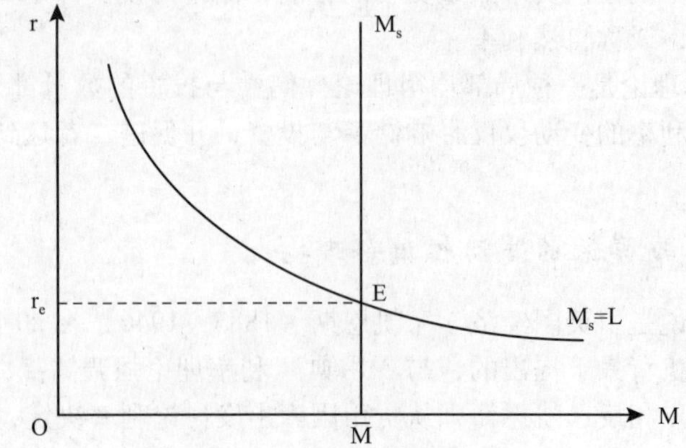

图 7.7　流动性偏好利率理论

如果人们的流动性偏好增强，货币需求大于货币供给，利率便上升。相反，当人们的流动性偏好减弱，货币需求量小于货币供给量时，利率就下降。对于给定的货币需求曲线，货币供给越多，利率就越低。但利率降到凯恩斯认为的使货币需求具有完全利率弹性水平以后，无论货币供应如何增加都不会使利率进一步下降。如图 7.8 中 E_1E_2段所在的 M_d曲线的水平部分，当 M_s线与该水平部分相交时，利率将不再变动，即无论怎样增加货币供给、货币均会被储存起来，不会对利率产生任何影响，这就是“凯恩斯陷阱”或“流动性偏好陷阱”。“流动性偏好陷阱”可以用来解释扩张性货币政策的有效性问题，在此区间，货币政策是完全无效的，此时只能依靠财政政策。

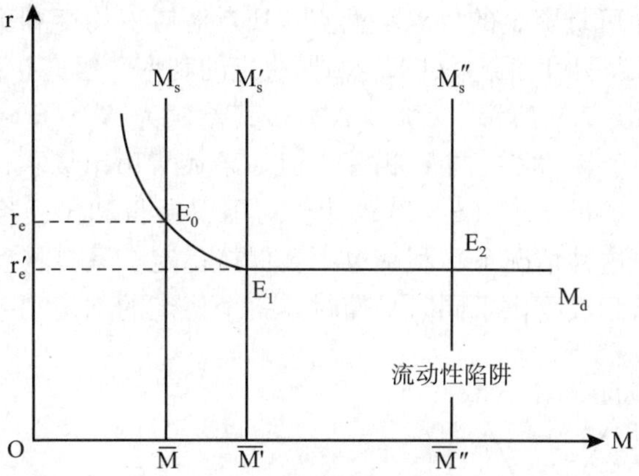

图 7.8　流动性偏好陷阱

流动性偏好利率理论为我们揭示了一条货币作用于实际经济的途径，即货币供给的增加将导致利率的下降，并进而影响到投资和实际收入，当货币供求达到均衡时，整个国民经济处于均衡状态。凯恩斯认为，决定利率的所有因素均为货币因素，利率水平与实体经济部门没有任何关系，属于“纯货币分析”的框架。

（四）新古典学派的可贷资金理论

凯恩斯的流动性偏好利率理论改变了古典经济学家仅仅从实物因素角度来考察利率决定的传统，但是他将利率纯粹看作是一种货币现象，而完全忽视储蓄、投资等实际因素对利率的影响，这种观点也遭到了许多批评。20 世纪 30 ~ 40 年代剑桥学派罗伯逊提出了可贷资金利率理论，试图将实际因素及货币因素对利率的影响综合起来考虑。这一理论受到俄林、勒纳等经济学家的支持，并且成为一种流行的利率决定理论。“可贷资金论”的基本主张是：利率为借贷资金的价格，借贷资金的价格决定于金融市场上的资金供求关系，而借贷资金的供求既有实物市场的因素又有货币市场的因素，既有存量又包括流量。

可贷资金论认为资金的供给来源于当前储蓄和货币供给的变化量，其中用 S(r) 表示储蓄，它是利率的增函数；以 ΔM_s表示银行体系新创造的货币量，它由货币管理当局决定，为外生变量，故与利率的变化无关；那么，总的可贷资金供给为 $F_s = S(r) + \Delta M_s$。

可贷资金的需求由两部分构成：投资和货币的净窖藏增量，其中用 I (r) 表示当前投资，I(r) 为利率的减函数；以 ΔM_d表示货币的净窖藏增量，$\Delta M_d(r)$为利率的减函数；则可贷资金的总需求即 $F_d = I(r) + \Delta M_d(r)$。$F_d$与 F_s的交点即图 7.9 中的 E 点为可贷资金的供求均衡点，E 点对应着均衡利率 r_e。

利率水平 r_e，表明可贷资金供求均衡所决定的利率，但这并不表示一定是 $I = S$ 和 $\Delta M_d = \Delta M_s$。如图 7.9 所示，$\Delta M_d > \Delta M_s$，其差额为 AB；$S > I$，其差额为 CD，但由于 AB 与 CD 相等，故 F_d与 F_s相等，但如果在货币市场求过于供（$M_d > M_s$）或者在商品市场中供过于求（$S > I$），就会对国民所得和国民经济活动就会产生收缩性的压力，在这种情况下，利率也不会保持稳定。只有将所得与国民经济活动调整至货币供求和实物供求同时平衡时，一个稳定的均衡利率才能建立。

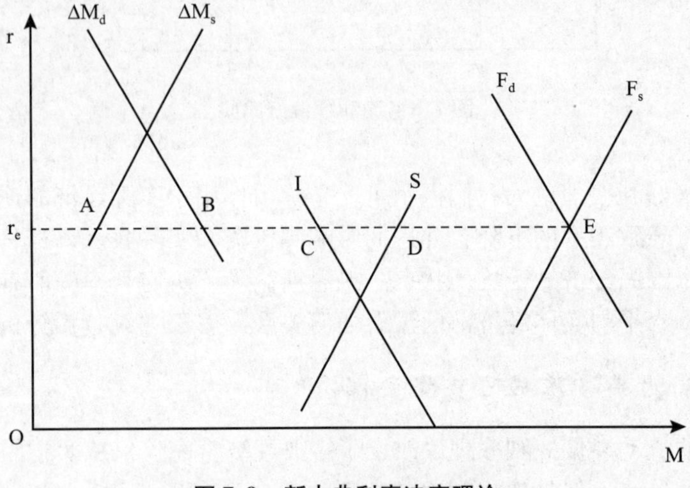

图 7.9 新古典利率决定理论

市场利率是由可贷资金市场中的供求关系所决定的，任何使可贷资金供给曲线或需求曲线产生移动的因素都将改变均衡利率水平。需求增加（F_d曲线向右移动）或供给减少（F_s曲线向左移动）都将使均衡利率升高；需求减少（F_d曲线向左移动）或供给增加（F_s曲线向右移动）都将使均衡利率下降。

对于可贷资金论也有许多西方经济学家提出了质疑，主要集中在两点：一是借贷资金供求均衡时所决定的利率是不稳定的。因为商品市场和货币市场不可能同时达到均衡，I 与 S；ΔM_d与ΔM_s的差额恰好相等只是暂时和偶然的情况。二是上述借贷理论没有考虑收入水平，而收入对决定利率的因素有很大的影响。

（五）IS－LM 框架下的利率决定理论

上述三种西方利率决定理论，都存在一个共同的缺陷，即都采用局部均衡的分析方法。为此，英国经济学家希克斯和美国经济学家汉森对以上三种模型加以综合和完善，提出了汉森—希克斯一般均衡模型，即著名的 IS－LM 模型。希克斯认为，利率是一种特殊的价格，必须从整个经济体系来研究它的决定。因此应该将生产率、节约、灵活偏好、收入水平和货币供给量，即非货币因素和货币因素结合起来，运用一般均衡的方法来探索利率的决定。

在模型中，当投资与储蓄相等时，实体经济部门达到均衡。即 $Y=S+C=I+C$，C 为消费，得到 $I(r)=S(Y)$，其中投资 I 是利率的递减函数，储蓄 S 是利率的递增函数。

IS 曲线是产品市场均衡曲线，它代表的是使产品市场上的供给等于需求的利率与收入水平的组合，即投资等于储蓄时收入（Y）与利率（r）的组合轨迹，如图 7.10 所示。

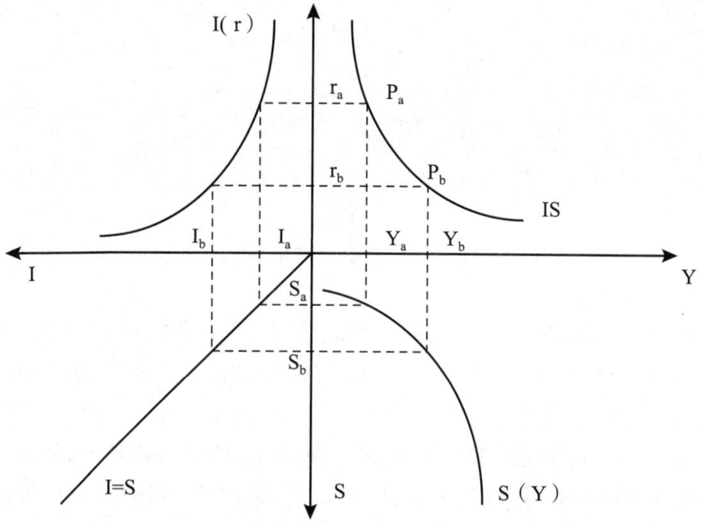

图 7.10 IS 曲线的形成

IS 曲线为一条向下倾斜的曲线，因此，在产品市场均衡条件下，利率与收入呈反向变动关系。这是因为由于利率的上升会引起私人投资需求的下降，要使储蓄和投资仍保持平衡就必须减少储蓄，而储蓄是收入的增函数，所以均衡收入应该下降。

当货币供给和货币需求相等时，货币市场达到均衡。即：

$$L = L_1(Y) + L_2(r) = M_s$$

式中，$M_s = \overline{M}$，$L_1(Y)$ 是收入的递增函数，$L_2(r)$ 为利率的递减函数。LM 曲线是货币市场均衡曲线，也就是在既定的货币供给下使货币需求和货币供给相等的利率（r）和收入（Y）组合，如图 7.11 所示。LM 曲线的斜率为正，其经济含义是当货币供给不变时，因收入上升引起的货币需求增加必须通过由利率上升引起的货币需求下降来加以抵销，才能使货币市场继续保持均衡。

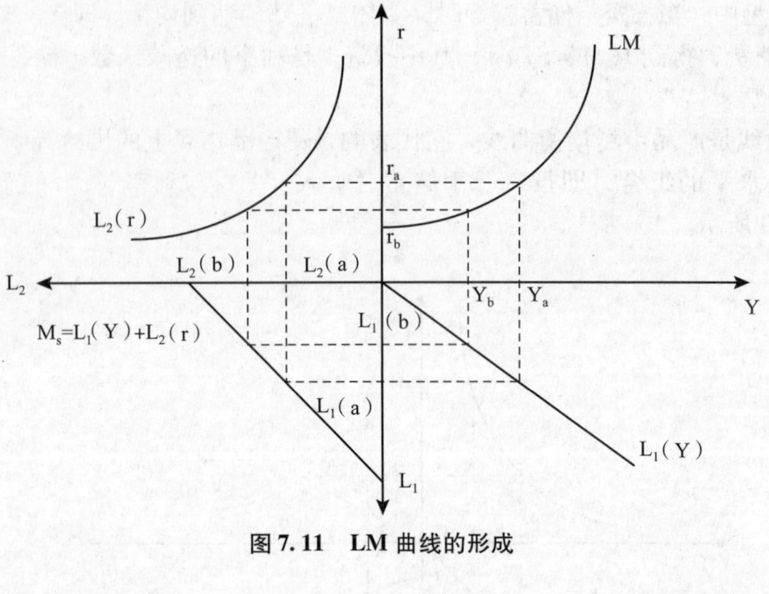

图 7.11　LM 曲线的形成

当实体经济部门和货币部门同时达到均衡时，整个国民经济才能达到均衡状态。在 IS 曲线和 LM 曲线相交于 E 点时，均衡的收入水平 Y_E 和均衡的利率水平 r_e 同时被决定，如图 7.12 所示。

在图 7.12 中，IS 曲线的右上方区域中所有点都代表投资小于储蓄，即 $I < S$。假设任意一点 A 在 IS 曲线的上方，由 A 向横轴作垂直线，与 IS 曲线相交于 B 点，在 B 点，$I = S$。A 点对应的收入 Y_A 与 B 点对应的收入 Y_B 相等，但 A 点 B 点对应的利率 r_A 却大于 r_B，因此，A 点的投资小于 B 点的投资。因此，在 IS 曲线

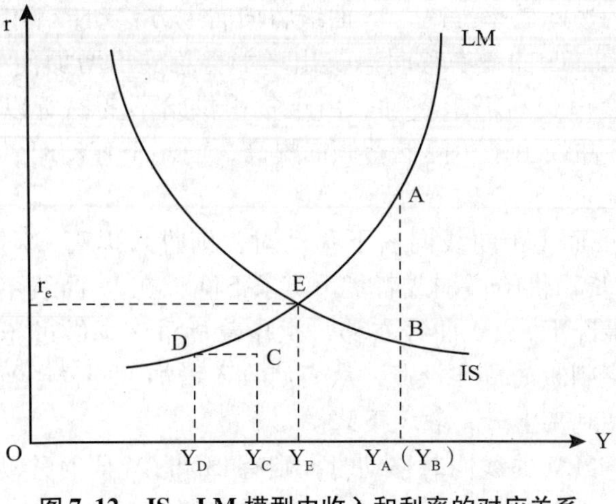

图 7.12　IS－LM 模型中收入和利率的对应关系

的上方区域，$I<S$。同理，在 IS 曲线的左下方区域，$I>S$。

在 LM 曲线的右下方区域中的所有点上，货币需求大于货币供给，即 $L>M$。假设任意一点 C 在 LM 曲线的下方，从 C 向纵轴作垂直点线，与 LM 相交于 D 点，在 D 点，$r_C=r_D$，故 $L_2(C)=L_2(D)$，但是由于 $Y_C>Y_D$。因此，$L_C>L_D$，而 D 点代表的是 $L=M$，故在 C 点的货币需求 L_C 大于此时的货币供给 M。同理，可以得到在曲线的左上方区域，$L<M$。

从图 7.13 中还可以看，IS 曲线和 LM 曲线移动时，不仅收入会变动，利率也会变动。

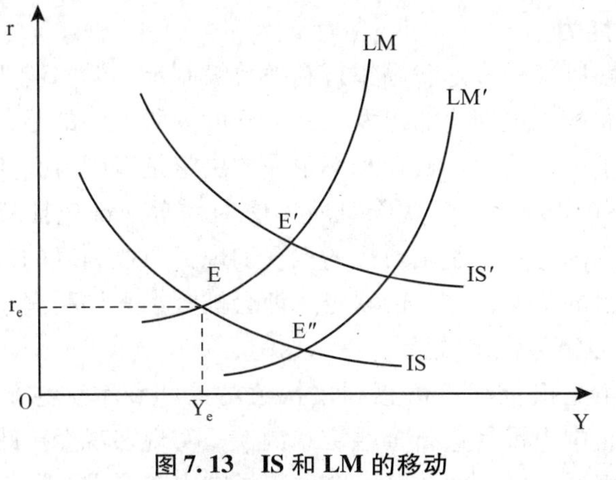

图 7.13　IS 和 LM 的移动

当资本投资的边际效率提高，IS 曲线将向右上方移动，不仅收入提高，利率也上升。这是因为，IS 曲线右移时总支出增加，总支出增加使生产和收入增加，收入增加了，对货币交易需求增加。由于货币供给不变，所以利率会上升。同样，LM 不变而 IS 曲线由于边际储蓄倾向提高，向左下移动时，收入和利率都会下降。

当 IS 曲线不变而 LM 曲线向右下移动时，则收入提高，利率下降。这是因为，LM 右移时，货币供给增加或者货币需求下降，在 IS 曲线不变，即产品供求情况没有变化的情况下，LM 曲线右移，意味着货币市场供过于求，导致利率下降。同时利率下降刺激消费和投资，从而使收入增加。同样，当 LM 曲线向左上方移动时，则会使利率上升，收入下降。

如果 IS 曲线和 LM 曲线同时移动时，则有 IS 和 LM 同时移动来观察收入和利率的变动情况。

从 IS－LM 模型可以得到以下结论：利率大小取决于投资函数、储蓄函数、流动偏好即货币需求函数和货币供给量。

IS－LM 模型是比较系统地揭示利率决定的理论，至今仍然被西方经济学界所推崇，主要原因就是它综合了货币因素和实物因素分析，并把利率决定和国民收入的均衡水平决定分析联系起来，既重视非政策性变数，又重视政策性变数，具有全面、综合的特点，成为分析利率变动趋势一个较好的工具。

（六）影响利率总水平的其他因素

除了资金供求状况是影响利率水平的重要因素外，还有其他一些因素也影响了利率的水平，概括来说包括以下方面：

1. 企业承受能力

这一因素长期以来一直是我国银行利率政策制定和调整所要考虑的基本因素之一，与平均利润率决定理论的出发点是一样的。所不同的是，我国银行贷款的主要对象是国有企业，因此，银行利率水平的决定是以国有企业的整体经济效益为基础的，自 1996 年以来的 7 次降息所考虑的因素中都包括减轻国有企业利息负担这一条。随着国有企业脱困目标的实现和现代企业制度的建立，以及国家投资退出竞争性项目的落实，这一因素将逐渐会被资本平均利润率所取代。

2. 国家产业政策等经济政策

国家产业政策是银行确定优惠利率扶植对象和利率优惠幅度的基本依据之一。利率政策还是中央银行进行金融宏观调控、实现宏观经济政策目标的一种工具，它的确定不仅要考虑利率体系和金融市场的内在要求，还要服务于国家宏观经济调控的需要。如1996~1999年间连续7次的降息，主要目的在于保持适度的经济增长速度，保证社会经济稳定的需要。

3. 社会经济运行周期

在不同的社会经济运行周期，市场利率水平和中央银行的利率政策也是不同的。当经济处于繁荣期，投资旺盛，市场资金需求强劲，市场利率较高且呈上升趋势，这时，中央银行为防止经济过热，保持经济持续、稳定增长，往往会采取偏紧的货币政策，提高基准利率。相反，当经济不景气时，投资疲软，市场资金需求不足，市场利率水平降低，这时，中央银行为刺激经济复苏，就会采取较为积极的货币政策，降低基准利率以降低投资成本，从而刺激投资。

4. 预期价格变动率

从名义利率和实际利率关系的分析可以看出，名义利率变动与价格变动有着直接的联系。要保持实际利率不变，在价格总水平上升后，名义利率中货币贬值的机会成本补偿就要随之增加，名义利率也随之增加；反之，名义利率应下降。投资者对价格变动的预期会影响他们的行动和对交易的定价。

5. 汇率

汇率对利率的影响体现在因汇率变动而导致的外汇收支变化对国内金融市场资金供求的改变上。从理论上说，人民币贬值，有利于增加出口和吸引外资注入，外汇储备也应该增加，从而增加人民币的供给，进而增加金融市场的流量，利率会下降。

思 考 题

1. 为什么说货币的产生可以解决物物交换的困难？
2. 货币有固定的表现形式吗？谈谈你对电子货币的认识。
3. 作为流通手段的货币和作为价值尺度的货币有何不同？
4. 信用产生和发展的客观经济基础是什么？
5. 试述商业信用的作用与局限性。
6. 分析银行信用与其他基本信用形式之间的联系。
7. 说明消费信用的基本类型和经济意义。
8. 说明直接融资与间接融资方式的异同及其在我国的发展现状。
9. 按照马克思的利率理论，利率是由哪些因素决定的？
10. 试述古典利率决定理论和流动性偏好理论的区别。

练 习 题

一、单项选择题

1. 以金为货币金属，以金币为本位币，不铸造不流通金币，银行券可兑换外币汇票是（　　）。

A. 金块本位制　　B. 金本位制

C. 银行券制　　D. 金汇兑本位制

2. 现在各国普遍使用的货币形式是（　　）。

A. 电子货币　　B. 支票

C. 兑现的信用货币　　D. 不兑现的信用货币

3. 人民币采取的形式是（　　）。

A. 兑现的银行券　　B. 不兑现的银行券

C. 现钞　　D. 存款

4. 下列金融工具中属于直接金融工具的是（　　）。

A. 银行支票　　B. 大额可转让定期存单

C. 银行承兑汇票　　D. 企业股票

5. 信用的基本特征（　　）。

A. 无条件价值单方面让渡　　B. 以偿还为条件的价值单方面转移

C. 无偿的赠与或援助　　D. 平等的价值交换

6. 信用活动中的货币发挥的职能是（　　）。

A. 价值尺度　　B. 支付手段

C. 流通手段　　D. 贮藏手段

7. 国家信用中的内债主要采取的形式是（　　）。

A. 票据　　B. 借贷

C. 政府债券　　D. 企业债券

8. 下列属于消费信用的形式是（　　）。

A. 直接投资　　B. 银团投资

C. 赊销　　D. 出口信贷

9. 只以本金计算利息，不考虑利息再投资情况下使用的利率是（　　）。

A. 公定利率　　B. 官定利率

C. 单利率　　D. 市场利率

10. 我国长期贷款利率采用的是（　　）。

A. 浮动利率　　B. 固定利率

C. 市场利率　　D. 优惠利率

11. 国债交易市场形成的利率是（　　）。

A. 一般利率　　B. 官定利率

C. 公定利率　　D. 市场利率

12. 中央银行的再贴现率、再贷款利率和同业拆借市场利率都可以作为（　　）。

A. 基准利率　　B. 一般利率

C. 优惠利率　　D. 实际利率

13. （　　）是指按借贷协议在一定时期可以变动的利率，而且具有一定的科学合理性。

A. 名义利率　　B. 实际利率

C. 浮动利率　　D. 固定利率

14. 根据马克思的利率决定论，利率的高低取决于（　　）。

A. 生产成本　　B. 社会平均收益率

C. 生产价格　　D. 社会平均利润率

二、多项选择题

1. 商品价值的表现形式有（　　）。

A. 简单的、偶然的价值形式　　B. 扩大的价值形式

C. 一般价值形式　　D. 特殊价值形式

E. 货币价值形式

2. 属于通过媒介进行商品交换的价值形式有（　　）。

A. 简单的价值形式　　B. 扩大的价值形式

C. 一般的价值形式　　D. 特殊的价值形式

E. 货币价值形式

3. 下列属于货币发挥支付手段职能的是（　　）。

A. 财政收支　　B. 银行吸收存款

C. 工资支付　　D. 购买商品

E. 发放贷款

4. 执行（　　）职能的货币共同构成了流通中的货币。

A. 流通手段　　B. 价值尺度

C. 支付手段　　D. 贮藏手段

E. 世界货币

5. 在货币执行（ ）职能时，必须是处于流通过程的现实的货币。

A. 贮藏手段　　B. 流通手段

C. 价值尺度　　D. 支付手段

E. 世界货币

6. 信用货币包括（ ）等。

A. 硬币　　B. 国库券

C. 现金　　D. 股票

E. 活期存款

7. 现代信用的主要形式包括（ ）。

A. 商业信用　　B. 银行信用

C. 消费信用　　D. 国家信用

E. 商品信贷

8. 商业信用筹资的具体形式有（ ）。

A. 分期付款　　B. 赊销商品

C. 延期付款　　D. 信用卡

E. 吸收存款

9. 下列属于消费信用形式的有（ ）。

A. 吸收存款　　B. 分期付款

C. 消费信贷　　D. 信用卡透支

E. 发行债券

10. 利息的两种计算方法是（ ）。

A. 贴息　　B. 单利法

C. 利息后付　　D. 复利法

E. 平均法

11. 从利率的决定机制角度划分，利率有（ ）。

A. 一般利率　　B. 市场利率

C. 公定利率　　D. 官定利率

E. 优惠利率

12. 下列价格形式表现为收益资本化的是（ ）。

A. 土地的价格　　B. 资本的价格

C. 人力资本的价格　　D. 商品的价格

E. 有价证券的价格

13. 利率受多种因素的制约，影响利率变动的因素有（ ）。

A. 财政与货币政策　　　　B. 经济周期与宏观经济环境
C. 通货膨胀与价格水平　　D. 生产关系与生产力
E. 债券与股票等工具的价格变动

三、判断题

1. 执行流通手段的货币，可以是想象的或观念上的货币，也可以是现实的货币。（　）

2. 金本位制包括金币本位制、金块本位制、金汇兑本位制和金银复本位制。（　）

3. 暂时退出流通处于静止状态的货币，执行贮藏手段职能。（　）

4. 金银复本位制下金币是本位币，具有无限法偿能力，银币是非本位币，仅具有有限法偿能力。（　）

5. 在其他因素不变时，流通中的货币必要量，与货币流通速度成反比例关系。（　）

6. 主币具有无限法偿能力，任何收款人不得拒绝接受。（　）

7. 银行信用是银行或其他金融机构以货币形态提供的信用，它属于间接信用。（　）

8. 金融机构的主要功能是信用媒介，是一种直接信用。（　）

9. 由于银行信用克服了商业信用的局限性，它将最终取代商业信用。（　）

10. 商业信用筹资是企业间的一种直接信用行为，所以是一种没有成本的筹资。（　）

11. 可贷资金理论认为，利率仅仅决定于两个因素：货币供给与保有货币的意愿。（　）

第八章　金融体系

金融体系是现代市场经济条件下，国家经济体制的核心。各国对于如何设立和怎样调整适合自身经济发展需要的金融体系皆非常重视。本章重点介绍四个方面的内容：首先，对金融体系进行总体概述；其次，分析了处于金融体系中心地位的中央银行；再次，详细阐述各种类型的商业银行；最后，介绍非银行金融机构。

通过本章的学习，需要掌握我国金融体系的基本构成，了解我国的中央银行与商业银行及非银行金融机构的相关内容。

第一节　金融体系概述

一、金融体系与其构成

（一）金融体系的界定

金融体系又称金融体制，是指在一个主权国家中存在的各种金融机构及其彼此之间因从事金融活动而形成的法律地位、职责与职能、业务范围、内部构成等相互关系。

在现代国际金融体系中，虽然各国的金融机构体系各有特点，但是却大都呈现出多元化发展趋势，各种专业化的金融机构不断涌现，商业银行也向综合化、全能化混业经营的方向发展，由此形成了一个规模庞大，分工精细的金融体系。

（二）金融体系的构成

目前世界各国的金融体系不尽相似，但是种类和构成基本相同。在市场经济条件下，一个完善的金融体制应由四大体系组成：

1. 金融宏观调控体系。处于金融宏观调控体系中心的是一个国家独立制定和执行货币政策的中央银行，同时中央银行是该国货币发行的银行、银行的银行、政府的银行。因此，金融宏观调控体系又被称为中央银行调控体系。

2. 金融机构组织体系。以中央银行为核心的、各类商业银行为主体、政策性金融与商业金融相分离，多种金融机构并存的金融组织体系。

3. 金融市场体系。金融市场主要由货币市场、资本市场、外汇市场和黄金市场构成。

4. 金融监督管理体系。金融监管体系是指一国金融管理部门的构成及其分工的有关安排。金融监管体系应涵盖三个层次：第一个层次，外部监管。包括两个方面：一是一个国家的政府为该国金融机构选择的监管模式；二是本国监管部门与国际监管组织共同与合作监管。第二个层次，内部自律性监管。同样包括两个方面：一是金融市场的自律（金融市场上金融机构的行业自律），即金融机构（商业银行、专业储蓄存款机构、住房抵押贷款机构、投资银行、保险公司、基金公司、信托公司等）之间的行业自律性监管；二是金融机构内部的自律性监管体系。如内控制度和风险管理体系、授信系统和信贷审批制度等。第三个层次，外部监管与内部自律性监控的配合和有效运作。

二、我国的金融体系

（一）我国金融体系的演变

我国的金融体系经历了旧中国的金融体系、新中国成立后“大一统”的金融体系、1978 年后金融体系的改革与调整、现行的金融体系等四个阶段的发展和不断完善过程。其中我国金融业监管体制的发展同样也经历了四个演变阶段：1949 ~ 1984 年之前，计划经济体制下的高度集中统一的“大一统”时期；1984 ~ 1997 年，双元银行体制与多种金融机构并存时期；1998 ~ 2003 年，分业监管时期；2003 年至今，“一行三会”的分业监管时期。

（二）我国现行的金融体系及其构成

我国现行金融体系是一个以中央银行为核心，国有商业银行为主体，多种金融体系并存的金融体系。

虽然我国金融体系尚不够完善和发达，但是金融体制的四大构成部分皆已俱全。首先，以中国人民银行为中央银行的宏观金融调控体系，在我国宏观经济调控过程中发挥着重要作用。其次，以政策性银行与各类商业银行分离的，多种金融机构并存的金融体系已经具有较大规模，如证券公司、保险公司、信托公司、基金公司、金融租赁公司、财务公司等各类金融机构有了长足发展，同时银行体系在配合央行宏观调控方面，发挥着无法替代的关键性作用。第三，这些年我国的货币市场、资本市场、外汇市场、黄金市场皆快速地发展。第四，我国的金融监管体系在不断改革和完善。金融体系的监督管理部门不仅有“一行三会”，即统筹监管金融市场的中国人民银行，分别监督管理银行业、证券业、保险业的银监会、证监会、保监会；还有金融同业自律组织如银行业协会、证券业协会、保险业协会以及社会性公律组织如会计师事务所、评估机构等。

第二节 中央银行

中央银行是发行的银行、银行的银行、政府的银行，是处于超然地位的最后贷款者，大多属于国家机关部门。

一、中央银行的职能

（一）发行的银行

发行的银行是指国家赋予中央银行集中和垄断货币发行的特权，是国家唯一的货币发行机构。中央银行集中和垄断货币发行权是其自身之所以成为中央银行最基本、最重要的标志，也是中央银行发挥其全部职能的基础。

（二）银行的银行

银行的银行是指中央银行的业务对象不是一般企业和个人，而是商业银行和其他金融机构及特定的政府部门；其与业务对象之间的业务往来仍具有银行固有的办理“存、贷、汇”的业务特征；中央银行为商业银行和其他金融机构提供支持、服务的同时也是他们的管理者。

（三）政府的银行

中央银行是政府的银行是指，中央银行根据法律授权制定和实施货币政策，对金融业实施监督管理，负有保持货币币值稳定和保障金融业稳健运行的责任；

代表国家政府参加国际金融组织，签订国际金融协定，参与国际金融事务与活动；为政府代理国库，办理政府所需要的银行业务，提供各种金融服务。此外，许多国家中央银行的主要负责人是由政府任命；绝大多数国家中央银行的资本金为国家政府所有或由政府控制股份；还有些国家的中央银行直接是政府的组成部门。

发行的银行、银行的银行和政府的银行，体现了中央银行的基本职能，世界上绝大多数国家的中央银行一般都具备这三大基本职能。但在具体内容上，各国中央银行之间还有所差异，在职责发挥上，不同国家的中央银行其侧重点也有所不同，另外，同一国家的中央银行在不同的发展时期，其职能的具体内容和侧重点也是不断发生变化的。

二、中央银行制度的基本类型

（一）单一式中央银行制度

单一式中央银行制度是指国家建立单独的中央银行机构，使之全面行使中央银行职能的中央银行制度。这种类型又分两种情况：

1. 一元式中央银行制度。这是指一国只设立一家统一的中央银行行使中央银行的权力和履行中央银行的全部职责，中央银行机构自身上下是统一的，机构设置一般采取总分行制，逐级垂直隶属。绝大多数国家的中央银行都实行这种体制，如英国、法国、日本和1984年以后的中国等。

2. 二元式中央银行制度。这是指中央银行体系由中央和地方两级相对独立的中央银行机构共同构成。中央级中央银行和地方级中央银行在货币政策方面是统一的，中央级中央银行是最高决策机构，地方级中央银行要接受监督和指导。但在货币政策的具体实施、金融监管和中央银行有关业务的具体操作方面，地方级中央银行在其辖区内有一定的独立性，与中央级中央银行也不是总分行的关系，而是按法律规定分别行使其职能。这种制度一般与联邦制的国家体制相适应，如美国实行这种制度。

（二）复合式中央银行制度

复合式中央银行制度是指国家不单独设立专司中央银行职能的中央银行机构，而是由一家集中央银行与商业银行职能于一身的国家大银行兼行中央银行职能的中央银行制度。这种中央银行制度往往与中央银行初级发展阶段和国家实行计划经济体制相适应，1990年前的苏联和东欧国家以及1983年前的中国都是实行这种制度。

（三）准中央银行制度

准中央银行制度是指国家不设立完整意义上的中央银行，而设立类似中央银行的金融管理机构执行部分中央银行的职能，并授权若干商业银行也执行部分中央银行职能的中央银行制度。如中国香港（限地区）、新加坡、马尔代夫等国家实行该制度。

（四）跨国中央银行制度

跨国中央银行制度是指由若干国家联合组建一家中央银行，由这家中央银行在其成员国范围内行使全部或部分中央银行职能的中央银行制度。这种中央银行制度一般与区域性多国经济的相对一致性和货币联盟体制相对应。实行跨国中央银行制度的国家主要在非洲和东加勒比海地区，如西非货币联盟、中非货币联盟、东加勒比海货币区都属于这种制度类型。欧洲中央银行也属于跨国中央银行制度，但它是一种不同于前述跨国中央银行的新型银行。

欧洲中央银行是根据1992年《马斯特里赫特条约》的规定于1998年7月1日正式成立的，其前身是设在法兰克福的欧洲货币局。欧洲央行的职能是“维护货币的稳定”，管理主导利率、货币的储备和发行以及制定欧洲货币政策；其职责和结构以德国联邦银行为模式，独立于欧盟机构和各国政府之外。由欧洲中央银行和欧盟所有成员国包括尚未加入欧元区的成员国中央银行组成欧洲中央银行体系。保持价格稳定和维护中央银行的独立性是欧洲中央银行的两个主要原则，并通过公开市场业务、流动资金经常便利和准备金制度实现其货币政策目标。

三、我国中央银行与其职责

（一）中国人民银行

我国的中央银行是中国人民银行，简称PBC（The People's Bank of China），成立于1948年。1948~1984年，中国人民银行同时承担中央银行、金融机构监管及办理工商信贷和储蓄业务的职能。自1984年1月1日起，专门行使中央银行的职能，将所承担的工商信贷及储蓄业务职能移交新设立的中国工商银行。1995年3月18日，通过《中华人民共和国中国人民银行法》，中国人民银行作为中央银行以法律形式被确定下来。2003年，中国人民银行对银行业金融机构的监管职责交由新设立的银监会行使。

（二）中央银行的职能

中国人民银行在国务院领导下，制定和执行货币政策，防范和化解金融风险，维护金融稳定。

（三）中央银行的职责

1. 发布和履行与其职责有关的命令和规章。
2. 依法制定和执行货币政策。
3. 发行人民币，管理人民币流通。
4. 监督管理银行间同业拆借市场和银行间债券市场。
5. 实施外汇管理，监督管理银行间外汇市场。
6. 监督国内黄金市场。
7. 持有、管理、经营国家外汇储备、黄金储备。
8. 经理国库。
9. 维护支付、清算系统的正常运行。
10. 指导、部署金融业反洗钱工作，负责反洗钱的资金监测。
11. 负责金融业的统计、调查、分析和预测。
12. 作为国家的中央银行，从事有关的国际金融活动。
13. 国务院规定的其他职责。

第三节 商业银行

商业银行是以经营存款、贷款和金融服务为主要业务，以盈利为经营目标的金融企业。与其他金融机构相比，吸收活期存款，创造信用货币，是商业银行最明显的特征。正是这一点，使商业银行具有特殊的职能，它们的活期存款是构成货币供给或交换媒介的重要组成部分，也是信用扩张的重要源泉。因此，通常人们又称商业银行为存款货币银行。

在我国的金融体系中，银行业一直占据着主导地位。目前，我国的商业银行体系可分为：五家大型商业银行、中小商业银行、政策性银行、农村商业银行、中国邮政储蓄银行、外资银行。

一、五家大型商业银行

五家大型商业银行，包括工行、农行、中行、建行、交行，其中前四家属于国家控股的商业银行，在我国商业银行体系中处于主体地位，它们是从国家专业银行演变而来的。

（一）中国工商银行

中国工商银行（ICBC）1984年正式成立，成为四大国有专业银行之一，1994年成为国有独资商业银行，2005年10月28日整体改制为股份有限公司，2006年10月27日在上海证券交易所和香港联合证券交易所同时上市（A+H）。

（二）中国农业银行

中国农业银行恢复于1979年初，总部设在北京，专门负责农村金融业务的国家专业银行。1994年成为国有独资商业银行，2009年1月5日中国农业银行整体改制为股份有限公司，2010年7月15日、16日，分别在上海证券交易所和香港联合证券交易所上市（A+H）。

（三）中国银行

中国银行成立于1912年，至1949年中华人民共和国成立的37年间，曾先后是当时的国家中央银行、国际汇兑银行和外贸专业银行，并将分支机构拓展到海外。1979年成为国家指定的外汇外贸专业银行，1994年成为国有独资商业银行，2004年8月26日，中国银行整体改制为股份有限公司，并于2006年6月1日在香港联合证券交易所上市，于2006年7月5日在上海证券交易所上市，总部设在北京。

（四）中国建设银行

中国建设银行原名为中国人民建设银行，正式成立于1954年10月1日，曾隶属于财政部。1979年成为独立的经营长期信用业务的专业银行，1994年成为国有独资商业银行。2004年9月17日，整体改制为股份有限公司，并于2005年10月27日在香港联合联证券交易所上市（H股），总部设在北京。2007年9月24日在上海证券交易所上市（A股）。

（五）中国交通银行

中国交通银行于1987年4月1日重新组建，是新中国第一家全国性的股份制商业银行，于2005年6月23日在香港联合证券交易所上市（H股），于2007年5月15日在上海证券交易所上市（A股），总部设在上海。

二、中小商业银行

中小商业银行包括股份制商业银行和城市商业银行两大类。其中股份制商业银行主要有最早成立的12家，即中信银行、中国光大银行、华夏银行、广东发展银行、深圳发展银行、招商银行、上海浦东发展银行、兴业银行、中国民生银行、恒丰银行、浙商银行、渤海银行。

随着城市商业银行的不断股份制改造，有越来越多的城市商业银行加入到股份制银行的行列。

我国的城市商业银行最先由城市信用合作社发展而来，1979年第一家城市信用合作社在河南驻马店成立，1986年信用合作社在大中城市正式推广，数量急剧增长。1994年国务院决定通过合并城市信用社，成立城市合作银行。1998年起正式更名为城市商业银行。

目前城市商业银行发展呈现出三个新的发展趋势，一是引进战略投资者，二是跨区域经营，三是联合重组。如北京银行、南京银行、上海银行等皆是首先引进战略投资者，然后开始跨区域经营。其中北京银行和南京银行已经在上海证券交易所上市（A股），并且市场价格表现良好。

三、政策性银行

政策性银行是由政府出资创立、参股或保证的，以配合、贯彻政府社会经济政策或意图为目的，在特定的业务领域内，规定有特殊的融资原则，不以盈利为目的的金融机构。在1994年我国先后设立了三家政策性银行，国家开发银行、中国进出口银行、中国农业发展银行。

（一）国家开发银行

国家开发银行于1994年3月正式成立，总行在北京，下设总行营业部、中国内地分行和香港代表处。国家开发银行的注册资本金为500亿元人民币，由国家财政全额拨付。

国家开发银行主要进行国家重点建设项目融资。其贷款分为两部分：一是软贷款，即国家开发银行注册资本金的运用。其主要按项目配股需要贷给国家控股公司和中央企业集团，由其对企业参股、控股。二是硬贷款，即国家开发银行借入资金的运用。国家开发银行在项目总体资金配置的基础上，将借入资金直接贷给项目，到期收回本息。目前国家开发银行的贷款主要是硬贷款。国家开发银行于 2008 年 12 月 16 日挂牌成立股份有限公司，并拟在适当时候上市。

（二）中国进出口银行

中国进出口银行于 1994 年 4 月正式成立，总行设在北京，境内外设有多家代表处。中国进出口银行的注册资本金为 33.8 亿元人民币，由国家财政全额拨付。

中国进出口银行主要支持进出口贸易融资，其实行自主、保本经营和企业化管理的经营方针。主要任务是：执行国家产业政策和外贸政策，为扩大我国机电产品和成套设备等资本性货物出口提供政策性金融支持。

（三）中国农业发展银行

中国农业发展银行于 1994 年 11 月正式成立，总行设在北京，国内设有两千多家分支机构。中国农业发展银行的注册资本金为 200 亿元人民币，由国家财政全额拨付。

中国农业发展银行实行独立核算，自主、保本经营，企业化管理的经营方针。主要任务是按照国家有关法律、法规、方针、政策，以国家信用为基础，筹集农业政策性信贷资金，承担国家规定的农业政策性金融业务，代理财政性支农资金的拨付。

目前我国这三家政策性银行正在进行改革，根据 2007 年 1 月召开的全国金融工作会议决定，按照分类指导、"一行一策"的原则，推进政策性银行改革。首先推进国家开发银行改革，全面推行商业化运作，主要从事中长期业务。其次，对政策性业务要施行公开透明的招标制。

四、农村商业银行

随着农村金融体制改革的不断深化和农村经济发展的需要，经中国人民银行批准，我国首家股份制农村商业银行于 2001 年 11 月 28 日在江苏省的张家港、常熟、江阴组建完成。在农村信用社基础上改制组建股份制商业银行，是中国农村金融体系改革的一大突破。

农村金融机构包括农村信用社、农村商业银行、农村合作银行、村镇银行和农村资金互助社。农村商业银行和农村合作银行是在合并农村信用社的基础上组建的，而村镇银行和农村资金互助社是2007年在银监会批准下设立的新机构。

村镇银行是指经银监会依据有关法律、法规批准，由境内外金融机构、境内非金融机构企业法人、境内自然人出资，在农村地区设立的主要为当地农民、农业和农村经济发展提供金融服务的银行业金融机构。

农村资金互助社是指经银行业监督管理机构批准，由乡（镇）、行政村农民和农村小企业自愿入股组成，为社员提供存款、贷款、结算等业务的社区互助性银行业金融机构。

五、中国邮政储蓄银行

2006年12月31日，经国务院同意，银监会正式批准中国邮政储蓄银行成立，2007年3月20日，中国邮政储蓄银行挂牌。

六、外资银行

外资银行可以经营部分或者全部外汇业务和人民币业务。自1979年首家外资金融机构在我国设立代表处以来，外资银行已成为我国金融体系中的一支重要力量和我国引进外资的一条重要渠道。

自2006年12月11日起，《中华人民共和国外资银行管理条例》开始施行，该条例对外资银行的设立与登记、业务范围、监督管理、终止与清算、法律责任等都作了明确的规定，使外资银行进入了一个更加规范的新的发展阶段。

第四节　非银行金融机构

一、证券机构

证券机构通常又称之为投资银行，有广义与狭义之分，广义的投资银行是指经营全部资本市场业务的金融机构。业务包括证券承销与经纪、企业融资、兼并收购、咨询服务、资产管理、创业资本等直接金融形式。狭义的投资银行是指从事一级市场证券承销和资本筹措、二级市场证券交易和经纪业务的金融机构。

我国目前证券市场主要是指狭义的市场范畴，其业务主要是一级市场的承销和二级市场的交易活动。

我国证券机构主要包括证券公司、证券交易所、证券登记结算公司、证券投资咨询公司、投资基金管理公司、证券评估公司等。

（一）证券公司

证券公司又称证券商，是经由证券主管部门批准设立的在证券市场上经营证券业务的非银行金融机构。推销政府债券、企业债券和股票，代理买卖和自营买卖已上市流通的各类有价证券，参与企业收购、兼并，充当企业财务顾问等业务，以上皆是证券公司的主要职能定位。

我国的证券公司的前期发展大多是集承销、经纪、自营三种业务于一身的综合性经营机构。1999 年 7 月 1 日开始实施的《中华人民共和国证券法》明确规定了综合类证券公司和经纪类证券公司的分类管理原则，按照规定要求，综合类证券公司可从事证券承销、经纪、自营三种业务；而经纪类证券公司只能从事证券经纪类业务，即它只能充当证券交易的中介，不得从事证券的承销和自营买卖业务。

（二）证券交易所

根据我国《证券交易所管理办法》的规定，证券交易所是指依法设立的，不以盈利为目的，为证券的集中和有组织的交易提供场所、设施，并履行相关职责，实行自律性管理的会员制事业法人。

在我国，设立证券交易所必须报经国务院批准。目前经批准设立的证券交易所有两家，上海证券交易所和深圳证券交易所。

证券交易所的职能主要有：提供证券交易的场所和设施；制定证券交易所的业务规则；接受上市申请、安排证券上市；组织、监督证券交易；对会员和上市公司进行监督；设立证券登记结算公司；管理和公布市场信息及中国证监会许可的其他职能。

（三）证券登记结算公司

证券交易必然带来证券所有权的转移和资金流动，为确保过户准确和资金及时、足额到账，证券交易所一般都附设证券登记结算公司。证券登记结算公司在每个交易日结束后负责清算。证券登记结算公司的具体职能是：对证券和资金进行清算、交收和过户，使买入者得到证券，卖出者得到资金。由于上海证券交易所、深圳证券交易所实现了无纸化和电子化交易，建立了相应的高效、快捷、安全的结算系统，每日的结算和交收于次日上午开市前即可完成。目前两市均实行 T+1 的交割方式完成清算交易。

二、保险公司

保险公司是指以经营保险业务为主的非银行金融机构，它是金融机构的一个重要组成部分。

改革开放后，国家于 1980 年恢复中国人民保险公司，中国的保险事业才得以复苏。1993 年以来，保险业改革步伐进一步加快。中国人民保险公司完成了财产险、人寿险和再保险业务的分离工作，改组设立了中国人民保险（集团）公司，包括中保财产保险公司、中保人寿保险公司和中保再保险公司三家子公司；太平洋保险公司与交通银行脱钩，改制为独立的股份制商业保险公司；平安保险公司将六家子公司的独立法人地位取消，将其改为直属分公司；太平洋保险公司与平安保险公司还完成了财险与寿险的分账核算工作。与此同时，国家还批准设立了一批新的股份制保险公司，如大众、天安、华泰、永安、华安、泰康、新华等保险公司。另外，中国再保险公司于 1999 年 3 月 18 日在原中保再保险有限公司基础上组建，中保再保险有限公司的前身是中国人民保险公司再保部。

目前我国国内商业银行如交通银行正在筹备和组建自己的保险公司。而中国银行通过在香港注册的全资子公司中银集团保险经营保险业务。①

三、金融资产管理公司

金融资产管理公司是在特定时期，政府为解决银行业不良资产，由政府出资专门收购和集中处置银行业不良资产的机构。

1999 年，我国成立了四家金融资产管理公司，即中国华融资产管理公司、中国长城资产管理公司、中国东方资产管理公司和中国信达资产管理公司，分别接收从中国工商银行、中国农业银行、中国银行、中国建设银行剥离出来的不良资产。

---

① 徐文彬著：《全能银行发展路径研究》，经济科学出版社 2009 年版，第 148～155 页。

金融资产管理公司成立以来，处置完了大量的银行不良资产，正在探索实行股份制改造及商业化经营之路。

四、信托投资公司

信托是指在信任的基础上，委托人将其财产权委托给受托人，受托人按委托人的意愿，以自己的名义，为受益人的利益或者特定目的，对信托财产进行管理或者处分的行为。信托是随着商品经济的发展而出现的一种财产管理制度，其本质是“受人之托，代人理财”。1979 年 10 月，中国银行总行率先成立了信托咨询部。同年，中国国际信托投资公司在北京成立。在信托投资公司发展最高峰的 1988 年底，我国信托公司数量达到 1 000 多家。然而，我国社会信用体系的缺乏造成了信托业的先天不足，信托业陷于“发展—违规—整顿”的怪圈，已先后经历了五次大规模的清理整顿。自 2007 年 3 月 1 日起，由中国银监会出台并实施的《信托公司管理办法》规定了信托公司所应遵守的规范。

五、财务公司

依据 2004 年 7 月 27 日修订后实施的《企业集团财务公司管理办法》，企业集团财务公司是指以加强企业集团资金集中管理和提高企业集团的资金使用效率为目的，为企业集团成员单位提供财务管理服务的非银行金融机构。企业集团财务公司是一种完全属于集团内部的金融机构，它的服务对象只局限于企业集团内部成员，不允许从集团外吸收存款，为非成员单位提供服务。母公司有义务在所属财务公司出现支付困难的情况下，负责提供资金，满足支付需要。

六、金融租赁公司

所谓租赁是指将自己的物品借给他人使用并收取一定的报酬，或借用他人的物品并支付一定报酬的交易行为。租赁属于一种信用形式，其基本特征是价值单方面的转移，是所有权与使用权的暂时分离，是物品的所有者以收取报酬为条件，暂时让渡使用权的一种信用方式。

依据 2007 年 3 月 1 日起施行的《金融租赁公司管理办法》，金融租赁公司是指经银监会批准，以经营融资租赁业务为主的非银行金融机构。融资租赁是指出租人根据承租人对租赁物和供货人的选择或认可，将其从供货人处取得的租赁物按合同约定出租给承租人占有、使用，向承租人收取租金的交易活动。

目前国内部分大型银行组建并成立了自己的金融租赁公司。如工银金融租赁有限公司（工银租赁）是中国工商银行的独资子公司，注册资本20亿元人民币，注册地为天津滨海新区。工银租赁是国内首家获得中国银监会批准的由商业银行设立的金融租赁公司，主要经营船舶、飞机和大型设备的金融租赁业务及各类租赁产品及租金转让与证券化、资产管理、产业投资顾问等金融产业服务。2008年末总资产116.48亿元人民币，净资产22.05亿元人民币，年度实现净利润2.08亿元人民币。再如中国银行集团2006年成功收购亚洲领先的新加坡飞机租赁公司，将公司更名为中银航空租赁私人有限公司，成为中国首家进入全球性飞机租赁业务的银行。截至2008年末，中银航空租赁公司与7家航空公司签订了32架飞机的租赁合同，以购机回租的形式从美国西南航空等航空公司购买飞机20架，机队组合飞机共92架，另有71架飞机订单。

思考题

1. 简述我国金融体系。
2. 我国中央银行具有哪些职能？
3. 简述中央银行的类型。

练习题

一、单项选择题

1. 中国人民银行成立于（　　）年。
   A. 1948　　B. 1984　　C. 2003　　D. 1995
2. 以下不属于非银行金融机构的是（　　）。
   A. 金融资产管理公司　　B. 货币经纪公司
   C. 信托公司　　D. 农村资金互助社
3. 下列不是中国的政策性银行的是（　　）。
   A. 国家开发银行　　B. 中国进出口银行
   C. 中国银行　　D. 中国农业发展银行
4. （　　）年中国人民银行将对银行业金融机构的监管职责移交至新设立的银监会。
   A. 2000　　B. 2001　　C. 2002　　D. 2003
5. 汽车金融公司的监管机构是（　　）。

A. 银监会　　B. 中国证监会

C. 中国人民银行　　D. 中国银行业协会

6. 近年来，城市商业银行发展呈现的趋势是（　　）。

A. 引进战略投资者　　B. 联合重组

C. 跨区域经营　　D. 以上答案都对

7. 在我国大型商业银行中，最早上市的银行是（　　）。

A. 中国农业银行　　B. 中国工商银行

C. 中国银行　　D. 中国建设银行

二、多项选择题

1. 直接融资领域中的金融中介有（　　）。

A. 商业银行　　B. 投资银行

C. 证券公司　　D. 证券交易所

2. 我国的政策性银行是（　　）。

A. 中国银行　　B. 国家开发银行

C. 中国进出口银行　　D. 中国农业发展银行

3. 我国综合类证券公司可从事（　　）。

A. 资金的转账结算业务　　B. 证券承销业务

C. 自营业务　　D. 证券经纪类业务

4. 西方国家按照保险种类建有形式多样的保险公司，如（　　）。

A. 人寿保险公司　　B. 火灾及意外伤害保险公司

C. 信贷保险公司　　D. 存款保险公司

第九章　金融市场

金融市场是市场经济中的要素市场，并且是要素市场的核心。现代生活与金融市场密切相关，政府、金融机构、企业和个人都主动或被动地参与到这个市场中。要实现向市场经济转轨，发展市场经济，就应当重视金融市场的培育，并加快其发展。为此，不仅要了解融资方式和金融市场的形成，以及金融市场的特点和类型等一般知识，还要深入到金融市场内部，研究货币市场、资本市场、外汇市场、黄金市场、金融衍生工具市场的交易活动与运动机制。本章由一般到具体，介绍金融市场的一般理论，并从理论与实务的结合上论述各子市场的特点及运作方式。

通过本章的学习，要了解金融市场的构成要素，掌握金融市场的功能、货币市场的组成及各组成部分的含义及特点，了解外汇市场的结构及作用，掌握资本市场的特点及构成，了解现代世界黄金市场的特点及我国的黄金市场现状。

第一节　金融市场概述

金融市场有广义和狭义之分。广义的金融市场泛指资金供求双方运用各种金融工具，通过各种金融性交易活动实现资金供求的调剂和有价证券的买卖，如存款、贷款、信托、租赁、保险、票据贴现与票据抵押、黄金与外汇买卖等。狭义的金融市场则一般限定在以有价证券为金融工具的交易活动。通常所说的金融市场主要是指后者。值得注意的是，金融市场既指金融资产交易的场所，也指各种融资活动及由此形成的信用关系。它是构成金融体系的重要子系统，为金融机构配置资源提供了场所和运行机制。

金融市场与其他市场相比，有自己的特点：（1）金融市场上交易对象是货币、货币资本等金融资产；（2）金融市场既有有形市场交易，也有无形市场交易；（3）金融市场交易的资本其价格以利率表现出来。

一、金融市场的构成要素

1. 金融市场参与者

金融市场上的参与者主要指交易主体，即参与交易的个人、企业、各级政府及政府机构、金融机构，包括银行及非银行金融机构、中央银行等经济主体。各个经济主体在金融市场上所扮演的角色不同，有的经济主体是资金供给者，有些则是资金需求者，而有些则可能既是资金需求者又是资金供给者。金融市场上的参与者必须是能够独立做出决策并承担利益和风险的经济主体。

2. 金融工具

金融市场的交易对象是货币资金，但由于资金之间不能直接进行交易，需要借助金融工具进行交易，因此，金融工具成为金融市场上进行交易的载体。

3. 金融工具的价格

在金融市场上，利率是货币资金商品的“价格”，其高低主要是由社会平均利润率和资金的供求关系等因素决定的。但反过来，利率又对资金供求和流向起着调节和引导作用。

4. 金融交易的组织方式

组织方式即指金融市场的交易场所，金融市场的交易既可以在有形市场中进行，又可以在无形市场中进行。主要有三种：

（1）有固定场所的、有组织、有制度、集中进行交易的方式，如证券交易所，它在整个证券市场中占有核心地位，对证券交易进行周密的组织和严格的管理。

（2）柜台（店头）交易方式。指在金融机构的柜台上买卖双方进行面议的、分散的交易方式。这种场外交易方式与证券交易所相比，具有以下特点：由众多分散的、各自独立经营的证券商分别组织，是一个松散的市场；交易规则比较灵活，交易成本较低；交易对象比较广泛，交易价格是由买卖双方直接协商议定的。

（3）借助电子计算机网络或其通信手段实现交易的方式。如证券市场场外交易的第三市场、第四市场。既没有固定场所，也不直接接触而是通过通信等方式完成交易。其好处在于：交易成本较低；买卖双方直接协商议价，成交迅速；有利于保证交易的隐秘性，不会对其他交易市场的价格产生很大影响。

二、金融市场的分类

按照不同的标准，可以对金融市场进行不同的分类。

1. 按交割方式分类

可分为现货市场和期货市场。

现货市场买卖成交后，当场或几天内办理交割清算。期货市场是买卖成交后按合同规定的价格、数量和期限进行交割清算的交易方式。

2. 按范围分类

可分为地方性市场、全国性市场、区域性市场和国际市场。

地方性市场和全国性市场都属于国内金融市场，国内金融市场的主体都是本国的自然人和法人，交易工具都由国内发行。区域性市场和国际性市场相似，交易者来自许多国家和地区，二者的区别在于区域性市场的活动范围是某一地区，如东南亚地区，而国际市场的范围是世界各地。

3. 按期限分类

可分为短期金融市场和长期金融市场。

短期金融市场是专指融通期限在 1 年以内的短期资金的场所，短期资金多在流通领域起货币作用，所以又称货币市场。长期金融市场是指融通期限在 1 年以上的中长期资金的场所，又称资本市场。

4. 按照组织方式分类

可分为有组织的市场（或场内交易市场、交易所）和无组织的市场（或场外交易市场、柜台交易）。目前出现的所谓“第三市场”，实际上也是一种场外交易市场，只不过所交易的资产同时也在交易所上市交易；而“第四市场”则是指不通过经纪商中介而直接由买卖双方协商达成交易而形成的无形市场。

此外，按照金融创新程度分，可以将金融市场划分为传统金融市场和金融衍生品市场。

这些分类只是相对的，现实中某一金融市场往往同时兼有几类市场的特征，如资本市场中既有现货市场和期货市场，又有初级市场和二级市场。

本书从融资期限和交易对象相结合的角度简要介绍货币市场、资本市场、外汇市场和黄金市场。

三、金融市场的功能

作为金融资产交易的场所，从整个经济运行的角度看，金融市场提供以下几种经济功能：

1. 筹集资金的功能

金融市场能将社会上暂时闲置的货币资金集中起来，转化为生产资金。金融市场上存在着不同期限、不同收益水平的金融工具，可以较好满足不同资金筹集者和投资者的需求。

2. 资源配置的功能

货币资金的流向主要是取决于资金的收益率，一个企业的经营状况好、效益高、收益率高，投资者就愿意认购该企业发行的债券、股票；反之，如果企业效益低下甚至亏损就很难在金融市场上筹集到资金。这样就使得资金向效益好、使用效率高、资金收益率高的产业和行业流动，自发调节和优化了产业结构，促使有限的资金被合理地使用，优化了资源的配置。

3. 调节经济的功能

金融市场的调节功能，主要是指中央银行在金融市场上调节货币供求和控制信贷规模。金融市场是中央银行进行间接调节货币供应量的理想场所，央行通过公开市场业务操作，在金融市场上卖出有价证券回笼货币，或者买入有价证券增加货币投放量。中央银行也可以通过提高或降低再贴现率，从而影响商业银行的利率水平，达到控制信贷规模的目的。

第二节 金融工具

金融工具也叫信用工具，是在信用活动中产生的，能够证明债权债务关系、资金所有权关系的具有法律效力的凭证。现代金融经济已赋予金融工具作为金融资产的新含义。

一、金融工具概述

（一）金融工具的特征

1. 期限性

期限性指一般金融工具都规定有偿还期。偿还期是指债务人必须全部归还本金之前所经历的时间，一般情况下各种金融工具上都明确载明偿还的期限、本金偿还方式和利息支付方式，金融工具的偿还期可以有零和无期限这两个极端。如活期存款的期限可以看作是零，而普通股票或永久性债券的偿还期则是无限的。

2. 流动性

流动性指金融工具在金融市场上迅速变为现金而不致遭受损失的能力。金融工具越容易变现，成本越低，流动性就越强；反之，流动性越差。一般来说，金融工具的流动性与偿还期成反比，偿还期越短，流动性越强；偿还期越长，流动性越差。但这不是绝对的，金融工具的流动性还受其盈利水平高低的影响，一个国家的金融市场如果比较发达，一些盈利水平高的金融工具即使偿还期比较长，往往也具有很强的流动性，很容易在金融市场出售。另外，金融工具的流动性与发行者的资信程度成正比，发行者信誉越高，流动性越强；反之，则流动性越差。

3. 安全性

安全性指投资人顺利收回本金而不会遭受损失风险的保障度。具有风险性是各类金融工具的共同特征，但风险大小则与每种金融工具的设计有关。一般情况下，存在着两种风险：一是信用风险，即债务人不履行合约，不按期归还本金的风险。这种风险的大小主要取决于债务人的信誉和经营状况。二是市场风险，即由于金融工具市场价格的下跌所带来的风险。金融市场瞬息万变，这类风险很难准确预测，比如股票的市价经常会发生变化，一旦价格下跌，会给投资者带来损失。因此，在金融投资中，采取必要的保值措施非常重要。

一般来说，本金安全性与偿还期成反比，即偿还期越长，其风险越大，安全性越小。本金安全性与流动性成正比，与债务人的信誉也成正比。

4. 收益性

收益性指金融工具能够给持有者带来一定的收入。收益的大小是通过收益率来衡量的。收益率是净收益对本金的比率。

各种金融工具的收益与风险呈正相关关系，高收益的金融工具往往风险也高，低收益的金融工具往往风险亦低。货币市场金融工具期限短，如银行活期存款的偿还期几乎为零，因而风险小；而资本市场金融工具期限长，如股票的期限则无限长，故风险大。

（二）金融工具的种类

1. 按金融工具的期限划分

可分为短期金融工具和长期金融工具。短期金融工具主要有商业票据、国库券、银行承兑汇票、可转让大额定期存单等；长期金融工具主要包括股票、公司债券、金融债券及中长期公债等。

2. 按发行者的性质划分

可分为直接金融工具和间接金融工具。商业票据、股票、国库券、公债券等属于直接金融工具；银行承兑汇票、可转让大额定期存单、保险单等属于间接金融工具。

3. 按是否与实际信用活动直接相关划分

可分为基础性金融工具和衍生金融工具。基础性金融工具指在实际信用活动中出具的能证明信用关系的合法凭证，如商业票据、股票、债券等；衍生金融工具则是在基础性金融工具之上派生出来的可交易凭证，如各种金融期货合约、期权合约等。

二、短期金融工具——票据

短期金融工具指期限在 1 年以内（含 1 年）的信用凭证。在这里主要介绍票据。

票据，是指具有一定格式、载有一定金额、一定日期，到期由付款人对持票人或指定人无条件支付一定款项的书面债务凭证。在货币或商品的让渡中，票据是反映债权债务的发生、转移和偿付而使用的一种信用工具。在一定的范围内，票据可以代替现金起流通手段和支付手段的作用；也可以作为一种信贷工具进行融资，它简化了借贷手续和追偿手续，方便了债权的自由转让。

票据有汇票、本票、支票三大类。这些票据按记载收款人方式的不同，可分为记名票据和不记名票据。前者在票面上记载收款人的姓名，可由受款人以背书方式转让，付款人只能向受款人或指定的人付款；后者则在票面上不记载收款人的姓名，可不经背书而直接以交付票据为转让，付款人也可以对任何执票人付款。按付款时间的不同则可分为即期票据和远期票据（支票除外）。前者见票后即须付款，后者则在到期日付款。具体又可分为定期付款票据和见票后定期付款票据。票据的主要行为有出票、背书、承兑、保证、贴现等。

1. 汇票

它是出票人向受票人签发的，由付款人按约定的付款期限对指定的收款人无条件支付一定金额的票据。汇票是一种常用的信用工具。汇票上必须有表明其为汇票的文字，一定的货币金额，出票人、收款人、付款人名称，支付期限，支付地点，出票日期，出票人签名。出票人可以自己为收款人，也可以自己为付款人。汇票在出票人开出时并不具有法律效力，经付款人或其委托银行签字或盖章后（承兑），才能作为有效的有价证券。承兑后的汇票称承兑汇票。

根据签发人的不同，汇票可分为银行汇票和商业汇票。银行汇票是由银行签发，交由汇款人寄给收款人，凭以向指定银行兑取款项的汇款凭证；商业汇票是收款人对付款人签发的，要求付款人于一定时间内无条件地支付一定金额给收款人的一种商业票据。

按承兑人不同，商业汇票可分为银行承兑汇票和商业承兑汇票。商业承兑汇票可以由付款人签发并承兑，也可以由收款人签发交由付款人承兑。商业汇票的付款人为承兑人。银行承兑汇票是由出票人签发并由其开户银行承兑的票据，每张票面金额最高为1 000万元（含）。票面银行承兑汇票按金额向承兑申请人收取万分之五的手续费，不足10元的按10元计。承兑期限最长不超过6个月。承兑申请人在银行承兑汇票到期未付款的，按规定计收逾期罚息。

2. 本票

它由债务人签发并承诺在见票时或指定日期无条件支付一定金额给收款人或持票人的票据。本票有出票人和收款人两个当事人，出票人就是付款人。一份完备的本票应有如下内容：（1）票面上注有“本票”字样；（2）分别签明出票和付款的日期和地点；（3）有一定票面额；（4）写明收款人或指定代收人的姓名；（5）付款者无条件到期承付的签字。本票可分为商业本票和银行本票两种。商业本票由企业或个人签发，有远期和即期之分。银行本票是由银行签发的票据，一般是即期的，由申请人将一定金额的资金交存银行，由银行签发并交其凭以作为支付工具，由银行保证付款，可以见票即付或代替现金使用。中国现行的本票只有定额本票，面额有50元、100元、500元、1 000元4种，由中国人民银行统一印制和发行，并规定一定的有效期。

3. 支票

它由活期存款人签发的、委托其开户银行在见票时无条件支付一定金额给收款人或持票人的票据。支票是一种支付证券，有出票人、收款人和付款人三个当事人。支票的付款人只限于银行业，其余任何单位都不得发行支票。支票的主要内容有：（1）付款单位和收款单位的名称、账号和开户行；（2）款项金额；（3）款项用途；（4）签发日期和转账日期；（5）付款单位签章等。

支票按是否支付现金可分为现金支票和转账支票。现金支票可用来向银行提取现金；转账支票则只能通过银行进行划拨转账，不能提取现金。支票按是否记载收款人可分为记名支票（或称抬头支票）和不记名支票（或称来人支票），前者记明收款人名称，后者则没有。按支付期限可分为即期支票和定期支票。前者银行见票立即付款；后者写有付款日期，银行在支票到期时才给预付款。另外，还有保付支票，即经持票人或出票人的请求，由付款银行在支票上记载“保付”字样，并加盖签章的支票，这种支票由银行保证支付，不得退票。还有银行或旅行社签发的专门为到国内外旅行游览者支取款项的旅行支票，使用这种支票比随身携带现金安全方便，可在指定城市的银行兑取现金。

支票是以存款人在银行有足够的存款或透支额度为基础的，它虽由银行信用产生，但不是信用工具，而是一种支付工具。支票经过背书，可以流通转让，具有通货作用。出票人存款或透支额度不足时，付款银行可以退票，拒绝付款。签发的支票金额超过银行存款账户余额的空头支票，是套取银行信用、破坏金融秩序的一种违法行为，应该严格取缔，并对当事人处以罚款甚至对其追究刑事责任。持票人对拒绝付款的支票，可以依法进行追索。

三、长期金融工具

长期金融工具指期限在1年以上的信用凭证。它主要有以下几种：

1. 股票

股票是股份公司发给股东以证明其所入的股份，并有权取得权益的书面证书。股票作为股东向公司入股，获取收益的所有者凭证，持有它就拥有公司的一份资本所有权，成为公司的所有者之一，股东不仅有权按公司章程从公司领取股息和分享公司的经营红利，还有权出席股东大会，选举董事会，参与企业经营管理的决策。从而，股东的投资意愿通过其行使股东参与权而得到实现。同时股东也要承担相应的责任和风险。

股票有多种分类方法，按是否记名分为记名股票和不记名股票；按是否载明票面金额分为面额股票和无面额股票；按股东享有权利不同分为优先股和普通股。普通股是目前最常见、最典型的一种股票。普通股指每一股份对公司财产都拥有平等权益的股票。普通股的股东享有经营管理权、收益分配权、优先认股权、剩余财产分配权，其股息不固定。优先股指股东有优先于普通股分红和优先于普通股分配剩余财产的权利。优先股的股息通常是固定的。

我们通常所说的股票是指在上海、深圳证券交易所挂牌交易的A股，这些A股也可称为流通股、社会公众股、普通股。除此之外，目前我国的股票还有B股、H股和N股。B股股票是人民币特种股票。人民币标明面值，以外币认购和买卖，在境内（上海、深圳）证券交易所上市交易的。H股和N股都是境外上市股票，它们是我国的股份有限公司在境外发行并上市的股票，在香港证券交易所流通叫H股，在美国证券交易系统流通叫N股。

2. 债券

债券是债务人向债权人出具的，在一定时期支付利息和到期归还本金的债务凭证。债券有四个方面的含义：其一，发行人是借入资金的经济主体；其二，投资者是出借资金的经济主体；其三，发行人需要在一定时期还本付息；其四，反映了发行者和投资者之间的债权债务关系，而且是这一关系的法律凭证。

按发行主体的不同，可分为政府债券、企业债券和金融债券。

(1) 政府债券，是国家根据信用原则举借债务的借款凭证。政府债券按偿还期不同可分为短、中、长期债券。1 年以内的短期政府债券通常称为国库券；1 年以上的中、长期政府债券称为公债券，是资本市场的重要金融工具。

(2) 企业债券也称公司债券，是企业向投资者出具的、承诺在规定期限内还本付息的债务凭证。企业债券的风险较大，因此其利率要略高于其他债券。为保证投资人的权益，各国对企业债券的发行都有具体规定。企业债券经过审查，符合规定要求后，可以在二级市场上流通转让。

(3) 金融债券，是银行或其他金融机构为了筹措中长期贷款的资金来源而发行的债务凭证。其发行额须经中央银行批准，利率略高于同等期限的定期存款，可以在二级市场上流通转让。

3. 投资基金

投资基金是一种利益共享、风险共担的集合投资方式，即通过发行基金单位，集中投资者的资金，由基金托管人托管，由基金管理人管理和运用资金，从事股票、债券、外汇、货币等金融工具投资，以获得投资收益和资本增值。投资基金在不同国家或地区称谓有所不同，美国称为共同基金，英国和中国香港称为单位信托基金，日本和中国台湾称为证券投资信托基金。

(1) 投资基金的特点

投资基金一般具有以下特点：

①由专家进行专业化管理。投资基金由专业的基金管理公司来运作管理，基金管理公司的管理人员一般都受过高等教育和专业训练，具有丰富的证券投资实践经验，信息资料齐全，分析手段先进，从而克服了业余人士专业知识和时间精力上的不足，提高资产的运作效率。

②投资费用低廉。投资者是通过购买基金而间接投资于证券市场的。由基金管理人来具体管理和运作基金资产，进行证券买卖活动，投资者与上市公司没有任何直接关系，不参与公司决策与管理，只享有基金投资收益的分配权。

证券投资基金最低投资额一般较低，在我国，每份基金单位面值为人民币 1 元，最低投资限额为 1 000 个基金单位。投资者可以根据自己的财力购买基金份额。由于基金集中了大量资金进行证券交易，证券商在手续费方面就会给予一定的优惠，很多国家和地区对基金在税收上也给予一定的优惠。总之，基金的费用通常较低。

③组合投资，风险分散。根据投资专家的统计研究，在投资中，要通过构造投资组合，达到起码的分散风险，至少要有 10 种以上的股票。然而，中小投资者通常无力做到这一点。证券投资基金通过汇集众多中小投资者的小额资金，就

可以实现这一目标。投资人只要买了一份基金，就等于买了几十种或几百种股票和债券，如果其中一些股票和债券下跌了，可能会被另外一些股票和债券的上涨所抵消，使投资者不至于遭受损失，分散了风险。

④流动性强。封闭式基金可以在证券交易所或者柜台市场上市交易，开放式基金的投资者可以直接进行赎回变现。

⑤收益稳定。基金的投资者按照持有的"基金单位"份额分享基金的增值效益，一般而言，投资基金采取组合投资，一定程度上分散了风险，收益比较稳定。

（2）投资基金的种类

根据不同标准可将投资基金划分为不同的种类：

①根据基金单位是否可增加或赎回，投资基金可分为开放式基金和封闭式基金。开放式基金是指基金设立后，投资者可以随时申购或赎回基金单位，基金规模不固定的投资基金；封闭式基金是指基金规模在发行前已确定，在发行完毕后的规定期限内，基金规模固定不变的投资基金。

②根据组织形态的不同，投资基金可分为公司型投资基金和契约型投资基金。公司型投资基金是具有共同投资目标的投资者组成以盈利为目的的股份制投资公司，并将资产投资于特定对象的投资基金；契约型投资基金也称为信托型投资基金，是指基金发起人依据其与基金管理人、基金托管人订立的基金契约，发行基金单位而组建的投资基金。

③根据投资风险与收益的不同，投资基金可分为成长型投资基金、收入型投资基金和平衡型投资基金。成长型投资基金是指把追求资本的长期成长作为其投资目的的投资基金，收入型基金是指以能为投资者带来高水平的当期收入为目的的投资基金，平衡型投资基金是指以支付当期收入和追求资本的长期成长为目的的投资基金。

④根据投资对象的不同，投资基金可分为股票基金、债券基金、货币市场基金、期货基金、期权基金、指数基金和认股权证基金等。股票基金是指以股票为投资对象的投资基金，债券基金是指以债券为投资对象的投资基金，货币市场基金是指以国库券、大额银行可转让存单、商业票据、公司债券等货币市场短期有价证券为投资对象的投资基金，期货基金是指以各类期货品种为主要投资对象的投资基金，期权基金是指以能分配股利的股票期权为主要投资对象的投资基金，指数基金是指以某种证券市场的价格指数为投资对象的投资基金，认股权证基金是指以认股权证为投资对象的投资基金。

⑤根据投资货币种类，投资基金可分为美元基金、日元基金和欧元基金等。美元基金是指投资于美元市场的投资基金，日元基金是指投资于日元市场的投资

基金，欧元基金是指投资于欧元市场的投资基金。

此外，根据资本来源和运用地域的不同，投资基金可分为国际基金、海外基金、国内基金、国家基金和区域基金等。

四、衍生金融工具

衍生金融工具是指在基础性金融工具如股票、债券的基础上派生出来的新型金融工具。它主要有以下几种：

1. 金融期货。也称金融期货合约，是指买卖双方在有组织的交易所内以公开竞价的形式达成的，在将来某一特定时间交割标准数量特定金融工具的协议。

2. 金融期权。金融期权是指在未来特定的期限内，按照特定的协议价格买卖商品的选择权。

期权是一种选择权交易，作为期权的买方在向期权的卖方支付一定数量的保证金后，就取得在规定的时期内按协定价格向期权卖方购买或出售一定数量的某种商品合约的权利，对于买方来讲，期权是一种权利，他可以在到期前的任何时候行使、放弃、转卖这种权利，其最大损失是期权费；对卖方来讲，期权是一种义务，卖方必须承担到期或到期前交割履约的义务。

3. 可转换证券。可转换证券是指其持有者可以在一定时期内按一定比例的价格将之转换成一定数量的另一种证券的证券。可转换证券通常是转换成普通股票。按发行时证券的性质，可转换证券主要分为可转换债券和可转换优先股票两种。

4. 互换。互换也称调期或掉期，是指交易双方约定在合约有效期内，以事先确定的名义本金额为依据，按约定的支付率（利率、股票指数收益等）相互交换支付的约定。互换主要有两种类型：一种是货币互换；另一种是利率互换。

5. 远期协议。远期协议是指合约双方约定在未来某一日期按约定的价格买卖约定数量的相关资产的合约。远期协议主要有远期利率协议和远期货币协议两种。

第三节 货币市场

一、货币市场的特征

货币市场是指以期限 1 年以内的金融工具为媒介进行短期资金融通的市场。其交易主体和对象十分广泛，既有直接融资如国库券、票据交易，也有间接融资，如银行短期信贷等。货币市场为参与者提供流动性头寸，满足临时性、周转性、自偿性资金的需要。货币市场的交易期限短而频繁，因而具有风险性低和流动性高的特征。

二、货币市场的类型

货币市场主要由同业拆借、商业票据、国库券、回购协议等子市场组成。

（一）同业拆借市场

同业拆借是指金融机构之间进行短期资金融通的行为，目的在于调剂头寸和临时性资金余缺。金融机构在日常经营中，由于存、放款的变化，汇兑的收支增减等原因，会在一个营业日终了时，出现资金收支不平衡的情况，一些金融机构收大于支，另一些金融机构支大于收，资金不足者要向资金多余者融入资金以平衡收支。于是，产生了金融机构之间进行短期资金相互拆借的需要。资金不足者向资金多余者借入款项，称为资金拆入；资金多余者向资金不足者借出资金，称为资金拆出。资金拆入大于资金拆出称之为净拆入；反之，称之为净拆出。这种金融机构之间进行资金拆借活动的市场被称为同业拆借市场，简称拆借市场。

1. 同业拆借市场的特点

（1）融通资金的期限比较短。一般为1天、2天或1个星期，甚至几个小时。

（2）参与拆借的机构基本上在中央银行开立存款账户，同业拆借交易的资金主要是金融机构存放在该账户上的多余资金。

（3）同业拆借资金主要是用于短期、临时性需要。

（4）同业拆借基本上是信用拆借，拆借活动在金融机构之间进行，严格的市场准入条件使金融机构可以其信誉参与拆借活动。

2. 同业拆借市场的作用

（1）同业拆借市场使商业银行在不用保持大量超额准备金的前提下，就能满足存款支付的需要。在现代银行制度中，商业银行经营的目标是利润最大而风险最小。商业银行追求高利润、高收益，必须通过扩大高收益的资产规模，但同时可能使流动性不足，准备金下降，影响其正常经营甚至难以保证存款的支付。相反，保持过多的准备金，高收益的资产就相对减少，利润就降低。商业银行需要在不影响支付能力的前提下，尽可能地降低准备金水平，以扩大高收益的资产比重，使利润最大化。同业拆借市场，使准备金盈余的金融机构可以及时地贷出资金，获得较高收益，准备金不足的金融机构可以及时地借入资金保证支付，有利于商业银行实现其经营目标。

（2）同业拆借市场是中央银行制定和实施货币政策的重要载体。一方面，同业拆借市场的交易对象是在中央银行账户上的多余资金，中央银行可以通过调整存款准备金率，改变商业银行缴存准备金的数量，进而影响商业银行的信贷扩张能力与规模。另一方面，同业拆借市场的交易价格即同业拆借市场利率，反映了同业拆借市场资金的供求状况，是中央银行货币政策调控的一个重要指标。同业拆借市场利率基本代表了市场资金的价格，是确定其他资金价格的基本参照利率。中央银行可通过调控同业拆借市场利率，影响其他利率，实现金融宏观调控目标。

我国同业拆借市场于20世纪80年代中期形成，1996年全国统一同业拆借市场网络系统开始运行，这标志着中国同业拆借市场进入了一个全新的规范发展阶段。全国统一的同业拆借市场网络系统由两级网络组成，一、二级网络之间交易信息贯通，利率相互影响。拆借利率由借贷双方自行决定，中央银行汇总网络信息后，在加权平均的基础上形成全国统一的同业拆借市场利率。1998年以来，我国同业拆借市场发展良好，交易量迅速增加。

（二）票据市场

票据市场是指各类票据发行、流通及转让的场所，主要包括商业票据的承兑市场和贴现市场，也包括其他融资性票据市场。

商业票据承兑是指商业票据到期前，票据付款人或指定银行确认票据记明事项，在票面上做出承诺付款并签章的一种行为。

汇票付款人在票据上承诺负担支付票面金额的义务，并记载在票据上的一种票据行为。承兑是汇票所特有的一种制度。在票据法上，汇票付款人并不因为发票人的付款委托成为当然的汇票债务人，必须有承兑行为。付款人一经承兑，就叫做承兑人，是汇票的主债务人。承兑是一种附属的法律行为，目的在于使付款人到期负担票面金额的支付义务。因此，付款人在承兑后，必须依照票据上的记载内容，到期向持票人支付票据金额，即使发票人未向付款人供应资金，也不能成为向持票人抗辩的理由。如果承兑人在到期日不作付款，持票人虽然是原发票人，亦应就票据金额直接请求支付。承兑需作提示，由承兑人依法定的方式记载有关内容。

票据贴现是指资金的需求者，将自己手中未到期的商业票据、银行承兑票据或短期债券向银行或贴现公司、融资公司要求变成现款，银行或贴现公司（融资公司）收进这些未到期的票据或短期债券，按票面金额扣除贴现日以后的利息后付给现款，到票据到期时再向出票人收款。因此，对持票人来说，贴现是将未到期的票据卖给银行获得流动性的行为。

票据贴现可分为三种，分别是贴现、转贴现和再贴现。（1）贴现是指客户（持票人）将没有到期的票据出卖给贴现银行，以便提前取得现款。一般工商企业向银行办理的票据贴现就属于这一种。（2）转贴现是指银行以贴现购得的没有到期的票据向其他商业银行所作的票据转让，转贴现一般是商业银行间相互拆借资金的一种方式。（3）再贴现是指贴现银行持未到期的已贴现汇票向中央银行的贴现，通过转让汇票取得中央银行再贷款的行为。再贴现是中央银行的一种信用业务，是中央银行为执行货币政策而运用的一种货币政策工具。

1995 年，《中华人民共和国票据法》正式颁布实施后，我国的票据市场获得了长足发展，在拓宽商业票据承兑、贴现和再贴现业务的基础上，于 1996 年试办了"转贴现市场"业务，目前，我国的商业票据市场已初具规模并进入一个相对稳定的发展时期。

（三）国库券市场

国库券是国家财政当局为弥补国库收支不平衡而发行的一种政府债券。因国库券的债务人是国家，其还款保证是国家财政收入，所以它几乎不存在信用违约风险，是金融市场风险最小的信用工具。

国库券具有如下特点：（1）国库券的流动性强。国库券有广大的二级市场，易手方便，随时可以变现。（2）信誉高。国库券是政府的直接债务，对投资者来讲是风险最低的投资，众多投资者都把它作为最好的投资对象。（3）收益高。国库券的利率一般虽低于银行存款或其他债券，但由于国库券的利息可免交所得税，故投资国库券可获得较高收益。

我国金融市场上的国库券从 1981 年开始发行，发行规模逐年扩大。由于没有交易对象，因此在我国目前的货币市场体系中，缺少真正的国库券市场。但随着我国金融体系的不断完善，真正的国库券市场必将形成。

（四）回购协议市场

回购协议市场又称为证券购回协议市场，是指通过回购协议进行短期资金融通交易的场所，市场活动由正回购与逆回购组成。这里的回购协议是指资金融入方在出售证券的同时和证券购买者签订的、在一定期限内按原定价格或约定价格购回所卖证券的协议。

从本质上看，回购协议是一种质押贷款协议。在这里应该把握两个要点：一是虽然回购交易是以签订协议的形式进行交易的，但协议的标的物却是有价证券；二是我国回购协议市场上回购协议的标的物是经中国人民银行批准的，可用于在回购协议市场进行交易的政府债券、中央银行债券及金融债券。

回购协议市场具有如下特点：（1）流动性强。协议多以短期为主，最长的回购期限一般不超过1年。（2）安全性高。交易场所为规范性的场内交易，交易双方的权利、责任和业务都有法律保护。（3）收益稳定并较银行存款收益高。（4）融入资金免交存款准备金，成为银行扩大筹资规模的重要方式。

1991年，我国全国证券交易自动报价系统建立，该系统开始试行国债回购业务，随着国债发行规模的扩大，上海、深圳、武汉、天津等地的证券交易中心先后开办国债回购业务，我国的国债回购市场开始形成。对于我国，国债回购市场具有特殊重要的意义，由于我国国库券市场尚未建立，公开市场业务的操作工具匮乏，国库券市场传导中央银行货币政策的作用难以发挥。因此，中央银行的公开市场操作需要通过国债回购市场来调节市场上的货币供应量，实现货币政策目标。

第四节 资本市场

一、资本市场概述

资本市场是指期限在1年以上各种资金借贷和证券交易的场所，又称长期资金市场。资本市场上的交易对象是1年以上的长期证券。因为在长期金融活动中，涉及资金期限长、风险大，具有长期较稳定收入，类似于资本投入，故称之为资本市场。资本市场主要包括中长期信贷市场与证券市场（主要包括股票市场、债券市场和投资基金市场）。本节内容主要介绍股票市场、债券市场。

资本市场的参与者主要有两类：一类是资本市场的资金供应者为各金融机构，如商业银行、储蓄银行、人寿保险公司、投资公司、信托公司等；另一类是资金的需求者主要为国际金融机构、各国政府机构、工商企业、房地产经营商以及向耐用消费零售商买进分期付款合同的销售金融公司等。

二、资本市场的特点

与货币市场相比，资本市场特点主要有：

1. 融资期限长。至少在1年以上，也可以长达几十年，甚至无到期日。

2. 流动性相对较差。在资本市场上筹集到的资金多用于解决中长期融资需求，故流动性和变现性相对较弱。

3. 风险大而收益较高。由于融资期限较长，发生重大变故的可能性也大，市场价格容易波动，投资者需承受较大风险。同时，作为对风险的报酬，其收益也较高。

三、股票市场

股票市场是指股票发行和转让流通的场所，包括股票发行市场和流通市场。

（一）股票发行市场

股票的发行市场是通过发行新的股票筹集资本的市场，它一方面为资金的需求者提供融资渠道，另一方面为资金的供应者创造投资机会。由于发行股票是股票市场一切活动的起点，所以发行市场又称为“一级市场”或“初级市场”。

1. 发行市场的特点

一是无固定场所，可以在投资银行、信托投资公司和证券公司等处发行，也可以在市场上公开出售新股票；二是没有统一的发行时间，由股票发行者根据自己的需要和市场行情走向自行决定何时发行。

2. 发行市场的构成

发行市场的主体由股票发行者、股票承销商和股票投资者构成。发行者的股票发行规模和投资者的实际投资能力，决定着发行市场的股票容量和发达程度；同时，为了确保发行事务的顺利进行，使发行者和投资者都能顺畅地实现自己的目的，承购和包销股票的中介代发行者发行股票，并向发行者收取手续费用。这样，发行市场就以承销商为桥梁，一边联系发行者，一边联系投资者，开展股票发行活动。

3. 股票发行方式

在各国不同的政治、经济、社会条件下，特别是金融体制和金融市场管理的差异使股票的发行方式也是多种多样的。根据不同的分类方法，可以概括如下：

（1）根据发行的对象不同来，可分为公募发行与私募发行

公募又称公开发行，是指事先没有特定的发行对象，向社会广大投资者公开推销股票的方式。采用这种方式，可以扩大股东的范围，分散持股，防止囤积股票或被少数人操纵，有利于提高公司的社会性和知名度，为以后筹集更多的资金打下基础，也可增加股票的适销性和流通性。公开发行可以采用股份公司自己直

接发售的方法，也可以支付一定的发行费用通过金融中介机构代理。

私募发行，是指发行者只对特定的发行对象推销股票的方式。通常在两种情况下采用：一是股东配股，又称股东分摊，即股份公司按股票面值向原有股东分配该公司的新股认购权，动员股东认购。这种新股发行价格往往低于市场价格，事实上成为对股东的一种优待，一般股东都乐于认购。如果有的股东不愿认购，他可以自动放弃新股认购权，也可以把这种认购权转让他人，从而形成了认购权的交易。二是私人配股，又称第三者分摊，即股份公司将新股票分售给股东以外的本公司职工、往来客户等与公司有特殊关系的第三者。

（2）根据推销出售股票的方式不同，可分为直接发行与间接发行

直接发行又叫直接招股。是指股份公司自己承担股票发行的一切事务和发行风险，直接向认购者推销出售股票的方式。采用直接发行方式时，要求发行者熟悉招股手续，精通招股技术并具备一定的条件。如果当认购额达不到计划招股额时，新建股份公司的发起人或现有股份公司的董事会必须自己认购来出售的股票。因此，只适用于有既定发行对象或发行风险少、手续简单的股票。在一般情况下，不公开发行的股票或因公开发行有困难（如信誉低所致的市场竞争力差、承担不了大额的发行费用等）的股票；或是实力雄厚，有把握实现巨额私募以节省发行费用的大股份公司股票，才采用直接发行的方式。

间接发行又称间接招股，是指发行者委托证券发行中介机构出售股票的方式。这些中介机构作为股票的推销者，办理一切发行事务，承担一定的发行风险并从中提取相应的收益。股票的间接发行有三种方法：一是代销，又称为代理招股，推销者只负责按照发行者的条件推销股票，代理招股业务，而不承担任何发行风险，在约定期限内能销多少算多少，期满仍销不出去的股票退还给发行者。由于全部发行风险和责任都由发行者承担，证券发行中介机构只是受委托代为推销，因此，代销手续费较低。二是承销，又称余股承购，股票发行者与证券发行中介机构签订推销合同明确规定，在约定期限内，如果中介机构实际推销的结果未能达到合同规定的发行数额，其差额部分由中介机构自己承购下来。这种发行方法的特点是能够保证完成股票发行额度，一般较受发行者的欢迎，而中介机构因需承担一定的发行风险，故承销费高于代销的手续费。三是包销，又称包买招股，当发行新股票时，证券发行中介机构先用自己的资金一次性地把将要公开发行的股票全部买下，然后再根据市场行情逐渐卖出，中介机构从中赚取买卖差价。若有滞销股票，中介机构减价出售或自己持有，由于发行者可以快速获得全部所筹资金，而推销者则要全部承担发行风险，因此，包销费更高于代销费和承销费。股票间接发行时究竟采用哪一种方法，发行者和推销者考虑的角度是不同

的，需要双方协商确定。一般说来，发行者主要考虑自己在市场上的信誉、用款时间、发行成本和对推销者的信任程度；推销者则主要考虑所承担的风险和所能获得的收益。

上述这些股票发行方式，各有利弊及条件约束，股份公司在发行股票时，可以采用其中的某一方式，也可以采用几种方式，各公司都是从自己的实际情况出发，择优选用。当前，世界各国采用最多、最普遍的方式是公开和间接发行。

（二）股票流通市场

股票流通市场是已经发行的股票按时价进行转让、买卖和流通的市场，包括交易所市场和场外交易市场两部分。由于它是建立在发行市场基础上的，因此又称作“二级市场”或“次级市场”。相比而言，股票流通市场的结构和交易活动比发行市场更为复杂，其作用和影响也更大。

1. 流通市场的功能

股票流通市场包含了股票流通的一切活动。股票流通市场的存在和发展为股票发行者创造了有利的筹资环境，投资者可以根据自己的投资计划和市场变动情况，随时买卖股票。由于解除了投资者的后顾之忧，它们可以放心地参加股票发行市场的认购活动，有利于公司筹措长期资金、股票流通的顺畅也为股票发行起了积极的推动作用。对于投资者来说，通过股票流通市场的活动，可以使长期投资短期化，在股票和现金之间随时转换，增强了股票的流动性和安全性。股票流通市场上的价格是反映经济动向的“晴雨表”，它能灵敏地反映出资金供求状况、市场供求，行业前景和政治形势的变化，是进行经济预测和分析的重要指标，对于企业来说，股权的转移和股票行市的涨落是其经营状况的指示器，还能为企业及时提供大量信息，有助于它们的经营决策和改善经营管理。可见，股票流通市场具有重要的作用。

2. 股票交易方式

转让股票进行买卖的方法和形式称为交易方式，它是股票流通交易的基本环节。现代股票流通市场的买卖交易方式种类繁多，从不同的角度可以分为以下四类：

（1）现货交易，亦称现金现货。它是指股票的买卖双方，在谈妥一笔交易后。马上办理交割手续的交易方式，即卖出者交出股票，买入者付款，当场交割，钱货两清。它是证券交易中最古老的交易方式。

（2）期货交易，是指买卖双方成交后，按契约中规定的价格延期交割。期货的期限一般为 15 ~ 90 天。期货交易是相当于现货交易而言的。现货交易是成交后即时履行合约的交易，期货交易则将订约与履行的时间分离开来。在期货交易中买卖双方签订合同，并就买卖股票的数量、成交的价格及交割期达成协议，买卖双方在规定的交割时期履行交割。比如，买卖双方今日签订股票买卖合约而于30日后履约交易就是期货交易。

（3）信用交易，又称垫头交易，是指证券公司或金融机构提供信用，使投资人可以从事买空、卖空的一种交易制度。在这种方式下，股票的买卖者不全部使用自己的资金，而通过交付保证金得到证券公司或金融机构的信用，即由证券公司或金融机构垫付资金，进行的买卖的交易。各国因法律不同，保证金数量也不同，大都在30%左右。一些股票交易所，又把这种交付保证金，由证券公司或金融机构垫款，进行股票买卖的方式，称为保证金交易。

（4）期权交易。股票期权交易是西方股票市场中相当流行的一种交易策略。期权的英文为option，也常译为选择权。期权实际上是一种与专门交易商签订的契约，规定持有者有权在一定期限内按交易双方所商订的"协定价格"，购买或出售一定数量的股票。对购买期权者来说，契约赋予他的是买进或卖出股票的权利，他可以在期限以内任何时候行使这个权利，也可以到期不执行任其作废。但对出售期权的专门交易商来说，则有义务按契约规定出售或购进股票。股票的期权交易并不是以股票为标的物的交易，而是以期权为中介的投机技巧。

3. 流通市场的结构

股票的流通市场主要由交易所市场和场外交易市场构成，此外还包括第三市场和第四市场。

（1）交易所市场，是股票流通市场的最重要的组成部分，也是交易所会员、证券自营商或证券经纪人在证券市场内集中买卖上市股票的场所，是二级市场的主体。

（2）场外交易市场，又称店头市场或柜台市场。它与交易所共同构成一个完整的证券交易市场体系。场外交易市场具有三个特点：一是交易品种多，上市不上市的股票都可在此进行交易；二是相对的市场，不挂牌，自由协商的价格；三是抽象的市场，没有固定的场所和时间。

（3）第三市场，是指在柜台市场上从事已在交易所挂牌上市的证券交易。这一部分交易原属于柜台市场范围，近年来由于交易量增大，其地位日益提高，以至许多人都认为它实际上已变成独立的市场。第三市场交易属于场外市场交易，但它与其他场外市场的主要区别在于第三市场的交易对象是在交易所上市的股票，而场外交易市场主要从事上市的股票在交易所以外的交易。

（4）第四市场，是投资者直接进行证券交易的市场。在这个市场上，证券交易由买双方直接协商办理，不用通过任何中介机构。同第三市场一样，第四市场也是适应机构投资家的需要而产生的，当前第四市场的发展仍处于萌芽状态。

第五节 债券市场

债券市场是发行和买卖债券的场所。债券市场是金融市场的一个重要组成部分。根据不同的分类标准，债券市场可分为不同的类别。最常见的分类有以下几种：

1. 根据债券的运行过程和市场的基本功能，可将债券市场分为发行市场和流通市场。

债券发行市场，又称一级市场、是发行单位初次出售新债券的市场。债券发行市场的作用是将政府、金融机构以及工商企业等为筹集资金向社会发行的债券，分散发行到投资者手中。

债券流通市场，又称二级市场，指已发行债券买卖转让的市场。债券一经认购，即确立了一定期限的债权债务关系，但通过债券流通市场，投资者可以转让债权，把债券变现。

债券发行市场和流通市场相辅相成，是互相依存的整体。发行市场是整个债券市场的源头，是债券流通市场的前提和基础。发达的流通市场是发行市场的重要支撑，流通市场的发达是发行市场扩大的必要条件。

2. 根据市场组织形式，债券流通市场又可进一步分为场内交易市场和场外交易市场。证券交易所是专门进行证券买卖的场所，如我国的上海证券交易所和深圳证券交易所。在证券交易所内买卖债券所形成的市场，就是场内交易市场，这种市场组织形式是债券流通市场的较为规范的形式，交易所作为债券交易的组织者，本身不参加债券的买卖和价格的决定。只是为债券买卖双方创造条件，提供服务，并进行监管。

3. 根据债券发行地点的不同，债券市场可以划分为国内债券市场和国际债券市场。国内债券市场的发行者和发行地点同属一个国家，而国际债券市场的发行者和发行地点不属于同一个国家。

第六节 外汇市场

外汇市场是指经营外币和以外币计价的票据等有价证券买卖的市场，是金融市场的重要组成部分。

一、外汇市场的类型

（一）根据有无固定场所，分为有形市场与无形市场

1. 有形市场（visible market）

指有具体交易场所的市场。外汇市场的出现与证券市场相关。外汇市场产生之初，多在证券市场交易所交易大厅的一角设立外汇交易所，称外汇交易所。外汇买卖各方在每个营业日的约定时间集中在此从事外汇交易。早期的外汇市场以有形市场为主，因该类市场最早出现在欧洲大陆，故又称“大陆式市场”。

2. 无形市场（invisible market）

指没有固定交易场所，所有外汇买卖均通过连接于市场参与者之间的电话、电传、电报及其他通信工具进行的抽象交易网络。目前，无形市场是外汇市场的主要组织形式，因其最早产生于英国、美国，故又称“英美式市场”。

与有形市场相比，无形市场具有以下优势：（1）市场运作成本低。有形市场的建立与运作，依赖于相应的投入与费用支出，如交易场地的购置费（租金）、设备的购置费、员工的薪金等；无形市场则无须此类投入。（2）市场交易效率高。无形市场中的交易双方不必直接见面，仅凭交易网络便可达成交易，从而使外汇买卖的时效性大大增强。（3）有利于市场一体化。在无形市场，外汇交易不受空间限制，通过网络将各区域的外汇买卖连成一体，有助于市场的统一。

（二）根据外汇交易主体的不同，分为银行间市场和客户市场

1. 银行间市场（inter-bank market）

亦称“同业市场”。由外汇银行之间相互买卖外汇而形成的市场。银行同业市场是现今外汇市场的主体，其交易量占整个外汇市场的交易量的90%以上，又称作“外汇批发市场”。

2. 客户市场（customer market）

指外汇银行与一般顾客（进出口商、个人等）进行交易的市场。客户市场的交易量占外汇市场交易总量的比重不足10%，又称作“外汇零售市场”。

外汇市场有广义与狭义之分。广义外汇市场包括银行间市场与客户市场，狭义外汇市场则仅指银行间市场。

此外，按照国际清算银行的分类，外汇市场按照交易工具可以分为传统的外汇市场和外汇衍生品市场。前者包括现汇交易、远期交易和外汇掉期交易。后者

包括货币互换交易、外汇期权交易以及其他涉及外汇的衍生品交易。

二、外汇市场作用

1. 国际清算

因为外汇就是作为国际间经济往来的支付手段和清算手段的，所以清算是外汇市场的最基本作用。

2. 授信

由于银行经营外汇业务，它就有可能利用外汇收支的时间差为进出口商提供贷款。

3. 套期保值

即保值性的期货买卖。这与投机性期货买卖的目的不同，它不是为了从价格变动中牟利，而是为了使外汇收入不会因日后汇率的变动而遭受损失，这对进出口商来说非常重要。如果当出口商有一笔远期外汇收入，为了避开因汇率变化而可能导致的风险，可以将此笔外汇当作期货卖出；反之，进口商也可以在外汇市场上购入外汇期货，以应付将来支付的需要。

4. 投机

即预期价格变动而买卖外汇。在外汇期货市场上，投机者可以利用汇价的变动牟利，产生“多头”和“空头”，对未来市场行情下赌注。“多头”是预计某种外汇的汇价将上涨，即按当时价格买进，而待远期交割时，该种外币汇价上涨，按“即期”价格立即出售，就可牟取汇价变动的差额。相反，“空头”是预计某种外币汇价将下跌，即按当时价格售出远期交割的外币，到期后，价格下降，按“即期”价买进补上。这种投机活动，是利用不同时间外汇行市的波动进行的。在同一市场上，也可以在同一时间内利用不同市场上汇价的差别进行套汇活动。

世界上交易量大且有国际影响的外汇市场有伦敦、纽约、巴黎、法兰克福、苏黎世、东京、卢森堡、香港、新加坡、巴林、米兰、蒙特利尔和阿姆斯特丹等。在这些市场上买卖的外汇主要有美元、欧元、英镑、日元、加拿大元等。

三、外汇市场的交易方式

1. 即期外汇交易

也称现汇交易或现汇买卖，是指外汇交易双方在外汇买卖成交后，于当日或两个营业日内按成交时的汇率进行交割的一种交易方式。

2. 远期外汇交易

是指在外汇买卖成交时，双方先签订合同，规定交易的币种、数额、汇率以及交割的时间、地点等，并于将来某个约定的时间进行交割的一种外汇买卖方式。

3. 套汇交易

是指利用两个或两个以上外汇市场上某些货币的汇率差异进行外汇买卖，从中套取差价利润的交易方式。

4. 套利交易

是指利用不同国家或地区短期利率的差异，将资金由利率较低的国家或地区转移到利率较高的国家或地区进行投放，从中获取利息差额收益。

四、我国的外汇市场

改革开放前，我国没有外汇市场。我国外汇市场发展与改革自1979年开始，可以将其划分为三个阶段。1979年到1994年，从计划到市场的转轨阶段；1994年到2005年，统一的外汇市场初步创立阶段；2005年到现在，外汇市场的深化发展阶段。

第一阶段（1979～1994年），“外汇市场”的概念出现。这是“外汇留成制度”带来的成果。所谓留成制度指外贸企业获得外汇收入后可以按照一定比例获得用汇指标。出口企业往往持有多余的用汇指标，进口企业则常常苦于没有购汇指标，用汇指标的买卖市场即外汇调剂市场顺势而成。20世纪80年代中后期，全国各省市纷纷设立了外汇调剂中心，外汇调剂价格逐步放开，参与外汇调剂的主体范围日益扩大，市场化、公开化的成分不断增强，于是外汇兑换的官方与调剂市场并存的模式就这样建立起来。

此阶段的改革使外汇市场突破计划经济的坚冰，从无到有建立起来，这是一个相当重要的成就。当然遗留的问题也很多。官方与调剂市场汇价并存，使得汇价混乱；其次调剂市场本身也存在诸多问题，分散、封闭、孤立，不利于外汇资源的合理配置，全国统一的外汇市场亟待建立。

第二阶段（1994～2005年），这是我国外汇市场改革史上又一个重要阶段。1994年的外汇管理体制改革取消了外汇留成制度和调剂市场，将官方和调剂市场合并，建立了强制结售汇制度和统一的外汇市场。改革后，中国外汇市场分为批发市场（银行间同业交易）与零售市场（银行对客户结售汇）两个层次分明的市场体系。银行间同业拆借市场即中国外汇交易中心通过计算机网络形成覆盖全国37个分中心的外汇交易联网系统。这也是人民币汇率形成的场所，中央银行根据前一日银行间外汇交易市场形成的价格，公布人民币对美元交易的中间价，即基准汇价。零售市场上各外汇指定银行以基准汇价为依据，在规定的浮动幅度内自行决定外汇牌价，按照规定审核客户的商业单据和有效凭证，对客户买卖外汇。这一市场与人民币可兑换的程度密切相关。

这一阶段的改革建立了统一、规范的外汇市场。外汇资金可以在不同地区和银行之间流动，保证了外汇资源的合理配置，奠定了外汇市场发展的基本雏形。

第三阶段（2005年至今），我国外汇市场进入了向市场化、自由化方向发展的新阶段，交易工具日益丰富，功能不断完善，多种交易方式并存、分层有序的外汇市场体系正逐步确立。

第七节 黄金市场

黄金市场，是集中进行黄金买卖的交易场所。黄金交易与证券交易一样，都有一个固定的交易场所，世界各地的黄金市场就是由存在于各地的黄金交易所构成。黄金交易所一般都是在各个国际金融中心，是国际金融市场的重要组成部分。

在黄金市场上买卖的黄金形式多种多样，主要有各种成色和重量的金条、金币、金丝和金叶等，其中最重要的是金条。大金条量重价高，是专业金商和中央银行买卖的对象，小金条量轻价低，是私人和企业买卖、收藏的对象。金价按纯金的重量计算，即以金条的重量乘以金条的成色。

一、世界黄金市场的演变阶段

按照市场结构的演变，将世界黄金市场演变分成以下几个阶段：

第一阶段，1945~1968年，西方工业国建立黄金总库，把私人交易的黄金价格和官方美元价格联系起来，据此控制黄金的市场价格。

第二阶段，1968~1972年，放弃黄金总库，建立双重黄金市场。目的是把各国中央银行之间的黄金交易和私人黄金市场隔离开来。1972年加拿大温尼伯格商品交易所试验黄金期货。

第三阶段，1973~1982年，1973年美元和黄金脱钩，西方主要工业国放弃双重黄金市场，形成统一的国际黄金现货市场。其间美国政府和IMF多次拍卖黄金。1975 年美国政府允许私人买卖、储备黄金。为增加黄金市场流动性，1974 年纽约商品交易所（New York Commodity Exchange, Inc，简称为 COMEX）引入黄金期货，1982 年引入黄金期权。

第四阶段，1983～1992 年，金融自由化的浪潮推动世界黄金市场进一步开放，以伦敦为交易中心，苏黎世为转运中心，连接东京、中国香港、纽约、开普敦等地的世界市场运作模式基本成型。1988 年伦敦黄金市场重组，传统封闭的黄金经纪业务逐步向其他金融机构开放。通过黄金银行为中介，黄金市场和其他金融市场的联系更为紧密。

第五阶段，1993 年至今，银行推出多样化的场外黄金衍生工具、融资工具。各国央行在管理黄金储备上更积极地利用国际黄金市场。

二、现代世界黄金市场的特点

（一）黄金市场是一个多层次的体系

按照组织化、公开化程度的高低，世界黄金市场可分为：

1. 从事黄金期货、期权交易的期货交易所，如纽约商品交易所（NYMEX）、东京商品交易所（TOCOM）、芝加哥商品交易所（CBOT）、巴西商品交易所等。银行和机构投资者的参与提高了市场流通性，并为黄金企业提供风险管理服务。

2. 从事世界性的现货——远期黄金批发业务的市场，伦敦金银市场协会（LBMA）是世界性最大的黄金 OTC 市场，它既是世界现货黄金有形的定价中心，又是联系世界黄金无形市场的最大枢纽。LBMA 的会员、跨国矿业公司、黄金经纪商、各国中央银行、国际金融组织是这个市场的主要成员。

3. 纽约、苏黎世、东京、香港等地的区域性现货市场的特点是以银行、黄金经销商、综合性财团为市场主体，受各自所在国（地区）中央银行的监管，在本地区组织黄金买卖。

4. 在黄金主要生产国的黄金市场，如南非的黄金市场，长期以来由国家特许黄金银行和黄金公司专营，最近出现市场自由化的趋势。

5. 在欠发达地区的黄金市场，如中东迪拜、印度孟买，由当地特许经营权的财团经销黄金，现在进行改革，趋向更加公开的市场。

（二）黄金市场有不同的分工，相互衔接

期货交易所提供的黄金期货、期权交易，提高了整个世界黄金市场的流动

性，黄金银行和黄金经纪可以借助这些工具以管理黄金脱离世界货币体系后的价格风险。黄金的现货定价仍然集中在伦敦黄金市场，为生产商、冶炼商、黄金银行之间的大宗现货交易服务。特别是伦敦世界金融中心的地位和发达的银行业务，为黄金场外衍生交易、融资安排，以及中央银行的黄金操作带来便利。瑞士本身没有黄金供应，但是瑞士具有中立国的传统，以及瑞士独特的银行保密制度，使得瑞士成为世界上最大黄金转运中心，世界矿产黄金的60%直接运入苏黎世市场。瑞士三大银行组成的苏黎世黄金总库负责保存多国官方黄金储备和私人藏金。东京的黄金市场主要为日本的工业和首饰用金服务，中国香港的黄金市场则主要针对中国大陆、台湾地区的黄金转运和东南亚首饰业的需要。所以，国际黄金市场本身就是国际分工不断深化的服务体系，没有特色的孤立市场会被逐步取代。

（三）黄金的实物流向基本上是由官方机构流向私人持有者

20世纪70年代中后期美国和IMF曾经多次拍卖库存黄金，一些黄金主要被私人机构买入。80～90年代中期，主要西方工业国的黄金官方储备稳定，几乎没有减少。但90年代后期官方售金活动明显活跃。

（四）各类黄金业务相互交叉、渗透

例如，交易所内交易的和场外交易的衍生工具之间的功能界限越来越模糊，两类交易之间的替代性越来越强。场内期货、期权的标准性，通过会员和黄金银行转化成更加灵活多样的场外合约交易；而场外的活跃交易又增强了场内合约的流动性。

三、黄金市场的分类

黄金交易市场可根据其性质、作用、交易类型和交易方式、交易管制程度和交割形式等作不同的分类。

（一）按其性质和对整个世界黄金交易的影响程度，可分为主导性市场和区域性市场

1. 主导性市场。是指其价格的形成及交易量的变化对其他黄金市场起主导性作用的市场。

2. 区域性市场。主要指交易规模有限，且大多集中在本地区并对整个世界市场影响不很大的市场。

（二）按交易类型和交易方式的不同，可分为现货交易和期货交易

1. 所谓现货交易，是指交易双方成交后两个营业日内交割的一种交易方式。

2. 所谓期货交易，是指交易双方按签订的合约在未来的某一时间交割的一种交易方式。

由于黄金交易及其类型上的差异，黄金市场又呈现着国际化的趋势，因而世界上就出现了两大黄金集团：一个是伦敦—苏黎世集团，另一个是纽约—香港集团（包括芝加哥）。这两大集团之间的合作十分密切，共同操纵着世界黄金市场。其中伦敦黄金市场的作用尤为突出，至今该市场的黄金交易和报价仍然是反映世界黄金市场的一个“晴雨表”。

（三）按对黄金交易管理程度的不同，可分为自由交易市场和限制交易市场

1. 自由交易市场。是指黄金可以自由输出入，居民和非居民均可自由买卖的黄金市场，如苏黎世。

2. 限制交易市场。又可分为两种情况：一种是黄金的输出入一般要受管制，只准非居民自由买卖，而不准居民进行自由交易的黄金市场；另一种是对黄金的输出入实行管制，只准许居民自由买卖的国内黄金市场。但这并不意味着它同国际黄金市场没有联系，事实上黄金也可以流入，且在黄金的交易价格上是相互影响的。

四、黄金投资工具

黄金投资工具又称为黄金投资品种，它产生于18世纪的欧洲市场，当时的投资工具较为简单，主要是“成色金”这种单一的交易工具。随着参与者的不断增多和市场交投行为的逐渐成熟，人们对成色金交易中既要报成色、规格，又要报价格、重量的交易方式，特别是对成交以后还要检测重量、鉴定成色等繁琐复杂的清算交割手续不甚满意，由此就产生了标准金这一交易工具。以后，随着市场上出现了黄金投机商——黄金投资者，又促使黄金市场的组织者借鉴商业银行的簿记方式而产生了“黄金账户”这一投资工具。可见，投资工具是伴随着黄金市场的发展，市场参与者的需要而产生并不断得以完善、发展和逐渐成熟的。在国际市场上比较常见的黄金投资工具主要有以下九种：

1. 标金

标金是黄金投资的基础工具。标金是按照统一标准而浇铸成条块状黄金的简

称，也称为实金、金条。标金是黄金市场上的基础投资工具。世界各国黄金市场上的标金规格不尽相同，但有一点却是相同的，就是标金是由市场认同的精炼厂浇铸生产，并在标金上标明厂名、重量、成色及编号。

2. 金币

金币是黄金投资的传统工具。金币是以国家或中央银行的名义发行并具有规定的成色和重量，浇铸成一定形状并标明其面值的铸金货币，是黄金投资交易的传统工具，具有悠久的历史。金币又可细分为投资金币和纪念金币两大类。

3. 纸黄金

纸黄金又称为黄金凭证。顾名思义，在黄金市场上买卖双方交易的标的物，是一张黄金所有权的凭证而不是黄金实物，因此纸黄金交易实质上就是一种权证交易方式。纸黄金的类型除了常见的黄金储蓄存单、黄金交收订单外，还包括黄金证券、黄金账户单据、黄金现货交易中当天尚未交收的成交单等。

4. 黄金账户

黄金账户是黄金投资的创新工具。黄金账户是指黄金经纪商为黄金投资者提供的一种专作黄金转账交易而又无须实物交割支付的黄金投资工具。黄金投资者选择黄金账户这一交易工具时应预先在经纪商处开设黄金账户，然后在黄金经纪商处作黄金买卖交易时可在指定的资金账户上收付资金款项，并在黄金账户上作买卖记录而无须作黄金实物的提取交收。

5. 金饰品

金饰品具有广义和狭义之分，广义的金饰品是泛指不论黄金成色多少，只要含有黄金金属成分的装饰品，如金杯、奖牌、勋章、金像、盘碟、烟盒等纪念品或工艺品均可列入金饰品的范畴。狭义的金饰品是专指以成色不低于58%的黄金材料，通过黄金工艺师的艺术创造，加工成为一种佩戴在人体各部位的装饰物。

6. 黄金股票

所谓黄金股票，就是黄金公司向社会公开发行的上市或不上市的股票，所以又可称为金矿公司股票。由于买卖黄金股票不仅是投资金矿公司，而且还间接投资黄金，因此这种投资行为比单纯的黄金买卖或股票买卖更为复杂。投资者不仅要关注金矿公司的经营状况，还要对黄金市场价格走势进行分析。

在黄金股票中还有一种被称为磐泥黄金股票的投资行为，投资者买卖已购置了大批可能含有沙金成分的河床或矿金成分的山地，但还未被开发证实的股份公司所发行的股票就被称为磐泥股票。事实上这些股票只代表了那些仅拥有某些可勘探或可开采金矿土地的公司，也就是说投资磐泥股票，就是投资那些未经证实、过去没有生产记录的金矿公司的未来。投资磐泥黄金股票风险很大，当然，假如一经证实该公司所置有的地下确有金矿，其收益是惊人的。

7. 黄金基金

黄金基金是黄金投资的衍生工具。黄金基金是黄金投资共同基金的简称，所谓黄金投资共同基金，就是由基金发起人组织成立基金管理公司，由因没有时间或没有管理能力参与黄金买卖交易的投资人出资认购，基金管理公司组成专家委员会来负责实施具体的黄金投资操作，并专门以黄金、黄金股票、黄金债券或黄金类衍生交易品种作为投资媒体以获取投资收益的一种共同基金。

8. 黄金期货

黄金期货和其他期货买卖一样，黄金期货也是按一定成交价，在指定时间交割的合约，合约有一定的标准。

9. 黄金债券

黄金债券是指有条款规定必须以一定重量和成色的金币付款的债券。由金矿公司所发行的债券，以一定重量及成色的黄金作为发行担保，所支付的利息也和金价有正向关联。

由于黄金期权买卖涉及内容比较多，期权买卖投资战术也比较多且复杂，不易掌握，目前世界上黄金期权市场并不多。

五、我国的黄金市场

我国黄金市场改革起始于1993年，这一年国务院63号函确立了黄金市场化方向。2001年4月，我国宣布取消黄金“统购统配”的计划管理体制，在上海组建黄金交易所。2002年10月上海黄金交易所开业，标志着我国的黄金业开始走向市场化，黄金投资逐渐走进社会大众，黄金投资在中国迎来了全新开端。2003年11月18日，中国银行上海分行推出“黄金宝”业务，个人炒金大门被撞开。2004年8月16日，上海黄金交易所推出AU（T+D）现货延迟交收业务。2004年9月，中国央行行长周小川在伦敦金银市场协会上海年会上表示，中国黄金市场必须逐步实现三个转变：从商品交易为主向金融交易为主的转变、由现货交易为主向期货交易为主的转变、由国内市场向国际市场的转变。这段话概括了中国黄金市场的现状和特点——以实物现货为主，市场封闭，同时也为其将来的发展趋势做了指引——建立以黄金金融衍生产品为主要交易方式的国际性黄金市场。2005年7月18日，上海黄金交易所与工行上海分行联合推出“金行家”业务，这是上海黄金交易所首次推出的面向个人的黄金投资产品。经国务院同意，中国证监会在2007年9月11日批准上海期货交易所上市黄金期货。2007年12月28日，中国证监会公布批准上海期货交易所挂牌黄金期货合约。2008年1月9日，黄金期货上海黄金交易所上市，我国黄金期货的推出进一步完善了黄金市场体系和价格形成机制，形成现货市场、远期交易市场与期货市场互相促进、共同发展的局面。

我国黄金自市场化改革以来，黄金市场发展迅速，交易规模不断扩大。目前我国黄金市场已形成了黄金现货、黄金期货、OTC产品等多层次、多品种的投资交易市场，黄金行业的从业人员已达200万左右，黄金市场的发展框架已初具规模。我国现有黄金交易所会员128家，分散在全国26个省、市、自治区，黄金交易所会员依其业务范围分为金融类会员、综合类会员和自营会员。金融类会员可进行自营和代理业务及批准的其他业务，综合类会员可进行自营和代理业务，自营会员可进行自营业务。据初步统计，会员单位中年产金量约占全国的75%，用金量占全国的80%，冶炼能力占全国的90%。目前我国黄金投资正规渠道基本分为四种：在商业银行或黄金公司买卖实物黄金、中国工商银行等银行提供的纸黄金业务、上海期货交易所提供的黄金期货业务、上海黄金交易所的T+D延期交收业务。我国已形成由上海黄金交易所、区域黄金交易市场以及银行柜台和首饰金店组成的三级实金交易体系。其中上海黄金交易所承担了批发市场的任务，二级区域黄金交易中心则以代理业务为主，发挥沟通上海黄金交易所与普通机构、个人之间联系的功能。

但与世界成熟黄金市场相比，我国的黄金市场尚存在不小差距，仍处于实物商品交易为主的初级市场阶段，投资市场潜力巨大、需求旺盛，但市场运行模式单一，发展空间受到限制；投资渠道少，市场参与者的范围小，现有市场模式缺乏沟通、合作，忽视市场协调和共赢发展；黄金市场机制缺乏系统规划，市场监管体系不完善，配套制度法规不健全，缺乏行业准入和运行标准，多机构重叠管理，相互推诿、效能低下，直接影响到市场的健康发展。未来黄金市场的发展，要服务于我国黄金产业发展大局，立足于提高我国金融市场竞争力，着力发挥黄金市场在完善金融市场中的重要作用。要切实加大创新力度，丰富交易品种，完善黄金市场体系，进一步深化市场功能，提高市场的规范性和开放性，促进形成多层次的市场体系，并使之更具有国际化的特征。

思考题

1. 试述金融市场的概念及其构成要素。

2. 试述金融市场的特征与主要功能。
3. 货币市场由哪些子市场构成？
4. 简述货币市场和资本市场的基本特点。
5. 证券评级制度的原则、内容和作用。
6. 流通市场的基本特征。
7. 我国的资本市场现状如何？怎样大力发展我国的资本市场？

练　习　题

一、单项选择题

1. 按资金的偿还期限分，金融市场可分为（　　）。
   A. 一级市场和二级市场　　B. 同业拆借市场和长期债券市场
   C. 货币市场和资本市场　　D. 股票市场和债券市场
2. 下列属于资本市场的有（　　）。
   A. 同业拆借市场　　B. 股票市场
   C. 票据市场　　D. 大额可转让定期存单
3. （　　）是银行间所进行的票据转让。
   A. 贴现　　B. 转贴现
   C. 再贴现　　D. 都不是
4. 在出售证券时与购买者约定到期买回证券的方式称为（　　）。
   A. 证券发行　　B. 证券承销
   C. 期货交易　　D. 回购协议
5. 货币市场最基本的功能是（　　）。
   A. 调剂余缺，满足短期融资需要　　B. 为各种信用形式的发展创造条件
   C. 为政策调控提供条件和场所　　D. 有利于企业重组
6. 从本质上说，回购协议是一种（　　）协议。
   A. 担保贷款　　B. 信用贷款
   C. 抵押贷款　　D. 质押贷款
7. 下列属于应在资本市场筹资的资金需求是（　　）。
   A. 有一笔暂时闲置资金　　B. 商业银行的存款准备金头寸不足
   C. 流动性资金不足　　D. 补充固定资本
8. 金融工具迅速转变为现金而不致遭受损失的能力是指金融工具具有（　　）。
   A. 流动性　　B. 获利性　　C. 风险性　　D. 波动性
9. 下列金融工具中属于间接融资工具的是（　　）。

A. 可转让大额定期存单　　B. 公司债券
C. 股票　　D. 政府债券

10. 一般来讲，政府债券与公司债券比较（　　）。
A. 政府债券风险小，收益低　　B. 政府债券风险大，收益高
C. 政府债券风险小，收益高　　D. 政府债券风险大，收益低

11. 以下不属于外汇市场作用的是（　　）。
A. 实现购买力的国际转移　　B. 为国际经济贸易融通资金
C. 提供外汇保值和投机场所　　D. 改善企业的负债结构

12. 股份公司筹集资本的最基本工具是（　　）。
A. 银行贷款　　B. 优先股
C. 公司债　　D. 普通股

二、多项选择题

1. 从交易对象的角度看，货币市场主要由（　　）等子市场组成。
A. 基金　　B. 同业拆借
C. 商业票据　　D. 国库券

2. 下列描述属于货币市场特点的有（　　）。
A. 交易期限短　　B. 资金借贷量大
C. 交易工具收益较高而流动性差　　D. 风险相对较低

3. 票据市场包括（　　）。
A. 商业票据承兑市场　　B. 商业票据贴现市场
C. 银行承兑汇票市场　　D. 中央银行票据市场

4. 下列描述属于资本市场特点的是（　　）。
A. 金融工具期限长
B. 为解决长期投资性资金的供求需要
C. 资金借贷量大
D. 流动性强

5. 证券投资基金具有的特点是（　　）。
A. 集合投资　　B. 收益高　　C. 分散风险　　D. 专家理财

6. 金融市场的参与者有（　　）。
A. 居民个人　　B. 商业性金融机构
C. 政府　　D. 企业
E. 中央银行

7. 债券与股票的相同点表现为（　　）。

A. 都是有价证券　　B. 都有明确的偿还期

C. 都是筹资工具　　D. 都是所有权的代表

E. 都是债权的代表

8. 股票发行市场与流通市场的关系是（　　）。

A. 发行市场是基础，是前提

B. 流通市场是基础，是前提

C. 没有发行市场，就不会有流通市场

D. 流通市场对发行市场有促进或推动作用

9. 货币市场上的交易工具主要有（　　）。

A. 国库券　　B. 长期公债

C. 公司债券　　D. 票据

E. 股票

10. 下列金融工具中，没有偿还期限的有（　　）。

A. 永久性债券　B. 银行定期存款　C. 股票　　D. 商业票据

三、判断题

1. 政府既是货币市场上重要的资金需求者和交易主体，又是重要的监管者和调节者。（　　）

2. 有价证券从发行者手中转移到投资者手中，这类交易属于二级市场交易。（　　）

3. 债券回购交易实质是一种以有价证券作为抵押品拆借资金的信用行为。（　　）

4. 对于商业银行来说，利用回购协议融入的资金不用交纳存款准备金。（　　）

5. 股票市场主要由发行市场与流通市场构成。（　　）

6. 证券公司与证券交易所同为银行金融机构，因此二者的性质并无本质区别。（　　）

7. 资本市场通过间接融资方式可以筹集巨额的长期资金。（　　）

8. 不论企业是否获利，企业债券必须按期如数还本付息，而普通股票的收益则取决于企业盈利状况。（　　）

9. 债务人不履行约定义务所带来的风险称为市场风险。（　　）

10. 开放型投资基金，投资者可以随时购买，也可以随时请求赎回。（　　）

第十章 国际金融

国际金融以国际货币金融关系为主要研究内容，其中，国际收支是分析一国对外金融关系和国内经济状况的重要工具与依据，外汇与汇率是研究整个国际金融问题的基础与关键，而国际货币体系是国际货币关系的集中反映，在国际金融领域内具有基础性制约作用。因此，本章将主要介绍国际收支的概念，国际收支平衡表及其构成，调节国际收支的政策和方法；阐述外汇、外汇汇率、汇率的变动、汇率制度与人民币汇率制度；讲述国际货币体系发展和演变的历史，并探讨当前国际货币制度存在的问题和改革的方向。

通过本章的学习，要掌握国际收支的概念及国际收支平衡表的主要内容，领会外汇与汇率及其汇率制度，了解国际货币体系的发展历程。

第一节 国际收支

一、国际收支的概念

国际收支是一国对外交往关系的集中体现。广义的国际收支一般被定义为：一国或地区居民与非居民在一定时期内全部经济交易的货币价值之和，它是以交易为基础的。

要全面地准确掌握广义的国际收支的概念，需要把握以下几点：

第一，国际收支是一个流量概念，它与一定的报告期相对应。

第二，国际收支所反映的内容是以货币记录的经济交易。经济交易是指经济价值从一个单位向另一个单位转移。

第三，国际收支记录的经济交易必须是本国居民与非居民之间发生的经济交易，居民与非居民的划分是以居住地为标准进行的。居民是指在本地居住 1 年以上的政府、个人、企业和事业单位，否则即为非居民。

第四，国际收支是一个事后的概念。

国际收支集中反映了一国在一定时期对外经济交易的状况，不但表明一国对外开放的程度，还直接影响着一国国际经济地位和汇率状况；国际收支客观反映了一国经济实力的强弱，也是国内经济状况和经济趋势的指示器；国际收支还是一国制定经济政策尤其是贸易政策的重要依据。

二、国际收支平衡表

（一）国际收支平衡表的含义

国际收支平衡表是系统记录一国在一定时期内所有国际经济活动收入与支出的统计报表，也称国际收支差额表。一国与别国发生的一切经济活动，不论是否涉及外汇收支都必须计入该国的国际收支平衡表中，各国编制国际收支平衡表的主要目的，是为了有利于全面了解本国的涉外经济关系，并以此进行经济分析、制定合理的对外经济政策。

（二）编制国际收支平衡表的原理和原则

1. 国际收支平衡表是按照有借必有贷，借贷必相等的复式簿记原理来编制

即每一笔交易都会产生金额相等的借方和贷方两笔记录。贷方记录本国的商品劳务出口收入，对外资产的减少和对外负债的增加；而借方记录本国商品劳务进口支出、对外资产的增加和对外负债的减少。目前世界各国的国际收支平衡表都按复式簿记原理编制。

2. 经济交易发生的时间或记录的日期的确定

与经济交易有关的日期很多，为了统一各国的记录口径，基金组织建议采用所有权变更原则。即国际收支平衡表中记录各种经济交易的日期应该以所有权变更日期为准。具体说，国际收支平衡表中记录的各种经济交易应包括：（1）在编表时期全部结清的部分；（2）在这一时期已经到期必须结清的部分（不管事实上是否结清）；（3）在这一时期已经发生（指所有权已变更），但需要跨期结算的部分。

3. 进出口作价原则

按照国际惯例，一笔进出口交易，出口国以离岸价格来计算，而进口国以到岸价格来计算。为了统一估价进口和出口，基金组织建议进出口均采用离岸价格来计算，保险费和运输费列入劳务收入。

（三）国际收支平衡表的主要内容

国际收支平衡表所包含的内容十分繁杂，各国又大都根据各自不同需要和具体情况来编制，因此，各国国际收支平衡表的内容、详简也有很大差异，但其主要项目还是基本一致的。大体上可分为三大类：经常项目、资本和金融项目以及平衡项目。

1. 经常项目

经常项目是本国与外国交往中经常发生的国际收支项目，它反映了一国与他国之间真实资源的转移状况，在整个国际收支中占有主要地位，往往会影响和制约国际收支的其他项目。它包括货物、服务、收入和经常性转移四个子项目。经常项目顺差表示该国为净贷款人，经常项目逆差表示该国为净借款人。

2. 资本和金融项目

资本与金融项目反映一国资产所有权在国际间转移的状况，包括资本项目和金融项目两大部分。

资本项目包括资本转移和非生产、非金融资产的收买和放弃。前者主要是投资捐赠和债务注销，后者主要是土地和无形资产（如专利、版权、商标、经销权等）的收买或出售。

金融项目包括了一国对外资产和负债所有权变更的所有交易。根据投资类型或功能分类，金融项目分为直接投资、证券投资、其他投资和储备资产四类。与经常项目不同，金融项目并不按借贷方总额来记录，而是按净额来计入相应的借方和贷方。

3. 错误与遗漏项目（也叫平衡项目）

由于现实中的国际收支平衡表的统计工作存在客观上的误差和人为因素，难以做到国际收支平衡表的借方总额与贷方总额相等，基于会计上的需要，人为设计了这个科目，以抵消统计上的误差。

（四）国际收支平衡表的分析

分析本国的国际收支平衡表，可以及时了解本国的国际收支情况，找出顺差和逆差的原因，采取正确的调节对策；可以充分掌握本国的外汇资金来源和运用方面的资料，尤其是官方储备的变动情况，可编制切合实际的外汇预算；可以全面了解其国际经济地位，从而能制定出与本国国力相称的对外经济政策。

分析他国的国际收支平衡表，可以掌握编表国家的国际收支顺差、逆差及储备资产收支情况，从而预测该国货币汇率的将来走向；可以预测国际资本流动的趋向，通常是顺差国家的资金向逆差国转移；可以预测国际利率的变动趋势，作为制定外贸政策、货币政策和对外金融政策依据；分析经济大国的国际收支情况，可以基本掌握国际经济的发展趋势。

总之，国际收支平衡表是一种非常特殊的账户，通过对它的分析，可以了解一国国际经济交往的概况。因此，国际收支平衡表是各国政府重要的政策分析工具和制定政策的基础。

下面从两个角度对国际收支平衡表的主要内容进行简要分析。

1. 自主性交易和补偿性交易

国际经济交易反映到国际收支平衡表上有若干项目，各个项目都有各自的特点，按其交易的性质可分为自主性交易和补偿性交易。所谓自主性交易，是指个人或企业为某种自主性目的（比如追逐利润、追求市场、旅游、汇款赡养亲友等）而进行的交易，由于其自主性质，必然经常地出现差额，一般经常项目和资本金融项目中的长期资本部分属于自主性交易。补偿性交易也称调节性交易，是为了弥补自主性交易差额或缺口而进行的各种交易活动，如分期付款、商业信用、动用官方储备等，一般资本金融项目中的短期资本部分和平衡项目的全部属于调节性交易。如果基于自主性交易就能维持的平衡，则该国的国际收支是平衡的，如果自主性交易收支不能相抵，必须用补偿性交易来轧平，这样达到的平衡是形式上的平衡，被动的平衡，其实质就是国际收支的不平衡。

2. 国际收支差额

如前所述，国际收支平衡表是由经常项目、资本与金融项目和错误与遗漏项目所构成，每一项目下又分为若干小项目。国际收支平衡表的每个项目都有借方、贷方和差额三栏数字，分别反映一定时期内各项对外经济活动的发生额。由于国际收支平衡表是采用复式簿记法入账，因此，借贷双方总额总是相等的，但其中的某些项目或账户可能出现盈余或赤字，需由其他项目或账户的赤字或盈余来抵消，这就形成了不同的项目差额。按照人们的传统习惯和国际货币基金组织的做法，项目差额主要有以下四种：

（1）贸易收支差额。贸易收支差额是指一国进出口收支差额。尽管贸易项目仅仅是国际收支的一个组成部分，不能代表国际收支的整体，但是，对于某些国家来说，贸易收支在全部国际收支中所占比重相当大，以至于经常性的把贸易收支作为国际收支的近似代表。此外，贸易收支在国际收支中还有它的特殊重要性。商品的进出口情况综合反映了一国的产业结构、产品质量和劳动生产率状况，反映了该国产业的国际竞争能力。因此，即使对于发达国家这样资本项目比重相当大的国家，仍然非常重视贸易收支的差额。

（2）经常项目差额。经常项目包括贸易收支、服务收支、收入和经常性转移收支，前两项构成经常项目收支的主体。虽然经常项目的收支也不能代表全部国际收支，但它综合反映了一个国家的进出口状况（包括服务贸易），而被各国广为使用，并被当作是制定国际收支政策和产业政策的重要依据。同时，国际经济协调组织也经常采用这一指标对成员国经济进行衡量，例如国际货币基金组织就特别重视各国经常项目的收支状况。

（3）资本和金融项目差额。资本和金融项目差额反映该项目下直接投资、证券投资和其他投资交易（包括贸易信贷、贷款和存款）及储备资产交易的差额（假设资本转移净额为零），它记录了世界其他国家对本国的投资净额或贷款/借款净额。

（4）综合项目差额或总差额。综合项目差额是指经常项目加上资本和金融项目中的资本转移、直接投资、证券投资、其他投资后的余额，也就是将国际收支项目中官方储备剔除后的余额。由于综合项目差额必然导致官方储备的反方向变动，所以，可用它来衡量国际收支对一国储备带来的压力。

三、国际收支的调节

（一）国际收支失衡的原因

引起国际收支失衡的原因很多，不同国家或同一个国家在不同时期，发生失衡的原因都可能不相同。归纳起来，主要有以下几类：

1. 周期性失衡

由周期性因素所造成的失衡称为周期性失衡，这是由于国际间各国经济周期所处的阶段不同所造成的。本国经济处于繁荣阶段，贸易伙伴国的经济处于衰退阶段，这样本国对外国产品的需求就较外国对本国的产品的需求旺盛，因此造成本国贸易收支赤字。

2. 结构性失衡

当国际分工格局或国际需求结构等国际经济结构发生变化时，一国的产业结构及相应的生产要素配置不能完全适应这种变化，从而发生的国际收支不平衡，称为结构性失衡。

3. 货币性失衡

由一国的价格水平、成本、汇率、利率等货币性因素变动所造成的国际收支失衡，称货币性失衡。如果一国货币数量发行过多，该国的成本与物价普遍上升，由此必然导致出口减少，进口增加，另外，本国利息率也会下降，造成资本流出增加，流入减少，使国际收支出现赤字，货币性失衡不仅与经常账户收支有关，也与资本账户收支有关。

4. 不稳定的投机和资本外逃造成的失衡

在短期资本流动中，不稳定的投机与资本外逃是造成国际收支失衡的另一个原因，它们还会激化已存在的失衡。投机性资本流动是指利用利率差别和预期的汇率变动来牟利的资本流动。资本外逃与投机偏好不同，它不是希望获利，而是害怕损失。当一国家面临货币贬值、外汇管制、政治动荡或战争的前景时，在这个国家拥有资产的居民和非居民就要把其资金转移到他们认为稳定的国家，造成该国资产的大量外流，不稳定的投机和资本外逃具有突发性、数量大的特点，在国际资本流动迅速的今天，往往成为一国国际收支失衡的一个重要原因。

5. 季节性和偶然性的失衡

由于生产，消费有季节性变化，一个国家的进出口也会随之而变化。季节性变化对进出口的影响并不一样，因而造成季节性的国际收支失衡。无规律的短期灾变也会引起国际收支的失衡，这称为偶然性失衡。例如洪水，地震这样的自然灾害造成谷物歉收而减少了谷物出口。这种偶然性失衡对国际收支的影响是一次性的，且引起的失衡是暂时性的。

国际收支不平衡不仅涉及对外支付方面的问题，也涉及一国的国内经济活动，所以解决国际收支不平衡是一国政府当局进行宏观经济调控的一个重要方面，必须引起足够的重视。一国的国际收支如果发生暂时性的不平衡，即指短期、由非确定或偶然因素引起的不平衡，那么这种不平衡一般程度较轻，持续时间不长，带有可逆性，即不需要采取政策调节不久便可得到纠正。但是，如果一国的国际收支不平衡属于持续性不平衡，即由于一些根深蒂固的原因造成的，那么这种不平衡没有可逆性，必须采取相应的对策加以调节，否则将很难得到纠正。客观地说，一国国际收支出现持续性的顺差或逆差，都对本国经济发展不利。持续性的逆差，必然影响到其本国的官方储备水平，使国内经济活动受到压缩而且停滞不前，甚至有倒退的危险，进而影响到该国的国际经济地位和信誉；反之，持续性的顺差，又会导致本币升值影响出口，或者会引起本国发生通货膨胀的危险，甚至有时还会产生并加深国与国之间的矛盾和冲突。因此，政府当局必须对这种持续性顺差或逆差进行调节。

（二）国际收支失衡的调节方法

国际收支调节是指消除一国国际收支出现的失衡的过程。国际收支的调节方法可分为“自动调节机制”和“政策引导机制”（也称“相机抉择机制”）两类。

1. 国际收支的自动调节机制

国际收支的自动调节机制是指在政府不干预的情况下，市场经济体内的经济变量与国际收支相互制约和相互作用，国际收支得以自动调节的过程。

（1）国际金本位制度下国际收支的自动调节机制。在金本位制下的国际收支的自动调节机制就是大卫·休谟所揭示的价格—铸币流动机制。其基本内容是：在金本位制度下，一国国际收支出现赤字，就意味着本国黄金的净输出，由于黄金外流，国内黄金存量下降，货币供给就会减少，从而引起国内物价水平下跌。物价水平下跌后，本国的商品在国外市场上的竞争能力就会提高，外国商品在本国市场的竞争能力就会下降，于是出口增加，进口减少，使国际收支赤字减少或消除。同样，国际收支盈余也是不能持久的，因为顺差会造成黄金的净流入，这又会趋于扩大国内的货币供给，造成物价水平上涨，物价上涨不利于出口有利于进口，从而使盈余趋于减少乃至消失。

（2）纸币本位的固定汇率制度下国际收支的自动调节机制。在纸币流通制度下，如果实行固定汇率制，一国当局有义务通过外汇储备变动干预外汇市场来维持汇率不变。在这种制度下，一国国际收支出现不平衡时，仍有自动调节机制发生作用，不过自动调节的过程要复杂一些。国际收支的自动调节主要表现在：国际收支失衡后，外汇储备的变化引起货币供应量的变化，进而影响国民收入、物价和利率变量，使国际收支趋于平衡。

①一国国际收支出现赤字时，为了维持固定汇率，一国货币当局就必须减少外汇储备，从而造成本国货币供应量的减少。货币供应量的减少首先会带来银根的紧张、利息率上升，利息率上升会导致本国资本外流的减少，外国资本流入的增加，结果使资本账户收支改善。反之国际收支盈余则会通过利息率下降导致本国资本流出的增加、外国资本流入的减少，使盈余减少或消除。这就是国际收支失衡的利率效应。

②一国国际收支出现逆差时，货币供给减少，国内的投资和消费也会随之减少，从而引起国民收入减少。而国民收入的减少又会导致进口减少，结果经常账户特别是贸易收支状况得以改善，进而减少国际收支逆差。反之，一国国际收支出现顺差，货币供给量增加，国内的投资和消费也会增加，从而引起国民收入的增加。国民收入的增加又会引起进口增加，结果使经常账户收支状况恶化，进而减少国际收支顺差。这就是国际收支自动调节的收入效应。

③一国国际收支出现逆差，随着货币供给量的减少，还会引起物价水平的下

跌。国内物价水平下跌，可使出口增加，进口减少，从而使国际收支逆差减少，并逐步恢复到平衡状态。反之，一国国际收支出现顺差，随着货币供给量的增加，会引起物价水平的上升，进而会使出口减少，进口增加，从而使国际收支顺差减少。这就是国际收支自动调节的相对价格效应。

（3）纸币本位的浮动汇率制度下国际收支的自动调节机制。在浮动汇率制度下，一国当局不对外汇市场进行干预，即不通过储备增减来影响外汇供给或需求，而任凭市场的外汇供求来决定汇率的上升和下降。在这种制度下，如果一国国际收支赤字，外汇需求就会大于外汇供给，外汇的价格即汇率就会上升。反之，一国国际收支若出现盈余，外汇需求就会小于外汇供给，外汇的价格就会下跌。通过汇率随外汇供求变动而变动，国际收支失衡就会在一定程度上得以消除。在浮动汇率制下，汇率变动对国际收支的调节作用是有局限性的。这是因为只有一国贸易弹性满足马歇尔—勒纳条件或（梅茨勒条件），国际收支的自动调节才可以通过汇率的变化来实现。而且，即使汇率变动能自动调节国际收支，由于汇率变动是通过物价这个传递机制来影响各种变量，其间存在一个“时滞”问题，即汇率变动对国际收支的影响是逆方向的，只有经过一段时期之后，才表现为正方向，这就是“J曲线效应”。另外，还有心理预期作用的影响，若汇率下降，人们预期汇率进一步下跌，于是就会发生资本外逃，出现资本账户逆差。此外，还有其他种种因素也使汇率调节国际收支的作用大大减弱。

2. 国际收支的政策引导机制

（1）外汇缓冲政策。所谓外汇缓冲政策，是一种运用官方储备的变动或临时向国外借入短期资金，来抵消外汇市场的超额供给或需求，以解决一次性、季节性或短期性的国际收支失衡的政策措施。由于这种政策措施是以外汇作为缓冲体，所以称它为外汇缓冲政策。

（2）财政货币政策。利用财政政策调节国际收支，主要是通过增减财政开支和升降税率来实现的。具体来说，当一国国际收支出现逆差时，政府可以削减财政支出或提高税率，使市场通货紧缩，迫使物价下降，从而在外汇汇率不变或尚未相应变动的情况下，有利于出口，不利于进口，逐步减少国际收支逆差。反之，亦即反之。利用货币政策调节国际收支，主要是通过升降中央银行法定准备金率、再贴现率或公开市场上买卖政府债券来实现的。具体说，当一国国际收支出现逆差时，可以提高法定准备金率和再贴现率，或在市场上卖出政府债券，以减少货币供给量，提高利息率。利息率的提高，一方面会吸引国外资本流入增加，本国资本流出的减少，改善资本账户收支；另一方面会抑制国内投资和消费，进而抑制进口，增加出口，改善经常账户收支。当一国国际收支出现顺差时，可以降低法定准备金和再贴现率，或在公开市场上买进政府债券，增加货币供给量，降低利息率，以达到减少国际收支顺差的作用。

（3）汇率政策。这里所谓汇率政策，是指国家货币当局公开宣布的货币法定升值与贬值。不过，调整汇率能否起到平衡国际收支的作用，还要看具体情况而论。以货币贬值而论，只有当一国具备下述条件时，才能起到改善国际收支的作用：第一，进出口需求弹性之和大于1；第二，本国现有的生产能力尚未得到充分利用；第三，贬值所带来的本国贸易品与非贸易品的较高相对价格之差可以维持较长一段时间。另外，实行货币贬值政策容易引起国内物价上涨，甚至陷入“贬值—通货膨胀—贬值”的恶性循环，这也是实行汇率调整政策时所要考虑的重要因素。

（4）直接管制。所谓直接管制，是指在一国的国际收支出现了结构性的不平衡的条件下，该国政府所采取的一种奖出限入的政策。在奖出方面，主要是提供出口信贷、出口信贷的国家担保和由政府给予直接补贴或间接补贴等。在限入方面，则主要是高筑关税壁垒（如提高进口关税或征收进口附加税等）和实行非关税壁垒（如加强进口管理，限制某些进口，实行进口配额制和进口许可证制度等）。实行上述政策，既可以减少外汇支出，对于调节国际收支具有重要作用。

（5）国际经济合作。上述调节国际收支的各种政策中，除直接管制易于引起贸易伙伴国的报复之外，其他政策措施也会不可避免地对别国产生不利影响。如果各国都采取以邻为壑的政策，其结果是整个国际经济秩序会遇到破坏。所以第二次世界大战后，各种国际经济组织纷纷成立，如关税与贸易总协定，国际货币基金组织等，通过这些组织来协调各国的经济政策，以达到平衡国际收支的目的。

第二节 外汇与汇率

一、外汇的概述

（一）外汇的含义

外汇是国际经济活动得以进行的基本手段，是国际金融最基本的概念之一，它具有动态和静态两种含义。

1. 动态的外汇

是指经过银行等金融机构把一国货币兑换成另一国货币，借以清偿国际间债权债务关系的一种专门性经营活动。人们通常所说的“外汇业务”、“外汇工作”等都是就外汇的动态含义而言的。

2. 静态的外汇

静态意义上的外汇又有广义与狭义之分。

（1）狭义的静态外汇。狭义的静态外汇是指以外币表示的，可用于国际之间结算的支付手段。按照这一定义，以外币表示的有价证券由于不能直接用于国际间的支付，故不属于外汇；同样，外国钞票也不能直接算作外汇，外钞只有携带回发行国、并贷记在银行账户上后，才能称作外汇。从这个意义上看，只有存放在国外银行的外币资金，以及将对银行存款的索取权具体化了的外币票据，才构成外汇。具体来看，外汇主要包括以外币表示的银行汇票、支票、银行存款等。其中，银行存款是狭义外汇的主体，这不仅是因为各种外币支付凭证都是对外币存款索取权具体化了的票据，而且还因为外汇交易主要是运用国外银行的外币存款来进行的。

（2）广义的静态外汇。就广义而言，外汇泛指一切能用于国际结算的资产。这一概念着眼于以不同形式出现的能用于国际结算的国际债权，而不管其使用外币表示还是使用本币表示，这是与狭义外汇的根本区别。国际货币基金组织对外汇的解释就是：“外汇是货币行政当局（中央银行、货币管理机构、外汇平准基金组织及财政部）以银行存款、国库券、长短期政府债券等形式持有的在国际收支逆差时可以使用的债权。其中包括由于中央银行间及政府间协议而发行的在市场上不流通的债券，而不问它是以债务国货币还是以债权国货币表示。”以本币表示的债权要具备外汇职能必须满足以下条件：①必须经过中央银行或具有政府官方职能的机构之间签订协议才能形成；②必须以偿付双边国际收支逆差为前提；③在市场上是不允许流通的，以本币表示的外汇资产，一般情况下不能转换为第三国货币，不具有自由兑换的性质；或者说，主要指记账外汇。

（二）外汇的种类

1. 外汇的来源和用途不同，有贸易外汇和非贸易外汇之分

贸易外汇是指来源于或用于国际间商品买卖的外汇，以及与国际贸易有关的从属贸易外汇，如银行手续费、运费、保险费、装卸费、滞期费、速遣费、仓储费、佣金以及利息、广告费、推销费等。非贸易外汇是指进出口贸易以外所收支的各项外汇，包括范围很广，如劳务外汇、侨汇、旅游外汇、捐赠与援助外汇，以及属于资本流动性质的外汇。贸易外汇和非贸易外汇并不是截然分开的，在一定情况下两者会相互转化。非贸易外汇集中起来，可用于进出口贸易，变成贸易外汇。贸易外汇往往用于非贸易支出，如作为支付外籍职工工资、支付投资者的红利等，并被作为侨汇汇出国外，变成非贸易外汇。

2. 根据可否自由兑换，有自由外汇与记账外汇之分

自由外汇是指不需要货币发行国当局的批准而可以自由兑换的外汇，或用于第三国支付的外汇。自由外汇也称现汇，我国进出口贸易绝大多数是使用自由外汇。记账外汇又叫协定外汇或双边外汇，是指不经货币发行国当局的批准，不能自由兑换成其他货币或对第三国进行支付的外汇。它是指签有双边协定的国家之间，或是签有多边清算协定的货币集团成员国之间由于进出口贸易引起的债权债务不用现汇逐笔结算，而是通过当事国中央银行账户相互冲销所使用的外汇。此种外汇只记在账户上，故称记账外汇。这类货币通常只是在双边或多边协定的基础上才有外汇的意义。在记账外汇的情况下，进出口要保持基本平衡。对于差额部分，要么转到下一年度的贸易项目去平衡，要么采用双方预先商定的自由外汇进行支付清偿。

3. 根据外汇买卖交割期限，有即期外汇与远期外汇之分

即期外汇是指在外汇买卖成交后两个工作日内交割完毕的外汇。远期外汇又称期汇，是指外汇买卖不需要即时交割而是签订买卖合同，预定将来某一时期进行交割的外汇。期汇交割期一般为 1 ~6 个月，长的可达 1 年。外汇买卖中的交割，是指货币的实际支付或银行存款账户上金额的实际划转，即买卖双方履行交易契约进行钱货两清的行为。

二、汇率概述

汇率，是指两种不同货币之间的比价或交换比率，也可以表述为用一国的货币所表示的另一国货币的价格或汇价。在实际外汇买卖中，又称外汇行市。

（一）汇率的标价方法

确定两种不同货币之间的比价，先要确定用哪个国家的货币作为标准，由于确定的标准不同因而便产生了两种不同的外汇汇率标价方法。

1. 直接标价法

又称应付标价，是指以一定单位（如个、百、万等）的外国货币为标准，折算为若干单位的本国货币。在直接标价法下，外国货币数额固定不变，汇率涨跌都以相对的本国货币数额的变化来表示。一定单位的外币折算的本国货币增多，说明外汇汇率上升，或本币汇率下降。反之，一定单位外币折算的本国货币减少，说明外汇汇率下跌，或本币汇率上升。除了英国和美国等个别国家之外，国际上绝大多数国家都采用直接标价法。我国的人民币汇率也采用直接标价法。直接标价法的形式如表 10.1 所示。

表 10.1　　人民币（CNY）外汇牌价　　单位：人民币元

货币名称	现汇买入价	现钞买入价	卖出价
百英镑（GBP）	1 022.15	990.59	1 030.36
百港币（HKD）	86.81	86.12	87.14
百美元（USD）	676.44	671.02	679.16
百瑞士法郎（CHF）	635.83	616.2	640.93
百新加坡元（SGD）	485.66	470.66	489.56
百瑞典克朗（SEK）	88.54	85.8	89.25
百丹麦克朗（DKK）	114.12	110.59	115.03
百挪威克朗（NOK）	105.35	102.1	106.2
百日元（JPY）	7.7184	7.4801	7.7804
百加拿大元（CAD）	640.78	620.99	645.92
百澳大利亚元（AUD）	573.22	555.52	577.82
百欧元（EUR）	850.44	824.19	857.27
百澳门元（MOP）	84.77	84.06	85.09
百菲律宾比索（PHP）	14.51	14.07	14.63
百泰国铢（THB）	20.84	20.19	21

资料来源：中国银行 2010 年 7 月 7 日公布。

2. 间接标价法

又称应收标价，是指以一定单位的本国货币（如个、百、万等）为标准，折算为一定数额的外国货币。间接标价法的特点正好同直接标价法相反，即本币金额不变，其折合成外币的数额则随着两种货币相对价值的变化而变动。如果一定数额的本币能兑换成更多的外币，说明本币汇率上升；反之，如果一定数额的本币兑换的外币数额减少，则说明本币汇率下跌。采用间接标价的只有英、美等个别国家。间接标价法的具体形式见表 10.2。

表 10.2　　2004 年 4 月 22 日纽约外汇市场行情（1 美元合外币）

货　币	买入价	卖出价
欧元	0.8409	0.8437
英镑（合美元）	1.7678	1.7724
日元	109.5100	109.9100
瑞士法郎	1.3102	1.3142
新加坡元（SGD）	1.6915	1.6955
港币	7.7972	7.8012
澳大利亚元（合美元）	0.7284	0.7314
加拿大元	6.9451	6.9851

注：表中价格均为现汇买卖价。

3. 美元标价法

美元标价法是以一定单位的美元为标准来计算应兑换多少其他各国货币的汇率表示法。其特点是：美元的单位始终不变，汇率的变化通过其他国家货币量的变化来表现出来。这种标价方法主要是随着国际金融市场之间外汇交易量的猛增，为了便于国际间进行交易，而在银行之间报价时通常采用的一种汇率表示方法。美元标价法的基本形式见表 10.2。

（二）汇率的类别

外汇汇率种类繁多，这主要是由于对汇率的划分标准及分析角度不同所致。

1. 按照国际货币制度的演变来划分

（1）固定汇率。是指一国货币对另一国货币的汇率基本固定，汇率波动被限定在一定的幅度内。

（2）浮动汇率。是指一国货币对外国货币的汇率依据外汇市场的供求关系，任其自由涨落，各国政府原则上没有义务进行干预。浮动汇率根据浮动形式的不同，又可分为自由浮动、管理浮动和联合浮动三种。

2. 按照银行买卖外汇的角度划分

（1）买入汇率，也称买入价，即银行向同业或客户买入外汇时所使用的汇率。采用直接标价法时，外币折合本币数较少的那个汇率是买入价；采用间接标价法时，外币折合本币数较多的那个汇率是买入价。

（2）卖出汇率，也称卖出价，即银行向同业或客户卖出外汇时所使用的汇率。采用直接标价法时，外币折合本币数较多的那个汇率是卖出价；采用间接标价法时，外币折合本币数较少的那个汇率是卖出价。

（3）中间汇率，是买入价和卖出价的平均数。它不是在外汇买卖业务中使用的实际成交价，而是为了方便计算（如计算远期升、贴水率和套算汇率）或使报道更加简洁。各国政府规定和公布的官方汇率以及在经济理论中论述的汇率，一般也是中间汇率。

3. 按照制定汇率的不同方法划分

（1）基本汇率。它是指本国货币与国际上某一关键货币的比值。关键货币是指本国国际收支中使用最多，外汇储备中比重最大，同时又是国际上普遍接受的自由兑换货币。第二次世界大战后，各国都把美元当作关键货币。

（2）套算汇率（cross rate）。是指两种货币通过第三种货币（即某一关键货币）为中介而间接套算出来的汇率，也叫交叉汇率。例如：USD1 = HKD7，GBP1 = USD1.6，则套算出港币兑英镑的汇率为：GBP1 = 7 × 1.6 = HKD11.2。

4. 按照银行外汇汇付方式划分

（1）电汇汇率。是指经营外汇业务的银行以电报方式买卖外汇时所用的汇率。银行卖出外汇后，立即用电报通知国外分支行或代理行将款项解付给收款人。

（2）信汇汇率。是银行以信函方式买卖外汇时所使用的汇率。银行卖出外汇后，通过信函通知国外分支行或代理行将款项解付给收款人。

（3）票汇汇率。是银行买卖外汇汇票、支票和其他票据时所使用的汇率。

5. 按照外汇买卖的交割期限来划分

（1）即期汇率，也称现汇汇率。它是指买卖外汇双方当天成交或两个营业日以内进行交割的汇率。

（2）远期汇率（forward rate）又称期汇汇率。指在未来约定日期进行交割，而事先由买卖双方签订合同，达成协议的汇率。到了交割日期，由协议双方按预定的汇率、金额、进行钱汇两清。远期外汇的交割期，常见的为 1 个月至 1 年，而少数几种主要西方国家的货币甚至有 1 年以上的远期。

银行一般都直接报出即期汇率，但对于远期汇率的报价，各国的做法则有所不同。远期汇率的报价有两种方式：

第一种方式为直接报价。即与现汇报价一样，直接将各种不同期限的期汇的买入价与卖出价表示出来。这种方法通常使用于银行对一般顾客的报价上。一般而言，期汇的买卖差价要大于现汇的买卖差价。以某日英镑兑美元的汇率为例，现汇汇率为 GBP1 = USD2.4210 ~ 2.4220，3 个月期汇汇率为 GBP1 = USD2.4130 ~ 2.4150。英镑的现汇买卖差价为 10 点，期汇的买卖差价则有 20 点之多。

第二种方式为掉期率或远期差价。即报出期汇汇率比现汇汇率高或低若干点来表示。期汇汇率与现汇汇率之间存在着差价，这种差价称为掉期率或远期差价。远期差价有升水和贴水两种。升水表示期汇比现汇贵，贴水表示期汇比现汇便宜。还有一种平价，表示两者的汇率相同。采用报远期差价来代替直接报期汇汇率的主要好处在于，当现汇汇率变动时，远期差价常常保持不变，故以升水或贴水来报价，比改动期汇汇率省事。

（三）影响汇率变动的主要因素

汇率的决定必然受国际货币制度的制约，不同货币制度下汇率决定的基础是不一样的。在金币本位制（典型金本制）下，汇率决定的基础是铸币平价，汇率波动的幅度是黄金输送点。金本位崩溃后，各国实行了信用货币制度。在信用货币制度下，现实的汇率是由两国货币在外汇市场上的供求情况确定的，但外汇供求背后的决定因素有哪些？这是一个比较错综复杂的问题。从实际情形看，影响汇率变动的因素很多，这些因素都通过外汇的供求力量对汇率施加影响。这些因素既有经济因素，又有政治因素和心理因素等。具体来说，影响汇率变动的直接因素有：

1. 国际收支

一国国际收支的好坏直接决定着该国外汇供给情况。国际收支的收入项目形成了该国的外汇供给；国际收支的支出项目形成了该国的外汇需求。一般来说，在没有政府干预和其他影响因素的情况下，当国际收支出现顺差时，外汇储备增加使外汇供给大于需求，本币汇率上升；当国际收支出现逆差时，外汇储备减少使外汇的需求大于供给，本币汇率下降。

2. 通货膨胀

一国出现通货膨胀时，物价上涨，货币贬值，该国货币购买力下降。若该国通货膨胀率高于其他国家，则其货币汇率趋于下降；反之，其货币汇率上涨。值得注意的是，通货膨胀对汇率的影响往往不是直接表现出来的。除影响进出口外，通货膨胀还会影响国内外实际利率差异，进而影响国际收支的资本账户。此外，通货膨胀还会影响到市场对今后物价和汇率的预期，这些表现又都会对汇率变动产生影响。

3. 利率

利率对汇率的影响主要表现为国际利差对汇率的影响。一般地说，高利率国家货币的汇率短期趋于上升，而低利率货币短期趋于下跌。国际利差通过影响资金在国际间的流动来影响汇率，汇率的变动又会反过来遏制资金的国际流动。

上述基本因素对汇率的影响是根本性和持续性的。若基本经济因素发生恶化，本币汇率将会发生剧烈波动，只有当基本经济因素真正好转，才能使汇率发生相应的改善。此外，影响汇率变动的因素还有政策性因素、心理预期等。

三、汇率制度

汇率制度是一国货币当局对本国货币汇率变动基本方式的一般规定或安排。

（一）汇率制度的类型

从历史的发展过程和汇率的变动的幅度看，汇率制度传统上分为两大类型。即：固定汇率制和浮动汇率制。

1. 固定汇率制

固定汇率制是指各国货币之间的比价基本稳定，或各国货币之间的汇率波动幅度被限定在一定范围内的一种汇率制度。固定汇率制度包括金本位制度下的固定汇率制和布雷顿森林体系下的固定汇率制。

（1）金本位制度下的固定汇率制。金本位制度下，黄金是货币本位，各国货币都规定有法定含金量，货币之间的比价以含金量为基础。由于在这种制度下，黄金的价格是稳定的，所以，各国货币的汇率也基本稳定。汇率的上涨或下跌受到黄金输点的限制，波动局限于很狭窄的范围内。可以说，金本位制度下的固定汇率制是比较典型的固定汇率制。

（2）布雷顿森林体系下的固定汇率制。金本位制度在1929～1933年的世界经济大危机中彻底崩溃，在此制度下的固定汇率制度也随之结束，继而各国先后开始了不兑现纸币流通的历史。在经济危机的困扰下，西方各国竞相贬值本币，实行外汇倾销，以促进出口，结果导致国际金融领域异常混乱的局面。这种状况一直持续到第二次世界大战。1944年，在美国的布雷顿森林城召开联合国货币金融会议，会上确立了以美元为中心的固定汇率制度。这一汇率制度的最大特征，就是确立了“双挂钩”原则，即美元与黄金直接挂钩，各国货币与美元直接挂钩。在此原则下，各国货币与美元之间的固定比价根据各国货币的含金量与美元的含金量之比确定，称为黄金平价，或货币平价。按照国际货币基金组织的规定，各会员国货币的对外汇率发生波动的幅度不超过货币平价的±1%的范围（1971年12月后，汇率上下波动幅度从±1%扩大到±2.25%。），超过这个界限，有关国家的中央银行有义务进行干涉，以保持外汇市场的稳定。由此可见，纸币流通制度下的固定汇率制度，由于规定了波动的幅度，所以仍是比较稳定的汇率制度。

进入20世纪60年代以后，美国在频繁的经济危机和货币危机冲击下，经济实力下降，经济增长缓慢，国际收支持续逆差，美元地位削弱。虽然采取了一系列补救措施，但固定汇率的维持却日益困难。20世纪70年代起，美元先后两次贬值，终于导致战后维持20多年的固定汇率制于1973年宣告垮台。从此，国际汇率制度进入了一个新的浮动汇率制的历史阶段。

2. 浮动汇率制

浮动汇率制是指政府对汇率不加以固定，也不规定波动的幅度，而是听任外汇市场的供求情况自行决定本国货币对其他国家货币汇率的汇率制度。浮动汇率制度有自由浮动和管理浮动两种。

（1）自由浮动，又称干净浮动，是指国家政府对汇率上下浮动不采取任何干预措施，完全听任外汇市场供求变化，自由涨落。这是纯理论上的划分，实际上，各国政府往往为了本国的经济利益，还是干预外汇市场。

（2）管理浮动，又称肮脏浮动，是指政府采取各种方式干预外汇市场，使汇率不致发生剧烈波动，而是向有利于本国经济的方向浮动。第一次世界大战后，英美等国曾实行过管理浮动，第二次世界大战后初期，法国、意大利、加拿大等国也曾实行过。现在西方各国普遍实行管理浮动。

（二）人民币汇率制度

1948年12月1日，中国人民银行成立并发行人民币。1949年1月18日，人民币对西方国家货币的汇率首先在天津挂牌。人民币对外汇率从产生到现在，经历了一个发展演变过程，大体可分为三个时期。

1. 人民币汇价确认时期（1949年1月18日至1953年初）

在这一时期，人民币汇率以美元为基础。由于人民币一开始就没有规定其含金量，因此其对外汇率不是以含金量作为比价的基础，而是根据“物价对比法”来计算。当时人民币对美元的汇率是根据人民币对美元的出口商品比价、进口商品比价和华侨日用品生活费比价三者的加权平均数来确定，并按照国际市场相对价格水平的变化加以调整。在这一时期，制定人民币汇率的总方针是“奖励出口，兼顾进口，照顾侨汇”。这一时期人民币汇率的决定与调整，对稳定国内经济秩序、调整进出口贸易、保证侨眷的生活以及恢复工农业生产都起到了积极作用。

2. 固定汇率制或基本稳定比较刚性时期（1953年初至1973年）

从1953年起，我国进入社会主义建设时期，国民经济开始实行高度集中的计划管理，国内物价基本稳定，包括出口物资在内的主要产品的生产、销售、价格制定等都纳入了国家计划，国家开始对外贸实行统制政策。进出口业务由国营进出口公司按照计划要求经营，外贸盈亏全部由国家财政负担与平衡，人民币汇率不再充当调节对外经济的工具，汇价主要用于内部换算和编制计划。同时，在布雷顿森林体系下，西方各国货币之间的汇率变化不大，国际金融秩序基本稳定。在这样的国内外环境下，人民币汇率的政策目标直接表现为维持汇率的稳定，除对个别国家货币的升值和贬值进行相应调整外，人民币汇率一般保持不变。1955 年 3 月，中国人民银行实行货币改革，废除旧币，发行新币，新币以 1∶10 000 的比例兑换旧币，人民币汇率也由 1 美元兑换人民币 24 618 元变为 1 美元兑换人民币 2. 4618 元。这一汇率一直维持到 1971 年 12 月才做出调整。

3. 浮动汇率制时期（1973 年至今）

这一时期又可分为以下四个阶段。

（1）钉住一揽子货币的汇率安排（1973 年至 1985 年）。从 1973 年起，世界各国普遍采用浮动汇率制，人民币对西方主要货币保持相对稳定的状况难以为继。在这种情况下，人民币汇率由原来以美元为基础改为钉住一揽子货币来定值。采用一揽子货币定值的好处是能够保持人民币汇率的稳定，缺点是缺乏本币主动性，比较刻板而不灵活，汇价水平的合理性难以保证。

（2）以美元为基准的有限弹性汇率安排（1985 年初至 1993 年底）。1985 年以后，根据全国出口换汇成本的变化，人民币汇率出现几次大幅度下调。1985 年 1 ~9 月从 USD1 = RMB2. 80 逐步调低到 USD1 = RMB3. 20；1986 年 7 月 6 日，调低到 USD1 = RMB3. 7036；1989 年 12 月 16 日，调为 USD1 = RMB4. 7221；1990 年 11 月 17 日，再次调为 USD1 = RMB5. 2221；1992 年 8 月，人民币汇率徘徊在 USD1 =5. 73 的水平上。这几年人民币汇率下调的原因，一是以前人民币汇率高估，需要纠正，二是国内通货膨胀率上升，人民币对内价值下降，客观上存在下调的必然性。

（3）以市场为基础的单一管理的浮动汇率制（1994 年至 2005 年 7 月 20 日）。1993 年 12 月 29 日，中国人民银行发布了《关于进一步改革外汇管理体制的公告》，决定自 1994 年 1 月 1 日起实行人民币汇率并轨，4 月 1 日起外汇管理体制改革进入正式运作。这次外汇管理体制改革的主要内容是：全面实行结售汇制，取消外汇留成制度，取消出口企业创汇的有偿和无偿上缴，取消外汇收支指令性计划，停止发行外汇券，禁止外币在境内流通，建立银行间的外汇交易市场等。这些改革措施标志着我国已初步建立了以市场供求为基础、单一的、有管理的人民币浮动汇率制。

（4）参考一揽子货币进行调节、有管理的浮动汇率制度（2005 年至今）。中国人民银行于 2005 年 7 月 21 日出台了新的人民币汇率制度，即实行以市场供求为基础、参考一揽子货币进行调节、有管理的浮动汇率制度，以钉住美元为主的相对固定的汇率安排。这一新汇率制度的出台在一定程度上完善了我国人民币汇率的形成机制，为保障和维护我国人民币汇率的正常浮动以及我国金融市场的稳定起到了一定的作用。

另外，中国人民银行还宣布，在根据市场发育状况和经济金融形势，适时调整汇率浮动区间的同时，根据国内外经济金融形势，以市场供求为基础，参考一揽子货币汇率变动，对人民币汇率进行管理和调节。

第三节 国际货币体系

一、国际货币体系的含义

国际货币体系也称国际货币制度，是指各国政府对货币在国际范围内发挥世界货币的职能所确定的原则、采取的措施和建立的组织形式。它主要包括以下内容：

1. 各国货币比价的确定（即汇率的确定）。包括货币比价确定的依据、比价波动的界限、维持比价所采取的措施、货币比价的调整以及对同一货币是否采取多元化比价等。

2. 各国货币的兑换性。这涉及各国政府为进行国际支付所规定的本国货币对外兑换与支付的条件、范围，如规定本国货币能否对外完全自由兑换，或者具有部分兑换性，以及对外支付是否进行限制等。

3. 国际储备资产的确定。为应付国际支付的需要，各国须保存一定数量的为世界各国所普遍接受的国际储备资产。各国用什么作为储备的标准，不但取决于各国的经济状况，而且也取决于国际协调。在这个基础上，整个国际社会需要多少储备资产，新的储备资产如何供应与创造等，这都需要有国际性的规则和制度。

4. 国际清算的原则。涉及一国政府所规定的一国对外债权债务结算的原则和方式，比如是实行立即结算或实行定期结算，是实行多边自由结算或实行有限制的双边结算。

5. 国际收支调节的原则。涉及国际收支的调节方式、国际收支调节和约束机制以及确定国际收支顺差国和逆差国应该承担的责任等。

6. 黄金外汇流动的自由性。这是指各国政府对黄金外汇出入国境是否加以管制，是否自由流动以及在什么范围内加以限制和不限制等。

其中，国际储备资产的确定、汇率制度的确定和国际收支调节方法是主要内容。

二、国际货币体系的演变

在历史的各个不同时期，国际货币体系在不断地演变。在演进的过程中始终围绕着三个方面的重要问题：一是以什么作为国际货币；二是各国货币之间的汇率、各国货币与国际货币之间的汇率问题；三是当国际收支发生不平衡时，如何进行调节的问题。自从国际上出现统一的国际货币体系以来，其大体经历了国际金本位制体系、布雷顿森林货币体系、牙买加货币体系的演变过程。

（一）国际金本位制

金本位制度是以一定成色及重量的黄金作为本位货币的一种货币制度。国际金本位制就是以各国普遍采用金本位制为基础的国际货币体系。金本位制在其发展过程中采取了三种形式，即金币本位制、金块本位制和金汇兑本位制。

1. 金币本位制

金币本位制是典型的金本位制货币制度，主要是在第一次世界大战前资本主义各国普遍实行。金币本位制的基本内容或主要特点是：（1）由国家以法律规定铸造一定形状、重量和成色的金币，作为具有无限法偿效力的本位货币自由流通；（2）金币和黄金可以自由输出输入国境，数量不受限制；（3）金币可以自由铸造或持生金请求国家铸造机构代铸，同时也可以将金币熔化为金条、金块；（4）银行券可以自由兑换成金币或等量的黄金。以上内容或特点就是人们经常讲的金币本位制的四大自由。这些特点使本位货币的名义价值和实际价值相等，国内外价值趋于一致，并使它具有贮藏货币与世界货币的职能。

2. 金块本位制

第一次世界大战后，在 1924 ~ 1928 年资本主义相对稳定时期，一些国家虽然在名义上恢复了金本位制，但实际上都无力恢复金币本位制，而改为金块本位制，其特点是：（1）金币作为本位货币，在国内不允许流通，而只流通纸币，纸币有无限法偿权；（2）由国家储备金块，作为发行货币的准备；（3）不允许自由铸造金币，但规定纸币的含金量、黄金官价，各国货币通过含金量确定固定汇率；（4）纸币不能自由兑换金币，但在国际支付或工业使用黄金时，可以按规定的限制数量（如当时英国规定为 400 盎司黄金以上），用纸币向本国中央银行兑换金块，即纸币实行有条件的兑现。

3. 金汇兑本位制（即虚金本位制）

第一次世界大战以前这种制度原来盛行于某些殖民地和附属国，它们的货币在钉住宗主国的货币基础上与金币本位保持着一定程度的联系。第一次世界大战后20年代，在英、法等国实行金块本位制的同时，德国以及北欧国家也实行过金汇兑本位制。这种制度的特点是：（1）国内不流通金币，而流通纸币，并规定含金量与某一关系密切的金币本位制或金块本位制国家的货币以固定比价相挂钩；（2）货币发行的准备金除少量金块外，主要是货币联系国的外汇，国内货币不能直接兑换黄金，只能兑换货币联系国的外汇，以之与黄金间接发生联系；（3）这种货币制度，实质上依附于货币联系国，所以汇率波动幅度比金币本位或金块本位制的幅度大。

（二）布雷顿森林货币体系

在经历了第二次世界大战期间各自为政的混乱金融关系之后，1943年3月和4月英美两国分别从本国利益出发提出了一套新的国际货币制度方案，即英国的“凯恩斯计划”和美国的“怀特计划”。1944年7月参加联合国国际货币金融会议的44国代表在美国新罕布什尔的布雷顿森林会议讨论了这些方案。在会上，美国凭借它的实力地位，迫使与会各国接受了“怀特方案”，最后通过了以该协定为基础的《国际货币基金协定》和《国际复兴开发银行协议》，这两个协定总称为“布雷顿森林协定”。这标志着战后以美元为中心的国际货币体系即布雷顿森林体系的正式建立。

布雷顿森林体系的主要内容有以下几个方面。

1. 建立国际金融机构

根据《国际货币基金协定》建立一个永久性的国际金融机构，即国际货币基金组织，对货币事项进行国际磋商。基金组织作为战后国际货币制度的中心，具有一定的任务和权力，它的各项规定，构成了国际金融领域的纪律，在一定程度上维护着国际金融与交易的秩序。同时，根据《国际复兴开发银行协定》建立国际复兴开发银行，即世界银行，目的是为了加强国际间的经济合作和稳定世界货币金融。按照规定，只有参加国际货币基金组织的国家，才能申请作为世界银行的成员国。两个国际金融机构，分别于1945年12月27日经会员国政府批准生效，总部设在美国首都华盛顿。

2. 确定国际储备资产

布雷顿森林体系确定了以黄金为基础，以美元作为关键货币，美元同黄金直接挂钩，其他国家货币与美元直接挂钩的原则。这就意味着，美元通过直接与黄金挂钩，取得了等同黄金的地位，其他国家货币又与美元挂钩，从而使美元同黄金一起共同构成国际储备资产。

3. 采用可调整的钉住汇率制

《布雷顿森林协定》规定，各国货币对美元的汇率，一般只能在平价上下1%的幅度内波动。超过这个幅度，各国政府有义务在外汇市场上进行干预，以维护汇率的稳定。成员国的货币中，一经基金组织确定公布，就不得任意改变。只有当一国国际收支发生“根本性不平衡”，才允许贬值或升值，但必须与国际货币基金组织协商后才能变更。这一汇率制度被称为可调整的钉住汇率制，即所谓战后的固定汇率制。

4. 确定IMF担负着调节各国国际收支平衡的责任

当成员国国际收支发生困难时，IMF通过三种方式帮助成员国渡过难关：一是敦促成员国广泛协商，促进国际货币合作；二是为成员国提供融通资金的便利；三是规定各成员国实行多边支付与清算，不得限制经常项目的支付，亦不许采取歧视性的货币措施，由此创造平衡国际收支的外在条件。

5. 取消外汇管制

《协定》规定，各成员国不得限制经常账户支付，不得采用歧视性的货币措施，要在兑换性的基础上实行多边支付。但以下三种情况除外：(1) 允许对资本账户的交易采取管制措施；(2) 会员国在战后过渡期，由于条件不具备，也可延迟履行货币兑换性义务，这类国家被列为“第14条款国家”，而履行兑换性义务的国家被列为“第8条款国家”；(3) 会员国有权力对“稀缺货币”采取临时性的兑换限制。

从以上可以看出，布雷顿森林体系的核心就是在国际货币基金组织的管理、协调和监督下实行“两个挂钩”以及所采取的维护固定汇率的措施。而“两个挂钩”则构成了支撑布雷顿森林体系的两根支柱。

布雷顿森林体系是国际货币合作的产物，它消除了战前国际金融秩序的混乱状况，在一定时期内稳定了资本主义国家的货币汇率，营造了一个相对稳定的国际金融环境，促进了国际经济和世界贸易的发展。

布雷顿森林体系的建立和运作是第二次世界大战后美国在世界经济、金融领域的绝对霸权为依托的。随着世界各国经济的发展和相对实力的消长，这一体系日益暴露出难以克服的矛盾。布雷顿森林体系以美元作为主要储备资产，一方面，世界储备总量的增长有赖美国向世界各国的美元供给，这要求美国在国际收支上处于逆差地位；另一方面，作为储备货币的发行者，美国有责任在国际收支上保持顺差来维持各国对美元储备的信心。这样就把美国和美元扔进了一个进退两难的困境，即所谓“特里芬难题”境地。20世纪40、50年代“美元荒”和60年代“美元灾”的发生使这一矛盾越发突出，即使后来采取创设特别提款权（简称SDR）复合货币也已无法修补，从而最终使布雷顿森林体系无法维持，到1973年布雷顿森林体系彻底瓦解。

（三）牙买加体系

布雷顿森林体系崩溃后，国际货币金融秩序受到猛烈冲击和严重的影响，呈现一派极度动荡混乱的局面。因此，改革国际货币体系成为国际金融领域十分紧迫的重大问题。1976年1月，国际货币基金组织下属的“临时委员会”在牙买加举行会议，围绕国际货币体系的若干问题达成了协议，这就是著名的“牙买加协定”。同年4月，国际货币基金组织理事会通过了国际货币基金协定的第二修正案（1978年4月1日正式生效），形成了国际货币关系的新格局，产生了牙买加货币体系。

牙买加货币体系的主要内容有以下几个方面。

1. 增加会员国的基金份额

由原来的292亿特别提款权增加到390亿特别提款权，即增加33.56%。各会员国应缴份额的比重也有所改变，主要是石油输出国的比重由5%增加到10%，其他发展中国家维持不变，主要西方国家除联邦德国和日本略有增加外，其他各国都略有降低。

2. 浮动汇率合法化

会员国可以自由选择任何汇率制度，但各国的汇率政策应受基金组织的管理和监督。协议还规定实行浮动汇率制的国家，应根据经济情况的变化，逐步恢复固定汇率制。在将来世界经济出现稳定局面后，基金组织可经过总投票权85%的多数通过，决定实行稳定的但可调节的固定汇率制。

3. 实行黄金非货币化

取消原协定中有关黄金问题的一切条款，彻底割断黄金与货币的联系，让黄金成为单纯的商品。基金组织持有的黄金，其中1/6按市场价格出售，以其超过官价部分作为援助发展中国家的资金；另外1/6按官价退还各会员国；其余部分根据总投票权85%的多数通过的决议进行处理。

4. 提高特别提款权的国际储备地位

规定在未来的货币制度中，应以特别提款权逐步取代美元和黄金而成为主要的国际储备资产。

5. 扩大对发展中国家的资金融通

基金组织以出售黄金所得收益设立一笔信托资金，用于援助最贫穷的发展中国家，同时扩大基金组织信用部分贷款的额度，由占会员国份额的100%增加到145%，并放宽出口波动补偿贷款的额度，由占份额的5%提高到75%。

牙买加体系运行实践表明它基本符合世界经济的发展状况，对维系国际经济运转和推动世界经济的发展具有一定的积极作用。一是多元化的储备结构摆脱了布雷顿森林体系下对美元的过分依赖，在较大程度上解决了“特里芬难题”，为国际经济提供了多种清偿货币，缓解了国际清偿能力的不足。二是多种国际收支调节机制并存，缓和了布雷顿森林体系下国际收支调节的困难，适应了世界经济格局多元化的特点，也使国际收支的调节更为有效与及时。三是多样化的汇率安排适应了多样化的、不同发展水平的各国经济，为各国维持经济发展与稳定提供了灵活性与独立性，同时有助于保持国内经济政策的连续性和稳定性。

虽然牙买加体系有许多积极作用，但它也存在一定的弊端。一是储备货币多元化使得国际货币关系中缺少统一和稳定的货币标准。国际货币格局错综复杂，这是世界经济不稳定的因素之一。因为只要储备货币发行国中的一个国家的经济或金融出现重大变动，国际金融市场就会产生严重动荡。二是浮动汇率加剧了货币汇率波动。汇率的频繁波动使进出口商品的成本、利润难以计算，进出口商双方都容易蒙受外汇风险的损失，因而往往影响世界贸易的发展；汇率的频繁变动，在借贷关系上债权债务双方都容易受到损害，甚至引发国际债务危机，从而影响国际信用的发展；汇率的频繁变动，会引起物价、工资的变动并容易导致各国及世界性通货膨胀，从而引起货币贬值和通货膨胀的恶性循环；汇率的频繁变动，在一定程度上助长外汇投机活动，加剧国际金融市场的动荡。三是国际收支多渠道的综合调节，虽然可以发挥相互补充和配合的作用，但由于缺乏一个内在统一协商机制，因而它们所起的调节作用是有限的，全球性的国际收支失衡问题一直不能得到妥善解决反而愈益严重。

三、国际货币制度的改革与前景

（一）现行国际货币制度的主要特征

20世纪70年代末以来，在国际货币基金协定第二次修正的条件下，国际货币制度在世界经济的风云变幻中继续演进，然而20世纪90年代以来，正当全球经济一体化加快步伐的时候，世界范围内的金融危机此起彼伏。1994年的墨西哥金融危机，1997年的东南亚金融危机以及此后的阿根廷金融危机，2008年美国次贷危机所引发的全球金融危机充分暴露了当今国际货币制度的缺陷。现行国际货币制度的主要特征如下：

1. 储备货币多元化，但美元作为关键货币的地位尚未结束

自布雷顿森林货币制度崩溃以后，由于黄金非货币化，特别提款权的作用有限，而美元本位又难以维持，储备货币出现了多元化的趋势，1991 年欧元推出，成为美元强有力的竞争者。其地位和作用不断上升。但与此同时，仍应清楚地看到，世界各国储备货币中美元仍占压倒优势。其主要原因是：利用美元在发达的美国资本市场投资较为方便；美国拥有首屈一指的经济实力；国际贸易中以美元计价结算十分流行；各国中央银行干预外汇市场需要美元等。在今后相当长的一个时期内，美元作为主要储备货币的地位不会丧失。

2. 浮动汇率长期化

《牙买加协定》承认浮动汇率合法化，同时强调在条件成熟时要及时恢复固定汇率制度。可牙买加会议后的十几年来，浮动汇率制度不但合法化，而且长期化，至今也没有出现固定国际汇率制度的苗头。

3. 现行国际货币制度缺乏一个最终贷款者的角色

现代经济是信用经济，在一国国内发生信用危机时，由本国中央银行来调节和负担。但发生全球性金融危机时，现行国际货币体系中缺乏这样的管理者和最终贷款人的角色。IMF 不仅在防范危机方面尚无能为力，而且在发生危机后提供资金援助方面也是显得难以为继，不能担当最终贷款人的角色。而且金融全球化使 IMF 的职能发生异化。当金融危机发生时，IMF 并无义务干预，只有在这种危机可能威胁多边自由支付时，IMF 才会提供援助，而这时往往已经错过了治理危机的最好时机。另外，IMF 在援助时通常会提出紧缩方案，而这更会加剧成员国经济的衰退。

4. 现行国际货币制度中金融监管内容狭窄

现行国际金融的监管的主要对象是跨国银行和跨国银行的活动，虽然国际清算银行和巴塞尔委员会提出的资本充足率标准和分线判断已被广泛接受，但其制约力毕竟有限。对于日益国际化和全球化的证券投资活动，金融衍生品的交易以及涉及这些交易的跨国投资基金，保险公司，证券公司等，目前缺乏有效的监管，实际上处于一种放任自流的状态。

5. 现行国际货币制度过多地维护债权人的利益，其结果是缓解国际金融危机的机制产生缺陷

当国际金融危机爆发后，IMF 和国际政府资金援助的目的，主要是让受援国维持偿债能力，受援国的社会经济发展放在次要的地位。这就可能引发道德风险，使受益人往往成为国际债权人。

（二）国际货币制度改革的主要方案

在国际货币制度何去何从的问题上，各国家集团出于自身利益的考虑，持有不同的态度，基本上形成了美国、西欧和日本、发展中国家三个不同的集团。为了建立国际货币新秩序，他们曾提出了一些积极的建议和方案，这些方案基本围绕国际储备货币的确定和汇率制度的选择两个方面提出。主要有：

1. 恢复金本位制

这一方案由法国学者吕埃夫（J. Rueff）提出，他认为金本位制具有促使国际收支自动恢复平衡的机能。主要内容是：各国间的国际收支差额应全部以黄金进行结算；提高黄金价格，各国所持有的美元可以自由向美国兑换黄金，各国对于外国持有的本国通货，在外国要求时，都应予以兑换成黄金。这一方案一出台就遭到激烈反对，因为恢复金本位制无论在理论上和实践上都是行不通的。原因是：黄金产量能否增加，不仅取决于黄金价格，而且还取决于矿藏条件，黄金供给无法适应世界经济增长对黄金的需求；政府为实现国内经济平衡经常对经济进行干预，这是与金本位制的自动调节机制相矛盾的；人们的窖藏心理往往会加剧黄金的货币性供求矛盾。20 世纪 80 年代，美国经济学家罗伯特·蒙代尔等人也先后向政府提出恢复金本位制的建议。美国政府于 1981 年 7 月专门成立了黄金委员会，经过论证，于 1982 年 3 月否决了恢复金本位制的提案。

2. 恢复美元本位制

这一主张是由国际货币基金组织官员安舟·克饶克特等人提出的，美国经济学家金德伯格、麦金农、德斯普雷斯等人提出相似方案。他们主张美元不兑换黄金，各国官方和私人所需要的美元数量由国际市场力量决定；美国在国内实行稳定货币供应量政策。由于美元仍然是主要的国际储备货币和结算货币，提出恢复美元本位制似乎有一定道理，但仍然不能解决“特里芬难题”，同时国际货币事务完全由美国控制也是世界各国难以接受的。

3. 综合货币本位制（特别提款权本位制）

20 世纪 70 年代末曾有人提出以特别提款权作为主要的国际储备资产，实行特别提款权本位制。特别提款权是一种综合货币，是人为创造的资产，可以满足各国对国际清偿能力日益增长的需要。同时，国际货币基金组织是创造和分配特别提款权的唯一机构，它可以有效地加以控制和协调。

4. 设立汇率目标区

这是有关国际汇率制度改革的一项重要方案。汇率目标区在一些主要工业国家的货币之间确定汇率波动的幅度，作为目标区，其他货币则钉住目标区或随之浮动。比如有些国家提出以美元、欧元和日元为中心的汇率目标区，即把三种货币的汇率变动控制在“目标区”内，若市场汇率超越这个“目标区”，各国就联合干预，使其重新回到这个区内。各国对汇率目标区没有形成统一意见，事实上西方各国中央银行都在一定程度按汇率目标区的构想参与了对汇率的干预。

5.“蓝皮书”计划与《阿鲁沙倡议》

这是发展中国家关于改革国际货币制度的意见。1979 年，24 国集团起草了一份《国际货币改革行动计划大纲》，即“蓝皮书”计划。该计划指出，一个可行的国际货币体系对世界各国应具有共同利益，其基本原则应包括：(1) 对国际收支的调节应该是有效的、对称的、公平的；(2) 采取一种灵活而又足够稳定的汇率制度；(3) 基金组织的监督应公平和对称地对待顺差国和逆差国；(4) 应通过真正的国际集体行动来创造国际清偿能力，并使这种清偿能力符合世界经济扩张的需要和发展中国家的特殊需要；(5) 应促进向发展中国家提供实际资财；(6) 发展中国家应在国际货币体系决策过程中发挥更大作用。同时，“蓝皮书”计划还指出，为了改革国际货币体系，应在以下方面立即采取行动，包括实际资源向发展中国家转移，增加基金组织等机构的资金以及对发展中国家的国际收支提供支持等。

1980 年，在坦桑尼亚阿鲁沙举行的“关于国际货币体系和国际经济新秩序的南北会议”提出了《阿鲁沙倡议》。《阿鲁沙倡议》指出，新的国际货币体系的基本特征必须是：(1) 民主管理和控制；(2) 具有普遍性；(3) 建立一种国际货币单位（ICU）作为国际交换的工具和主要储备资产；(4) 在国际社会通过储备资产的创造转移时，实行某种程度的自动性。同时，《阿鲁沙倡议》还指出，有必要建立一个新的国际货币权力机关以管理货币体系。关于在向一个全新的体系过渡的同时，《阿鲁沙倡议》指出必须采取一系列紧迫措施，其中包括：基金组织必须准备好对发展变化过程中出现的赤字进行融资；进一步明确特别提款权的国际储备资产地位；建立一个独立于基金组织的上诉和国际仲裁机构；必须明确发展中国家所出现的赤字，很大部分是由它们所不能负责的因素引起的。

6. 建立超主权国际货币

2009 年 3 月 23 日，中国人民银行行长周小川在中国人民银行网站上发表了题为《关于改革国际货币体系的思考》的文章，提出：“创造一种与主权国家脱钩、并能保持币值长期稳定的国际储备货币，从而避免主权信用货币作为储备货币的内在缺陷，是国际货币体系改革的理想目标。”周小川的主张在世界范围内引起了很大的反响。他认为，重建具有稳定的定值基准并为各国所接受的新储备货币可能是个长期内才能实现的目标；而在短期内，国际社会特别是基金组织至少应当承认并正视现行体制所造成的风险，对其不断监测、评估并及时预警；同时还应特别考虑充分发挥SDR的作用。他指出，SDR具有超主权储备货币的特征和潜力，应该拓宽SDR的使用范围，从而真正满足各国对储备货币的要求。

（三）国际货币制度的前景展望

当前世界经济存在着严重不合理，这与国际货币制度有着密切关系，国际货币制度必须进行改革。但由于不同货币制度对各个国家的利害关系不同，这就决定了国际货币制度改革必定是一个长期、复杂和曲折的过程。

从当前国际货币制度的实际来看，国际储备货币多元化和以管理浮动为基本特征的浮动汇率制的格局将会继续存在下去，并且其运行发展仍将主要体现发达国家的意志。随着发展中国家经济实力的不断增强和世界经济多极化的发展，国际储备货币多元化的内在结构将不断发生变化，并逐步朝着一个健全而又公平的国际货币体系发展。

思 考 题

1. 国际收支平衡表主要有哪些内容？
2. 调节国际收支不平衡的各种方法是如何发挥作用的？
3. 外汇汇率是怎样标价的？根据不同的标价方法应如何理解一国货币汇率的升降？试举例说明。
4. 影响汇率变动的因素有哪些？
5. 简述人民币汇率制度的主要内容。
6. 布雷顿森林体系的主要内容和特点是什么？它在第二次世界大战后起到了哪些作用？
7. 20世纪70年代后有关国际货币体系改革有哪些建议？

练 习 题

一、单项选择题

1. 国际收支系统记录的是一定时期内一国居民与非居民之间的（　　）。
   A. 贸易收支　　B. 外汇收支　　C. 国际交易　　D. 经济交易
2. 通常情况下，一国国际收支发生顺差时，外汇汇率就会（　　）。
   A. 上升　　B. 下降　　C. 不变　　D. 不确定
3. 国际收支平衡表的编制原理是（　　）。

A. 增减记账法　　B. 复式记账法
C. 收付记账法　　D. 单向记账法

4. 在国际收支统计中，货物进出口按照（　　）计算价值。
A. 到岸价格
B. 离岸价格
C. 进口用到岸价格，出口用离岸价格
D. 出口用到岸价格，进口用离岸价格

5. 国际收支平衡表中，最基本、最重要的项目是（　　）。
A. 资本与金融项目　　B. 经常项目
C. 错误与遗漏项目　　D. 官方储备项目

6. 政府和居民的单方面转移记入国际收支平衡表的是（　　）。
A. 经常项目　　B. 资本项目
C. 金融项目　　D. 平衡项目

7. 通常情况下，一国的利率水平较高，则会导致（　　）。
A. 本币汇率上升　外币汇率上升　　B. 本币汇率上升　外币汇率下降
C. 本币汇率下降　外币汇率上升　　D. 本币汇率下降　外币汇率下降

8. 从根本上决定着国际货币制度的性质和运作特点的是（　　）。
A. 国际本位货币的选择　　B. 各国货币间的汇率安排
C. 各国外汇收支不平衡的调节机制　　D. 货币的可兑换程度

9. 布雷顿森林体系下，汇率制度的类型是（　　）。
A. 联系汇率制　　B. 固定汇率制
C. 浮动汇率制　　D. 管理浮动汇率制

10. 布雷顿森林体系是采纳了（　　）的结果。
A. 怀特计划　　B. 凯恩斯计划
C. 布雷迪计划　　D. 贝克计划

11. 历史上第一个国际货币体系是（　　）。
A. 国际金汇兑本位制　　B. 国际金本位制
C. 布雷顿森林体系　　D. 牙买加体系

二、多项选择题

1. 根据国际收支记账方法，记入贷方项目的是（　　）。
A. 货物和服务的出口　　B. 对外提供的无偿援助
C. 金融资产的增加　　D. 收益收入

E. 金融负债的增加

2. 经常项目包括的项目有（ ）。

A. 商品　　B. 服务

C. 收入　　D. 经常转移

E. 移民转移

3. 金融账户包括的项目有（ ）。

A. 直接投资　　B. 证券投资

C. 资本的转移　　D. 储备资产

E. 非生产、非金融资产

4. 国际收支平衡表的标准组成部分有（ ）。

A. 经常项目　　B. 金融与资本项目

C. 错误与遗漏　　D. 储备资产

E. 商品进出口收支

5. 下列属于我国居民的是（ ）。

A. 美国使馆的外交人员

B. 某一日资的外商独资企业

C. 在法国使馆工作的中国雇员

D. 在北京大学留学三年的英国留学生

E. 国家希望工程基金会

6. 在银行以不同方式卖出外汇时汇率水平通常是（ ）。

A. 电汇汇率低于信汇汇率　　B. 电汇汇率高于票汇汇率

C. 电汇汇率高于信汇汇率　　D. 信汇汇率高于票汇汇率

E. 信汇汇率低于票汇汇率

7. 一项外币资产成为外汇应具备的条件是（ ）。

A. 自由兑换性　　B. 高价值性

C. 普遍接受性　　D. 可偿性

E. 稳定性

8. 《布雷顿森林协定》的两个组成部分是（ ）。

A. 国际货币基金组织协定　　B. 国际复兴开发银行协定

C. 国际清算银行协定　　D. 美洲开发银行协定

三、判断题

1. 在间接标价法下，当外国货币数量减少时，称外国货币汇率贬值或下浮。（ ）

2. 在国际收支平衡表中，贷方记录的是本国从外国取得收入的交易，借方记录的是本国向外国进行支付的交易。 (　　)

3. 在国际收支平衡表中，货物、劳务的出口收入记入借方。 (　　)

4. 在国际收支平衡表中，储备资产的减少记贷方，增加记借方。 (　　)

5. 国际收支平衡表中若无错误和遗漏项目，那么经常项目和资本与金融项目净差额应与官方储备项目净差额数字相等，方向相反。 (　　)

6. 国际收支平衡表的经常项目和资本与金融项目都是按总额记录的。 (　　)

7. 股息、红利、利息等属于资本与金融项目。 (　　)

8. 在国际收支平衡表中储备资产如为 -100 亿美元，则表示该国外汇储备减少了 100 亿美元。 (　　)

9. 直接标价法下，银行买入汇率大于卖出汇率。间接标价法下，银行卖出汇率大于买入汇率。 (　　)

10. 特里芬在其 1960 年出版的《黄金与美元危机》一书中，第一次指出了布雷顿森林体系的根本缺陷，即通常所说的"特里芬难题"。 (　　)

11. 浮动汇率合法化是在牙买加体系中被确认的。 (　　)

第十一章 财政政策与货币政策

在市场经济条件下，财政政策和货币政策是政府对国民经济进行宏观调控的两大基本手段，二者在调节社会经济活动中发挥着至关重要的作用。财政政策通过财政支出、收入以及预算管理来调节总需求，货币政策则通过货币供给量和利率的调整来影响总需求，两种政策各有调控侧重点，它们的合理搭配很大程度上能有效地解决宏观经济中经济失衡问题，实现经济增长、物价相对稳定、充分就业、国际收支平衡等目标。

本章首先介绍财政政策和货币政策的政策目标、政策工具、政策类型、政策效应，然后比较财政政策与货币政策在调控重点、政策时滞等方面的差异，在此基础上分析两种政策搭配的类型和适用的宏观经济环境。

第一节 财政政策

一、财政政策的概念及组成

财政政策，是指一国政府为实现一定的宏观经济目标，而调整财政收支规模和收支平衡的指导原则及其相应的措施。广义的财政政策泛指政府在财政领域制定的各项方针政策，包括税收政策、财政补贴政策、财政投资政策、国债政策等。狭义的财政政策则特指政府为了实现其宏观经济目标（如实现充分就业和物价稳定等）而相应制定的税收、支出及预算收支平衡等方面的政策。这里讨论的财政政策仅指狭义的财政政策，它又称“预算政策”或“宏观财政政策”。

财政政策的三大要素：财政政策主体、财政政策目标和财政政策工具。财政政策主体，是指财政政策的制定者和执行者。财政政策目标，是指通过财政政策的实施所要达到的目的或产生的效果，它是财政政策的核心内容。根据我国社会经济的发展需要以及财政的基本特点，财政政策工具，是财政政策主体所选择的用以达到政策目标的各种财政手段。

（一）财政政策主体

财政政策的主体只能是各级政府，而且主要是中央政府。财政政策主体的行为是否规范，对于政策功能的发挥和政策效应的大小都具有影响作用。在我国现行体制下，各级政府的偏好与行为对政策的制定与执行起着决定性的作用。

改革开放以前，我国实行统收统支的财政体制，这种体制使中央政府处于财政政策制定者的地位，地方政府处于财政政策执行者的地位。中央与地方之间存在的利益摩擦，主要表现为预算体制调整时，中央与地方“集权与分权”、“统一性与独立性”的矛盾。由于传统体制的分权与分利十分有限，利益的摩擦只存在于局部范围内。改革开放以来，经济体制发生了根本性变化，地方政府具有了较大的自主权，不仅是一个政策的执行者，同时也是一个地区的政策制定者。这种双重地位，使地方政策在地方利益的驱动下，对中央政府政策的态度发生了微妙的变化。这种变化之一表现为地方政府的政策“抵制”行为：有利于本地区利益的贯彻执行，不利于本地区利益的就消极抵制；变化之二表现为政策的攀比行为。中央根据既定的发展战略，对不同地区或不同产业实行倾斜政策是完全必要和正确的，这种倾斜政策不仅着眼于某些地区或某些产业的加快发展，更是着眼于全局，有利于整体战略目标的实现。然而一项优惠政策的出台，往往会在全国掀起竞相攀比、竞相争取之风，从而使局部优惠扩大化、普遍化，每项新的优惠政策的出台，几乎不可避免地都会在全国各地铺开。这种政策的变化并非政策制定者的主动行为，在很大程度上是一种被政策执行者逼迫的结果。

因此，在财政政策原理研究中重视对政策主体行为规范的分析，有利于说明许多政策偏差现象，对于提高政策研究水平具有重要作用。

（二）财政政策目标

财政政策目标，是政府制定和实施财政政策要达到的预期目的。财政政策的一般性政策目标主要有以下几个方面。

1. 促进充分就业

充分就业是衡量资源充分利用的一个指标，它表示生产要素的投入情况，通常用失业率表示。充分就业是各国政府普遍重视的问题。失业率高，表明社会经济资源的大量闲置和浪费，社会生产规模下降，还会引发一系列社会问题，造成社会动荡。

我国的劳动力就业市场除具有市场经济的一般规律外，还具有较强的转轨时期的特征，主要是国有企业改制的下岗职工和农村富余劳动力向城市转移对就业市场带来的巨大压力。我国2003年城乡从业人员达74 432万人，其中2000～2003年期间增加3 038万人，平均每年新增759.5万人，2003年的失业率为4.3%。当前，在劳动年龄人口持续增长的同时，尚有等待再就业的下岗职工1 100万人，需要转移的农村富余劳动力1.5亿人，劳动力素质与岗位需求不相适应的矛盾也日益凸显。因此，采取各种措施缓解就业机会、再就业的压力，控制失业率，是当前宏观经济政策的一项重要任务。国家财政建立以职工基本生活保障、失业保险和城市居民最低生活保障为内容的“三条保障线”制度，支持下岗职工上岗培训和农民工的技术培训，实行有利于再就业的税收政策，支持劳动力密集型的中小企业的发展等，对缓解失业、再就业的压力发挥了重要作用。

2. 物价基本稳定

物价基本稳定是各国政府努力追求的目标之一。经济发展速度的加快往往伴随着整体物价水平的上升，但过高的通货膨胀会引起社会收入和国民财富的再分配，扰乱价格体系，扭曲资源配置，使正常的分配秩序和经济秩序出现混乱。相反，严重的通货紧缩也会给社会和经济带来消极影响，会使资源无法充分有效利用，造成生产能力和资源闲置浪费，失业人数增加，人们生活水平下降。

3. 国际收支平衡

国际收支平衡是指经常项目收支、资本项目流入流出的差额之和为零，它是国际贸易（包括商品和劳务）和国际资本的综合平衡。CA + FA = 0（经常项目 + 资本项目 = 0）。国际收支出现逆差，表明国际贸易流动的净结果使其他国家对该国储备的索取权增加，从而削弱了该国的储备地位。如果一国国际收支长期不平衡，将使该国外汇储备不断减少，外债负担逐步增加，严重削弱其在国际金融体系中地位，并导致该国国民收入增长率下降。

4. 经济稳定增长

实现经济的稳定增长，是一个国家生存和发展的条件，因而是国家宏观经济政策的重要目标，也是财政政策的重要目标。经济稳定增长，决定于两个源泉，一是生产要素的增长，一是生产要素的技术进步程度。因此，经济稳定增长就是财力、物力和人力等社会资源能够支持的经济的可持续增长。要防止出现过分人为刺激的经济增长，因为这将引发如环境污染加重、能源紧张、通货膨胀严重等一系列经济社会问题。财政政策要通过引导劳动、资本、技术等各项生产要素的合理配置，实现经济持续稳定的增长。

5. 收入的合理分配

“吃大锅饭”的平均主义分配，抑制了劳动者的生产积极性，不利于经济的发展；收入分配不合理，贫富悬殊过大，又不利于社会经济的稳定。在社会主义市场经济条件下，同资源配置机制一样，应使市场分配起基础性作用，同时实施政府的宏观调控。收入分配既要有利于充分调动社会成员的劳动积极性，同时又要防止过分贫富悬殊，因此，在政策的导向上存在着公平与效率的协调问题，当社会成员的收入差距过大时，则必须重视社会公平，使全体人民共享改革发展成果。通过税收调节缩小收入分配的差距，建立完善的社会保障体系和最低生活保障体系等，是实现收入合理分配目标的有效措施。

（三）财政政策工具

财政政策工具，是指用以达到财政政策目标的各种财政手段，主要有预算、税收、国债、政府投资和财政补贴等。

1. 预算政策

预算调节经济的作用主要表现在财政收支的规模及其差额上。当社会总供给大于总需求时，政府预算一般采取扩大支出规模、保持一定赤字规模的做法扩大社会总需求；当社会总供给小于总需求时，政府预算一般采取缩小支出规模、保持预算盈余，抑制社会总需求；当社会总供给与总需求基本平衡即经济稳定发展时，政府一般实行中性的预算平衡政策，保持预算收支规模的基本平衡。

2. 税收政策

首先，税收是政府凭借政治权力参与社会产品分配的方式，是保持经济稳定运行的重要手段。在经济繁荣时期，政府通过提高税率、减少税收优惠等途径增加税收，减少企业和个人可支配收入，抑制企业和个人的投资需求和消费需求，降低社会总需求，使过快或过热的经济增长平稳回落或降温。相反，在经济萧条时期，政府通过降低税率、实行更多税收优惠等途径减少税收，增加企业和个人可支配收入，鼓励企业和个人的投资需求和消费需求，增加社会总需求，促进经济增长。其次，税收是政府调节收入公平分配的重要手段。如通过调整所得税超额累进税率的起征点和边际税率等途径，可以起到减少高收入者可支配收入的效果，实现收入公平分配的目标。

3. 国债政策

国债是政府实施宏观调控的重要政策工具。首先，通过调整国债的流动性程度，改变社会经济资源的配置状况，可以对经济运行产生扩张性或者紧缩性的影响。国债期限不同，流动性相差较大，期限越短，流动性越高，变现能力越强；期限越长，流动性越低，变现能力越弱。因而，国债发行中通过期限种类的不同设计和调换国债长短期限等办法，可以对经济运行产生扩张或者紧缩的影响。其次，通过调整国债发行利率水平来影响金融市场利率的变化，可以对经济运行产生扩张性或者紧缩性的影响。

4. 投资政策

财政投资是政府实施宏观调控，克服某些领域市场失灵问题的必要和重要的手段。首先，通过调整财政投资规模，可以影响社会总需求和未来社会总供给，从而影响社会供求总量。当经济处于过热的时期，财政可通过降低投资支出水平，抑制社会总需求，使经济降温、平稳回落；当经济处于萧条时期，财政可以通过提高投资支出水平，扩大社会总需求，缓解或者逐步消除经济衰退。其次，通过调整财政投资方向，可以对经济结构发挥重要调节作用，促进资源合理配置和产业结构优化。当社会总供求基本平衡、但总供求结构存在问题时，财政投资可以通过采取有保有压的政策，减少对过热行业的投资，增加对薄弱环节的投资，使社会总供求在结构上保持协调。

5. 补贴政策

首先，财政补贴政策是保持经济稳定运行的重要手段之一。如，当经济处于过热时期，政府通过减少财政补贴支出，使企业和个人的可支配收入减少，抑制企业和个人的投资需求和消费需求，进而减少社会总需求，实现经济平稳回落；当经济处于萧条时期，政府可通过增加财政补贴支出使企业和个人的可支配收入增加，鼓励企业和个人扩大投资需求和消费需求，进而增加社会总需求，拉动经济增长。其次，财政补贴也是政府实现收入公平分配的重要手段。一般地讲，享受政府财政补贴的对象大都是低收入群体。通过增加财政补贴，可以提高低收入群体的可支配收入水平，促进社会公平分配。

二、财政政策的类型

（一）自动稳定的财政政策和相机抉择的财政政策

将财政政策分为自动稳定的财政政策和相机抉择的财政政策，是根据财政政策调节经济周期的作用来划分的。

1. 自动稳定的财政政策

自动稳定的财政政策，是指财政制度本身存在一种内在的、不需要政府采取其他干预行为就可以随着经济社会的发展，自动调节经济运行的机制。这种机制也被称为财政自动稳定器。主要表现在两方面：一方面，是包括个人所得税和企业所得税的累进所得税的自动稳定作用。在经济萧条时期，个人收入和企业利润降低，符合纳税条件的个人和企业数量减少，因而税基相对缩小，适用的累进税率相对下降，税收会自动减少；因税收的减少幅度大于个人收入和企业利润的下降幅度，税收便会产生一种推力，防止个人消费和企业投资的过度下降，从而起到反经济衰退的作用。在经济过热时期，其作用机理正好相反。另一方面，是政府福利支出的自动稳定作用。如果经济出现衰退，符合领取失业救济和各种福利标准的人数增加，失业救济和各种福利的发放趋于自动增加，从而有利于抑制消费支出的持续下降，防止经济的进一步衰退。在经济繁荣时期，其作用机理正好相反。

2. 相机抉择的财政政策

相机抉择的财政政策，是指政府根据一定时期的经济社会状况，主动灵活地选择不同类型的反经济周期的财政政策工具，干预经济运行行为，实现财政政策目标。相机抉择财政政策具体包括汲水政策和补偿政策。

（1）汲水政策是指在经济萧条时期进行公共投资，以增加社会有效需求，使经济恢复活力的政策。汲水政策具有四个特点：第一，它是以市场经济所具有的自发机制为前提，是一种诱导经济复苏的政策；第二，它以扩大公共投资规模为手段，启动和活跃社会投资；第三，财政投资规模具有有限性，即只要社会投资恢复活力、经济实现自主增长，政府就不再投资或缩小投资规模；第四，如果经济萧条的状况不再存在，这种政策就不再实行，因而它是一种短期财政政策。

（2）补偿政策是指政府有意识地从当时经济状态的反方向上调节景气变动的财政政策，以实现稳定经济波动的目的。在经济萧条时期，为缓解通货紧缩影响，政府通过增加支出、减少收入等政策来增加投资和消费需求，增加社会有效需求，刺激经济增长；相反，在经济繁荣时期，为抑制通货膨胀，政府通过财政增加收入、减少支出等政策来抑制和减少社会过剩需求，稳定经济波动。

（二）扩张性财政政策、紧缩性财政政策和中性财政政策

将财政政策划分为扩张性财政政策、紧缩性财政政策和中性财政政策，是根据财政政策在调节国民经济总量和结构中的不同功能来划分的。

1. 扩张性财政政策

扩张性财政政策，是指通过财政收支活动来增加和刺激社会总需求的政策。在社会总需求不足的情况下，政府通常采取扩张性的财政政策，通过减税、增加财政支出等手段扩大社会需求，进而提高社会总需求水平，缩小社会总需求与社会总供给之间的差距，最终实现社会总供需的平衡。

2. 紧缩性财政政策

紧缩性财政政策，是指通过财政收支活动来减小和抑制社会总需求的政策。

在社会总需求大于社会总供给的情况下，政府通常采取紧缩性的财政政策，通过增加税收、减少财政支出等手段，减少或者抑制社会总需求，达到降低社会总需求水平，最终实现社会总供需的平衡。

3. 中性财政政策

中性财政政策，亦称为均衡性财政政策，是指在经济稳定增长时期，政府通过实施财政收支基本平衡或者动态平衡的财政政策，既不产生扩张效应，也不产生紧缩效应，以保持经济的持续稳定发展。

三、财政政策效应与乘数

（一）财政政策效应

财政政策效应即财政政策作用的结果，政策是否有效主要看政策执行的结果。一般来说，政策实施能达到预期的目标即为有效；反之，则为效果不佳或无效。但要做出政策是高效还是低效的判断，则不仅要看政策执行的结果，还要分析为达到目标而付出的代价。为此，我们有必要首先讨论政策效应的评价问题。对某项财政政策效应的优与劣做出客观评价，是政策研究中一个十分重要的问题，它可以为决策者的科学决策提供依据。然而，对某项财政政策的效应做准确的评价又是一项十分困难的工作。因为，财政政策作用的结果有积极的一面，也有消极的一面，尽管政策的制定者总是在寻求最佳的政策效果，努力减轻或消除消极影响，但是客观经济运行过程的复杂性，使政府的预期与实际很难完全相符。

政府为推行某项政策所付出的研究费用、执行费用和补偿费用构成了该项政策的“成本”，而某项政策实施所产生的积极作用则可视为该项政策的“效益”。这样，对政策有效性评价可以通过政策成本与政策效益的对比分析来进行。即当政策效益大于政策成本时，政策的有效性程度高，反之则低。政策效益实际上也就是政策目标值的实现。一般来说，政策目标值是根据客观经济运行需要规定的，实现政策目标值，财政政策就会产生积极的作用。政策研究费用与执行费用可以用货币单位直接计算，困难在于：对某项政策实施所产生消极影响难以完全用货币计量，实施某项政策而需给受损者的必要补偿费用或由此带来的社会效益损失难以准确度量。比如，政府为平衡预算，实施一项增加税收政策。当个人所得税增加时，减少了个人收入，可能使一部分人的劳动生产积极性受影响；当企业所得税增加时，减少了企业的税后利润，也可能降低部分企业的投资热情。对于一个社会来说，这种损失究竟有多大，是难以准确估算的。因此，政策效应评价的关键是在政策效益既定的前提下，确定政策成本最低者为优。上述分析可以归结为一个简单的逻辑表达式：

$$\text{政策有效性}=\frac{\text{政策的积极作用（实现政策目标产生的效果）}}{\text{研究费用}+\text{执行费用}+\text{补偿费用（或效率损失）}}$$

这一逻辑表达式说明了分析政策的有效性的思路，即如同分析财政支出效益一样，必须从"成本与效益"的对比中做出判断。当然，政策的"成本与效益"分析较之一般企业的经济效益与成本的比较分析更为复杂。

（二）财政政策乘数

从上述分析中可以看出财政政策的经济调节作用，但它的这种作用到底有多大，这就是我们要说明的财政政策乘数问题。

可以依据经济学关于国民收入的决定方程式推导出财政政策乘数。如前所述，国民收入的决定公式为：

$$Y = C + I + G \tag{11.1}$$

式中，Y 表示国民收入，C 表示消费支出，I 表示私人投资支出，G 表示政府购买性支出。其中：

$$C = C_a + cY_d \tag{11.2}$$

式中，C_a表示消费函数中的常数，也就是说，人们即使在短期没有收入也要消费，这可能就需要动用原有资产（如储蓄）或借债等；c 表示边际消费倾向；Y_d表示可支配收入，即扣除税收（T）后的收入，则

$$Y_d = Y - T \tag{11.3}$$

将式（11.2）、式（11.3）代入式（11.1）可得：

$$Y = C_a + c(Y - T) + I + G = C_a + cY - cT + I + G$$

$$(1 - c)Y = C_a - cT + I + G$$

$$Y = \frac{C_a - cT + I + G}{1 - c} \tag{11.4}$$

根据以上公式，就可以求得简单的财政政策乘数。

1. 税收乘数

求式（11.4）对 T 的导数，即可求得税收乘数：

$$\frac{\partial Y}{\partial T} = \frac{-c}{1 - c} \tag{11.5}$$

税收乘数表明的是税收的变动（包括税率、税收收入的变动）对国民产出（GNP）的影响程度。它的特点和作用是：

(1) 税收乘数是负值，说明税收增减与国民产出呈反方向变动。

(2) 政府增税时，国民产出减少，减少量为税收增量的 $c/(1-c)$ 倍。假定边际消费倾向（c）为0.8，则税收乘数为 -4。可见，若政府采取减税政策，虽然会减少财政收入，但将会成倍地刺激社会有效需求，有利于民间经济的增长。

2. 购买性支出乘数

求式（11.4）对 G 的导数，即可求得购买性支出乘数：

$$\frac{\partial Y}{\partial G}=\frac{1}{1-c} \tag{11.6}$$

购买性支出乘数表明的是购买性支出的变动对国民产出的影响程度。它的特点和作用是：

(1) 支出乘数是正值，说明购买性支出的增减与国民产出呈正方向变动。

(2) 政府增支时，国民产出增加，增加量为支出增量的 $1/(1-c)$ 倍。假定边际消费倾向为0.8，则购买性支出乘数为5。

(3) 同税收乘数相比，购买性支出乘数大于税收乘数，这说明增加财政支出政策对经济增长的作用大于减税政策。

3. 平衡预算乘数

政府在增加税收的同时，等量增加购买性支出，维持财政收支平稳，这种变化对国民产出的影响是怎样的，这就是所谓的平稳预算乘数。计算公式如下：

$$\frac{\partial Y}{\partial T}+\frac{\partial Y}{\partial G}=\frac{-c}{1-c}+\frac{1}{1-c}=1 \tag{11.7}$$

平衡预算乘数说明，即使增加税收会减少国民收入，但若同时等额地增加支出，国民产出也会等额地增加。换言之，即使实行平衡预算的扩张政策，仍具有扩张效应，它的效应等于1。

（三）相机抉择财政政策的时滞问题

从相机抉择的财政政策来说，财政政策的实施一般会存在下列五种时滞，依次为认识时滞、行政时滞、决策时滞、执行时滞和效果时滞。

认识时滞，是指从经济现象发生变化到决策者对这种需要调整的变化有所认识所经过的时间。这段延迟时间的长短，主要取决于行政部门掌握经济信息和准确预测的能力。行政时滞也称为行动时滞，是指财政当局在决定采取何种政策之前对经济问题调查研究所耗费的时间。这两种时滞只涉及行政单位而与立法机构无关，也就是说，这两种时滞只属于研究过程，与决策单位没有直接关系，经济学将其称为内在时滞。内在时滞的长短，一方面取决于财政当局收集资料、研究情况所占用的时间以及采取行动的效率；另一方面取决于当时的政治与经济目的，尤其是在希望实现的目标较多的情况下，必须对政策目标的优先顺序进行选择。

与内在时滞相对应的是外在时滞。外在时滞，是指从财政当局采取措施到这些措施对经济体系产生影响的这一段时间。主要包括三种时滞：一是决策时滞，是指财政当局将分析的结果提交立法机构审议通过所占用的时间；二是执行时滞，是指政策议案在立法机构通过后交付有关单位付诸实施所经历的时间；三是效果时滞，是指从政策正式实施到对经济产生影响所需要的时间。这三种时滞与决策单位发生直接关系，而且直接影响社会的经济活动，故称为外在时滞。由于经济结构和经济主体的行为具有不确定性，很难预测，因此，外在时滞可能会更长（见图 11.1）。

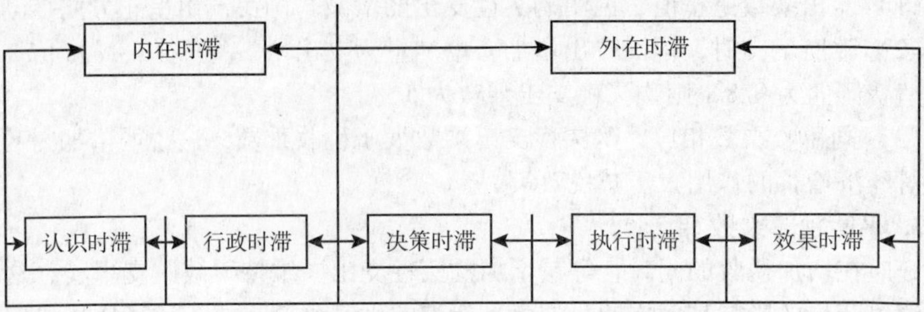

图 11.1 相机抉择财政政策的时滞

（四）1993 年以来我国财政政策的实践

我国在 1993 年开始实施了适度从紧（即紧缩性）的财政政策，从 1998 年开始实施了积极（即扩张性）的财政政策，从 2005 年开始实施了稳健（即中性）的财政政策。

1. 适度从紧财政政策

1993 年到 1997 年，我国宏观调控的着力点是控制通货膨胀。主要表现为以下三个方面。一是四个“热”：房地产热，开发区热，集资热，股票热；二是四个“紧张”：交通运输紧张，能源紧张，原材料紧张，资金紧张；三是一个“乱”：经济秩序混乱，特别是金融秩序混乱。为了确保经济的健康发展，1993 年 6 月 24 日，中央下发了 6 号文件，决定通过实行适度从紧的财政政策和货币政策，对当时出现的经济过热现象进行治理整顿，文件中，财政政策是重头戏。

这一时期，我国建立了以增值税为主体、消费税和营业税为补充的流转税制度。

2. 积极财政政策

1993～1997年的宏观调控刚刚完成，经济形势就发生了变化，亚洲金融危机波及我国，出现了供大于求、需求不足的问题，经济增长明显受到需求不足的制约，实际上是出现了通货紧缩。1997年以前，我国经济面临的最大问题是通货膨胀，一般都是采取“关水龙头”的做法，包括控制银行货币投放量、提高利率、控制财政支出等。而要治理通货紧缩，最关键的是扩大需求。

1998年开始实施的积极财政政策，是我国社会主义市场经济体制建立和完善过程中运用财政政策进行宏观调控的第二次重大转型。主要政策要点是：（1）积极财政政策是以增加财政支出为主的扩张性政策；（2）增发国债是积极财政政策的主要措施，也是启动措施，增发国债主要用于基础设施建设；（3）没有实行扩张性财政政策惯用的减税政策，而是加强税收征管，适度提高税收占GDP的比重；（4）优化支出结构，增加的收入主要用于教育、科技、社会保障和提高公教人员工资等公共需要；（5）实行紧中有松的稳健货币政策与松中有紧的积极财政政策相配合，保证国民经济的稳定、健康和快速发展。

3. 稳健财政政策

从2005年开始我国政府决定实施稳健的财政政策，亦即中性财政政策。这是在我国社会主义市场经济体制完善过程中运用财政政策进行宏观调控的第三次重大转型。实施的背景是2003年下半年以后，国民经济总体情况较好并呈现加速发展态势，但供求结构问题和体制问题日益突出。

稳健财政政策的内涵有以下四个要点：（1）基本维持现有规模的赤字水平，保持政策的连续性和稳定性；（2）积极增加财政收入，合理调整增长速度，增强市场对资源配置的基础性作用；（3）优化支出结构，加强管理，提高效率；（4）推动深化改革，促进经济增长方式的转变。

第二节 货币政策

一、货币政策的定义和目标

（一）货币政策定义

货币政策是指中央银行为实现其既定的宏观经济目标而采取的控制和调节货币供应量和利率，进而影响宏观经济的各项政策措施的总和。一般包括三个方面的内容：（1）政策目标；（2）实现目标所运用的政策工具；（3）预期达到的政策效果。中央银行是制定和执行货币政策的国家权威机构。

（二）货币政策目标

一国货币政策的目标体系一般由四项构成：稳定物价、经济增长、充分就业和国际收支平衡（论述同上一节中财政政策目标），不过四个目标在货币政策中的重要性不同于财政政策，在货币政策目标中最重要的是稳定物价。

（三）货币政策目标之间的冲突

货币政策目标之间的关系是很复杂的，各目标之间存在冲突。因此，中央银行不得不对这些目标进行权衡，以确定牺牲某个目标而实现另一个目标的限度。

首先，充分就业与物价稳定之间存在矛盾。著名的菲利普斯曲线解释了在失业率和物价上涨率之间存在此消彼长的替代关系，低失业率通常伴随高通货膨胀率，而高失业率则会伴随较低的通货膨胀率。因此，作为中央银行的货币政策目标只有根据当时的社会经济条件，寻求物价上涨和失业率之间某个适当的结合点。但是事实上，20 世纪 70 年代以来在西方国家所发生的“滞胀”现象，说明菲利普斯曲线所描述的失业率与通货膨胀之间的相互替代关系并不是在任何条件下都能成立，有可能会出现高通货膨胀与高失业率并存的情况。由此加大了货币政策制定和执行的难度。

其次，经济增长与国际收支平衡之间存在矛盾。即经济增长并不一定同步伴随国际收支平衡的出现，这要取决于经济增长和进出口以及资本流动之间的关系。

最后，在物价稳定与平衡国际收支之间存在矛盾。政府为反通货膨胀往往采取提高利率的措施，在资本自由流动的情况下本币与外币的利率差会导致资本内流，本币升值，从而减弱本国商品的出口效力，使经常项目可能出现逆差，如果资本项目的顺差不能抵补经常项目的逆差，就会使国际收支失衡。相应地，如果为了国际收支平衡而使本币对外贬值则可能导致通货膨胀。

目前，我国的货币政策目标是保持货币币值稳定，并以此促进经济增长。

二、货币政策工具

中央银行在实施货币政策、调控宏观金融方面，需借助于一些经济杠杆作为政策工具，以实现其对货币供应量和信用量的调控作用。

（一）一般性政策工具

一般性政策工具是指对一国所有居民、企事业单位和社会团体等都产生同等程度影响的政策措施，习惯上也被称作货币政策的“三大法宝”，包括法定存款准备金率政策、再贴现政策和公开市场业务。

1. 法定存款准备金率政策

法定存款准备金率是指商业银行按法律规定存放在中央银行的现金与其所吸收存款的比率。法定存款准备金率政策存在三个缺陷：一是当中央银行调整法定存款准备金率时，商业银行可以变动其在中央银行的超额存款准备金，从反方向抵消法定存款准备金率政策的作用；二是法定存款准备金率对货币乘数的影响很大，作用力度很强，往往被当作是一剂“猛药”；三是调整法定存款准备金率对货币供应量和信贷量的影响要通过商业银行的辗转存、贷，逐级递推而实现，成效较慢、时滞较长。

2. 再贴现政策

再贴现工具的弹性相对要大一些、作用力度相对要缓和一些。但是，再贴现政策的主动权却操纵在商业银行手中，中央银行只能被动调控。

3. 公开市场业务

中央银行公开买卖债券等的业务活动即为中央银行的公开市场业务。中央银行在公开市场开展证券交易活动，其目的在于调控基础货币，进而影响货币供应量和市场利率。

公开市场业务是比较灵活的金融调控工具。与法定存款准备金率政策和再贴现政策相比较，公开市场操作政策更具有弹性，更具有优越性：一是中央银行能够运用公开市场业务，影响商业银行的准备金，从而直接影响货币供应量；二是公开市场业务使中央银行能够随时根据金融市场的变化，进行经常性、连续性的操作；三是通过公开市场业务，中央银行可以主动出击；四是由于公开市场业务的规模和方向可以灵活安排，中央银行有可能用其对货币供应量进行微调。

但是它的局限性也比较明显：一是金融市场不仅必须具备全国性，而且具有相当的独立性，可用以操作的证券种类必须齐全并达到必需的规模；二是必须有其他货币政策工具配合。例如，如果没有法定存款准备金制度配合，这一工具就无法发挥作用。

（二）选择性货币政策工具

包括消费者信用控制、证券市场信用控制、优惠利率、预缴进口保证金等。

1. 消费者信用控制是指中央银行对不动产以外的各种耐用消费品的销售融资予以控制。主要内容包括规定分期付款购买耐用消费品的首付最低金额、还款最长期限、适用的耐用消费品种类等。

2. 证券市场信用控制是中央银行对有关证券交易的各种贷款进行限制，目的在于抑制过度投机。比如可以规定一定比例的证券保证金，并随时根据证券市场状况进行调整。

3. 优惠利率是指中央银行对国家产业政策要求重点发展的经济部门或产业，规定较低的贷款利率，以支持其发展，多用于不发达国家。

4. 预缴进口保证金即中央银行要求进口商预缴相当于进口商品总值一定比例的保证金，以抵制进口的过快增长。多为国际收支出现赤字的国家采用。

（三）直接信用控制

直接信用控制是指中央银行以行政命令或其他方式，从质和量两个方面，直接对金融机构尤其是商业银行的信用活动进行控制。其手段包括利率最高限、信用配额、流动比率和直接干预等。其中，规定存贷款最高或最低利率限制，是最常使用的直接信用管制工具，如 1980 年以前美国的 Q 条例。

（四）间接信用指导

间接信用指导是指中央银行通过道义劝告、窗口指导等办法间接影响商业银行的信用创造。道义劝告是指中央银行利用其声望和地位，对商业银行及其他金融机构经常发出通告或指示，或与各金融机构负责人面谈，劝告其遵守政府政策并自动采取贯彻政策的相应措施。窗口指导是指中央银行根据产业行情、物价趋势和金融市场动向等经济运行中出现的新情况或新问题，对商业银行提出信贷的增减建议。若商业银行不接受，中央银行将采取必要的措施，如可以减少对其再贷款的额度，甚至采取停止提供信用等制裁措施。窗口指导虽然没有法律约束力，但影响力往往比较大。

三、货币政策的中介目标

货币政策的中介目标，又称为货币政策的中间指标、中间变量等，它是介于货币政策工具和货币政策目标变量（最终目标）之间的变量指标。货币政策目标一经确定，中央银行按照可控性、可测性和相关性的三大原则选择相应的中介目标，编制具体贯彻货币政策的指标体系，以便进行具体的政策操作和检查政策的实施效果。可以作为货币政策中介目标的变量指标有：

1. 利率

作为货币政策中介目标的利率，通常是指短期的市场利率，即能够反映市场资金供求状况、变动灵活的利率，在具体操作中有的使用银行间同业拆借利率，有的使用短期国库券利率。

2. 货币供应量

货币供应量是整个社会的货币存量，是可以用作购买商品和支付劳务费用的货币总额。中央银行可以通过对基础货币的控制、调整准备金率及其他措施间接地控制；就相关性而言，中央银行只要控制住了货币供应量，就能够控制一定时期的社会总需求，从而有利于实现总需求与总供给的平衡，实现货币政策的目标。从1996年开始，中国人民银行正式将货币供应量定为货币政策的中介目标。

3. 超额准备金或基础货币

超额准备金对商业银行的资产业务规模有直接决定作用。但是，超额准备金往往因为其取决于商业银行的意愿和财务状况而不易为货币当局测度和控制。基础货币是构成货币供应量倍数伸缩的基础，它可以满足可测性与可控性的要求，数字一目了然，数量也易于调控。不少国家把它视为较理想的中介目标。

四、货币政策效果的影响因素

货币政策通过调节基础货币量和超额准备金，改变了货币供给量和利率水平，影响微观企业和居民的投资、消费行为，进而影响总需求，实现货币政策的调控目标。但在货币政策调节政策工具以实现政策目标的过程中，有许多因素会影响到该政策调节过程的效果。

1. 货币政策的时滞

货币政策从制定到最终目标的实现，必须经过一段时间，这段时间称为货币政策的时滞。时滞是影响货币政策效果的重要因素。通常货币政策的时滞大致有三种：第一种为认识时滞，即从需要采取货币政策行动的经济形势出现到中央银行认识到必须采取行动所需要的时间；第二种为决策时滞，即从央行认识到必须采取行动到实际采取行动所需的时间。上述两种统称为货币政策的内在时滞。第三种为货币政策的外在时滞，即从央行采取货币政策措施到对经济活动发生影响、取得效果的时间。内部时滞的长短取决于货币当局对经济形势发展的预见能力、制定对策的效率和行动的决心等因素，一般比较短促。只要中央银行对经济活动的动态能随时、准确地掌握，并对今后一段时期的发展趋势做出正确的预测，中央银行对经济形势的变化，就能迅速做出反应，并采取相应的措施，从而可以减少内部时滞。而外部时滞所需时间较长，货币当局采取货币政策行动后，不会立即引起最终目标的变化，它需由影响中介目标变量的变化，通过货币政策传导机制，影响到社会各经济单位的行为，从而影响到货币政策的最终目标，这个过程需要时间。但究竟这种时滞有多长时间，以及对货币政策效果的影响力度如何，西方国家的学者有不同看法：一派认为这一时滞相当长，约 2 年左右，而且变幻无常；另一派学者则认为时滞不过为 6 ~ 9 个月左右而已。

2. 合理预期因素的影响

合理预期对货币政策效果的影响，是指社会经济单位和个人根据货币政策工具的变化对未来经济形势进行预测，并对经济形势的变化做出反应。这可能会使货币政策归于无效。例如，政府拟采取长期的扩张政策，只要公众通过各种途径获得一切必要信息，他们将意识到货币供应量会大幅度增加，社会总需求会增加，物价会上涨，公众将认为这是发生通货膨胀的信号。在这种情况下，工人会通过工会与雇主谈判提高工资，企业预期工资成本增大而不愿扩展经营，或人们为了使自己在未来的通货膨胀中免受损失而提前抢购商品。最后的结果是只有物价的上涨而没有产出的增长。显然，公众对金融当局采取政策的预期以及所采取的预防性措施，使货币政策的效果大打折扣。

3. 其他因素的影响

除以上因素外，货币政策的效果也受到其他外来因素或体制因素的影响，例如客观经济条件的变化等。一项既定的货币政策出台后总要持续一段时期，在这一时期内，如果经济条件发生某些始料不及的变化，而货币政策又难以做出相应的调整时，就可能出现货币政策效果下降甚至失效的情况。政治因素对货币政策效果的影响也是巨大的。当政治压力足够大时，就会迫使中央银行对其货币政策进行调整。

第三节 财政政策与货币政策的搭配

作为政府宏观调控经济的两个重要手段，财政政策和货币政策在调节重点和调节效果等方面各有侧重，互为补充，两者合理、恰当的搭配能够有效提升宏观调控的效果。

一、财政政策与货币政策的异同点

财政政策与货币政策作为国家宏观调控的两大工具，既具有相同点，又具有不同点。

（一）两种政策调控的相同点

相同的方面，主要表现在两者的宏观调控目标都服务于国家总的宏观调控目标，都是对社会总需求产生重大影响。

（二）两种政策调控的不同点

两种政策调控的不同点，主要表现在：

1. 政策目标的侧重点不同

总体上说，财政政策与货币政策的目标是一致的，即充分就业、物价稳定、国际收支平衡和经济的稳定增长。具体来看，中央银行是政府的银行、发行的银行和银行的银行，保持物价（币值）稳定是货币政策目标的重点。这也就是说，货币政策作为调节货币供应量的政策所直接面对的是价格水平问题，因而对价格水平有着较为直接的决定作用。财政作为政府的分配或活动，其政策目标如前所述，往往侧重于实现宏观经济的稳定与增长。

2. 调节总需求的重点不同

一般来说，财政政策与货币政策均具有调节社会需求总量与结构的功能，但两者调节的重点不同。货币政策主要作用于金融市场，通过货币供应量和市场利率间接影响融资主体的借贷成本和资产选择行为，达到调节总需求的目的。与货币政策相比，财政政策的调节更多地表现在结构调整和资源配置上。

3. 政策调节的弹性不同

财政政策与货币政策的工具不同，前者主要包括税收与财政支出，具有行政性和强制性的特征，对经济的调节作用较为直接，力度大，弹性差。后者主要包括公开市场业务、法定准备金制度、贴现率等，与财政政策工具相比，它们是间接调控经济的手段，具有伸缩性和灵活性的特征，对经济的调节作用较为间接，弹性好。

4. 政策调节范围的不同

在政策调节范围上，货币政策主要限于经济领域；财政政策除了可在经济领域发挥重要作用外，还可以在非经济领域发挥重要作用。

5. 政策时滞的不同

财政政策和货币政策的内在时滞都只涉及经济问题的发现与对策研究，因此，就内在时滞而言，无法确定这两种政策孰优孰劣。但是，就外在时滞来说，两种政策的差异十分明显。一般而言，财政政策的决策时滞较长，因为财政政策措施要通过立法机构，经过立法程序，比较费时；相比之下，货币政策可由中央银行的公开市场业务直接影响货币数量，时滞比较短。就执行时滞而言，财政政策措施在通过立法之后，还要交付给有关执行单位具体实施；而货币政策在中央银行决策之后，可以立即付诸实施。所以，财政政策的执行时滞一般比货币政策要长。但是，从效果时滞来看，财政政策就要优于货币政策。由于财政政策工具可以直接影响社会的有效需求，从而使经济活动迅速做出有力的反应；而货币政策主要是影响利率水平的变化，通过利率水平变化引导经济活动的改变，不会直接影响社会有效需求。因此，财政政策的效果时滞比货币政策要短。总之，从时滞方面来看，很难比较财政政策与货币政策的有效性。在研究这两种政策的时滞问题时，一定要根据不同的客观经济环境和不同政策的各种时滞进行比较，才能做出正确判断，选择有效的政策措施。

（三）财政政策与货币政策的优缺点比较

1. 财政政策与货币政策各自的优势

与货币政策相比，财政政策的优势主要表现在：（1）可直接刺激消费和投资，具有手段多、力度大和见效快的特点；（2）在调节公平分配和结构调整、促进经济增长和充分就业、优化资源配置等方面，作用比较明显。

与财政政策相比，货币政策的优势主要表现在：（1）通过货币供求总量的调整，可直接调节物价总水平，影响市场利率水平，调节经济运行中的消费与储蓄关系；（2）货币政策操作属于一种经济行为，对经济的调节作用比较缓和且灵活，有利于市场机制作用的发挥。

2. 财政政策与货币政策各自的局限性

与货币政策相比，财政政策的局限性主要表现在：（1）财政政策对社会总需求的调节主要是改变总量中比例和分布；（2）财政政策对经济运行发挥调节作用的过程主要是政府干预，因而这种调节作用容易对市场机制形成较大冲击，也难以提高资金的使用效率；（3）财政政策的制定过程是一个经济决策和政治决策相结合的过程，需要履行一定的行政程序和法定程序，因此政策实施起来灵活性相对较小。

货币政策与财政政策相比，其局限性主要表现在：（1）货币政策难以解决国民收入的分配不公问题；（2）货币政策在弥补市场机制缺陷、促进区域经济协调发展和经济结构调整方面的作用，不如财政政策直接和有效。

二、财政政策与货币政策配合类型

财政政策与货币政策的配合运用也就是扩张性、紧缩性和中性三种类型政策的不同组合。现在我们从松紧搭配出发来分析财政政策与货币政策的不同组合效应。

（一）“双松”搭配类型

这种类型是指扩张性财政政策与扩张性货币政策的组合。当经济中出现严重通货紧缩时可以采取这种政策组合，即通过减少税收和扩大政府支出规模等扩张性财政政策增加社会总需求；通过降低存款准备金率和降低利率等扩张性货币政策，扩大信贷支出规模，增加货币供给，防止因国债发行推动利率上升而对社会投资引起的“挤出效应”。“双松”政策的结果，必然使社会总需求扩木。在社会总需求严重不足、生产能力和生产资源未得到充分利用情况下，利用这种政策组合，可以刺激经济增长，扩大就业，但也会带来通货膨胀的风险。我国在1979年、1980年、1982～1984年、1986～1988年、1998年、1999年实行的都是“双松”政策配合。如1998年，针对前几年“双紧”政策造成的有效需求不足、通货紧缩等问题，政府实施了以扩大内需确保经济增长目标实现为目的的松的财政政策和松的货币政策。在货币政策方面采取了取消贷款限额控制、降低法定存款准备率、连续5次下调存贷款利率、扩大对中小企业贷款利率的浮动幅度等一系列措施；在财政政策方面加快“费改税”进度，对某些产品提高出口退税率并加快出口退税进度，加大政府投资力度并积极引导企业和个人的社会投资以及引入外资。1998年下半年中央又决定实行更积极的财政政策，向国有商业银行发行1 000亿元长期国债，国有商业银行增加1 000亿元配套贷款，定向用于公共设施和基础产业建设。1999年进一步加大财政政策的调控力度，大幅度提高职工工资，开征储蓄存款利息所得税。从而使1998年经济增长率达到7.8%。

（二）“双紧”搭配类型

这种类型是指当经济中出现严重的通货膨胀时，可以实施通过提高存款准备金率、提高利率等紧缩性货币政策，减少货币供给，降低社会总需求水平；实施增加税收、减少政府支出规模等紧缩性财政政策，限制消费与投资，压缩社会总需求。这种政策组合，可以有效抑制需求膨胀与通货膨胀，但也可能会带来经济停滞的后果。我国在1985年、1989年、1994~1997年实行的都是“双紧”政策配合。如1994年，结合分税制改革强化了与产值速度关系密切的增值税、消费税的调控作用，并通过发行国债引导社会资金流向，从而减轻经济的泡沫化程度。在货币政策方面严格控制信贷规模、大幅度地提高存贷款利率并要求各专业银行的分支机构定期收回乱拆借的资金，使宏观经济在快车道上稳刹车并最终顺利实现软着陆，至1997年经济增长率在保持8.8%的同时物价水平回落到0.8%。

（三）“松紧”搭配类型

这种类型具体又可分为两种情况。一是紧的财政政策和松的货币政策。通过实行紧的财政政策，可以抑制社会总需求，防止经济过旺和通货膨胀；松的货币政策在于保持经济的适度增长。因此，这种政策组合的效应是在控制通货膨胀的同时，保持适度的经济增长，但货币政策过松，也难以制止通货膨胀。我国在1981年实行的即是紧的财政政策和松的货币政策的配合。在财政方面当年财政基本建设投资支出比上年压缩28%，财政赤字比上年减少102亿元。在银行方面实行紧中有松政策，一方面现金投放减少36.2%，另一方面，增加各类贷款350.3亿元，主要用于支持农副产品收购和轻纺工业发展。

二是松的财政政策和紧的货币政策。通过实行松的财政政策，可以刺激需求，对克服经济萧条较为有效；实行紧的货币政策可以避免过高的通货膨胀率。因此，这种政策组合的效应是在保持经济适度增长的同时尽可能地避免通货膨胀。但长期使用这种政策组合，会积累大量的财政赤字。

需要进一步说明的是，宏观调控政策的“松”与“紧”，实际上是指财政与信贷在资金供应上的松与紧，也即银根的松与紧。凡是使银根松动的措施，如增加财政支出、减税、降低利率、降低存款准备金率、扩大信贷规模等，都是属于“松”的政策措施；凡是抽紧银根的政策措施，如减少财政支出、增税、提高利率、提高存款准备金率、缩小信贷规模等，都是属于“紧”的政策措施。具体应该采取哪一种类型的财政政策和货币政策措施，主要取决于宏观经济运行状况和所要达到的政策目标。一般而言，如果社会总需求明显大于社会总供给，则应该采取“紧”的政策措施，以抑制社会总需求的增长；如果社会总需求明显小于社会总供给，则应该采取“松”的政策措施，以扩大社会总需求（见表11.1）。

表 11.1 财政政策与货币政策的配合模式

	松的财政政策和松的货币政策（双松政策）	紧的财政政策和紧的货币政策（双紧政策）	紧的财政政策和松的货币政策	松的财政政策和紧的货币政策
经济背景	社会需求严重不足，生产资源大量闲置，解决失业和刺激经济增长成为宏观调控的首要目标	社会总需求极度膨胀，总供给严重不足，物价大幅攀升，抑制通胀成为首要目标	政府开支过大，物价基本稳定，经济结构合理，但企业投资并不旺盛，促使经济较快增长成为主要目标	通胀与经济停滞并存，产业结构和产品结构失衡，治理滞胀、刺激经济增长成为首要目标
具体措施	财政扩大支出，降低税率；同时央行增加货币供给量，降低法定存款准备金率，降低利率，增加货币供给	财政削减支出，提高税率；央行紧缩银根，减少货币供应，刺激利率上升	松的货币政策同时实施增税和削减政府支出	紧的货币政策同时实施减税和增加财政支出，利用财政杠杆调节产业结构和产品结构
政策效果	刺激经济的增长，扩大就业，但却可能带来通货膨胀的风险	有效遏制需求膨胀与通货膨胀，但可能会带来通货紧缩和经济停滞的后果	在抑制通胀和同时保持经济的适度增长。但松的货币政策也难以抑制通胀	在保持经济适度增长的同时，避免通胀。但长期运用这种政策组合，会积累起巨额财政赤字

至此，我们的分析主要还是把财政政策与货币政策的调节效应放在对社会总需求的影响上，实际上，不管是松的政策措施还是紧的政策措施，在调节需求的同时也在调节供给。同样的道理，在社会总需求大于总供给的情况下，既可用紧的政策措施来抑制需求的增长，也可用松的政策措施来促进供给的增长。因此紧的政策措施和松的政策措施并不是相互排斥的，而是相互补充的。如果从结构方面看，问题就更清楚。在总需求与总供给基本平衡的情况下，也会有一些部门的产品供大于求，另一些部门的产品供小于求；在总需求与总供给不平衡的情况下，同样也会出现有的部门的产品供大于求，有的部门的产品供小于求。这样单纯地采取紧的或松的政策调节，都不可能使部门之间趋于平衡。因此，还要从结构失衡的具体情况出发，采取或紧或松的政策措施加以调节。由此可见，当我们运用财政政策与货币政策来实现宏观经济的调控目标时，不能只看到需求的一面，还要兼顾供给的一面。当然也要看到，采取紧的政策措施在压缩需求方面可以迅速奏效，而采取松的政策措施在增加供给方面往往经历一个过程才能见效。

恰当的财政政策和货币政策搭配是一国政府实现宏观调控目标的重要保障，其配合效果如表 11.2 所示。

表 11.2 财政政策和货币政策配合的政策效果

政策类型	政策混合	产出	利率
一松一紧	扩张性的财政政策和紧缩性货币政策	不确定	上升
双紧	紧缩性的财政政策和紧缩性货币政策	减少	不确定
一紧一松	紧缩性的财政政策和扩张性货币政策	不确定	下降
双松	扩张性的财政政策和扩张性货币政策	增加	不确定

思 考 题

1. 财政政策和货币政策的目标有哪些？侧重点有何不同？
2. 财政政策和货币政策运用的政策工具分别有哪些？
3. 比较财政政策和货币政策的异同。
4. 试述财政政策和货币政策搭配的类型及其适用范围。
5. 试述2008年全球性的金融危机之后，我国财政政策和货币政策主要政策措施。并分析其有效性。

练 习 题

一、单项选择题

1. 根据一定时期的经济社会状况，主动灵活地选择不同类型的反经济周期的财政政策，这被称为是（　　）的财政政策。

A. 自动稳定　　B. 相机抉择　　C. 扩张性　　D. 紧缩性

2. 在经济稳定增长时期，实行旨在保持经济持续稳定发展的政策，被称为（　）财政政策。

A. 扩张性　　B. 紧缩性　　C. 中性　　D. 自动稳定

3. 与货币政策比较，财政政策时滞的特点是（　　）。

A. 决策时滞较长　　B. 决策时滞较短
C. 效果时滞较长　　D. 效果时滞不明显

4. 可以直接刺激消费和投资，具有手段多、力度大和见效快特点的经济政策是（　　）。

A. 投资政策　　B. 消费政策　　C. 财政政策　　D. 货币政策

5. 财政政策和货币政策协调配合的“双松”类型，适合于（　　）情况下采用。

A. 经济中出现严重的通货膨胀
B. 经济中出现严重的通货紧缩

C. 控制通货膨胀的同时，保持适度的经济增长

D. 保持经济适度增长的同时避免通货膨胀

6. 我国在1993～1997年期间，为治理经济过热和通货膨胀成功地实施了（　　）。

A. 积极的财政政策　　B. 稳健的财政政策

C. 中性的财政政策　　D. 适度从紧的财政政策

7. 在国务院领导下制定和执行货币政策、维护金融稳定、提供金融服务的宏观调控部门是（　　）。

A. 财政部　　B. 中国人民银行

C. 国家发展和改革委员会　　D. 中国银行业监督管理委员会

8. 我国1998～2004年期间实施的积极财政政策，其实质是（　　）财政政策。

A. 中性　　B. 稳健　　C. 扩张　　D. 紧缩

9. 下列选项中，属于稳健财政政策内容的是（　　）。

A. 扩大赤字　　B. 扩大就业

C. 增收节支　　D. 扩大发行长期建设国债规模

10. 下列选项中，不属于财政政策工具的是（　　）。

A. 预算政策　　B. 补贴政策　　C. 汇率政策　　D. 公债政策

11. 通过减少财政收入、扩大财政支出来增加和刺激社会总需求的财政政策称为（　　）。

A. 扩张性财政政策　　B. 紧缩性财政政策

C. 中性财政政策　　D. 经济性财政政策

12. 通过增加财政收入、减少财政支出来减少和抑制社会总需求的财政政策称为（　　）。

A. 紧缩性财政政策　　B. 扩张性财政政策

C. 经济性财政政策　　D. 中性财政政策

13. 沟通财政政策和货币政策的主要载体是（　　）。

A. 政府投资　　B. 财政支出　　C. 国债　　D. 税收

14. 我国的货币政策目标是（　　）。

A. 稳定物价

B. 充分就业

C. 稳定币值，并以此促进经济增长

D. 经济增长

15. 通过降低法定存款准备金率、降低再贴现率等增加和刺激社会总需求的

货币政策称为（　　）。

A. 扩张性货币政策　　B. 紧缩性货币政策

C. 中性货币政策　　D. 经济性货币政策

16. 通过提高法定存款准备金率、提高再贴现率等减少和抑制社会总需求的货币政策称为（　　）。

A. 扩张性货币政策　　B. 紧缩性货币政策

C. 中性货币政策　　D. 经济性货币政策

17. 中央银行在金融市场上买进或卖出有价证券，借以调节货币供应量的货币政策工具是（　　）。

A. 法定存款准备金　　B. 再贴现

C. 公开市场业务　　D. 利率

18. 财政政策与货币政策的实施主体是（　　）。

A. 政府　　B. 个人　　C. 企业　　D. 银行

19. 当社会总需求大于社会总供给时，应实行的财政货币政策是（　　）。

A. "松"财政"紧"货币政策　　B. "双紧"政策

C. "松"货币"紧"财政政策　　D. "双松"政策

二、多项选择题

1. 货币政策在对宏观经济领域发挥作用时，其目标是（　　）。

A. 稳定物价　　B. 经济增长

C. 平衡国际收支　　D. 充分就业

E. 政治稳定

2. 实现货币政策的目标必须运用货币政策工具，以下属于中央银行一般性货币政策工具的有（　　）。

A. 消费信用控制　　B. 公开市场业务

C. 利率管制　　D. 再贴现率

E. 存款准备金率

3. 存款准备金政策虽然是货币政策的"三大法宝"之一，但各国的中央银行并不将其当作适时调整的经常性政策工具来使用，原因很多，主要有（　　）。

A. 超额准备金是由商业银行控制的

B. 存款准备金政策的作用时滞长

C. 存款准备金政策的作用力度过强

D. 存款准备金政策的作用力度过缓

E. 存款准备金政策的作用时滞短

4. 财政政策由（　　）组成。

A. 利率政策　　B. 税收政策
C. 支出政策　　D. 国债政策
E. 预算政策

5. 我国财政政策目标包括（　　）。

A. 促进充分就业区　　B. 物价基本稳定
C. 预算收支平衡　　D. 国际收支平衡
E. 经济稳定增长

6. 当社会总供给小于社会总需求时，可供选择的财政政策工具包括（　　）。

A. 缩小财政支出　　B. 扩大财政支出
C. 降低税率　　D. 提高税率
E. 减少财政补贴

7. 根据财政政策具有调节经济周期的作用来划分，财政政策可分为（　　）。

A. 自动稳定的财政政策　　B. 扩张性财政政策
C. 相机抉择的财政政策　　D. 紧缩性财政政策
E. 中性财政政策

8. 财政政策的外在时滞主要包括（　　）。

A. 认识时滞　　B. 行政时滞
C. 决策时滞　　D. 执行时滞
E. 效果时滞

三、判断题

1. 汲水政策和补偿政策是自动稳定的财政政策的两种主要形式。（　　）

2. 理论推导可以证明，同税收乘数相比，支出乘数大于税收乘数，即增加财政支出政策对经济增长的作用大于减税政策。（　　）

3. 紧的财政政策和松的货币政策的配合目的在于保持经济适度增长的同时尽可能地避免通货膨胀。（　　）

4. 从外在时滞来看，财政政策措施要通过立法机构，经过立法程序，决策时滞较长；相比之下，货币政策可由中央银行的公开市场业务直接影响货币数量，时滞比较短，因此货币政策可比财政政策更快达到目标。（　　）

5. 目前我国财政政策的制定者是中央政府。（　　）

6. 充分就业就是说所有的劳动者都有固定职业。（　　）

7. 国债作为主要的财政政策工具，其调节具有权威性。（　　）

8. 可以协调财政货币政策体系的政策工具是政府投资。（　　）

9. 税收是政府公平收入分配的重要手段。（　　）

10. 扩张性财政政策是指通过增加财政收入、减少财政支出来减少和抑制总需求的财政政策。（　　）

11. 紧缩性财政政策是指通过减少财政收入、扩大财政支出来增加和刺激社会总需求的财政政策。（　　）

12. 我国的货币政策目标是保持货币币值的稳定，并以此促进经济增长。（　　）

13. 扩张性货币政策是指通过提高法定存款准备金率、提高再贴现率、中央银行在公开市场业务中卖出有价证券及中央银行提高存放款利率等手段，抑制或减少社会货币供应量进而减少社会总需求的政策。（　　）

14. 紧缩性货币政策是指通过降低法定存款准备金率、降低再贴现率、中央银行在公开市场业务中收购有价证券及中央银行降低存放款利率等手段，增加社会货币供应量进而刺激社会总需求增加的政策。（　　）

15. 再贴现政策是中央银行最基础最重要的调控手段。（　　）

16. 财政政策侧重于在流通领域通过财政收支的增减来实现对经济的调节。（　　）

17. 货币政策侧重于在分配领域通过对货币供应量的调节来实现对经济运行的调节。（　　）

18. 财政政策侧重于提高经济运行效率，货币政策侧重于经济利益的公平分配。（　　）

19. 财政政策调节的侧重点是结构，货币政策调节的侧重点是总量。（　　）

20. 财政政策侧重于物价稳定，货币政策侧重于经济增长。（　　）

各章练习题参考答案

第一章

一、单项选择题

1. C　2. C　3. D　4. A　5. C　6. A

二、多项选择题

1. ACD　2. ABD　3. ABC　4. ACE

三、判断题

1. ×　2. ×　3. √　4. ×　5. √

第二章

一、单项选择题

1. B　2. A　3. A　4. B　5. A　6. C　7. A　8. B

二、多项选择题

1. ABCE　2. ABE　3. ABCD　4. DE

三、判断题

1. ×　2. √　3. ×　4. ×　5. √　6. √

第三章

一、单项选择题

1. D　2. B　3. C　4. B　5. A

6. D　7. D　8. D　9. C　10. C

二、多项选择题

1. ABD　2. ABC　3. ABCDE　4. ACD　5. ABC

6. ABCD　7. ABCDE

三、判断题

1. ×　2. ×　3. √　4. ×　5. √　6. ×

第四章

一、单项选择题

1. B　2. B　3. D　4. A　5. C　6. C　7. A　8. B

二、多项选择题

1. BDE　2. ABCE　3. ACE　4. ABCD　5. ACE

三、判断题

1. × 2. × 3. × 4. × 5. √ 6. × 7. × 8. × 9. √ 10. ×

第五章

一、单项选择题

1. B 2. C 3. C 4. C 5. A 6. D 7. A

8. A 9. D 10. B 11. C 12. C 13. A 14. C

二、多项选择题

1. ABCE 2. ADE 3. ADE 4. AE 5. AB 6. BDE

7. ABC 8. ABC 9. ACDE 10. ABCD

三、判断题

1. × 2. × 3. × 4. × 5. √ 6. × 7. × 8. × 9. × 10. ×

第六章

一、单项选择题

1. B 2. D 3. A 4. B 5. B

二、多项选择题

1. ABC 2. BD 3. BDE 4. ABCD 5. ACD

三、判断题

1. × 2. × 3. √ 4. × 5. ×

第七章

一、单项选择题

1. D 2. D 3. B 4. D 5. B 6. B 7. C

8. C 9. C 10. A 11. D 12. A 13. C 14. D

二、多项选择题

1. ABCE 2. CE 3. ABCE 4. AC 5. ABDE 6. ACE 7. ABCD

8. ABC 9. BCD 10. BD 11. BCD 12. ABCE 13. ABCE

三、判断题

1. × 2. × 3. √ 4. × 5. √ 6. √ 7. √ 8. ×

9. × 10. × 11. ×

第八章

一、单项选择题

1. A 2. D 3. C 4. D 5. A 6. D 7. C

二、多项选择题

1. BCD 2. BCD 3. BCD 4. ABCD

第九章

一、单项选择题

1. C 2. B 3. B 4. D 5. A 6. C 7. D 8. A
9. A 10. D 11. D 12. D

二、多项选择题

1. BCD 2. AD 3. ABC 4. ABC 5. ABCD
6. ABCDE 7. AC 8. ACD 9. AD 10. AC

三、判断题

1. √ 2. × 3. √ 4. √ 5. √ 6. × 7. ×
8. √ 9. × 10. √

第十章

一、单项选择题

1. D 2. B 3. B 4. B 5. B 6. A 7. B 8. A
9. B 10. A 11. B

二、多项选择题

1. ADE 2. ABCD 3. ABD 4. AB 5. BCDE 6. BC
7. ACD 8. AB

三、判断题

1. × 2. √ 3. × 4. √ 5. √ 6. ×
7. × 8. × 9. × 10. √ 11. √

第十一章

一、单项选择题

1. B 2. C 3. A 4. C 5. B 6. D 7. B 8. C
9. C 10. C 11. A 12. A 13. C 14. C 15. A 16. B
17. C 18. A 19. B

二、多项选择题

1. ABCD 2. BDE 3. AC 4. BCDE 5. ABDE 6. ADE
7. AC 8. CDE

三、判断题

1. × 2. √ 3. × 4. √ 5. × 6. × 7. × 8. ×
9. √ 10. × 11. × 12. √ 13. × 14. × 15. × 16. ×
17. × 18. × 19. √ 20. ×

参考文献

[1] 朱耀明、宗刚编著:《财政与金融（第四版)》，高等教育出版社 2006 年版。

[2] 孙文基、魏晓锋主编:《财政与金融概论（第四版)》，经济管理出版社 2009 年版。

[3] 周叶芹主编:《财政与金融》，清华大学出版社 2004 年版。

[4] 温来成主编:《预算管理》，中国人民大学出版社 2008 年版。

[5] 庄毓敏、朱青编著:《新编财政与金融》，东北财经大学出版社 2007 年版。

[6] 杨艳琳主编:《现代财政与金融教程》，首都经济贸易大学出版社 2006 年版。

[7] 李光主编:《财政与金融》，河南人民出版社 2006 年版。

[8] 朱炜主编:《财政与金融》，中国矿业大学出版社 2006 年版。

[9] 王柏玲、李慧主编:《财政学》，清华大学出版社 2009 年版。

[10] 陈共主编:《财政学（第四版）学习指导书》，中国人民大学出版社 2004 年版。

[11] 陈共主编:《财政学（第六版)》，中国人民大学出版社 2009 年版。

[12] 朱青主编:《财政金融学教程》，中国人民大学出版社 2007 年版。

[13] 匡小平主编:《财政学》，清华大学出版社和北京交通大学出版社 2008 年版。

[14] 吴军梅、谢晓娟主编:《财政与金融》，北京理工大学出版社 2008 年版。

[15] 冯宗容、杨明洪主编:《财政学》，四川大学出版社 2010 年版。

[16] 邓子基、林致远编著:《财政学》，清华大学出版社 2008 年版。

[17] 财政部:《关于 2005 年中央和地方预算执行情况与 2006 年中央和地方预算草案的报告》，2006 年 3 月 5 日。

[18] 梁朋主编:《公共财政学》，中共中央出版社 2006 年版。

[19] 钟晓敏主编:《财政学》，高等教育出版社 2010 年版。
[20] 宋瑞敏主编:《财政与税收》，机械工业出版社 2007 年版。
[21] 李海波、刘学华等编著:《新编财政学》，立信会计出版社 2001 年版。
[22] 郭庆旺、赵志耘著:《财政理论与政策》，经济科学出版社 2002 年版。